François de Gérard de Bénat

Die Redekunst in Beispielen

Ausgesuchte Stücke der Beredtsamkeit aus den berühmtesten Rednern - Dritter

Teil

François de Gérard de Bénat

Die Redekunst in Beispielen
Ausgesuchte Stücke der Beredtsamkeit aus den berühmtesten Rednern - Dritter Teil

ISBN/EAN: 9783743678118

Hergestellt in Europa, USA, Kanada, Australien, Japan

Cover: Foto ©Thomas Meinert / pixelio.de

Weitere Bücher finden Sie auf **www.hansebooks.com**

Die

Redekunst,

in

Beyspielen;

oder
ausgesuchte

Stücke der Beredtsamkeit,

aus den
berühmtesten Rednern,
die zu den Zeiten Ludwigs des XIV. und XV.
gelebet haben;
zusammen getragen und herausgegeben,
von
Herrn von Gerard von Benat.
Aus dem Französischen übersetzt,
von
M. Johann Daniel Heyde,
des illüstren Gymnasii zu Gera Conrector.

Dritter Theil.

Leipzig,
bey Christ. Gottlob Hilscher, 1768.

Die Redekunst
in Beyspielen.

Sechstes Hauptstück.
Gleichnisse.

Das Gleichniß ist eine Figur, welche die Aehnlichkeit zeigt, die unter zwoen Sachen, oder zwoen Ideen herrschet. Sie verschafft der Rede viel Anmuth, Kraft und Nachdruck, und zeuget von einer lebhaften Einbildungskraft, welche die Aehnlichkeit der Gegenstände bemerkt, und ihre Verwandschaft auf eine geschickte Art vor die Augen legt. So groß aber der Glanz ist, den diese Figur einer Rede mittheilet; so würde sie doch mißfallen, wenn sie entweder verschwendet, oder ohne Maaß, und ohne Geschmack angebracht würde. Sie ist eine zarte und delicate Blume, die den reichen Grund heben, ihn aber den Augen nicht entziehen soll; es muß sie deswegen der Redner mäßig gebrauchen. Die Gleichnisse sollen klar, deutlich und genau bestimmt seyn; sie sollen so gleich in die Augen fallen, und weder gezwungen, noch vom weiten hergeholt, und noch weniger von schlechten und geringen Suchen

A ent-

entlehnet seyn. Wir wollen diejenigen aufführen, wel=
che uns am besten gefallen haben. Man wird Nach=
druck und Anmuth darinnen wahrnehmen. Wir wis=
sen ihnen keinen bessern Platz, als nach den Vergleis
chungen, anzuweisen. Die Aehnlichkeit dieser beyden
Figuren hat uns nicht erlaubt, sie von einander zu tren=
nen.

Die Kenner werden etwas edles und Genie in folgen=
dem Gleichnisse antreffen, welches aus der Predigt ge=
nommen ist, die der Herr Massillon über das Evangeli=
um vom armen Lazarus gehalten hat. Es ist genug,
wenn wir sagen, es rühre von diesem berühmten Red=
ner her, um einen vortheilhaften Begriff von ihm zu
machen.

”Wenn wir das erstemal fallen; so wird unser Licht
”nicht ganz und gar ausgelöschet; es folgt nicht allzeit eine
”finstere Nacht darauf. Es begiebt sich zwar der Geist
”Gottes, als die Quelle alles Lichtes, hinweg, und woh=
”net nicht mehr in uns; es bleibt aber doch noch ein
”gewisser Schimmer in der Seele zurück. Wenn sich
”die Sonne unserm Gesichtskreise vor weniger Zeit ent=
”zogen hat; so bleiben in der Luft noch gewisse Ein=
”drücke ihres Lichtes zurück, welche gleichsam noch einen
”unvollkommenen Tag ausmachen, und die volle Nacht
”bricht nicht eher an, als bis sie immer weiter und weiter
”untergegangen ist. Eben so verhält es sich nun auch
”mit der Sünde. Je mehr sie zur Gewonheit wird, desto
”mehr entweicht das göttliche Licht, die Finsterniß ver=
”mehret sich, und endlich bricht die völlige Nacht und die
”ganze Blindheit herein. ”

Der Vater Segaut, ein Jesuit, liefert uns ein sehr
richtiges in seiner Predigt vom Aergernisse, wider die=
jenige, die ihrem Nächsten eine Gelegenheit zum

Falle

Falle geben.   Dieses ist delicat, rührend und erha=
ben.

"Die wahren, oder vielmehr die einzigen Feinde des
"Menschen, sind diejenigen, welche die Laster ausstreu=
"en, die Herzen verderben, die Geister verführen, und
"die Seelen in das Verderben und in die Ver=
"dammniß stürzen. Vor den Straßenräubern, vor den
"Mördern, und vor allen den Ungeheuern, vor welchen
"die Welt einen Abscheu hat, hat man sich nicht so sehr
"zu fürchten, als vor den ärgerlichen Sündern, die einen
"so großen Anhang haben, und in einem so großen An=
"sehen stehen. Sie sind Feinde, die uns zwar nicht
"verdächtig vorkommen; aber deren geringste und erste
"Annäherung hinlänglich ist, in das Verderben und in
"die Verdammniß zu stürzen. Eine Unterredung, ein
"Wort, ein Blick, eine Gebärde wirft einen Funken in
"eine Seele, zündet in derselben ein Feuer an, und ver=
"ursachet allda einen Brand, der nicht mehr zu löschen
"ist. Du Tempel zu Jerusalem, du Werk so vieler Kö=
"nige, und Bewunderung so vieler Jahrhunderte, du wur=
"dest ehemals durch eine Fackel, welche auf ein ungewisses
"an deine Mauern war geworfen worden, in Brand geste=
"cket, und in Asche verwandelt. Es suchten dich zwar so
"wohl deine Einwohner, als die Fremden; so wohl die
"Jüden, als die Römer, zu erhalten; aber alle ihre Be=
"mühungen waren vergeblich. Dieses ist ein Bild von
"allem den Bösen, welches das Aergerniß anrichtet.
"Es ist nur ein Strahl von einem unreinen Feuer, welcher
"im vorbeygehen in eine unschuldige Seele, als den leben=
"digen Tempel der Gottheit, ist geworfen worden. Er hat in
"derselben gezündet; er hat sich in ihr ausgebreitet, und
"sich ihrer bemächtiget. Weder das öffentliche Rufen der
"Prediger, noch auch aller Beystand des Himmels und der
"Erde, haben seinen Flammen Einhalt thun können.
"Sie brennet davon bis in jene Welt. Ach! wenn

A 2   "Gott

"Gott ihre Gefängniſſe vor unſern Augen öffnete, wie
" viel Verworfene würden wir nicht in denſelben antref=
" fen, die den Anfang ihres Verderbens dem Aergerniſſe
" zuſchreiben würden? Wie viele würdet ihr nicht viel=
" leicht, ihr Chriſten, unter ihnen finden, welche die euri=
" gen deswegen mit Recht anklagen, und welche entwe=
" der eure böſen Reden, oder eure gefährlichen Benſpie=
" le in den Abgrund geſtürzet haben? Sie ſind darinnen
" immer und ewig unglücklich; und ihr, die ihr ihnen den=
" ſelben zubereitet habet, lebet hier ganz ruhig? Vivis
" tot animarum reus. Sie büſſen ſeit langer Zeit für
" gemeine Ausſchweifungen, für welche ihr noch nicht
" zu büſſen angefangen habet. Sie verfluchen allda oh=
" ne Unterlaß die Verbindung, in welche ſie ſich mit
" euch eingelaſſen haben, ob ihr gleich an dieſelbe viel=
" leicht eben ſo wenig mehr als an ſie gedenket."

Das Erhabene und Pathetiſche leuchtet aus folgendem
Gleichniſſe, von der Standhaftigkeit der Königinn in
England, während der Gefangenſchaft des Königes Ja=
cobs, des erſten, ihres Gemahls, vom Herrn Boſſuet,
heraus.

" O Mutter! o Frau! o unvergleichliche Königinn, die
" eines beſſern Schickſals würdig wäre, wenn die irdi=
" ſchen Güter etwas wären! du mußt endlich deinem
" Schickſale nachgeben. Du haſt den Staat unterſtützet,
" welcher, von einer unüberwindlichen und göttlichen
" Macht angegriffen wird; es iſt nun weiter nichts üb=
" rig, als daß du unter ſeinen Trümmern ſtandhaft blei=
" beſt. Gleichwie eine Säule, als das Werk einer alten
" Baukunſt, die ſtärkſte Stütze eines zu Grunde gerich=
" teten Tempels zu ſeyn ſcheinet, wenn dieſes groſſe Ge=
" bäude, welches ſie unterſtützte, auf ſie fällt, ohne ſie
" darnieder zu ſchlagen; alſo iſt auch die Königinn die
" ſtärkſte Stütze des Staats, wenn, nachdem ſie die Laſt
" deſſel=

"deſſelben lange Zeit getragen, ſie von ſeinem Falle nicht
"einmal niedergebeuget wird. Wer würde indeſſen
"ihren gerechten Schmerz ausdrücken können? Wer wür-
"de ihre Klagen erzählen können? Nein, meine Herren,
"Jeremias ſelbſt, welcher allein im Stande zu ſeyn
"ſcheinet, die Klagen nach dem Elende einzurichten,
"würde ein ſolches Betrübniß nicht gnugſam ausdrü-
"cken können."

Der Herr Maſcaron, bey welchen man oft genung
den Nachdruck des Boſſuet, aber ſelten die Zierlichkeit des
Flechier antrifft, vergleichet auf eine ſehr nachdrückliche,
aber nicht gar zu richtige Art, das Herz des Herrn von
Turenne mit den verſchiedenen Theilen des Tempels zu
Jeruſalem, und das kriegeriſche Feuer Ludwigs des vier-
zehnten mit dem Glanze des Blitzes. Dieſe beyden
Stücke funkeln von erhabenen Schönheiten.

"Mich dünkt, meine Herren, ich habe euch in dieſer Lobre-
"de durch Oerter geführet, die den verſchiedenen Theilen
"des Tempels zu Jeruſalem gleichen. Man kam zuerſt in
"den Vorhof, in welchem das häufig verſammlete Volk ein
"groſes Getöſe machte.   Man gieng hierauf durch heilige
"Oerter, wo die Opferthiere geſchlachtet wurden; und
"endlich kam man in das Heiligthum, welches Gott al-
"lein mit der bloſſen Gegenwart ſeiner Gröſſe erfüllete,
"und vermittelſt welches eine Mittheilung der Heilig-
"keit die andern Oerter majeſtätiſch und ehrwürdig machte.
"Das Herz dieſes groſſen Mannes war der lebendige
"Tempel des lebendigen Gottes.   Ihr habet zuerſt das
"unruhige Aeuſſerliche geſehen, das von dem Getöſe
"erreget worden, welches die kriegeriſchen Unterneh-
"mungen auch ſelbſt zu der Zeit in der Einbildungskraft
"hervorbringen, wenn man weiter nichts thut, als daß
"man davon redet. Ihr ſeyd hierauf in denienigen
"Theile unſeres Herzens gekommen, in welchem ſich die

A 3   "ver-

"verschiedenen Leidenschaften befinden, und ihr habet
"gesehen, daß sie insgesammt von der Tugend dieses
"Helden. der Ehre sind aufgeopfert worden. Endlich
"bin ich. in meiner Rede an denienigen Ort gekommen,
"wo ich den Vorhang wegziehen muß, um euren Au=
"gen das Heiligthum des Herzens zu zeigen, welches
"Gott mit seiner Maiestät erfüllte, wo er sich gleich=
"sam auf einem Thron befand, den ihm der Glaube,
"die Hoffnung, die Liebe, und die übrigen christlichen Tu=
"genden aufrichteten. Von diesem heiligen Orte sehe ich
"Lichtstralen ausgehen, welche sich über alles, was ich
"bisanhero gesagt habe, ausbreiten, und alle Lobsprüche,
"die ich diesem grossen Manne beygelegt habe, heili=
"gen.

    Und weiter unten.

    "Der Gott der Herrschaaren hatte bey so vielen wich=
"tigen Begebenheiten, bey so vielen Siegen und
"Triumphen keine andere Absicht, als dem grossen und
"unüberwinblichen Ludwig einen Meister in der Kriegs=
"kunst zuzubereiten . . . . . Was kan ein grosser
"Meister nicht ausrichten, wenn er ein grosses Genie
"von ersten Range zu bilden hat? Kaum hat der Herr
"von Turenne seine ersten Rathschläge ertheilet, so
"siehet er sich ausser Stande, mehrere zu ertheilen,
"weil ihm die Klugheit, die Einsicht, und die so glück=
"liche, als weise Hitze dieses grossen Monarchen zuvor=
"kömmt. Gleichwie man den Bliß, der fast in einem
"Augenblicke in einer Wolke erzeuget worden ist, leuch=
"ten, ausbrechen, schlagen und zu Boden werfen siehet;
"also ist auch dieses erste Feuer einer kriegerischen Hitze
"in dem Hertzen des Königes kaum entzündet, als es
"allenthalben leuchtet und ausbricht. Die Mauern
"von Charleroi, Douai, Tournai, Ath, Lille, und
"Oudenarde fallen vor ihm ein. Das Schrecken brei=
                                                          "tet

"tet sich durch ganz Flandern aus, und Turenne er-
"staunet selbst über die Geschwindigkeit und Richtigkeit
"dieser Bewegung, er, welcher, weil er gewohnt war,
"ausserordentliche Dinge zu thun, im Kriege nichts mehr
"antreffen sollte, das er bewunderte."

Ebendieser Redner stellet, in der Trauerrede auf die
Heinriette von England, die Gefährlichkeiten der Seele in
der Welt vor, und bedienet sich dabey folgendes schönen
Gleichnisses.

"Diese Seele wird von sehr vielen Hirngespinsten
"der Ehre und Blendwerken des Vergnügens angefal-
"len. Sie trifft den Götzen der Eitelkeit und der Lügen
"in dem Verstande und in dem Herzen aller und ieder
"an. Sie schlucket diese Luft, ohne daran zu denken,
"in sich. Sie wird gewahr, daß ihnen die allgemeine
"Einwilligung in ihrem Herzen einen Platz verschaffet,
"ehe sie noch die Freyheit gehabt hat, sie zu erwählen.
"Und gleichwie das grosse Weltmeer, wenn es vermit-
"telst der Wellen, die an das Ufer schlagen, gewisser-
"massen von sich selbst ausgehet, sein Wasser niemals
"zurücke ziehet, ohne zugleich vermittelst desselben alles,
"was es am Ufer angetroffen hat, mit fortzuführen;
"also kömt auch eine Seele, die vermittelst der Betrach-
"tungen, welche sie über alles, was sie um sich herum
"erblicket, anstellet, von sich selbst ausgegangen ist,
"niemals wiederum anders zurücke, als mit den Vor-
"stellungen und Blendwerken der Lügen, die den ganzen
"Erdboden verblendet haben."

Alles ist in folgendem Stücke groß, hoch und erhaben, in welchem ebendieser Redner den Geist des Herrn
Canzlers Seguier mit dem weiten Umfange des Welt-
meeres vergleichet.

"Wenn ich sehe, daß dieser grosse Geist unsere Glau-
"bensartickel so gelehrig annimt, und sich denselben un-
"terwirft; so dünket mich, ich sehe das grosse Welt-
"meer, dieses so ausgebreitete und so wilde Element,
"welches, nachdem es seine Wellen bis an den Himmel
"erhoben, und in seinem Schoosse Abgründe bis zur
"Hölle hinab gemacht hat, sich wiederum innerhalb
"seiner Ufer befindet. Wenn es sich dem Ufer nähert;
"so bezähmet es sich selbst, es bricht seine Wellen, und
"kömmt kriechend, als ein Sclave, den Finger Gottes
"zu küssen, welcher ihm seine Grenzen bestimmt, und zu
"ihm sagt: Du wildes Element, bis hieher solst du kom-
"men, und nicht weiter. Der Geist des Herrn Canz-
"lers war, in Ansehung seines Umfanges, so groß,
"als das Weltmeer; er bewegte sich, wie dasselbe; er
"erhob sich, vermittelst der Kenntniß, die er von allen
"Sachen hatte, bis in den Himmel, und stieg bis in
"Hölle hinab. Wenn er sich aber Religionssachen
"näherte; so verehrete er die heiligen Grenzen, die ihm
"sein Glaube auf göttlichen Befehl bestimmte. Diese
"so aufrichtige Unterwerfung rührete von den erhabnen
"Begriffen her, die er von der Grösse des Allerhöchsten,
"von der Nichtigkeit, und dem Elende des Menschen
"hatte. Er hatte oftmals die schönen Worte des Ter-
"tullians in den Gedanken und im Munde, welcher
"spricht: Gott ist so groß, und so allein groß, daß es
"scheinet, als ob er um sich herum alles zernichtete, um
"in seiner majestätischen Einsamkeit zu wohnen. Das
"einzige allerhöchste Wesen zerstöhret alles, zernichtet
"alles, hebet alle Stände und Würden auf, und er-
"richtet seinen Thron auf dem Nichts aller Creaturen.
"Ich bin höchstglücklich, sagte er, wenn ich mich selbst
"zernichten kann, um mich in die Unendlichkeit dieses
"ersten Wesens zu versenken."

Es herrschet viel Feinheit und Geschmack in folgenden

den Gleichnissen, welche aus der Trauerrede genommen sind, die der Herr Massillon auf den Herrn von Villeroi, Erzbischoff zu Lyon, gehalten hat. Sie zeugen von dem fruchtbaren Genie dieses berühmten Redners.

"Hier sieht man ihn, in unruhigen und verwirten
"Zeiten, wie den Morgenstern mitten in den Wolken
"glänzen, beständig auf seiner Laufbahne bleiben, und
"so gar denen die Wege der Gerechtigkeit und des
"Gehorsams vom weiten zeigen, welche, weil sie sich
"von einem falschen Schimmer hatten verleiten lassen,
"auf die schlüpfrigen und finstern Wege der Empörung
"und Ungerechtigkeit gerathen waren.

"Wenn er die Streitigkeiten zwischen dem Volke
"und den Vornehmsten in Israel zu schlichten suchet;
"so gleichet er einem Strahle eines lebhaften und durch=
"dringenden Feuers, der bis in das Herz eindringet,
"und in einem Augenblicke die Leidenschaft auf eine
"feine Weise von der Billigkeit unterscheidet.

"Indem er endlich die öffentlichen Angelegenheiten
"selbst besorgt, und so gar die sterbenden Ueberbleibsel
"eines schwachen und kraftlosen Lebens zur Wohlfahrt
"und Sicherheit des Landes Juda anwendet; so ist er
"wie ein liebliches Rauchwerk, welches seinen gutthä=
"tigen Geruch zur Sommerszeit weit ausbreitet, nach
"und nach verrauchet, und endlich, weil es sich bestän=
"dig mittheilet, ganz und gar verlischt."

Der Vater Poisson bedienet sich, um die Grösse Lud= wigs des Vierzehnten über die Grösse seiner Vorfahren zu erheben, folgendes schönen Gleichnisses in der Trau= errede auf den Dauphin.

A 5 "Wenn

"Wenn man in dem Verzeichniſſe unſerer Könige
"groſſe Fürſten antrifft; ſo glänzten ſie nur zu der Zeit
"auf dem Throne, da ſich Frankreich in der Dunkelheit
"befand.   Der Staat war gleichſam in die Schatten
"begraben.   Gott wollte ein weit deutlicheres Bild
"ſeiner Gröſſe zeigen, und es ſollte ſie endlich ein ein-
"ziger Monarch verdunkeln.   Wie die Sterne, die
"ſich zwar beſtändig am Himmel befinden, und ihren
"lauf ohne Unterlaß fortſetzen, welche aber nur in den
"finſtern Zeitraume leuchten, da die Natur ruhet, und
": das Licht der Sonne untergegangen iſt."

Der Herr Maſſillon bedienet ſich folgendes ſchönen
Gleichniſſes in ſeiner Predigt von Allmoſen, um deſto beſſer
zu zeigen, daß man ſeine Werke der Liebe und Barmherzigkeit im Stillen ausüben müſſe.

"Wie viel Früchte der Barmherzigkeit macht nicht
"der heiſſe Wind des Stolzes und der eitlen Gefällig-
"keit täglich in den Augen Gottes zunichte! . . . . .
"Die Allmoſen, die faſt allzeit ingeheim gefloſſen ſind,
"kommen weit reiner in den Schooß Gottes, als die-
"ienigen, welche, da ſie, obgleich wider unſern Willen,
": von den Menſchen ſind geſehen worden, unterwegens
"durch die unvermeidlichen Gefälligkeiten der Eigenlie-
"be, und die Lobeserhebungen der Zuſchauer, gleichſam
"ſind verunreiniget worden.   Eben ſo, wie die Flüſſe,
"die faſt allzeit unter der Erde fortgelaufen ſind, und
"ein reines und friſches Waſſer in das Meer bringen;
"da hingegen dieienigen, welche öffentlich über die Fel-
"der und Länder hingelaufen ſind, in daſſelbe gemei-
"niglich kein anderes, als ſchlammichtes Waſſer brin-
"gen, und die Trümmern, die todten Körper, und
"den Koth, ſo ſie unterwegens angetroffen haben, mit
"ſich führen."

Nichts

Nichts ist natürlicher, richtiger, und besser ange=
bracht, als folgendes Gleichniß, welches aus der Trau=
errede des Herrn Bossuet auf den Prinzen von Conde
genommen ist.

"Erkennet den Held, welcher, da er sich selbst be=
"ständig gleich ist, ohne sich zu erheben, um groß zu
"scheinen, und ohne sich zu erniedrigen um höflich und
"dienstfertig zu seyn, von Natur alles ist, was er
"gegen alle Menschen seyn soll; wie ein majestätischer
"und gutthätiger Fluß, der den Ueberfluß, welchen er
"über die Felder, indem er sie gewässert, ausgebrei=
"tet hat, ganz ruhig und stille in die Städte bringet;
"der sich einem ieden mittheilt, und nicht eher auf=
"schwillt, als wenn man sich dem allmäligen Hange,
"welcher ihn veranlasset, seinen Lauf im Stillen fortzu=
"setzen, mit Gewalt widersetzet. So war die Sanft=
"muth und die Stärke des Prinzen von Conde beschaf=
"fen.

Folgendes Gleichniß, welches aus der Lobrede des
Herrn Flechier auf den H. Ludwig genommen ist, wird
bey aller Einfalt, dennoch so wohl wegen seiner Rich=
tigkeit, als wegen seiner genauen Bestimmung, gefal=
len.

"Nichts ist so liebenswürdig, als die Kindheit der
"zur Regierung bestimten Prinzen, wenn sie Merk=
"maale eines glücklichen Naturells von sich blicken las=
"sen. Man wird an ihnen Strahlen der göttlichen
"Maiestät gewahr, welche von dem Schatten der
"menschlichen Schwachheit gemildert werden. Sie sind
"aufgehende Sonnen, welche die Augen ergötzen, und
"sie noch nicht blenden. Ein ieder suchet in ihrem
"Gesichte Anzeichen seines zukünftigen Glücks. Man
"glaubt in allen ihren kleinen Verrichtungen den Grund
"der

" der öffentlichen Hoffnung zu finden. Sie werden um
" ſo viel mehr geliebt, weil ſie nichts an ſich haben, das
" eine Furcht vor ihnen erregte; und ſie regieren um ſo
" viel ſtärker in den Herzen, weil ſie noch nicht in ihren
" Ländern regieren. "

Wenn ebendieſer Redner von der Mildthätigkeit der
Herzoginn von Aiguillon redet; ſo drucket er ſich alſo aus.

" Damals glich ihre Mildthätigkeit einem Strome,
" der aus einer lebendigen und waſſerreichen Quelle
" heraus kömmt, und durch einige fremde Bäche ver=
" gröſſert wird. Er tritt aus ſeinen Ufern, und ergieſt
" ſich über ſo manche trockne Felder. Wir wollen ohne
" Bilder reden. Damals geſchah es, daß ſie ihr eige=
" nes Allmoſen mit denienigen, welches ſie von andern
" erbethen und eingeſammlet hatte, vereinigte und dieſen
" verheerten Provinzen mit einer anſehnlichen Summe
" zu Hülfe kam. "

Nachdem ebendieſer Redner den Tod des Herrn von
Turenne beſchrieben hat; ſo beklagt er ſich, in der Hitze
ſeines Eifers, gegen Gott darüber, daß uns dieſer berühmte
Feldherr mitten unter ſeinen gröſten Thaten iſt entriſſen
worden, welches zu einem Gleichniſſe Gelegenheit giebt,
das eben ſo erhaben, als pathetiſch iſt.

" Warum, o mein Gott, wenn ich mich erkühnen
" darf, mein Herz vor dir auszuſchütten, warum verlie=
" ren wir ihn doch in der gröſten Noth, bey ſeinen wich=
" tigſten Unternehmungen, auf dem höchſten Gipfel
" ſeiner Tapferkeit, und bey der vollen Reife ſeines
" Verſtandes? War denn, nach ſo vielen der Unſterb=
" lichkeit würdigen Thaten, für ihn nichts ſterbliches
" mehr zu thun übrig? . . . . . Vielleicht hatten wir
" ein gar zu groſſes Vertrauen auf ihn geſetzt; und du
" ver=

„verbietheſt uns in deinem Worte, keinem fleiſchernen
„Arme zu vertrauen, und uns nicht auf Menſchenkin-
„der zu verlaſſen. Vielleicht iſt dieſes eine Strafe
„unſeres Hochmuths, unſeres Stolzes, und unſerer
„Ungerechtigkeit. Gleichwie aus den Gründen tiefer
„Thäler grobe Dünſte aufſteigen, woraus die Blitze
„entſtehen, welche auf die Berge herabfahren; alſo
„kömmt aus dem Herzen des Volks eine Bosheit, de-
„ren Beſtrafung du auf das Haupt ſeiner Regenten
„und Beſchützer kommen läſſet.“

Damit der Abt Poule die Vortheile der Tugend deſto beſſer zeigen möge; ſo bedienet er ſich folgendes ſchönen Gleichniſſes, welches eine aus der h. Schrift glücklich angewendte Stelle ungemein erhebt. Dieſes
Stück iſt aus der Rede genommen, welche bey der Ein-
kleidung der Gräfinn von Rupelmonde gehalten wurde.

„Wenn ein Frommer in die Geſellſchaften kömmt,
„welche von der Freude, der üblen Nachrede, der Ver-
„leumdung und Ruchloſigkeit belebet werden; ſo wer-
„den bey ſeiner Erblickung die angefangenen Reden
„unterbrochen; eine beſcheidene Mäſſigung nimmt die
„Stelle der Freyheit ein; die eingeſchläfferten Gewiſ-
„ſensbiſſe erwachen; die Schrecken des Chriſtenthums
„werden von den verſtockteſten Herzen empfunden; die
„Gottloſen werden ſelbſt Häuchler; das beſtürzte Laſter
„ſiehet ſich genöthiget, der überwiegenden Macht der
„Tugend, die es verdammet, nachzugeben; und alle
„Anweſende befinden ſich vor dem Diener Gottes in
„eben den Umſtänden, in welchen ſich Miſſethäter be-
„finden, die bey der Erblickung eines Richters, vor wel-
„chem ſie ſich fürchten, anfangen zu zittern. So mur-
„ren die Iſraeliten, in Moſis Abweſenheit wider ihren
„Heerführer. Sie vergeſſen des Gottes, den ihre Vä-
„ter

"ter angebethet hatten. Sie fragen nach fremden Göt-
"tern. Ein güldnes Kalb ist der Gegenstand ihrer
"Verehrung und Anbethung. Sie feyern ihre Treu-
"losigkeit durch lermende Lieder und unsinnige Tänze.
"Moses läßt sich sehen. Ein plötzliches Schrecken
"nimmt aller Herzen und Gemüther ein. Die bestürz-
"ten Ebräer beobachten ein tiefes Stillschweigen. Sie
"schämen sich ihrer selbst, und ihres Götzenbildes; und
"diese verwegenen Uebertreter, die sich nicht scheueten,
"den Zorn des Allmächtigen zu reizen, getrauen sich nicht
"die Annäherung und die Blicke seines Dieners zu er-
"tragen."

Der Herr von Beaujeu, Bischoff zu Castres, vergleichet auf eine sehr edle Art die Grösse Ludwigs des Vierzehnten, mit einer Ceder auf den Berge Libanon. Wenn
dieses Gleichniß nicht neu ist; so ist es doch wenigstens
auf eine prächtige Weise ausgedrückt.

"Dieser berühmte Monarch hat fast nichts unternom-
"men, das ihm nicht glücklich von statten gegangen wä-
"re und seine Unglücksfälle haben selbst weiter zu nichts
"gedienet, als seinen Ruhm zu erheben. Er gleich ei-
"nem Baume, der von dem schönsten Wasser der Na-
"tur befeuchtet wird, der auf der Spitze des Libanons
"einen geraden Stamm in die Höhe treibt, und sein stol-
"zes Haupt bis in die Wolken erhebet, den die Vö-
"gel des Himmels in Ehren halten, dem die kleinen
"Sträuche nicht gleichkommen, die stürmenden Winde
"nicht erschüttern, die ausgetretenen Flüsse nicht mit fort
"reissen, die Sonnenstralen nicht beschädigen, und die
"Unbeständigkeit der Witterung nicht verderben kön-
"nen? dessen Fruchtbarkeit nicht kann zurücke gehalten
"werden, und dessen Blätter wegen des kühlen Schat-
"tens, und des Nutzens, den sie verschaffen, gleichwie
"wegen des Geruchs, den sie von sich geben, die köstli-
"chen

"chen Früchte der andern Bäume weit übertreffen. So
"schien der König über die übrigen Menschen, gleichwie
"über die glücklichen und unglücklichen Begebenheiten er-
"heben zu seyn; und er war deswegen noch glücklicher,
"weil er eine so seltene Glückseligkeit wohl anzuwenden ge-
"wußt, als weil er sie verdienet hatte. "

Wer Witz und Verstand sucht, wird ihn in folgendem Stücke antreffen, in welchem der Abt Mongin, ein
Mitglied der Französischen Academie, mit eben so viel Kunst,
als Delicatesse, Ludwig den Vierzehnten, den Ueberwinder, mit dem sterbenden Ludwig vergleichet. Diese beyden Charaktere sind, unserer Meynung nach, einander
sehr schön entgegen gesetzt.

"Was ist diese ganze Ehre, wenn sie an dem Orte,
"wo ich mit euch zu reden die Ehre habe, mit den Augen des
"Glaubens betrachtet, und besonders mit der Stärcke
"und Herzhaftigkeit, welche wir hier bewundern, ver-
"glichen wird? Dort demüthiget er, indem er Schlach-
"ten gewinnet, seine Feinde; hier, wo er von der mäch-
"tigen Hand des Todes ist gedemüthiget worden, unterstü-
"tzet ihn seine Hoffnung, und entziehet sein Herz diesen
"heftigen Streichen. Dort führet er einen blutigen
"Krieg um eines unglücklichen Königes willen, den
"man unverdienter Weise vom Throne gestoßen hat;
"hier, wo er selbst des Throns, und aller Sachen berau-
"bet ist, errettet seine Herzhaftigkeit seine Tugend aus
"den Trümmern seiner Größe. Dort wird die Gefahr von
"der Hitze, die ihn fortreißt, verdeckt; hier liegt die Ge-
"fahr wegen der Beschaffenheit des Uebels, dem nicht
"mehr abzuhelfen ist, deutlich vor Augen. Dort strei-
"ten mehr als hundert tausend Arme, um ihn zu ver-
"theidigen; Hier ist er allein, und wird nur von sei-
"ner Tugend unterstützet. Und wider wen? Wider
"alle höllische Mächte; wider den Feind seiner Selig-
"keit

„ keit, welcher der ſchrecklichſte unter allen, und der ein-
„ zige iſt, vor welchem er ſich iemals gefürchtet hat;
„ wider eine glänzende Krone, die ſich ihm entziehen
„ will; wider bezauberte Palläſte, die er verlaſſen
„ muß; wider das Sonnenlicht, das in Anſehung
„ ſeiner auf immerdar den Schein verlieren will; wi-
„ der die Schrecken der Nacht des Grabes, in wel-
„ ches er bald hinabſteigen wird; wider einen ganzen
„ bekümmerten Hof, den ſeine Pracht und ſeine Wohl-
„ thaten ſo herrlich und prächtig gemacht hatten; der
„ ſich allzeit nach ſeinem Willen richtete; der ihm ſo zu
„ gefallen ſuchte; der, ihm zu dienen, ſo begierig, und
„ wegen ſeiner Blicke ſo eiferſüchtig war; der von ſei-
„ nen Tugenden ſo gereizet, und von ſeiner Krankheit
„ ſo gerühret wurde; und wider ſo viele Prinzen und
„ Prinzeſſinnen, welche in Thränen zerflieſſen, ohne daß
„ ſie ihm iemals eine Klage, oder einen Seufzer aus-
„ preſſen können. Ich irre mich, meine Herren, er hat
„ eine Zähre vergoſſen. Die Natur und die Zärtlich-
„ keit hatten ſie ſeiner Herzhaftigkeit abgelocket; und
„ dieſe, welche unwillig darüber wird, befindet ſich da-
„ durch beleidiget, als von einer Schwachheit, die er
„ vor Gott bereuet, und ſich deswegen vor ihm demü-
„ thiget. Schäme dich nur, groſſer König, dieſer koſt-
„ baren Thräne nicht, du biſt ſie allen denen ſchuldig,
„ welche ſo viele Prinzen von deinem Stande um dei-
„ netwillen vergieſſen. Du nimmſt auf immer und ewig
„ von ihnen Abſchied; du umarmeſt ſie zum letztenma-
„ le; und du bedaureſt eine Thräne, die ſie insgeſammt
„ wegen der zärtlichen Ehrerbietung, die ſie allzeit gegen
„ dich geheget, und wegen der angenehmen und koſtba-
„ ren Einigkeit, die du ihnen empfiehleſt, und welche ſie
„ itzt zu unſerem Glücke ſo wohl zu erhalten ſuchen,
„ ſchadlos halten würde! "

Es iſt uns nichts ſinnreichers, delicaters, und er-
bau-

baulichers bekannt, als folgendes Stück, in welchem
der Abt des Jardins eine Abschilderung von der Wie-
derherstellung der Religion zu den Zeiten des h. Ludwigs
macht. Die Schreibart ist lebhaft, zierlich, und
bilderreich.

"Ich sehe die Tochter Zion, die seit gar zu langer
"Zeit den Töchtern zu Tyro glich, welche von ihren
"Feinden verspottet wurden, wie die Morgenröthe aus
"der Finsterniß heraus kommen, ihren ehmaligen Glanz
"wieder erhalten, die Zierathen ihrer Ehre wieder an
"sich nehmen, und sich in einen neuen Schimmer zei-
"gen. Ja, meine Herren, unter der Regierung, und
"vor den Augen des gottesfürchtigen Monarchen, er-
"hält der so lange Zeit von den Finsternissen des Ir-
"thums verdunkelte Glaube, alle seine Kraft und seinen
"völligen Glanz wieder; die so lange vernachlässigte
"Zucht bekömmt ihre heiligsten Rechte wieder, welche
"bisanhero nicht geachtet, und fast unter die Füsse ge-
"treten worden. Die in die Dunkelheit und Einsam-
"keit verwiesene Tugend siehet sich auf die Richter-
"stühle gesetzt. Die Gottesfurcht vereiniget sich mit
"der Gerechtigkeit, das Volk zu richten. Die bestürz-
"te Ruchlosigkeit schweigt stille; und die Bundeslade
"befindet sich mit aller ihr gebührenden Majestät mitten
"in Israel. Wenn ihr mich fraget, wovon diese
"Wunder herrühren; so werde ich euch antworten,
"dieses sind die Früchte der Religion des h. Ludwigs.
"Ich werde zu euch sagen, von dem Throne, auf wel-
"chem er saß, giengen Strahlen eines hellen Lichtes
"heraus, die den schwarzen Dampf vertrieben, wel-
"cher sich selbst von dem Heiligthum über den ganzen
"Staatskörper ausbreiteten."

Der Abt de la Tour vergleicht auf eine sinnreiche
Art die Ordnung und Eintheilung der Pflichten des
B 3   Klo-

Klosterlebens mit einem Fluße. Die Kunst des Redners zeigt sich vornämlich in der Veränderung der Schat-
tirungen, in der Anbringung der Zierathen, in der
Zierlichkeit des Ausdrucks, und in der Anmut der
Bilder.

"Sehet ihr wohl diesen schönen Fluß, der auf eine
"majestätische Weise fortrauschet. Hier scheinet sich
"sein Wasser, welches sich durch unzählige Krümmen
"schlängelt, auf den Feldern, die es fruchtbar macht,
"zu vermehren. Dort stellet es, bey einer grossen
"Stille, als ob es auf einmal in seinem Laufe wäre
"aufgehalten worden, in einem getreuen Spiegel die
"Gegenstände her, die seine Ufer ausschmücken. Bald
"läuft es murmelnd zwischen den Steinen hin, und
"ladet den müden Wandersmann ein, der angeneh-
"men Ruhe zu geniessen. Bald stürzet es sich von
"einen hohen Felsen herab, und scheinet sich wieder
"seinen Willen ein Grab zu bereiten. Bisweilen ist
"es in einen engen Canal eingeschossen, und eilet ge-
"schwind, sich in das Meer zu stürzen. Oftmals
"fliesset es in einem weit breiten Bette, und legt seine
"Reichthümer auf eine prächtige Weise vor die Augen.
"Geht es durch einen dicken Wald; so entziehet es den
"Augen der Sterblichen alle seine Schönheiten. In
"einer grossen Wüste, wo es unbekannt ist, sucht es
"dieselben vergeblich sehen zu lassen. Läuft es an den
"Mauern einer Stadt hin; so wird es von vielen
"Zuschauern bewundert. So sind die Begebenheiten
"des menschlichen Lebens bey ihren unaufhörlichen Ver-
"änderungen, und ihrer beständigen Abwechselung be-
"schaffen. Sie gleichen einem Flusse, der immer
"fortfliesset, und bey seinen verschiedenen Zuständen all-
"zeit ebenderselbe ist. Die Eilfertigkeit oder die allzugrosse
"Menge seiner Wellen, machen bisweilen einen aus-
"getretenen Strom aus ihm, der alles verwüstet. Der
"uner-

"unerschöpfliche Reichthum seiner Quelle, die regel-
"mäßige Einförmigkeit, seines Laufes, und die be-
"ständige Vertheilung seines Wassers, machen seinen
"Vorzug und seine Schönheit aus. Wenn ihr den
"majestätischen Lauf eines Flusses bewundert, werdet ihr
"wohl von dem stillen Laufe eines kleinen Baches we-
"niger gerühret werden? Sehet, wie sein klares
"Wasser, entweder in einem angenehmen Gebüsche,
"oder auf einer Wiese, die mit Blumen geschmücket
"ist, welche sich von seiner Erfrischung aufthun, über
"die Kieselsteine hinrollet, oder ganz langsam über
"den Sand fortschleichet. Bey seinem Murmeln ist
"nichts brausendes, bey seinem Falle nichts übereiltes,
"bey seinem Laufe nichts reissendes, und in der Dun-
"kelheit und Tiefe seines Wassers nichts verdächtiges.
"Bey der unermeßlichen Breite seines Bettes, oder
"bey der unendlichen Länge seines Laufes, oder bey
"der schrecklichen Heftigkeit seiner Bewegungen, ent-
"gehet er den Augen nicht. Man siehet ihn ganz und
"gar, man folget ihm nach, ohne zu ermüden. Man
"liebet ihn gewissermaassen mehr, als man ihn bewun-
"dert. Er liebkoset, ohne in Erstaunung zu setzen.
"Er bezaubert, ohne heftig zu rühren. Da er bey
"seinem einförmigen Anblicke immer anders ist; so ge-
"fällt und belustiget er zu eben der Zeit, da er eine
"angenehme Mattigkeit einflösset, und in dem Herzen
"eine stille Ruhe unterhält. So sind die Uebungen
"des Klosterlebens bey ihrer einförmigen Folge und
"Abwechselung beschaffen. Von der Art ist der stille
"und ruhige Wandel einer Tochter des Franz von
"Sales. Eine iede Uebung hat ihren bestimmten
"Augenblick, und ein ieder Augenblick hat seine Ue-
"bung."

Ebendieser Redner vergleicht in einer Predigt, von
der Geburt der Jungfrau Maria, diese Mutter des

Hey-

Heylandes mit der Morgenröthe, die er mit den ſchön=
ſten Farben, und mit einer Uebereinſtimmung abſchildert,
welche zu den feinen Ideen noch etwas hinzuzuſetzen
ſcheinet.

„ Der ungeduldige Wandersmann gehet in der Nacht
„ nicht weiter fort, ſiehet mit Freuden in der Morgen=
„ demmerung, welche anfängt weiß zu werden, den
„ Tag, welchen er wünſchet, und das Geſtirn, wel=
„ ches ihn erleuchten ſoll, aufgehen. Die Morgen=
„ röthe iſt eine Vermiſchung von Licht und Finſterniß.
„ Sie iſt ein angehendes Licht, welches ſich in einer
„ düſtern Nacht entzündet, und ſie nach und nach zer=
„ ſtreuet. Es ſind die erſten Grundfarben eines Malers,
„ welche durch unvermerkte Schattierungen ihre voll=
„ kommene Lebhaftigkeit erlangen. Es iſt ein ſchwacher
„ Funke, denn man in der Ferne leuchten ſiehet, und
„ welcher, da er ſich immer mehr nähert und ausbrei=
„ tet, endlich den ganzen Geſichtskreis erleuchtet. In=
„ dem dieſes angenehme Wachsthum die Augen zu den
„ hellglänzenden Strahlen der Sonne vorbereitet; ſo
„ macht es ihnen ein angenehmes Vergnügen, und ver=
„ ändert alle Augenblicke den Schauplatz der Welt.
„ So iſt die Maria dunkel in ihrer Wiege, und glän=
„ zend in ihren Vorfahren; dunkel bey ihrer Armuth,
„ und glänzend bey ihrem Schickſale; dunkel bey den
„ innern Gnaden, die ſie erhält, und glänzend bey
„ den äuſſerlichen Bildern, die ſie verkündigen; dunkel
„ in den Augen der Menſchen, und glänzend in den
„ Augen der Engel; dunkel in ihren eigenen Augen aus
„ Demuth, und glänzend in den Augen Gottes, we=
„ gen ihrer Tugenden. Wir haben nicht nöthig die
„ Jahrbücher der Welt aufzuſchlagen, um ihre Gröſſe
„ zu zeigen, ſie kündiget ſich ſelbſt zur Gnüge an, und
„ bereitet unſere Augen und unſere Gemüther zu der
„ hellglänzenden Sonne vor, die ſie unter ihrem Herzen
„ trägt

„trägt, und welche die ganze Welt erleuchten soll. „Quasi aurora consurgens.”

Man erkennet den Pinsel des Herrn Bossuet in folgendem Gleichnisse, welches aus der Trauerrede genommen ist, die der Herr Fromenticres auf die Anna von Oesterreich gehalten hat. Welche Hoheit! Welche Scharfsinnigkeit! Was für eine männliche und nachdrückliche Schreibart!

„Ein gewisses Ungewitter, dem die Minderjährig„keit der Prinzen zu allen Zeiten ist ausgesetzt gewesen; „eine gewisse Unordnung und Verwirrung, die den „Verstand der weisesten Männer verderbte, mitten im „Staate entstund, und sich gar bald als eine anstecken„de Seuche ausbreitete, wiedersetzte sich den vortheil„haften Anschlägen desjenigen Geistes, der uns regier„te, hinderte unsere Königinn, über unsern Gesichts„kreise, in den Tagen ihrer Regentschaft, die Gerechtig„keit und den Ueberfluß des Friedens aufgehen „zu lassen, und legte ihr die harte Nothwendigkeit „auf, den Krieg zu dulten. Die Königinn will eine „fremde Spaltung unterdrücken, und muß eine innerliche „mit ansehen. Sie will ihren Unterthanen Ruhe ver„schaffen, und siehet sich genöthiget, die Macht und „das Ansehen ihres Sohnes, der ihren Händen als „ein Heiligthum anvertrauet worden, wieder einen „Theil seiner eigenen Unterthanen zu vertheidigen „. . . . . . So bald sich aber das unruhige Meer „dieses Staates, welches seiner eigenen Bewegungen „überdrüssig geworden war, wiederum in seine natür„lichen Grenzen zurücke begeben, und derjenige, der „den Winden erlaubet, den Sturm zu erregen, ihnen „besohlen hatte, sich zu legen und zu schweigen; so „wendete die Königinn, welche bey dem schimpflichen „Betragen die Liebe zu ihren Unterthanen nicht abgelegt

„hatte,

"hatte, allen Fleiß an, Frankreich den Frieden zu ver-
"schaffen . . . . . Stellet euch also einen von den un-
"geheuern Flüssen vor, dergleichen sich einer in Spa-
"nien befindet, deren Wasser, da es in Begriffe ist,
"durch ein Land zu fliessen, statt des Bettes einen Ab-
"grund antrifft, in welchen es sich verbirgt, und mit
"Ungestüm hineinstürzet, und allererst zwanzig bis
"dreyßig Meilen davon, iedoch mit weit mehrerer
"Pracht und Herrlichkeit wiederum zum Vorscheine
"kömmt. Dieses ist, wie mich dünkt, ein Bild von
"dem Frieden, den uns die Anna von Oestreich wäh-
"rend ihrer Regierung geniessen lassen. Denn ob sie
"sich gleich von Anfange ihrer Regentschaft an vorge-
"nommen hatte, uns demselben zuverschaffen; so hat
"sie doch wegen eines Unglücks, welches wir niemand
"anders, als uns selbst zuschreiben können, ihre lobens-
"würdigen Absichten nicht eher, als gegen das Ende
"ihres Lebens, erreichen können. Weil aber dieser
"Friede wegen der hohen ehlichen Verbindung unsers
"grossen Königes, mit der durchlauchtigsten und tugend-
"haftesten Prinzessinn von der Welt, im Grunde weit
"herrlicher war, als er im Anfange der Regentschaft
"würde gewesen seyn; so fehlet nicht viel, daß wir
"nicht unsere Verbrechen bey solchen Umständen für
"glücklich halten."

Dieses andere Gleichniß, welches aus einer acade-
mischen Rede entlehnet worden, ist ganz unstreitig
voller Witz, Feuer und lichter Züge. Man wird in
demselben eine richtige Beurtheilung gewahr, die von
den distillirten Ideen frey ist, welche dem Wahren den
Schein des Falschen geben.

"Gehet die Geschichte aller Völker durch, die sich
"auf dem Schauplatze der Welt berühmt gemacht ha-
"ben. Untersuchet, worinnen das herrliche Schick-
"sal

"ſal beſtanden hat, und worinnen noch heute zu Tage
"der Ruhm der Griechen uud Römer beſtehet, wel-
"chen wir die Errichtung der erſten Academien zu dan-
"ken haben. Von was für einer ganz andern Beſchaf-
"ſenheit hingegen das Glück ſo vieler anderer Völker
"geweſen iſt, die weiter nichts, als zu ſtreiten und zu
"ſiegen gewuſt haben. Da ſie wegen ihrer barbari-
"ſchen Unwiſſenheit weit fürchterlichere Krieger, als
"wegen ihrer Waffen waren; ſo dachten ſie weiter an
"nichts, als wie ſie die Künſte und Wiſſenſchaften aus-
"rotten, und ſtolze Herrſchaften aufrichten möchten,
"welche die Zeit gar bald zu Grunde gerichtet hat.
"Ihr Reich, ihr Name, ihre Sprache, alles iſt eben
"ſo, wie ſie, untergegangen. Sie ſind, wie die wü-
"thenden Feuersbrünſte vergangen, und ſo gleich ver-
"loſchen, als ſie aufgehöret haben, etwas zu unterneh-
"men; oder wie reiſſende Ströhme, welche, nachdem
"ſie die Felder verwüſtet, weiter nichts, als kleine
"Bäche ſind, die von den Reiſenden kaum wahrgenom-
"men werden. Sie haben nur elende Trümmern,
"und Nachkommen, die ihres Namens nicht würdig
"ſind, hinter ſich gelaſſen."

Man kann die Standhaftigkeit Ludwigs des Vierzehnten, zur Zeit ſeiner Widerwärtigkeiten, auf keine
edlere Art vorſtellen, als es der Abt Tallemand in folgendem Gleichniſſe gethan hat, welches man gewiß
nicht mit gleichgültigen Augen anſehen wird.

"Was für ein ſchöner Anblick iſt es nicht, wenn man
"ſiehet, wie ſich Ludwig unter die Hand Gottes demü-
"thiget, und wie er die Widerwärtigkeiten, als ein
"Held, ſtandhaft erträgt. Gleichwie, wenn ein Schiff von
"einem ſchrecklichen Sturme hin und her geworfen
"wird, die erſchrockenen Bootsleute ihre Blicke beſtän-
"dig auf einen erfahrnen Steuermann richten; alſo

A 4   "hat-

”hatten auch die mit Recht erſchrockenen Hofleute ihre
”Augen auf Ludwigen gerichtet, um es ihm anzuſehen,
”was ſie zu hoffen, oder zu fürchten hätten.   Allein
”ihr wiſſet es, meine Herren, wurde wohl ſeine heite=
”re Stirne iemals von der geringſten Wolke verdunkelt?
”Bey allen ſchrecklichen Nachrichten, die er erhielt,
”verſtattete er allzeit den Zutritt.   Er war freundlich
”und gelaſſen, wie er es bey ſeinen gröſten Glücksum=
”ſtänden geweſen war.   Sein unerſchrockener Muth
”ſtellte uns zufrieden, und lies uns Hülfsmittel hoffen,
”die wir weder vorherſehen, noch uns vorſtellen konn=
”ten.”

Nachdem der Herr Ballet im folgendem Stücke den
Charakter der Jugend geſchildert hat; ſo macht er eine
Vergleichung, welche, ob ſie gleich nicht ſinnreich, den=
noch die Eigenſchaft hat, daß ſie natürlich iſt. Sie iſt,
wegen ihrer Richtigkeit und Wahrheit, ſehr geſchickt,
die Ideen, welche ſie begleitet, zu unterſtützen, und
ihnen eine Stärke zu verſchaffen.

”Man bekömmt in der Jugend Eindrücke, die ſich
”faſt niemals wieder verlieren.   Die Jugend iſt der
”Beyſpiele fähig, und diejenigen, welche ſie oft vor
”den Augen hat, ſind faſt allzeit ihre Muſter.   Da ſie
”keine Erfahrung hat; ſo nimmt ſie alle Meynungen
”an.   Da ſie unbeſtändig iſt; ſo haben die Dinge,
”welche neu ſind, in Anſehung ihrer einen gewiſſen
”Reitz.   Da ſie begierig nach Ergötzlichkeiten trachtet;
”ſo gefällt ihr alles, was ihre Neigungen begünſtiget.
”Da ſie unvorſichtig iſt; ſo fällt ſie gar leicht in die
”Fallſtricke, die man ihr legt.   Da ſie einem Schiffe
”auf der offenbaren See gleichet; ſo folget ſie, wohin
”ſie ihre Leidenſchaften führen.   Da ſie eben ſo unbe=
”ſtändig, als der Sand iſt; ſo nimmt ſie die Geſtalt
”an, die man ihr giebt.   Da ſie ſo zart, als ein iun=
”ges

"ges Bäumchen ist; so biegt sie sich, wie man es ha=
"ben will. Eine zärtliche Miene rühret sie. Ein
"Schein der Aufrichtigkeit überredet sie. Der gering=
"ste Glanz der Grösse und Hoheit blendet sie. Die
"Hoffnung, einiges Vergnügen zu geniessen, locket
"und fesselt sie."

Das Genie leuchtet aus folgenden prächtigen Ver=
gleichungen hervor, welche aus der Trauerrede genom=
men worden, die der Vater de la Neuville auf den Car=
dinal von Fleury gehalten hat, um die Klugheit eines
Staatsministers bey der Einsicht in die Staatsgeschäfte,
und seine Geschäftigkeit sie auszufertigen, lebhaft abzu=
schildern. Sie sind voll von den lichten und erhabenen
Zügen, die von einer Einbildungskraft herrühren,
welche alles in ein Licht zu setzen und auszuschmücken
weis.

"Gleichwie in dem Reiche der Wissenschaften diese
"Genies eben so weit über den klugen Mann erhaben
"zu seyn scheinen, als es der kluge Mann über den Pöbel
"ist; diese Männer, deren lebhafte, fruchtbare, und er=
"habne Einbildungskraft, ohne Mühe die glücklichen
"Wendungen, die lebhaften und artigen Betrachtungen,
"die kühnen Züge, das Grosse, das Rührende, und das
"Erhabene, welches entzückt, hinreißt, und bezaubert,
"hervorbringt; die Annehmlichkeiten ihrer Schreibart
"haben, als einfältige und natürliche, edle und erhabne
"Annehmlichkeiten, allen Schmuck und alle Zierathen
"der Kunst, und hingegen nichts gezwungenes und scla=
"visches an sich; man merket es nicht, daß sie Mühe und
"Arbeit gekostet haben: Also schien auch in dem Reiche
"der Geister, welche bestimmt sind, die Triebfedern ei=
"nes Staats zu regieren, der Cardinal von Fleury über
"andere erhaben zu seyn. Die Entwürfe kommen ihm
"so vor, als ob sie so zu sagen, schon untersucht und in die

"Ord=

„Ordnung gebracht; die Staatsgeſchäfte, als ob ſie aus
„einander geſetzt und entwickelt; und die Schwierigkei-
„ten, als ob ſie gehoben und überwunden wären. Man
„hat ihn, ohne ſich dazu vorbereitet und geſchickt ge-
„macht zu haben, die wichtigſten Ausfertigungen, mit
„einem Ueberfluſſe und einer ſo ſchnellen Folge von Ge-
„danken, in den richtigſten und auf das genaueſte beſtimm-
„ten Ausdrücken, und mit einer ſolchen Verbindung
„und einem ſo genauen Zuſammenhange der Begebenhei-
„ten und Urtheile, in die Feder dictiren ſehen, als ob er ei-
„nen Aufſatz läſe, der mit dem größten Nachdenken ver-
„fertiget worden. Wird er bey dieſer Arbeit von ei-
„nem unvermutheten Zufalle unterbrochen; ſo richtet er
„ſeine Gedanken auf eine neue Sache, ohne die erſte zu
„verlaſſen. Sein Geiſt breitet ſich aus, wie es die Umſtän-
„de erfordern. Die Gedanken mehren ſich, ohne ſich
„unter einander zu vermengen; oder er verläßt vielmehr
„die erſten Gedanken? er giebt ſich keine Mühe, ſie zu
„behalten, weil er ſie nicht zu verlieren befürchtet. Iſt
„er wiederum ſich ſelbſt gelaſſen; ſo betritt er ſeinen vo-
„rigen Weg, ohne ſich genöthiget zu ſehen, zurücke zu
„kehren, und ohne der Gefahr unterworfen zu ſeyn, ent-
„weder das, was er bereits geſagt hat, nochmals zu ſa-
„gen, oder das, was er noch nicht geſagt hat, wegzulaſ-
„ſen . . . . . .

Und weiter unten.

„Die mißtrauiſcheſten und aufmerkſamſten Staats-
„männer laſſen nur gar zu oft eine Sache errathen,
„wenn ſie dieſelbe nicht verrathen; ſie zeigen wenigſtens
„ihr Geheimniß an, wenn ſie es nicht offenbaren; ihre
„Entwürfe, ihre Furcht und ihre Hoffnung laſſen ſich
„aus ihren Mienen, und ſo gar aus ihrem Stillſchwei-
„gen ſchlieſſen. Vergeblich werdet ihr das Staatsge-
„heimniß in dem Geſichte des Cardinals von Fleury ſu-
„chen

„chen. Wenn man den Zuſtand des Schiffs nach dem,
„was der Steuermann thut, beurtheilet; ſo befindet es
„ſich auf einem Meere, daß auch nicht von dem ge-
„ringſten Winde beunruhiget wird. Es wird ganz
„leiſe von dem Lauffe eines Fluſſes fortgeführet, deſ-
„ſen Waſſer eine einförmige Bewegung hat. Was
„der Cardinal von Fleury vor dem Verdachte, oder
„vor den Muthmaſſungen der Neugierigkeit verheelen
„will, das vergißt er, ohne es zu vergeſſen. Sein
„Gedächtniß thut ſich auf, um es zu empfangen; es
„verſchließt ſich, um es nicht eher wieder heraus zu ge-
„ben, als bis er es wird haben wollen. Da er ſich
„alſo der Laſt des Geheimniſſes entlediget hat; ſo iſt
„er ſo wohl von der Gefahr, es zu ſagen, als auch
„von der Sorge, es zu verſchweigen, frey.‟

Der Vater Geoffroi, ein Jeſuit, zeigt die ganze
Stärke ſeiner Beredtſamkeit in folgendem ſchönen Gleichniſſe, das aus einer lateiniſchen Rede auf die Wieder-
geneſung Ludwigs des Funfzehnten genommen iſt. Dieſe Rede funkelt von Schönheiten; überhaupt aber fehlt es
ihr an der Ordnung. Der Redner kömmt, ohne die
Regeln ſeiner Kunſt genau zu beobachten, von einer
Sache geſchwind auf die andere, indem er die Anord-
nung der Abwechſelung, und die Methode dem Ueberfluſſe aufopfert.

„Stellet euch die traurige und betrübte Jahreszeit
„vor, welche nur deswegen auf die andere zu folgen
„ſcheinet, damit ſie ihre Reichthümer verſchlingen mö-
„ge. Wenn ſie ihre Strenge über den Erdboden aus-
„übet, was für eine ſchauerliche Schwachheit und
„Mattigkeit wird man nicht in der ganzen Natur ge-
„wahr! Sie verlieret ihre Farbe, ihre Kräfte nehmen
„ab, ſie behält nicht einen einzigen von ihren Zügen.
„Ihre Pracht vergehet mit der Pracht ihrer Blumen.
„Das

”Das Abfallen der Blätter verkündiget den Verfall
”ihrer Zierathen. Ihr Handel und Wandel wird mit
”dem Laufe der Flüſſe unterbrochen. Ihre Wärme
”nimmt mit dem Scheine der Geſtirne ab. Da ſie
”ſich ſelbſt überleben muß; ſo kennet ſie ſich nicht mehr,
”und das Weltgebäude, der Schauplatz ihrer Ehre,
”iſt nur noch ihr Grab. Woher rühret dieſe allgemei-
”ne Verwüſtung? Die Sonne, als die Seele der
”Welt, hat ſie verlaſſen, und alles, was von ihrem
”Feuer belebet und ausgeſchmücket wurde, verſchwin-
”det zugleich mit ihr. Aber das Schrecken der ſchau-
”erlichen Nacht, welche auf die ſchönſten Tage folget,
”hat nichts an ſich, das mit derienigen könnte in eine
”Vergleichung geſtellet werden, deren betrübte Schat-
”ten ſich über ein ganzes Reich ausbreiten, wenn es
”ſeinen König verlohren hat, der in ſeiner Sphäre, und
”unter ſeinem Volke, das Bild der Sonne iſt, gleich-
”wie die Sonne ſelbſt am Himmel die Königinn der
”Geſtirne zu ſeyn ſcheinet. Konnte ſich wohl das Volk
”ſchöne und heitere Tage verſprechen, nachdem es des-
”ienigen beraubet worden, deſſen Glanz die Finſterniß
”vertreibet, und die Wolken entfernet? Von was für
”einem Lichte will die Erde bey dieſer ſchrecklichen Ver-
”finſterung des Urhebers des Lichtes ſelbſt erleuchtet
”werden? Würden wohl noch einige Quellen des Le-
”bens in einem ſchwachen Leibe übrig geblieben ſeyn,
”den der Geiſt verlaſſen hätte, welcher die Seele deſ-
”ſelben war, und alle ſeine Theile durch ſeine erwär-
”mende Kraft erhielt? Wir würden zwar dieſen Mo-
”narchen in dem iungen Prinzen, dem Erben ſeines
”Throns und ſeiner Tugenden, wieder gefunden ha-
”ben. Aber was für einen Tag würde alsdenn dieſes
”aufgehende Geſtirn verbreitet haben, deſſen erſte
”Strahlen, nachdem ſie in dem düſtern Grabe ſeines
”Vaters verdunkelt worden, indem ſie unſere Hoff-
”nung erweckt, zugleich unſer Betrübniß, und den all-
”ge-

"gemeinen Schmerz, durch die Erblickung und Em=
"pfindung des sinnigen, vermehret hätten? Würde
"wohl Ludwig, dieses hellglänzende Gestirn, durch den
"Glanz, oder die Wirkung der kleinern Sterne, die
"es umgeben, haben können ersetzet werden? Ein
"ieder von denselben hatte sein Licht; aber ein von
"der Sonne entlehntes Licht, ein schwaches und unge=
"wisses Licht, welches bey der Abwesenheit desienigen,
"so es mittheilet, ohne zu erleuchten, glänzet, am
"Himmel zwar kann gesehen werden, aber der Erde
"nichts hilft, und eben so gut, als die Finsternisse,
"ankündiget, daß die Nachtzeit herbey gekommen
"ist."

Alles ist in folgendem Stücke lobenswürdig, wel=
ches aus einer Predigt genommen worden, die der Va=
ter Segaud, ein Jesuit, vom Tode gehalten hat.
Ausser der zierlichen, deutlichen und reinen Schreibart,
rühret es noch durch den Gegenstand, die Salbung,
und Gründlichkeit der Betrachtungen.

"Das Leben des Menschen mag so kurz seyn, als es
"nur immer will; so bestehet es aus Tagen, die verge=
"hen; aus Stunden, welche verlaufen; und aus
"Handlungen, die auf einander folgen. Ihre Dauer
"verschwindet, ihr Andenken verlischt, und ihr Be=
"trübniß nimmt ab. Sie sind, nach dem Ausspruche
"der h. Schrift, wie das Wasser in einer beständigen
"Bewegung, welche verhindert, daß ein Frommer den
"Koth und Schlamm, den sie unten auf dem Boden
"mit sich fortführen, nicht gewahr wird. Aber der Tod
"bringet alles, was die Zeit entfernet hatte, wiederum
"herbey. Er vereiniget alles, was sie getrennet hat=
"te; und bringet alles, was sie hatte vergessen lassen,
"wiederum in das Gedächtniß. Er ist das Echo des
"Lebens, wo alles Geschrey des Gewissens wiederschal=
"let

" let.   Er iſt das Bild deſſelben, welches alle Züge
" des geführten Wandels wieder herſtellet.   Er iſt der
" letzte Auftritt deſſelben, in welchem ſich endlich alle
" Intriquen der Leidenſchaften entwickeln. "

Der Herr de la Viſclede, beſtändiger Secretär der
Academie zu Marſeille, vergleichet in einer Rede, die
im Jahre 1725. von der franzöſiſchen Academie den
Preis erhalten hat, auf eine eben ſo ſcharfſinnige, als
genaue Art, die Tugenden der Philoſophen mit einer
vergifteten Quelle.

" Was waren die Tugenden der Philoſophen, iener
" vom Stolze aufgeblaſenen Männer, die das Alter-
" thum mit dem Namen der Weiſen beehret, und ge-
" gen welche es eine Ehrerbietung hat blicken laſſen, die
" der Abgötterey gleichet? . . . . . Es waren ſtolze Tugenden,
" eigennützige Tugenden, Tugenden, die mit dem Gifte ih-
" res unglücklichen Urſprunges angeſtecket ſeyn muſten ;
" gleichwie Waſſer, die aus einer vergifteten Quelle kämen,
" dennoch alles Gift derſelben behalten würden, ob ſie
" gleich von der Kunſt tauſend verſchiedene Geſtalten
" erhalten hätten, die den Augen den reitzendeſten An-
" blick zeigten.   So waren die Blendwerke der ver-
" meynten Weiſen der vergangenen Jahrhunderte be-
" ſchaffen.

Sie-

Siebentes Hauptstück.

Anreden

und

Ausrufungen.

Die Anrede giebt der Beredtsamkeit ein Leben. Sie ist eine Figur, vermöge welcher der Redner seine Rede auf einmal unterbricht, um sie gerade, entweder an eine gegenwärtige oder abwesende, lebendige oder todte Person, oder auch an leblose und wohl gar metaphysische Dinge, zu richten.

Die Ausrufung kömmt der Anrede sehr gleich, und setzt voraus, daß der Redner die Stimme auf einmal bey einer heftigen Bewegung des Betrübnisses, des Verlangens, des Unwillens, der Erstaunung, oder des Schmerzes erhebt. Diese beyden Figuren sind sehr geschickt, die Leidenschaften zu erregen; sie müssen aber aus der Sache selbst entstehen, und die Kunst muß den Gebrauch, die Ordnung und Vertheilung derselben einrichten. Sie werden abgeschmackt und verdrießlich, wenn man seine Zuflucht alle Augenblicke zu ihnen nimmt, wenn man sich ihrer zur Unzeit bedienet, und wenn sie nicht durch starke, lebhafte, rührende und hohe Gedanken erhoben werden.

Der Herr Bossuet macht, bey Gelegenheit der Bombardirung der Stadt Algier, folgende rührende Anrede, in der Trauerrede auf die Maria Theresia von Oesterreich.

"Vor

”Vor ihm (Ludwig dem Vierzehnten) grenzte Frank-
”reich, welches fast gar keine Schiffe hatte, vergeblich an die
”beyden Meere; itzo aber sind sie, von dem Aufgange der
”Sonne an, bis zu ihren Untergange, mit unsern sieg-
”reichen Flotten bedeckt, und die französische Kühn-
”heit verbreitet das Schrecken allenthalben mit
”dem Namen Ludwigs. Du von der Beute der Chri-
”sten reich gewordenes Algier, du wirst entweder nach-
”geben, oder von diesem Ueberwinder gedemüthiget
”werden. Du sprachst in deinem Herzen: Ich herr-
”sche über das Meer, und die Völker werden mir zur
”Beute. Du verliessest dich auf deine leichten Schif-
”fe; aber du wirst in deinen Mauern angegriffen wer-
”den, wie ein Raubvogel, den man zwischen seinen
”Felsen, und in seinem Neste aufsucht, wo er seinen
”Raub mit seinen Jungen theilet. Du giebst bereits
”deine Sclaven wieder. Ludwig hat die Fesseln zerris-
”sen, mit welchen du seine Unterthanen beschweretest,
”die gebohren sind, daß sie unter seiner glorreichen Re-
”gierung frey seyn sollen. Deine Häuser sind weiter
”nichts, als ein Steinhaufen. Bey deiner unsinni-
”gen Raserey wüthest du in dein eigenes Eingeweide,
”und du weist nicht, wie du deine ohnmächtige Wuth
”besänftigen sollst; wir werden aber sehen, was deine
”Raubereyen für ein Ende nehmen werden.”

In folgender Anrede, welche aus eben derselben
Trauerrede genommen ist, wird man noch mehr Scharfsinnigkeit und Hoheit wahrnehmen. Es herrschet in
derselben überhaupt eine edle Uebereinstimmung der
Schreibart, die ihre Wirkung zwar der Kunst zu danken hat, welche aber doch von dem Genie herrühret.

”Friedensinsel, auf welcher die Streitigkeiten der
”beyden grossen Reiche, welchen du zur Grenze die-
”nest,

" nest, ihr Ende erreichen sollen; Insel, die du wegen
" der Unterhandlungen zweener grossen Minister in einem
" unvergeßlichen Andenken bleiben wirst, wo sich alle
" Geschicklichkeit und alle Geheimnisse einer so verschie-
" denen Politik an den Tag legten; wo sich der eine durch
" seine langsamkeit Nachdruck verschaffte, und der an-
" dere vermittelst seiner Einsicht die Oberhand erhielt;
" herrlicher Tag, an welchem zwey trotzige Völker,
" welche lange Zeit Feinde gewesen, und nunmehro
" durch die Maria Theresia ausgesöhnet waren, gegen
" ihre Grenzen anrückten, und ihre Könige vor ihnen
" herzogen, nicht mehr mit einander zu streiten, son-
" dern einander zu umarmen; und an welchem diese
" beyden Könige, deren Höfe, in Ansehung ihrer Grös-
" se, ihrer Höflichkeit, und ihrer Pracht, wie in An-
" sehung ihres Betragens, so unterschieden waren, ei-
" ner dem andern, gleichwie der ganzen Welt, zu einem
" so grossen Schauspiele dieneten; heilige Feste, glück-
" liches Ehebündniß, hochzeitlicher Schleyer, Seegen
" und Opfer, kann ich wohl heute eure Ceremonien und
" eure prächtigen Aufzüge mit diesem Trauergepränge,
" und den höchsten Gipfel der Grösse und Hoheit mit ih-
" rem Untergange vermischen! Damals verlor Spani-
" en, was wir gewannen. Jtzo verlieren wir alle bey-
" de, und die Maria Theresia gehet in Ansehung der
" ganzen Welt verloren. Spanien weinete damals al-
" lein. Jtzo, da Frankreich und Spanien ihre Thrä-
" nen mit einander vermischen, und ganze Ströhme dersel-
" ben vergiessen, wer würde ihnen Einhalt thun können?
" Wenn aber Spanien seine Infantin beweinete, welche
" es den größten Thron der Welt besteigen sah; was für
" Seufzer werden wir bey der Erblickung dieses Grabes
" ausstossen, wo wir insgesammt weiter nichts, als die
" unvermeidliche Nichtigkeit der menschlichen Grösse
" und Hoheit erblicken, "

C   Eben

Ebendieſer Redner redet, bey Gelegenheit der Ge=
burt der Herzoginn von Orleans, welche während der
Unglücksfälle der Königinn von England, ihrer Mut=
ter, zu Excheſter, gebohren wurde, dieſe iunge Prin=
zeſſinn alſo an.

”Prinzeſſinn, deren Schickſal ſo groß und ſo herrlich iſt,
”mußt du in der Macht und Gewalt der Feinde deines Hau=
”ſes gebohren werden! Groſſer Gott, wache über ſie.
”Ihr heiligen Engel, ſtellet eure unſichtbaren Schaaren
”um ſie her, und wachet bey der Wiege einer ſo groſ=
”ſen und ſo verlaſſenen Prinzeſſinn. Sie iſt für den
”weiſen und tapfern Philipp beſtimmt, und ſoll Frank=
”reich Prinzen geben, die ſeiner, die ihrer, und ihrer
”Vorfahren würdig ſind.”

Nachdem der Herr Maſcaron von dem Tode des Her=
zogs von Beaufort geredet hat, welcher bey der Ero=
berung von Candia, in einem Ausfalle ums Leben
kam; ſo redete er dieſe Stadt auf eine lebhafte Weiſe
an.

”Worauf warteſt du, Candia, nach dieſem unglück=
”lichen Zufalle, um dich zu ergeben? Alle deine Hoff=
”nung iſt mit dieſem Prinzen verlohren gegangen.
”Dein Schickſal hieng von den ſeinigen ab. Wenn
”die Erde zu deiner Errettung etwas hätte beytragen
”können; ſo würdeſt du es von den Händen dieſes
”Prinzen erhalten haben. Si Pergama dextra defen-
”di poſſent, etiam hac defenſa fuiſſent. Aber, Can=
”dia, Gott hat ſich durch dieſen Tod wider dich erklärt!
”Unterwirf dein Haupt einem Joche, welches dir die
”Hand Gottes auferlegt; und ſo lange deine Gefangen=
”ſchaft dauern wird, ſo lange wirſt du auch ein Denk=
”mal von dem ſeyn, was der Herzog von Beaufort,
”dich zu erretten, gethan hat.”

Nach=

Nachdem der Herr Fléchier die herrlichen Siege des Herrn von Turenne abgeschildert hat; so giebt er durch folgende Anrede zu erkennen, daß wir die Erhaltung unserer festesten Plätze der Geschicklichkeit dieses grossen Feldherrns zu danken haben.

"Ihr Städte! die unsere Feinde schon unter sich ge-
"theilet hatten, ihr befindet euch noch in dem Bezirke
"unsers Reichs. Ihr Landschaften! die sie in ihren
"Gedanken schon verheeret hatten, ihr habet eure Ernd-
"te noch halten können. Ihr von Natur und Kunst
"festen Plätze! die sie niederzureissen gedachten, ihr
"stehet noch itzo, und ihr habet nur in den Gedanken
"vor den nichtigen Anschlägen eines Ueberwinders ge-
"zittert, der nur unsere Soldaten zählte, aber nicht an
"die Klugheit ihres Heerführers gedachte."

Man muß gestehen, daß in folgenden beyden Anre-
den, welche aus der Sammlung academischer Reden genommen sind, Feuer, Licht und Verstand zu finden ist.

"Grosser Geist (des Herrn von Colbert) berühmter
"Geist! wenn die Bescheidenheit, vermöge welcher du
"die Lobsprüche von dir ablehnetest, die Musen bis an-
"hero bey deinem Grabe hat stillschweigen lassen; so
"denke nicht, daß sie gegen ihren großmüthigen Mäcen
"undankbar sind! Sie werden sein schätzbares Anden-
"ken allzeit beybehalten. Tausend und aber tausend
"Lobsprüche werden es den Nachkommen bestens em-
"pfehlen.

"Ewige Denkmäler der Pracht meines Fürsten,
"murret nicht wider diesen gemeinen Irrthum der Men-
"schen. Es wird eine Zeit kommen, da sich von allen
"Orten der Welt Neugierige einfinden werden, euch zu
"be-

„bewundern. Die Liebhaber der schönen Künste und
„Wissenschaften werden von euch lernen, und ihr wer-
„det so gar eures Orts wiederum der Gegenstand der
„Abgötterey werden.“

Was für eine durchgängige Zierlichkeit, welche Salbung, und was für ein lebhaftes Bild erblicket man
nicht in folgendem Stücke, in welchem der Abt Prevot
verschiedene Prinzen von Geblüte anredet, die dem Leichenbegängnisse des Herzogs von Berri, in der Kirche
zu Saint Denis, beywohneten.

„Ihr Prinzen, die ihr mir zuhöret, ihr kostba-
„ren Zierden des königlichen Hauses, ihr herrlichen
„Zweige des grossen Conde, dessen Tapferkeit sich ver-
„spricht, ihr werdet seine Tapferkeit und seine Tugen-
„den wiederherstellen, und von welchem einer von euch
„(der Prinz von Conti) bereits die ganze Seele, und
„die heldenmüthigen Neigungen gezeiget hat! lernet
„einsehen, ihr Prinzen, wo die Ehre, die euch um-
„giebt, ein Ende nimmt; sehet, ob sie dauerhaft ist,
„und sich erhält? dieser prächtige Tempel ist, so zu sa-
„gen, nur mit ihren Trümmern gepflastert. Man
„gehet hier nur auf zerbrochenen Zeptern, auf verwelk-
„ten Kronen, auf Göttern der Erde, welche gedemü-
„thiget, verdunkelt, und von allem entblöst sind, und
„vor Gott und den Menschen keinen andern Ruhm,
„als den Ruhm der guten Werke haben.“

Indem der Herr la Fargue die Eroberungen Ludwigs
des Vierzehnten erzählet; so unterbricht er sich auf
einmal durch folgende heftige Anrede.

„Ihr Helden von Arbela und Pharsalien, rühmet uns
„eurer Thaten nicht mehr! Ihr Ueberwinder eines übel
„gezogenen Volks, und einer zum Kriege schlecht abge-
„rich-

"richteten Jugend, so gar eure Siege beschimpfen eu-
"re Tapferkeit! Welchen Ort in der Welt würde
"Ludwig der Grosse nicht eingenommen haben, wenn
"er wie ihr, nur dem Ehrgeitze, und nicht der Gerech-
"tigkeit gefolget hätte?

Nachdem der Abt Segui von dem grossen Thaten des
Marschals von Villars im Reiche geredet hat; so redet
er die Käiserlichen lebhaft an, und beschließt mit einer
Betrachtung, die eben so gegründet, als auf eine edle
Art vorgetragen ist.

"Ihr stolzen und von Leidenschaften eingenommenen
"Feinde, seyd dafür bestraft, daß ihr euch den Friedens-
"vorschlägen, die man euch gethan, hartnäckiger Weise
"widersetzt habet. Betrachtet eure verheerten Felder
"und Städte. Sehet dieses Blut, welches noch fließt,
"und diese herum liegenden todten Körper . . . . .
"Welches Bild! . . . . . Ach! den Dienern des Altars
"kömmt zu, über diese Gegenstände zu seufzen, und nicht,
"sie zu beschreiben. Gerechter Gott! dieses sind eini-
"ge von den schrecklichen Folgen deines Zorns über die
"Völker; sie würden weder überwinden, noch überwun-
"den werden, wenn sie nicht insgesammt strafbar wären.
"Du strafest also, als ein in dem Schrecken des Krieges
"verborgener Rächer, die einen nach den andern. Und
"indem die Luft von den Klagen der Sterbenden, und
"dem stolzen Geschrey des Sieges erschallet; so erblicket
"das Auge des Glaubens auf diesen Schlachtfeldern,
"wo die Tapferkeit triumphiret, weiter nichts, als ei-
"nen blutigen Schauplatz, wo dein Zorn triumphi-
"ret. "

Ebendieser Redner macht, bey Gelegenheit der
Schlacht bey Höchstädt, die der Marschall von Villars,

eini-

einige Jahre vor der Schlacht gleiches Namens, die
wir verlohren, gewann, folgende schöne Anrede.

"Ich ſehe bereits den Herrn von Villars durch ge-
"fährliche enge Päſſe gehen, ſchnell durch groſe Wälder
"ziehen, mit einer unbegreiflichen Geſchwindigkeit über
"fürchterliche finſtere Berge gehen, einem Prinzen, der
"unſer Bundesgenoſſe iſt, zu Hülfe kommen, den Feind
"bey Munderkingen ſchlagen, und ſein ſiegreiches Heer
"ſich allenthalben ausbreiten, wie ein Strohm, der um ſo
"viel ungeſtümmer wird ie mehr man ihn in ſeinem Laufe
"aufzuhalten ſucht. Ich ſehe, wie er vor Begierde brennet,
"ein entſcheidendes Treffen zu halten, welches uns alle Vor-
"theile dieſes Feldzugs verſichern kann; wie er ſeine
"Kriegsvölker, dieſe bisanhero unter ſeiner Anführ-
"rung unüberwindlichen Kriegsvölker, ausrücken läßt,
"und den tapfern Styrum, auf den Feldern bey Höchſtädt
"das Treffen anbiethet. Ach! meine Herren, was für Felder!
"Weil aber Villars beſtimmt iſt, unſern Verluſt ein-
"mal wieder gut zu machen; ſo iſt er auch beſtimmt, uns
"zum voraus etwas zu verſchaffen, das ihm die Wage
"halten kann . . . . Betrübte Ebene, ſey wenig-
"ſtens heute ein Feld der Ehre, und ein Schauplatz
"des Sieges für uns! Du wirſt nicht eher durch un-
"ſer Unglück berühmt werden, als biſt du es durch un-
"ſern Sieg geworden biſt. Und wenn unſere Solda-
"ten von dem grauſamen Schwerte fallen; ſo werden
"ſie über die häufigen Gebeine der Feinde wegfallen,
"welche unſer Held wird erlegt haben."

Damit der Abt von Houteville den Ruhm des Mar-
ſchalls von Villars erheben möge, den er in einer aca-
demiſchen Rede lobet; ſo redet er die Feinde des Reichs
auf eine nachdrückliche und lebhafte Art an, und verkündiget ihnen, bey aller ihrer verſammleten Macht, ihre
bevorſtehende Niederlage.

"Neh-

"Nehmet alſo eure ganze Macht zuſammen; ihr un=
"verſtändigen und eitlen Völker; vereiniget eure Raths=
"ſchläge; laſſet eure Fahnen fliegen; bedecket die Flüſ=
"ſe und die Ebenen mit euren zahlreichen Schaaren;
"ſchmäuchelt euch mit der Hoffnung, unſere Erndten
"zu verwüſten, und unſere Länder mit Gewalt einzu=
"nehmen. Es wird der Tag kommen, und ich ſehe,
"daß er bereits gekommen iſt, der eure Anſchläge zu=
"nichte machen; die fürchterliche Ligue, die das Wun=
"der unſerer Zeiten geweſen, trennen; Frankreich ſeine
"erſte Ruhe, und ſeine ehemalige Gröſſe wieder ver=
"ſchaffen; in einem und ebendenſelben Hauſe die bey=
"den ſchönſten Kronen der Welt befeſtigen, und Euro=
"pa zu ſeinem eigenen Glücke zwingen ſoll."

Das Pathetiſche iſt in folgender Anrede nicht wegge=
laſſen worden, in welcher der Herr Peiſſonel, ein Mit=
glied der Academie zu Marſeille, den Marſchall von Vil=
lars auf eine ſehr feine Weiſe lobet. Der Redner hat
in derſelben ſehr ſchöne Züge angebracht, welche dieſen
Helden vollkommen abſchildern, deſſen vortrefliche Tu=
genden, und unſterbliche Thaten auf die ſpäteſte Nach=
welt kommen werden.

"Furchtbarer Monarch der Franzoſen! ſiehe, was dir
"von der zahlreichen Nachkommenſchaft übrig geblieben,
"welche ſo lange Zeit der Gegenſtand deines Wohlge=
"fallens, der Liebe und Hoffnung deines Völks geweſ=
"en iſt. Ein Prinz in der Wiege, der nicht im Stan=
"de iſt, das Schwert zu führen, welches du über ſo
"vielen Feinden haſt ſchwer werden laſſen. Indeſſen
"wirſt du alt, du ſtirbeſt; wem wird dieſes Schwert
"anvertrauet werden? Villars hat dir helfen deine
"Feinde demüthigen; Villars hat dir helfen den Frie=
"den herſtellen, den du nicht anders, als durch die Ge=
"walt der Waffen, haſt erlangen können. Du ſtirbſt;

C 4   aber

„aber Villars lebt noch. Sein Name wird deine
„Feinde die Grenzen, die er ihnen vorgeſchrieben hat,
„nicht überſchreiten laſſen. Er hat dir ſtatt des De-
„gens gedienet; er wird deinen Nachfolger mit dem
„Schilde bedecken. Dieſe durchlauchtige Pflanze wird
„in der Ruhe wachſen, die er Europa verſchaffet hat.
„Und wenn unſere unruhigen Nachbarn noch einen
„Sturm erregen; ſo wird Gott die Tage des Villars
„verlängern, bis er ſeinen König auf die Wege des
„Sieges geführet hat. „

Damit der Vater de la Rue die Beſcheidenheit des
Herzogs von Bouflers, und ſeine Abneigung gegen alle Lobſprüche erheben möge; ſo redet er ihn auf eine bewegliche und rührende Art an.

„Dich, o du treuer Knecht des Gottes der Heer-
„ſchaaren, muß ich um Verzeihung bitten, daß ich
„gegen den Abſcheu, den du vor den Lobeserhebungen
„hatteſt, und gegen die Mühe, welche du anwendeteſt,
„ſie eben ſo ſehr zu fliehen, als zu verdienen, ſo wenig
„Achtung gehabt habe. Du haſt das Vergnügen ei-
„ner Beſcheidenheit lange genug genoſſen; laß uns
„das gezwungene Stillſchweigen brechen, welches uns
„deine Strenge auferlegte. Dein Ruhm iſt nicht mehr
„dein. Er iſt das einzige und letzte Leben, das du
„noch unter uns haſt; und dieſes ſtehet unter dem Ge-
„rüchte. Dieſes muß ſeine Herrſchaft über deinen
„Namen ausüben, um ihn für die künftigen Zeiten
„mit einer noch gröſſern Macht und Gewalt aufzube-
„wahren, als der Tod über deine Aſche ausüben wird,
„um ſie zu zernichten. - Man hat deinen Namen nö-
„thig, unſere Zeiten gegen unſere Nachkommen zu ver-
„theidigen. Sie werden wenigſtens an ihren Aus-
„ſchweifungen zweifeln, wenn ſie hören werden, daß
„ſie in dir dasjenige hervorgebracht haben, was un-
„ſere

"ihre Vorfahren an den Guesclins, an den Boucicots,
"an den Bayards, und an den Dunois, zum Ruhme
"der Könige, zum Besten des Vaterlandes, und zur
"Ehre der Tugend bewundert hatten."

Die Empfindung herrschet in folgenden Anreden,
welche aus ebenderselben Trauerrede genommen sind.
Man trifft darinnen allenthalben die bald sanfte, ein=
schmäuchelnde, überredende, und bald lebhafte und pa=
thetische Beredsamkeit an, welche den Verstand und
das Herz dem Lichte der Vernunft und des Glaubens
unterwirft.

"Conde, Turenne, Luxembourg, Crequy, ihr un=
"sterblichen Namen! ihr Helden, die ihr, ganzer funf=
"zig Jahre lang, die Kette der Ehre und des Glücks
"von Frankreich so beständig unterhalten habet! ihr
"werdet Bouflers die Ehre nicht mißgönnen, daß er
"sich euch, als einer von den rühmlichen Vertheydi=
"gern des Staats, nähert. Er ist euch in dem Strei=
"te, und in dem Feuer eurer berühmtesten Schlachten
"viel zu nahe nachgefolget. Er hat eure schönsten Lor=
"beern viel zu oft mit seinem Blute benetzet, als daß
"er des Antheils, den er an euren Kronen gehabt
"hat, sollte beraubet werden. Und man würde euch
"beleidigen, wenn man seinem Andenken die Lobsprü=
"che verweigerte, welche ihr seiner Tapferkeit so oft schul=
"dig zu seyn geglaubt habet . . . . . . Aber, o
"Gott, ist es wohl erlaubt, vor deinen Altären, und
"vor dem Blute des Lammes, welches um des Frie=
"dens der Welt willen ist geopfert worden, so viele
"grausame und weltliche Gemälde öffentlich auszustel=
"len? Ach! Herr, du, ja du bist es, den wir bey
"diesen verschiedenen Begebenheiten anbethen und preis=
"sen! Dein Arm unterstützet den Arm so vieler Völker,
"die einander so begierig aufzureiben suchen. Dein

C 5 "An=

"Auge leitet das Kriegsglück, wie es ihm gefällt. O'
"wie blind ſind wir! Wir ſuchen, wie wir ſagen, in
"allem dieſen die Ehre unſerer Könige, die Sicherheit
"unſerer Provinzen, und die Gerechtigkeit unſerer Rech=
"te. Du, o mein Gott! ſucheſt deine Ehre, und
"unſerer Seeligkeit darinnen. Du findeſt deine
"Ehre, finden wir aber auch wohl unſere See=
"ligkeit darinnen? Ja denken wir wohl ſo gar
"nur daran, ſie darinnen zu ſuchen? Damit du uns
"nun dazu bringen, und ſo gar dazu zwingen mögeſt; ſo
"richteſt du, ohne dabey auf unſere Rechte, auf unſer
"Verlangen, und auf unſere Wünſche zu ſehen, das
"Glück und das Unglück, das Licht und die Finſterniß,
"die Schrecker des Krieges, und die Annehmlichkeiten
"des Friedens nach deinem Gefallen ein . . . . .
"Ach! mit was für Augen würde der Herr von Bouf=
"lers mit dem Blute der Armen beſprützte Güter bey
"ſich angeſehen haben . . . . Es ſind nicht die Vaſ=
"ſallen dieſes treuen Knechtes, ſeine Länder und Fel=
"der, die ich ohne Bedenken vor den göttlichen Rich=
"terſtuhl fordere. Sie werden vor demſelben nichts,
"als Wünſche für ſeine Seligkeit bringen, aus Dank=
"barkeit für den Beyſtand, den ihnen ſeine Mildthä=
"tigkeit bey ihrem Elende, beſonders in den letzten
"Zeiten leiſtete. Ihr ſelbſt, ihr feindlichen Länder,
"ihr ſeit vierzig Jahren mit Feuer und Schwert ver=
"wüſteten Länder; ihr Felder, auf welchen das Blut
"ſo vieler Todten ein ſo lautes Geſchrey zum Himmel
"abgeſchicket hat; ihr habet oftmals eines wider die har=
"te Nothwendigkeit der Geſetze, der Vorſichtigkeit und
"der Bedürfniſſe des Krieges abgeſchickt; habet ihr
"aber auch wohl eines wider die Unmenſchlichkeit, den
"Geitz, oder die Grauſamkeit eines Herzens abgeſchickt,
"welches alle Arten eures Elendes empfand, und eu=
"ren Seufzern durch die ſeinigen zuvorkam?

Alles

Alles zeuget in folgendem Stücke von der sinnreichen
Kunst, der Salbung, und dem Pathetischen, welches
man in allen Reden des Herrn Massillon antrifft.
Nachdem dieser berühmte Redner den Herrn von Villars, Erzbischof zu Vienne, gelobet hat; so redet er diesen überaus gutthätigen Prälaten auf eine rührende Art an.

"Frommer und gottesfürchtiger Prälat! wenn in
"dem Schoosse Abrahams, (denn, solltest du wohl, o
"mein Gott! ohne hier die Tiefe deiner Rathschläge
"zu ergründen, deinen ewigen Schooß vor demjenigen
"haben verschliessen können, welcher dir den seinigen
"in der Person deiner betrübten und geplagten Knechte
"allzeit öffnete?) wenn du, sage ich, liebreiche und
"gutthätige Seele, in dem Schoosse Abrahams bereits
"die unsterbliche Frucht so vieler Werke des Lebens ge-
"niessest; wenn du den Seegen einerndtest, den du hier
"auf der Welt gesäet hast; so richte einige günstige
"Blicke auf das zärtliche Seufzen dieses betrübten Zi-
"ons. Sey allzeit sein unsichtbarer Bräutigam. Laß
"die heiligen Bande, die dich mit ihm vereiniget ha-
"ben, niemals zerreissen. Suche ihm selbst in den
"ewigen Schätzen einen getreuen Bischoff aus, und
"laß dich die Sorge für seine Ehre noch rühren, und
"bey nahe deine Ruhe so gar in dem Schoosse der Glück-
"seeligkeit stöhren."

Nachdem ebendieser Redner eine betrübte Abschilderung von dem Tode Ludwigs des Vierzehnten, in der
Trauerrede auf diesen grossen Monarchen, gemacht
hat; so ruft er, mit einer Salbung, die der Eifer belebet, und welche seinen Schmerz sehr wohl ausdrücket, aus:

"Kehre also, du heldenmüthige und christliche See-
"le, in den Schooß Gottes zurück, von welchem du
"ausgegangen warest! Dein Herz ist bereits wo dein
"Schatz

"Schatz ist.　Zerreiß die schwachen Bande deiner
"Sterblichkeit, die deine Wünsche verlängern, und
"deine Hoffnung aufhalten.　Der Tag unserer Trauer
"und unseres Betrübnisses, ist der Tag deiner Ehre
"und deiner Siege.　Die Schutzengel von Frankreich
"müssen dir entgegen kommen, und dich mit vieler
"Pracht auf den Thron begleiten, der im Himmel,
"neben den heiligen Königen, deinen Vorfahren,
"Carln dem Grossen, und dem heiligen Ludwig, für
"dich bestimmt ist. Vereinige dich wiederum mit Theresien,
"Ludwigen, und Adelheiden, die deiner warten; und
"wische bey ihnen, in der seligen Ewigkeit, die Thrä:
"nen ab, die du bey ihrer Asche vergossen hast.　Und
"wenn, wie wir hoffen, deine heiligen und guten Ab:
"sichten dasjenige bey Gott ersetzet haben, was, bey
"einer so langen Regierung, dem Verdienste deiner
"Werke, und deiner vollkommenen Gerechtigkeit, noch
"mag gemangelt haben; so sorge im Himmel für ein
"Königreich, welches du betrübt zurück lässest; für ei:
"nen König, der noch ein Kind ist, und welcher nicht
"Zeit gehabt hat, vor deinen Augen, und nach deinen
"Beyspielen aufzuwachsen, und zu seiner Reise zu ge:
"langen; und suche uns von den Widerwärtigkei:
"ten, die uns drücken, und von den Lastern, die
"sich mit unserem Unglücke zu mehren scheinen, zu be:
"freyen.

"Du aber, grosser Gott! siehe die betrübte und
"verlassene Monarchie mit barmherzigen Augen an, in
"welcher die Ehre deines Namens bekannter, als bey
"den übrigen Völkern; der Glaube eben so alt, als die
"Krone, und auf dem Throne allzeit eben so rein, als
"das Blut unserer Könige selbst, die ihn besessen ha:
"ben, gewesen ist.　Befreye uns von den Unruhen
"und Uneinigkeiten, die fast allemal zu den Zeiten,
"wenn die Könige Kinder sind, entstehen.　Gönne
"uns

"ins wenigstens den Trost, daß wir unser Unglück und
"unsern Verlust in Ruhe und Friede beweinen können.
"Breite die Flügel deines Schutzes über das kostbare
"Kind aus, das du über dein Volk gesetzet hast; über
"den durchlauchtigen Zweig so vieler Könige, und über
"das unschuldige Opfer, welches ganz allein den Pfei:
"len deines Zorns und der Ausrottung des ganzen kö:
"niglichen Hauses entronnen ist. Gieb ihm ein ge:
"lehriges Herz, welches die Unterweisungen, die von
"grossen Beyspielen unterstützet werden, begierig auf:
"nimmt. Die Gottesfurcht, die Gnade, die Leutse:
"ligkeit, und so viele andere Tugenden, die für seine
"Auferziehung sorgen werden, müssen sich über seine
"ganze Regierung ausbreiten. Sey sein Gott und sein
"Vater, damit er lerne, der Vater seiner Unterthanen
"zu seyn."

Nachdem ebendieser Redner die gottesfürchtigen Ge:
sinnungen vorgestellet hat, welche der Prinz von Conty,
kurz vor seinem Ende, an dem Tag legte; so nimmt er
daher Gelegenheit, die Nichtigkeit der menschlichen
Grösse und Hoheit, in einer eben so rührenden, als
gründlichen Anrede, zu zeigen.

"Er ist von allem Beystande, und von allen Creatu:
"ren verlassen. Es ist niemand bey ihm, als Gott
"allein. Und hier vereiniget sich alle seine Einsicht.
"Hier reißt sich seine grosse Seele je mehr und mehr von
"den Sinnen los. Hier wird sie von der Majestät des
"Gottes, welcher nahe ist, und sich sehen läßt, erleuchtet,
"erfüllet, und über sich selbst erhoben . . . . . .
"Aber es ist aus; sein sterbender Mund kann die Ent:
"zückung seines Glaubens und seiner Religion kaum
"aussprechen . . . . . . Die Zunge ist bey der Inn:
"brunst, die ihn belebt, zu schwach. Die Kräfte mangeln.
"Er kann kein Wort mehr sprechen; aber sein Herz unter:
"redet

„redet ſich beſtändig mit Gott. Seine Seele, die im-
„mer reiner und freyer wird, ie mehr der irrdiſche Leib,
„der ſie beſchweret, zerfällt, rufet ihn an, bittet ihn,
„bethet ihn an, lobet ihn, beſitzet ihn bereits, und ſtirbt
„nur, damit ſie ewig bey ihm leben möge. Groſſer
„Gott! ſollte wohl ihr Verlangen nicht erfüllet werden?
„Wirſt du wohl das Schaf, welches zurücke kehret,
„nicht aufnehmen, da du dem verirrten nachgehſt? Wer-
„den ſich wohl ſo viele Gaben und Einſichten, mit
„welchen du dieſe groſſe Seele ausgeſchmücket hatteſt,
„nicht wieder mit ihrer Quelle vereinigen? Werden ſo
„viele Thränen, welche dieſe geliebte Aſche befeuchtet
„haben, ſie nicht gänzlich reinigen? Werden die Seuf-
„zer ſeines Glaubens und ſeiner Buſſe vergeblich zu
„deinem Throne hinauf geſtiegen ſeyn? Wird ſich das
„Blut des Lammes, welches zu dir ſchreyet, und yet-
„mittelſt der Hände eines getreuen Hohenprieſters auf
„dem Altare flieſſt, nicht hören laſſen. Wirſt du nicht ſelbſt
„für ihn bitten? Ja, groſſer Gott, du wirſt ihn ſelig
„machen! Deine Verheiſſungen werden in die Erfüllung
„gehen, und ſeine Hoffnung wird nicht zu Schanden
„werden.

„Höret, ihr Groſſen, und lernet! O! wie geringe
„ſchätzet man auf dem Sterbebette alles dasjenige, was
„die Welt am meiſten bewundert hat, die Siege, die
„Naturgaben, die Ehrentitel, die Weisheit, und den
„Verſtand! O! wie ſcheinet uns alsdenn ein Leben,
„welches vor den Menſchen das ruhmvolleſte, und mit
„groſſen Begebenheiten am meiſten angefüllet geweſen
„iſt, ohne Gott leer, und einer ewigen Vergeſſenheit
„würdig zu ſeyn! . . . . . Gott ſcheinet als denn al-
„les, der Menſch aber ohne Gott nichts mehr zu ſeyn.
„Er hat nur durch ihn, durch den Glauben, und durch
„die Gnade, Theil an der Ewigkeit. Der vornehme
„Stand, die Eroberungen, Ehre und Anſehen, die Na-
„tur-

"urgaben, und die Ehrentitel binden nur an die Zeit;
"an eine Wolke, die verſchwindet; an einen Fluß, der
"ſchnell dahin läuft, um ſich in den ewigen Abgrund zu
"ſtürzen.   Sein Name kann in den Geſchichtbüchern
"einen Platz bekommen.   Man kann ſeine Thaten in
"Erz und Marmor graben.   Die Namen derer, die
"dich, o mein Gott! vergeſſen, ſind nur in Staub
"und Sand geſchrieben.   Ein geringer Wind wird
"ſie auslöſchen.   Die Abtrünnigen müſſen in die
"Erde geſchrieben werden."

Nach einer lebhaften Beſchreibung der Eroberungen
Ludwigs des Vierzehnten, macht ebendieſer Redner folgende lebhaften Anreden, die er auf ſchöne Stellen der
h. Schrift gebauet hat.

"O! betrübtes Andenken unſerer Siege, woran er-
"innerſt du uns? Ihr prächtigen Denkmäler, die ihr
"auf unſern öffentlichen Plätzen ſeyd aufgerichtet wor-
"den, ihr Andenken zu verewigen, woran werdet ihr un-
"ſere Nachkommen erinnern, wenn ſie euch, wie ehemals
"die Iſraeliten, fragen werden, was dieſe prächtigen
"und ungeheuern Steinhaufen bedeuten? Wenn euch
"eure Kinder fragen, und ſagen werden, was thun
"dieſe Steine da? Ihr werdet ſie an eine Zeit erin-
"nern, die mit Schrecken und Blutvergieſſen angefüllet
"war! in welcher der Kern des franzöſiſchen Adels in
"das Gras geſtürzet wurde, ſo viele alte Häuſer ausſtur-
"ben, ſo viele troſtloſe Mütter gefunden wurden, die
"ihre Kinder noch beweinen; unſere Felder wüſte lagen,
"welche ſtat der Schätze, die in ihnen verborgen lagen,
"den wenigen Bauersleuten, die ſie muſten liegen laſ-
"ſen, nichts als Dornen und Diſteln hervor brachten;
"unſere Städte zerſtöhret, und die Einwohner des Lan-
"des erſchöpfet waren; die Künſte von niemand getrie-
"ben wurden, und die Handlung darnieder lag. Ihr
"wer-

„ werdet ſie vielmehr an unſerem Verluſte, als an un=
„ ſere Eroberungen erinnern. Wenn euch eure Kin-
„ der fragen, und ſagen werden, was thun dieſe
„ Steine da? So werdet ihr ſie an ſo viel heilige Oer=
„ ter erinnern, welche ſind entheiliget worden; an ſo viele
„ Ausſchweifungen eines unordentlichen Lebenswandels,
„ welche vermögend ſind, den Zorn des Himmels wider
„ die gerechteſten Unternehmungen zu erregen; an das
„ Feuer, das Blut, die Gottesläſterungen, den Greul,
„ und alle Abſcheulichkeiten, welche der Krieg hervor=
„ bringet. Ihr werdet ſie vielmehr an unſere Laſtern,
„ als an unſere Siegen erinnern: **Wenn euch eure**
„ **Kinder fragen, und ſagen werden, was thun**
„ **dieſe Steine da?**

„ O Plage des Allerhöchſten! o Krieg! wirſt du
„ denn nicht einmal aufhören, das Erbtheil Jeſu Chri=
„ ſti zu verwüſten? O Schwert des Herrn, das ſeit lan=
„ ger Zeit über die Völker und Nationen aufgehaben iſt,
„ wilſt du noch nicht ruhen? O! du Schwert des
„ Herrn, wenn willſt du doch aufhören? Iſt dei=
„ ner Rache, o mein Gott! noch keine Gnüge geſche=
„ hen? Haſt du dem Erdboden noch keinen andern, als
„ einen falſchen Frieden geſchenket? Kann die Unſchuld
„ des durchlauchtigen Kindes, welches du über das Volk
„ geſetzet haſt, deinen Arm nicht weit mehr entwaffnen,
„ als ihn unſere Mißhandlungen zum Zorn reißen?
„ Siehe von deinem hohen Himmel auf daſſelbe herab,
„ und laß fernerhin keine Züchtigungen mehr über uns
„ kommen, die bisanhero weiter zu nichts gedienet, als
„ daß ſie unſere Uebertretungen vermehret haben. O
„ du Schwert des Herrn! wenn willſt du doch auf=
„ hören? Fahre doch in deine Scheide, und ruhe,
„ und ſey ſtille.

In allem, was der Vater Segaud, ein Jeſuit, ab=
handelt, wird man ſeine Gottesfurcht, und ſein frucht=

bares Genie gewahr. Der Eifer um die Bekehrung
der Sünder verzehret ihn, und er suchet sie allenthalben zu Gott zurücke zu führen. Man wird dieses in
folgender Anrede gewahr werden, in welcher er die
prächtige Versorgung der Invaliden lobet. Was für
ein edler Vortrag! und was für verdeckte Wendungen!

"Ein ieder Held ist bey seinen Unternehmungen nur
"in so fern groß, und verehrungswürdig, als sie der
"Eifer für das gemeine Beste anbefiehlet, und die
"Ehre Gottes krönet. Wie! wollten wir wohl ver-
"langen, daß eine so heilige und so liebesvolle Reli-
"gion, als die unserige ist, Thaten billigte, die den
"Untergang so vieler Elenden nach sich zögen, wenn
"sie nichts beytrügen, Kinder Gottes, Selige und Hei-
"lige zu machen? O mein Gott! was für ein Anblick
"sind für die Kirche, die einen Abscheu am Blutver-
"giessen hat, und welche nur die Bußthränen liebet, was
"für ein Anblick, sage ich, sind für diese friedfertige
"Mutter geplünderte Städte, blutige Siegszeichen,
"und Triumphbogen, die von Thränen sind aufgebau-
"et und befestiget worden!

"Und hierinnen bestehet, ihr tapfern Kriegsleute,
"ihr grosmüthigen Opfer der Religion und des Staats,
"das wahre Vergnügen, welches ihr in dieser heiligen
"und prächtigen Freystadt empfindet, die euch ihre Er-
"kenntlichkeit aufgethan hat, und welche ihr euch durch
"eure geleisteten Dienste zuwege gebracht habet. Hier-
"innen, sage ich, bestehet eure wahre Glückseeligkeit,
"daß ihr vor diesem Altare, bey welchem ihr euch so
"ordentlich einfindet, sagen könnet: O du Gott der
"Heerschaaren, der du uns hier deine Schätze zeigest,
"und dich gegen uns so gnädig erweisest, um deinet-
"willen haben wir unser Blut großmüthiger Weise ver-
"gos-

D

"gossen, und unser Leben so oft in Gefahr gesetzet.
"Dieses prächtige Gebäude (†), welches deinem hoch=
"heiligen Namen zu Ehren ist auferbauet, und dem=
"selben von dem heiligsten unter unsern Königen ge=
"widmet worden, legt der ganzen Welt die Uneigen=
"nüßigkeit unserer Waffen vor die Augen, und giebt
"zu erkennen, daß sie keinen andern Zweck als die Eh=
"re des Heylandes, und das Heil der Seelen gehabt
"haben. Der Geist des heiligen Ludwigs, welcher,
"von einem Geschlechte zum andern, auf seine Nach=
"kommen fortgepflanzet worden, hat vornämlich in dem
"Stifter dieses grosen und gottseligen Werks hervorge=
"leuchtet, welches nicht so wohl ein Meisterstück der
"Staatsklugheit, als der Religion ist. Die Beloh=
"nung der Kriegsdienste wird hier die Schule christli=
"cher Tugenden. Die genaue Zucht, die darinnen
"beobachtet wird; die schöne Ordnung, so allda herr=
"schet; die guten Beyspiele, die daselbst im Schwan=
"ge gehen; die schöne Wahl der Oberhäupter, die be=
"kannten Verdienste der Officire, der unermüdete Ei=
"fer der Diener Gottes, mit einem Worte, was die
"Augen aller Fremden hieher ziehet, und uns das
"Vergnügen verschaffet, an diesem einzigen Orte alle
"Nationen der Welt anzutreffen; alles ist an dieser kö=
"niglichen Einrichtung eine Abschilderung und Lobre=
"de des kriegerischen Monarchens, der sie gestiftet
"hat, und des friedfertigen Monarchens, der sie er=
"hält."

Wenn ebendieser Redner beweisen will, daß die rö=
mische Kirche das Alterthum und die Allgemeinheit für
sich hat, und daß die andern Gesellschaften von ihr
ausgegangen sind; so bedienet er sich folgender schönen
Anreden. Die Vergleichungen und die Bilder erhe=
ben den Werth dieses Stücks.

"Wenn

(†) Das Invalidenhauß.

"Wenn der Käßer die Vernunft zu Rathe zöge; so
"würde sie ihm sagen, er solle die allgemeine Meynung
"der besondern vorziehen. Die allgemeine Meynung
"nenne ich hier, die Meynung aller Oerter, aller Zei=
"ten, und aller wahren Gläubigen. Wo trifft man
"nun aber diese alte, diese durchgängige, und diese
"übereinstimmende Meynung sonst, als in der römi=
"schen Kirche an, wo der Glaube seinen Wohnplatz
"aufgeschlagen hat? Eine Kirche, die so alt ist, daß
"sie ihren Ursprung nur allein von Jesu Christo, ih=
"rem Urheber und Oberhaupte, hat; da wir indessen alle
"übrige Gesellschaften von ihr ausgehen sehen, als eben
"so viel schäumende und tobende Wellen, welche die=
"ses Meer, das ein Feind von allen Unruhen, und von
"der geringsten Unreinigkeit ist, an seine Felsen schlägt,
"und von sich auswirft. Eine Kirche, die in der Welt
"so ausgebreitet, und folglich so sichtbar ist, daß sie
"das Merkmaal ihres weiten Umfanges, und ihret
"Sichtbarkeit, selbst in ihrem Namen der Catholischen,
"das ist, der Allgemeinen führet; ein Name, den ihr
"die stolzesten Käßereyen niemals streitig zu machen ge=
"sucht haben. Wo trifft man diese ungezweifelten
"Kennzeichen der wahren Kirche sonst an? oder besser
"zu sagen, wo trifft man nicht sonst allenthalben au=
"genscheinliche Merkmaale der Neuerung, der Unab=
"hängigkeit, der Trennung, und folglich der besondern
"Meynung an? Du heilger Tempel, in welchem ich
"zu reden die Ehre habe, du ehrwürdiges Denkmaal
"der Gottesfurcht der ersten Gläubigen, du Theil von
"dem Erbe Jesu Christi, welcher der Wuth seiner
"Feinde ist entrissen worden, du bewahrest in den kost=
"baren Ueberbleibseln deiner zerstümmelten Bildsäu=
"len die Vorwürfe auf, welche den Neuerungen der
"Käßerey immer und ewig werden gemacht werden;
"gleichwie du in der Maiestät deiner herrlichen Cere=
"monien immerwährende Merkmaale von dem Alter=

"thume

"thume unseres Glaubens aufbewahret. Und ihr,
"ihr unglückseligen Inseln, die ihr itzo Jesu Christo
"eben so widerspenstig seyd, als ihr ihm ehemals un=
"terthänig und gehorsam waret, als ihr, wie wir, sei=
"nen Leib und sein Blut auf seinen Altären anbethetet;
"die ihr aus dem Vaterlande der Gläubigen, welches
"ihr damals waret, die Freystadt aller Ungläubigen ge=
"worden seyd, ihr bewahret noch, weder euren Wil=
"len, in dem immerfort währenden Anblicke eurer ent=
"weyheten Tempel; in den berühmten Namen eurer
"abgesonderten Bischöffe, in den dauerhaften Merk=
"maalen eurer alten Ceremonien, in so gar über der
"ehrwürdigen Gräbern eurer heiligsten Könige die
"Vorwürfe auf, die der Kätzerey zu allen Zeiten wer=
"den gemacht werden.

Der Herr Mascaron gebraucht die größten Figuren
der Beredtsamkeit in folgender Anrede an einen Ver=
storbenen, welche aus der Trauerrede auf den Canzler
Seguier genommen ist. Man siehet aus diesem Stü=
cke, das voller Bewegung und Nachdruck ist, die gan=
ze Größe und Maiestät der christlichen Religion her=
vorleuchten.

"Niemand hat den höchsten Grad der menschlichen
"Größe näher gesehen, als der grosse Canzler des be=
"rühmtesten Reiches der Welt. Niemand hat sie mit
"erleuchtetern Augen untersucht, als dieser christli=
"che Philosoph. Niemand hat von der Unbeständig=
"keit der Creaturen besser reden, und den Werth
"den man aller weltlichen Pracht beylegen soll, besser be=
"stimmen können, als der grosse Mann, den wir beweinen.

"Rede also von dieser wichtigen Materie, du grosse
"und berühmter Verstorbener. Bereite dir aus dei=
"nem Grabe einen neuen Richterstuhl. Und inden
"di

"ta deine Macht und Gewalt nach deinem Tode sich
"weiter erstrecken lässest, als sie sich in ihrem Leben erstre-
"cket hat; so fälle in dieser ansehnlichen Versamlung ein
"Urtheil, nicht mehr über die Streitigkeiten der Privat-
"personen, auch nicht über die öffentlichen Angelegenhei-
"ten dieses Staats; sondern über das allgemeine Schick-
"sal, und den allgemeinen Zustand des ganzen menschli-
"chen Geschlechts. Sage uns, was dir, in deiner Todes-
"stunde, das schöne Leben zu seyn geschienen hat, wel-
"ches mit der Last deiner Jahre eine so grosse Last der
"Ehre und Herrlichkeit verknüpfte.

"Was schien dir der Glanz so vieler heldenmüthiger
"Thaten zu seyn, als dich der Tod in denienigen Ge-
"sichtspunkt stellte wo man das rechte und wahre Ver-
"hältniß aller Sachen wahrnehmen kann, das man an-
"derswo nur in einem falschen Lichte erblicket, welches
"so leicht verblenden und verführen kann? Wie! mei-
"ne Herren, dieser grosse Mann kann nicht antworten?
"dieses oberste Orakel der Gerechtigkeit ist stumm? und
"der Tod zernichtet alle Dinge dergestalt, daß er nicht
"einmal eine Zunge und einen Mund übrig läßt, um
"den Ausspruch zu thun, daß alles nichts ist? O wie un-
"verständig bin ich! verrichtet das tiefe Stillschweigen,
"welches um dieses Grab herumherrschet, nicht das Amt
"seiner Zunge und seiner Stimme? Sagt es uns nicht der
"lange Zeitraum eines so langen Lebens wäre diesem gros-
"sen Manne in der Stunde des Todes nicht anders als der
"Tag, der vergangen ist, vorgekommen? Ach! wenn man
"bey dem Ziele angekommen ist; so unterscheiden sich
"die verschiedene Längen der Laufbahne, welche dahin
"führen, eben so wenig, als die verschiedenen
"Längen der Linien, wenn sie in ihrem Mittel-
"punkte zusammen gekommen sind. Der Tod verei-
"niget alles, er vermenget alles, er macht alles
"gleich, weil er alles in eine Art von Nichts ver-

"wan-

"wandelt, welches untheilbar iſt, und nicht nach den
" Graben kahn ausgemeſſen werden. "

Nachdem der Vater Poiſſon, in der Trauerrede auf
den Dauphin, von der Eroberung von Philippsburg geredet hat; ſo ruft er aus einer plötzlichen Bewegung
aus.

" Gieb dich zufrieden, Elſas, geliebte Provinz koſtba-
" re Frucht unſerer Siege, berühmtes Grab ſo vieler
" Feinde, blutige Gegend, wo wir ſo oft das Reich er-
" ſchüttert haben, die Kriegsheere der verbundenen Mäch-
" te können dich nicht mehr verſchlingen. Ihr getreu-
" en Städte, die ihr die Lilien verehret welche wir auf
" unſere Wälle gepflanzet haben, der grauſame Adler,
" welcher ſich in die Höhe ſchwung, damit er auf euch
" herabſchieſſen möchte, iſt erſchrocken; und die unzäh-
" ligen Völker, die der Rhein nicht mehr abſondert, zittern
" hinter ihren Wäldern und ihrem Schnee. "

Es iſt nicht weniger Feuer, Nachdruck, und Anmuth
in folgender Anrede zu finden, welche aus einer Rede genommen worden, die im Jahre 1714. von der Academie des Jeux fleraux den Preiß erhalten hat.

" Hochmüthiges Athen, aufgeblaſenes Troia, halsſtar-
" riges Sagunt, vereiniget euch mit der ſtolzen Neben-
" buhlerinn von Rom, und erzählet uns euer Unglück!
" Saget uns, wie oft ihr wegen der Unvorſichtigkeit eurer
" Regenten habet leiden müſſen! Saget uns, wie oft ihr
" euch ſelbſt geſchadet habet! Saget uns durch was für
" ein unvermeidliches Unglück ihr von dem höchſten
" Gipfel der Ehre in den Mittelpunkt des Elendes und
" der Dunkelheit heruntergefallen ſey! Oder ſaget uns
" vielmehr nur nichts; der ſchreckliche Zuſtand eurer
" Mauern ſagt uns genug davon. "

Der

Der Vater de la Rue giebt in folgender Anrede, wel=
che aus der Trauerrede auf den Dauphin und die Dau=
phine genommen worden, zu erkennen, daß derienige
Prinz, den seine Unterthanen lieben, der größte und lo=
benswürdigste Prinz ist.

"Grosser Prinz! du sahest es ein, und sagtest es, ein
"Prinz wäre in den Augen der ganzen Welt, und in
"Ansehung der Hochachtung aller Zeiten das, was er
"in dem Herzen seiner Unterthanen ist. Diese arbeiten an
"der Krone seiner Unsterblichkeit; und die edelste, und einem
"Monarchen anständigste Krone, ist dieienige, welche von
"den Händen und der Liebe der Unterthanen ist verferti=
"get worden. Verehret, gefürchtet, mit Lorbeern und
"Ehre überschüttet werden, kann weiter nichts seyn, als
"eine erzwungene Ehrfurchtsbezeigung einer nieder=
"trächtigen Schmäuchelen, welche die Fremden mißbilli=
"gen, und die Nachkommen für falsch ausgeben. Aber, ge=
"liebet werden, ist ein Tribut, den die Macht nicht auf=
"erlegt, den man sich nicht mit Gewalt abzwingen läßt,
"und den das Herz nur nach seinen Gefallen abträgt.
"Und wenn es ein Prinz so weit gebracht hat, daß er
"ihn von seinen Unterthanen erhält; so wird er ihn auch
"ganz gewiß von den übrigen Menschen erhalten.'

Der Herr Bossuet ertheilet, in folgender Anrede, wel=
che aus der Trauerrede auf den Herrn le Tellier genom=
men worden, den obrigkeitlichen Personen, die den Völ=
kern Recht und Gerechtigkeit verschaffen sollen, vortreff=
liche Lehren, und er ermahnet sie, als die Bilder Gottes,
diesen allerhöchsten Richter zu ihrem Muster zu erwäh=
len. Dieses Stück, das von schönen Stellen der h.
Schrift unterstützet wird, ist voll Lichter und erhabner
Züge, von welchen ein ieder Nutzen haben kann.

"Nach welcher Vollkommenheit, kann nicht eine
D 4   "christ=

„chriſtliche Seele in dem herrlichen und heiligen Amte
„der Gerechtigkeit trachten, weil man, wie die Schrift
„ſagt, in demſelben nicht das Gerichte der Men=
„ſchen, ſondern des Herrn ſelbſt verwaltet. Thut
„die Augen auf, ihr Chriſten; betrachtet die hohen
„Richterſtühle, wo die Gerechtigkeit ihre Ausſprüche
„thut; ſo werdet ihr auf denſelben, nebſt dem David,
„die Götter der Erde erblicken, die zwar wie Menſchen
„ſterben; welche indeſſen aber wie Götter richten ſol=
„len, ohne Furcht, ohne Leidenſchaft, ohne Eigennuß.
„Der Gott der Götter befindet ſich an ihrer Spitze, wie
„dieſer groſſe König in einem ſo erhabnen Tone, in
„dieſem göttlichen Pſalm ſingt: Gott, ſpricht er, woh=
„net der Verſammlung der Götter bey, und rich=
„tet die Götter in derſelben. O! ihr Richter, wie
„maieſtätiſch iſt euer Sitzen! Was für einen Präſiden=
„ten habet ihr bey euren Verſammlungen! aber auch
„was für einen Richter eurer Urtheile! . . . . . .
„Und ihr, ihr gelehrten Ausleger der Geſetze, ihr ge=
„treuen Aufbewahrer ihrer Geheimniſſe, und unverſöhn=
„lichen Rächer ihrer verachteten Heiligkeit, folget die=
„ſem groſſen Beyſpiele. Die ganze Welt hat die Au=
„gen auf euch gerichtet. Ihr wandelt, frey von allem
„Eigennutze, und von allen Leidenſchaften, ohne Augen,
„wie ohne Hände, den himmliſchen Geiſtern gleich,
„auf den Erdboden; oder ihr ahmet vielmehr
„als Bilder Gottes, ſeine Unabhängigkeit nach.
„Ihr bedürfet, wie er, weder der Menſchen, noch ihrer
„Geſchenke. Ihr laſſet, wie er, der Wittwe und den
„Wäiſen Gerechtigkeit wiederfahren. Der Fremde
„bittet euch nicht vergeblich um euren Beyſtand. Da
„ihr wiſſet, daß ihr die Macht des Richters der Welt
„ausübet; ſo ſchonet ihr niemandes bey euren gericht=
„lichen Ausſprüchen. O möchte er euch doch nebſt
„ſeinem Lichte, und ſeinem Geiſte der Stärke, die Ge=
„duld, die Aufmerkſamkeit und die Gelehrigkeit, die der

„Ver=

"Vernunft allezeit Gehör giebt, verleihen, um welche "ihn Salomo, sein Volk zu richten bath."

Nachdem der Vater Daubenton, ein Jesuit, eine leb= hafte Beschreibung von den Siegen Carls des Fünften, Herzogs zu Lothringen, über die Türken gemacht hat; so unterbricht er seine Erzählung auf einmal durch fol= gende schöne Anrede.

"Unbesonnener Vezier, du sagtest in deiner Wuth: "Zwey Völker, Israel und Juda, Oestreich und Ungarn "werden mein seyn. Duæ Gentes meæ erunt. Aber du "wirst wegen deiner grausamen Freude über die Ver= "tilgung meines Volks gestrafet werden. Gebirge zu "Seir, stolzer Muselmann, du wirst zu Schanden wer= "den. Und du, glückliches Deutschland, wenn deine "fruchtbaren Gegenden den Ungläubigen nicht sind zur "Beute geworden; aufrührisches, aber zu Paaren ge= "triebnes Ungarn, wenn die Stürme, von welchen du "beunruhiget wurdest, vertrieben sind; Italien, wenn "du die Ergötzlichkeiten deiner Provinzen in Ruhe ge= "niessest; ihr Christen, wenn die heilige Fahne des "Kreuzes dem türkischen Wappen nicht Platz gemacht "hat; so erkennet den Erretter, dem ihr es, nächst Gott, "zu danken habet."

Man müßte sehr delicat seyn, wenn man folgender An= rede das gebührende Lob versagen wollte, welche aus ei= ner Rede entlehnet ist, die von der Academie des Jeux floraux den Preis erhalten hat, und worinnen der Satz ausgeführet wird: Daß die Subordination die stärk= ste Stütze der Länder ist.

"Ihr Staatsminister, ihr obrigkeitlichen Personen, ihr "Kriegsleute, ihr Grossen der Welt, die hohen Ehrenstel= "len, die ihr bekleidet, sind dasjenige, worauf alle Wünsche
D 5   "und

"und alle Blicke gerichtet sind. Eine rühmliche Sub-
"ordination hat euch zwischen das Volk und den Regenten
"gesetzt. Der eine befiehlt euch; aber das andere
"gehorchet euch. Die Ehrfurchtsbezeigungen, die ihr
"erweiset, werden euch wieder erwiesen werden. Der
"Weyhrauch, den ihr anzündet, wird bald für euch rau-
"chen. Ihr dienet, und traget das Joch eines Herrn;
"aber ihr herrschet und regieret unter ihm. Eure Grösse
"und Hoheit ist der Lohn für euren Gehorsam; wie
"leicht soll er euch nicht vorkommen?"

Was für eine Lehre gibt nicht der Abt Segui den Königen in folgender Anrede, welche, ihrer Kürze ungeacht, voller Verstand und Annehmlichkeit ist? Es herrschet in derselben vornämlich etwas frey-
es, welches einem christlichen Redner sehr wohl ansteht,
dessen Witz sich nur nach den Bewegungen des Herzens,
und seines Eifers für die Religion richtet.

"Ihr Götter der Erde, ihr herrschet! Ach! wie viel
"verführerische Gegenstände werden nicht unter den
"vielen Völkern, die zu euren Füssen zittern, angetroffen,
"die, wie es scheinet, das strafbare Amt über sich ge-
"nommen haben, euch ihres Ortes wiederum zu Scla-
"ven zu machen? Auf diesem Throne, auf dieser Art
"von Altare, auf welchem ihr unsere Ehrfurchtsbezei-
"gungen annehmet, werdet ihr ohne Unterlaß von thö-
"richten Leidenschaften umringet und angefallen, und seyd
"deswegen oftmals, bey aller eurer Grösse und Hoheit,
"weiter nichts, als die größten Sclaven."

Eben dieser Redner stellet mit sehr lebhaften und
starken Zügen das jüdische Volk in folgender Anrede
vor, welche aus der Lobrede auf den h. Sulpitius genommen ist. Es wird nicht unschicklich seyn, hier, zur
Schande der verneynten starken Geister, zu bekennen,

daß

daß die Zerstreuung dieses Volks, das den Sohn Gottes
getödtet hat, welche von den Propheten lange vorher verkündiget worden, ein unüberwindlicher und unleugbarer
Beweiß von der Wahrheit der christlichen Religion ist.
Man muß sehr ungläubig seyn, wenn man dieses nicht
einräumen will.

"Volk, das du den Sohn Gottes getödtet hast, unglück-
"liches Volk, daß du bey nahe seit zwey tausend Jahren den
"Eifer der apostolischen Männer ermüdest, deine Blind-
"heit ist die Strafe für deine Undankbarkeit. Deine
"thörichte Halsstarrigkeit ist aus den Schatze des Zorns
"herausgekommen. Schreckliches Beyspiel der Rache
"Gottes, du hast die deutlichsten Merkmale seines Zorns
"an dir; nur du allein siehest sie nicht. Du bewahrest
"heilige Bücher sorgfältig auf, in welchen deine Ver-
"werfung mit deutlichen Buchstaben geschrieben stehet;
"nur du allein triffst sie nicht darinnen an. Du bist
"der ganzen Welt ein Zeugniß wider dich selbst; nur
"du allein wirst es nicht gewahr. Und wenn, vermö-
"ge einer Art von Wunder, die mächtige Wahrheit ei-
"nigen von den deinen die schädliche Binde wegnimmt;
"siehet man sie ihr nicht fast allzeit bald darauf ihren
"Sieg wiederum rauben, und sie weit grausamer, als
"iemals, hassen und verfolgen? So gehen die Aus-
"sprüche deiner Propheten in die Erfüllung, von wel-
"chen deine beklagenswürdige Verstockung ist vorher-
"verkündiget worden."

Der Herr Cabrol schildert eben dieses Bild in folgender
Anrede, welche aus seiner Predigt von der Heiligkeit genommen ist. Man wird zwar in derselben nicht, wie in der vorhergehenden, eine schöne und zierliche Schreibart antreffen;
man wird aber darinnen Züge, die eben so gründlich, als lehr-
reich sind, richtige Gedanken, und besonders eine scharfsinnige Sittenlehre wahrnehmen, welche gemeiniglich
die

die Frucht einer lebhaften und erleuchteten Gottesfurcht
iſt.

"Wir lieben, was wir nicht hochſchätzen, nur ganz
"ſchwach, und unſer Herz hat zu den Gegenſtänden, die
"wir mit verächtlichen Augen anſehen, niemals eine ſtar-
"ke und heftige Neigung. Haben wir wohl Urſache
"uns zu verwundern, wenn es ſo wenig Heilige giebt,
"da es ſo wenig Chriſten giebt, welche die Heiligkeit
"hochſchätzen? Erſcheinet ſie ſo gar vor dem Throne
"im Glanze; ſo nennet man ſie Ehrgeiz und Häuche-
"ley. Läßt ſie ſich unter den Armen ſehen; ſo iſt es
"bey ihnen eine ſchlechte Einſicht, und niederträchtige
"Gedenkungsart. Wirket ſie in den Dienern des
"Herrn; ſo wird ſie ein unbeſonnener Eifer, und eine
"unruhige Hitze. Iſt ſie dunkel und verborgen; ſo
"mag man ſie nicht kennen lernen. Siehet man ſie
"deutlich genug; ſo tadelt man ſie. Iſt ſie wirkſam und
"geſchäftig; ſo verdammet man ſie.

"Undankbare, unbeſtändige Nation! du biſt mit den
"Gunſtbezeigungen des Gottes der Barmherzigkeit
"überhäuſet worden! aber deine Sünden und Uebertre-
"tungen ſind gröſſer, als ſeine Gütigkeit geweſen. Nun
"wirſt du der erſtaunten Welt ein rührender Anblick der
"Rache ſeyn, welche ein erzürnter Gott an dir ausübet.
"Dein Volk wird zerſtreuet werden. Es wird ein
"Spott der Völker werden. Aber das gröſte Unglück
"unter allen iſt dieſes, daß der Allerheiligſte unter dir
"wird gebohren werden, und du ihn nicht kennen wirſt.
"Die Erfüllung der von den Propheten verkündigten
"Zeiten, und die Wunder, die der Meſſias gethan hat,
"werden dir deine Irrthümer nicht benehmen, ſondern
"du wirſt den Heiland der Welt tödten. Ihr verblen-
"deten Chriſten, kann ich nicht ebendieſes zu euch ſa-
"gen? Wie viel Unglück habet ihr euch nicht durch eu-
"re

"re Sünden zugezogen? Das größte unter allen aber
"ist dieses, daß sich die Heiligen unter euch befinden,
"und ihr sie nicht kennet. Sie ziehen die Blicke des
"Himmels auf sich, von euch aber werden sie nur ver=
"achtet. Schädliche Blindheit, hierdurch hast du deine
"Verheit aufs höchste getrieben. Das letzte
"des Lasters ist, die Tugend nicht mehr hoch=
"schätzen."

Nachdem der Abt du Jarri den glücklichen Fortgang
unserer Waffen lebhaft beschrieben; so ruft er mit ei=
nem Eifer, der sich für einen christlichen Redner schickt,
aus.

'Fahre fort, grosser Gott, die Unterthanen, und die
"Fürsten mit deiner Gnade zu überschütten. Segne die
"siegreichen Waffen des Vaters ie mehr und mehr
"in den Händen des Sohnes. Du machst die Erde
"und das Meer zu herrlichen Schauplätzen unserer Tri=
"umphe. Unsere Siege folgen so geschwinde auf ein=
"ander, daß die Freuden= und Danklieder, welche wir
"für den einen zu dir abschicken, mit den Ehrfurchs be=
"zeigungen, welche wir dir für den andern erweisen, ver=
"menget werden. Kaum ist der Stolz unserer Feinde in
"Flandern durch eine blutige Niederlage gedemüthiget
"worden, so wird er in Savoyen durch eine gänzliche
"Zerstreuung derselben zu Boden geschlagen. Und in=
"dem wir noch die Beute der Völker, die du in unsere
"Hände gegeben hast, in unsern Kirchen aufhängen; so
"bedecket ein berühmter Kriegsbefehlshaber, der von ei=
"nem eben so klugen, als unermüdeten Minister gelei=
"tet wird, das Weltmeer mit den Trümmern ihrer in
"Brand gesteckten und flüchtigen Flotten, und zwinget diese
"stolzen Beherrscher des Meeres, welche, wie iener gottlose
"König, seinen Wellen zu gebiethen glaubte, Ludwig dem
"Grossen diesen prächtigen Titul zuzugestehen, den er, o
                                                    "Gott,

”Gott, nur annimmt, damit er ihn dir wiedergeben
”möge ”

Nichts iſt erhabener, ſinnreicher, und beſſer eingerich-
tet, als der Lobſpruch, den der Abt von Barcos Ludwig
dem Vierzehnten in folgender Anrede ertheilet, in welcher
man weder übertriebne Worte, noch unter einander ge-
wirrte Wendungen, noch auch kindiſche Gegenſätze antrifft.

”Ihr Völker, die ihr ſo lange Feinde von Frankreich
”geweſen, itzo aber durch die heiligſten Bande des Frie-
”dens mit ihm vereiniget ſeyd, euch rufe ich heute her-
”bey; betrachtet den König, deſſen Namen ihr vor we-
”nig Tagen nur mit Furcht und Zittern nennen hörete;
”betrachtet ihn, nicht ſo, wie ihr ihn an der Spitze ſei-
”ner Kriegsheere, unter der Begleitung des Sieges, mit
”der maieſtätiſchen Miene, um welcher willen man ihn
”für den Herrn der Welt hätte halten mögen, geſehen
”habet, als er eure Schaaren über den Haufen warf, und
”nebſt ſich das Schrecken und den Tod verbreitete; ſon-
”dern wie er ſelbſt ein Opfer der Zeit, und von ſeiner Hof-
”ſtatt verlaſſen iſt, aber von ſeinen Tugenden und von
”ſeiner Ehre begleitet wird. Itzo erwartet er, vor dem
”Angeſichte der Welt ein billiges Urtheil von euch. Re-
”det alſo, und ſaget, was war die Urſache eures Haſſes,
”und eurer Unruhen? Was habet ihr dieſem großmü-
”thigen Prinzen vorzuwerfen? Was ein Prinz des ge-
”lobten Landes dem Iſaac vorwarf, daß er gar zu
”mächtig wäre. Recede a nobis, quoniam potentior
”factus es nobis valde. Konnte denn alſo Ludwig eu-
”re Freundſchaft nicht anders, als auf Koſten ſeiner Eh-
”re, erkaufen? Mußte er die Maieſtät eines Königes
”von Frankreich in Genua ungeſtraft beleidigen, und
”die heiligen Rechte ſeiner Abgeſandten zu Rom ſchänd-
”licher Weiſe verletzen laſſen? Sollte er das Meer der
”algie-

"rischen und tunesischen Seeräubern überlassen? un=
"glücklichen Regenten eine Freystadt versagen? die Usur=
"pation unterstützen? Bedingungen anhören und anneh=
"men, die von dem Hasse eingegeben, und der Natur,
"der Vernunft und der Religion unanständig waren?
"seine Städte zur Versicherung wegen des zu vollstre=
"ckenden Friedens einräumen? seinen grausamsten Fein=
"den einen Durchzug verstatten? ihnen helfen einen Prin=
"zen, dessen Tugenden eine Krone würden verdienet haben
"wenn ihnen die Natur und die Gesetze nicht eine ver=
"schaffet hätten, seinen Enkel vom Throne stossen? Ihr,
"ihr getreuen Unterthanen, der beyden Könige, wurdet
"unwillig darüber, und schwuret damals, wie die groß=
"müthigen Israeliten, es solle dem Jonathas kein Un=
"recht zugefügt werden. Und wenn sich der Frembling
"unterfienge, auf den Thron zu steigen; so würden eu=
"re getödteten Leiber für ihn die ersten Stufen zu demsel=
"ben werden. Ein so grosser Eifer und Heldenmuth
"blieb nicht unbelohnt. Der Sieg, welcher sich nur von
"uns entfernet hatte, um die Ehre Ludwigs in ihr völliges
"Licht zu setzen, indem er dadurch Gelegenheit bekam,
"vor den Augen der ganzen erstaunten Welt eine
"standhafte und gesetzte Seele zu zeigen, welche über al=
"le Unglücksfälle erhaben ist; der Sieg kehrete wiederum
"zu unsern Fahnen zurücke, um sie nicht mehr zu verlassen.
"Man wird nicht mehr sehen, daß Philipp in seinen
"eigenen Ländern als ein Flüchtling herum irret, und
"weiter nichts bey sich hat, als seine Tugenden, und
"das Herz seiner getreuen Castilianer. Das Zepter
"wird nicht von dem Hause Davids weichen. Die
"unruhigen Meereswellen werden zu sich selbst zurücke
"kehren, nachdem sie sich an den Ufern, die sie aufhalten,
"gebrochen haben. Denaie wird die unglückliche Klip=
"pe seyn, an welcher die stolze Hoffnung unserer Feinde
"scheitern wird. Unser Glücksstern erscheinet vom neuen.
"Unsere glücklichen Unternehmungen übertreffen bereits
"un

”unſere Hoffnung; und, um alles kurz zu ſagen, Lud-
”wig iſt im Stande, zum ſechſtenmale, mit den Waffen
”in der Hand, Europa den Frieden zu geben. ”

Es iſt uns keine Rede bekannt, welche des Beyfalls
würdiger geweſen wäre, als die Lobrede, die der Abt de
Lecluſe, vor den Mitgliedern der franzöſiſchen Academie,
auf den h. Ludwig gehalten hat. Es iſt eine männliche
Beredſamkeit, die voller Empfindung, vornämlich mit
Stellen aus der h. Schrift und den Kirchenvätern aus-
geſchmückt, und des groſſen Boſſuet würdig iſt. Man
wird beſonders von den Zügen dieſes Stücks hingeriſſen werden, wo der Redner von der Abreiſe des h. Ludwigs zum Kreuzzuge, und von ſeiner Gefangenſchaft
handelt.

”Das Kreuz, welches auf das Waſſer iſt gepflanzet
”worden, hat ſchon die zahlreichen Schiffe des h. Lud-
”wigs um ihn herum verſammlet. Stolzes Meer, de-
”müthige deine Wellen unter die Fahne des Königes
”der Könige. Warte nicht bis ſeine Stimme den
”Winden, welche Stürme erregen, ein Stillſchweigen auf-
”erlegt. Verſchleuß die düſtern Abgründe, welche mehr
”Schätze verſchlungen, als ein unerſättlicher Geiz aus
”einem andern Welttheile herhohlete. Diejenigen, wel-
”che ſich auf dir befinden, haben, als demüthige Erben
”des Kreuzes, weder Gold, noch Edelgeſteine, die ſie
”dir aufopfern könnten. Sie wollen nur den Ort des Auf-
”enthaltes ihres Herrn und Meiſters ſehen, und ſeine
”Fußtapfen küſſen. Sie wollen nur ein Grab erobern
”. . . . . Du, o Gott, lieſeſt es nicht zu, daß der
”Drache (†) von ſeinen Streichen fiel, den du gemacht
”hatteſt, damit du einmal ſeines Stolzes und ſeiner
”Macht ſpotten möchteſt. Draco iſte, quem formaſti
”ad illudendum ei. Er wird ohne Zweifel ausgerot-
”tet werden und vielleicht durch eine von den
”Pla-

(†) Der Mahometaniſmus.

„Plagen des Erdbodens, welche du von einer Zeit zur
„andern über diesen Theil der Welt kommen lässest.
„Aber der treue Knecht, den du bey der Hand genom=
„men hast, um ihn in den Orient zu führen: Adducam
„servum meum ad orientem (†) ; sollte weder ein
„Sesostris, noch ein Tamerlan seyn. O. Feld von Ta=
„nais, langer und blutiger Schauplatz der Kriege des
„Herrn! O Egypten! warum kommen die Plagen, mit
„welchen dich ehemals seine Hand schlug, nicht in die=
„sem Augenblicke vom neuen über dich! Warum be=
„decken deine ehemaligen Finsternisse nicht noch diese
„unglücklichen Ebenen? Der h. Ludwig in den Fesseln!
„und das hat GOtt für einen König aufbewahren sollen,
„der sich, ihn zu vertheydigen, gerüstet hat! Ja, mei=
„ne Herren, der h. Ludwig hat in den Fesseln weit
„mehr, als in den Armen des Sieges, wie ehemals
„Joseph, sagen können: GOtt hat mich zu eurem Be=
„sten nach Egypten gesendet. Pro salute vestra misit
„me Deus in Ægyptum.

Indem der Abt Mongin die Begebenheiten, die
sich unter der Regierung Ludwigs des Dreyzehenten zu=
trugen, abschildert, und auf die Geburt des Königes
und seines Bruders kömmt; so unterbricht er seine Er=
zählung durch folgende glückliche, prächtige, und eines
solchen Mannes würdige Anrede, den die Französische
Academie dreymal mit dem Lorber der Beredtsamkeit krö=
nete, und welchem sie hernach die Thüren ihres Heilig=
thums aufthat.

* „Wachset, ihr durchlauchtigen Kinder; die Vorse=
„hung bereitet euch allen beyden grosse Schicksale zu.
„Ludwig, junger Dauphin, du wirst bald zur Regie=
„rung

( ) Buch. 3.

E

”rung kommen. Philipp, du wirſt lange Zeit die Stü-
” tze des Königes, deines Bruders ſeyn; und es wird
” ein Tag kommen, an welchem deine Kinder ihm ſehr
” nützlich ſeyn werden. Ludwig, königliches Kind,
” deine Regierung wird eine lange und glorreiche Re-
” gierung ſeyn. Du biſt beſtimmt, der Werthenbiger
” der Religion deiner Väter, der Beſchützer der Kö-
” nige, und das Schrecken deiner Feinde zu ſeyn. Dein
” Name wird von den Flügeln des Sieges in alle Thei-
” le der Welt getragen werden. Denke aber, bey dei-
” nem groſſen Glücke, an die Unglücksfälle, welche
” gegen das Ende deiner Tage auf dich warten. Du
” wirſt bey denſelben alle deine Herzhaftigkeit nöthig
” haben. Du wirſt tugendhafte Kinder ſehen, aber
” GOtt wird ſie der Welt nur zeigen; und von ſo
” vielen Prinzen, welche nach einander nach dir regie-
” ren ſollten, wird, um deine Stelle zu erſetzen, dir
” nur der letzte von deinen Urenkeln übrig bleiben. Du
” wirſt ihn ſo gar nur eine kurze Zeit zur Weisheit und
” Tugend anführen können; und es wird ihm von
” dir weiter nichts, als deine Geſchichte, ihn zu bilden,
” übrig bleiben. Er wird aus derſelben lernen ſeine
” Unterthanen lieben, indem er daraus ſehen wird, daß
” eben die Völker, über welche du herrſchen wirſt, dich
” allzeit geliebet; daß ſie ſich um deinet willen allzeit
” werden erſchöpfet haben; und daß die Wirkungen ih-
” rer Liebe niemals etwas anders, als ihre Ohnmacht,
” zurücke hielt. Aber liebe, ja liebe deinen Bruder.
” Philipp, der glückliche Philipp iſt in den ewigen
” Rathſchlüſſen der Vorſehung aufbewahret, deinem
” bekümmerten Königreiche einen Schutzengel, einen
” mächtigen Tröſter zu geben, deſſen königliche und groß-
” müthige Hände die Thränen abtrocknen ſollen, die
” wir über deinen Verluſt werden vergoſſen haben.”

” Eben-

Ebendieser Redner schildert die Verblendungen einer sich selbst überlassenen Seele in folgender Anrede
ab, die aus einer Rede genommen worden, welche im
Jahre 1699. von der französischen Academie den Preis
erhalten hat.

"Welt, die du der Eitelkeit und der Lügen gar zu
"leicht glaubest, verlaß dich nicht auf die Versiche-
"rungen der Treue, die dir schon so oft sind gegeben
"worden ; die Bosheit wird sich verrathen. Diese so
"glänzende und so schön verguldete ungeheure Bildsäu-
"le stehet nur auf Füssen, die von Thone gemacht sind;
"der geringste Stoß wird sie umwerfen. Dieser Wei-
"se, den du verehrest; dieser Held, den du krönest,
"wird vielleicht seine Schwachheiten und Ungerechtig-
"keiten gegen dich selbst ausüben, und dich durch seine
"niederträchtigen Handlungen für deine Hochachtung
"und Ehrerbiethung bestrafen. Dieser so wahre und
"so wesentliche Freund wird dich verrathen. Wenn
"man die Bande der Gottesfurcht und Religion zer-
"rissen hat, erkennet man wohl in der Natur etwas
"für heilig und für unverletzlich? David ist GOtt nicht
"getreu; bald wird er auch den Menschen nicht getreu
"seyn. Er hat durch einen Ehebruch die Unschuld ver-
"lohren; bald wird er durch einen Todtschlag auch die
"Menschlichkeit verlieren. Ahab hat seine Religion
"verlohren; betrübter und unglücklicher Naboth, über-
"laß ihm deinen Weinberg, wenn du dein Leben er-
"halten willst."

Nachdem ebendieser Redner von der Undankbarkeit
des Menschen gegen GOtt, in einer andern Rede, welche im Jahre 1701. den Preis erhielt, geredet hat; so
ruft er also aus.

Gro-

"Grosser GOtt! dienet man dir, oder der Welt al-
"so? Ist der Mensch nur gegen das Laster munter und
"fühlbar; oder glaubt er also, wenn er dich liebet,
"sich verächtlich zu machen? Sein bey der Leidenschaft
"so grosses und edelmüthiges Herz, ist bey der Got-
"tesfurcht nur ein niedergeschlagenes Herz. Wenn er
"der Welt dienet; so kömmt ihm nichts schwer an. Er
"will unmögliche Dinge möglich machen. Er verpflich-
"tet sich, er brennt und verzehret sich zu den Füssen
"seiner Götzen von seinem eigenen Feuer; aber vor dir,
"o GOtt, verläßt ihn seine Kraft, sein ganzes Feuer
"verlischt, und es scheinet, als ob es für ihm genug
"wäre, dich zu lieben, um seine ganze Schwäche an
"den Tag zu legen....... Du wirst also, du un-
"getreue Seele, diesen GOtt verlieren, vor welchem
"du dich nur fürchtest, weil er dir drohet..... Ge-
"zwungenes Opfer, du bist vielleicht schon itzo von dem
"Altare verworfen. Der eifersüchtige GOtt, welcher
"Augen hat, um das Eingeweide der Opfer selbst zu
"besehen und zu beurtheilen, hat von den verstümmel-
"ten Opfern, bey welchen sich das Herz nicht befindet,
"einen Abscheu."

Die Schönheiten des Nachdrucks und der Gedanken, welche sich in folgender Anrede des Herrn de la
Mothe befinden, beweisen, daß unsere Sprache, wenn
sie grosse Sachen ausdrucken will, nicht nöthig hat,
ihre Zuflucht zu verblümten Ausdrücken zu nehmen.

"Helden, Könige des Erdbodens, Staatsmän-
"ner, sehet, worauf ihr eure Grösse bauet, und es
"scheinet, als ob alles mit eurem Stolze übereinstim-
"mete, um den hohen Begriff, den ich euch davon machet,
"zu befestigen. Ihr seyd über zahlreiche Kriegsheere
"gesetzet. Ganze Völker brechen auf euren ersten Be-

fehl

"fehl auf, streiten, und verlieren ihr Leben. Die Er-
" de schweigt in eurer Gegenwart. Die Gesetze selbst
" gehorchen euch, und ihr theilet die Wohlthaten und
" Strafen nach dem Wohlgefallen eines Eigensinnes
" aus, den niemand fragen darf. Ein ieder kömmt
" mit einem Sclavischen Gesichte, und will euren Au-
" gen das Opfer ansehen, welches ihr von ihm verlan-
" get; und der Thron ist für euch nicht nur ein Thron,
" sondern ein Altar, auf welchem ihr euch die Men-
" schen huldigen lasset."

Man konnte den Tob des grossen Dauphins nicht
mit mehrerer Kunst und Delicatesse berühren, als
es der Herr Roi in folgenden Stücke gethan hat, welches aus einer Rede genommen worden, die im Jahre
1711. von der französischen Academie den Preis erhalten hat, und worinnen der Satz abgehandelt wird:
Daß GOtt die, so ihr Vertrauen auf ihn setzen,
beschützet und beschirmet.

"Du, o GOtt, betrübtest den Vater der Glau-
" bigen, demienigen, dem du den Stolz der Könige
" unterwarfest; du liessest es bey ihm so weit kommen,
" daß er einen einzigen Sohn verlieren solte; du gabst
" ihm aber denselben wieder, seinen Gehorsam zu be-
" lohnen. Ein neuer Abraham beweinet einen Sohn,
" der eben so sehr, als ehemals Isaac, geliebet wurde,
" und du hast das Schwerd des Todes nicht abgewen-
" det. Was bleibt diesem Vater für ein Trost übrig?
" Du, o Herr, und das ist genug. Ohne dich ist das
" größte Herz in der Welt das allerniedergeschlagen-
" ste. . . . . . . Und ihr, ihr Märtyrer so vieler Jahre;
" ihr Einsiedler, die ihr, ohne müde zu werden, euer
" Kreuz so weit getragen habet; ihr Bewohner der
" Höhlen, in welchen euch die Elemente und die Wit-

" terung

” terlung alle Tage einen Theil von euch raubten; ihr
” Freunde JEſu Chriſti, erzählet uns die unausſprech=
” lichen Süſſigkeiten, die euch der HErr ſchmecken
” ließ.”

In folgenden Anreden gefällt die Moral weder durch
ſinnreiche Schilderungen, noch durch Bilder, noch auch
durch ſorgfältig ausgeſuchte Worte. Sie zeigt ſich in
denſelben vielmehr in ihrer Einfalt, aber auf eine an=
ſtändige Weiſe, indem ſie die Vorurtheile und die Lei=
denſchaften eiferig beſtreitet, und allzeit mit der Reli=
gion übereinſtimmet, welche ihr ſo gar ſtatt einer Fa=
ckel zu dienen ſcheinet.

” Wehe euch, ihr Groſſen in der Welt! die ihr
” den Stolz und die Unempfindlichkeit für Gröſſe hal=
” tet. Der Ehrgeiz ſagt euch, eure Glückſeligkeit be=
” ſtehe in eurer Erhebung. Warum ſagt euch aber
” nicht die Vernunft, eure Gröſſe hänge von euren Tu=
” genden ab? Der Hochmuth und die Härte, welche
” an dem Eingange in eure Palläſte die Wache halten,
” entfernen das Glück von denſelben, weil ſie das Zu=
” trauen und die Hochachtung von ihnen entfernen.
” Ihr habet euch eingebildet, weil ihr über die übrigen
” Menſchen erhoben wäret; ſo würdet ihr auch über
” die Unglücksfälle erhoben ſeyn. Aber, o wie ſehr
” habet ihr euch geirret! Kehret um; richtet die Un=
” glückſeligen wieder auf, die ihr vielleicht, als ihr auf
” den Gipfel der Ehre hinauf geſtiegen ſeyd, unter eure
” Füſſe getreten habet. Diejenigen, welche ihr als die
” nothwendigen Opfer eurer Macht betrachtet, ſollen die
” Stützen derſelben ſeyn...... Vermehret, ſo lange
” ihr wollet, eure Titel und Ehrenſtellen; herrſchet
” über weitläuftige Länder, über zahlreiche Vaſallen;
” ihr ſeyd unglücklich, wenn ihr nicht die Herrſchaft
”über

„über die Herzen, als das kostbarste unter allen Gütern
„habet. Glückliche Herrschaft! Lust und Vergnügen
„der Seele! Wenn ihr sie haben wollet; so könnet ihr
„sie erlangen. Unterstützet die Familien; so werdet
„ihr von ihnen geliebet werden. Die Wittwe, der
„man geholfen, und der Wäise, den man beschützet
„hat, sind sichere Stufen, sich bis zum Glücke zu erhe-
„ben. Ausserdem habet ihr nur den Schein dessel-
„ben...... Betrachtet einmal den elenden Zustand
„dieses Menschen, der im Ueberflusse gelebet hat, wel-
„chem aber von seinen Schätzen weiter nichts übrig ge-
„blieben ist, als das Betrübniß, sie verlohren zu ha-
„ben, oder auch wohl gar das Verbrechen, sie besessen
„zu haben. Als er ehemals auf dem Altare des Glücks
„saß, glaubte er, die Ehrfurchtsbezeigungen, die man
„nur dem Götzenbilde erwies, würden ihm erwiesen.
„Nachdem aber der Götze einmal ist herunter geworfen
„worden; so verlaufen sich die Anbether. Alles ver-
„läßt ihn, nur sein Verdruß nicht. Ein ieder redet
„wider ihn. Die ganze Welt spricht, sein Unglück
„wäre der Lohn für seine Unempfindlichkeit. Ach!
„wenn er, als er glaubte, er könne nicht elend und un-
„glücklich werden, mitleidig gewesen wäre; so würde
„man ihn itzo beklagen, trösten, und ihm helfen. Ge-
„setzt, er hätte bey seinem Unglücke nur den einzigen
„Vortheil, daß er die Glückseligkeit der Menschen be-
„fördert hätte; so haben wir, wenn wir unsere Tu-
„gend noch haben, alles, was wir brauchen, um glück-
„lich zu seyn. Eine gutthätige Seele ist sich selbst ge-
„nug; sie ist ihr Hülfsmittel, ihr Lohn, und ihre Glück-
„seligkeit...... Und ihr, ihr aufwallenden Herzen,
„die ihr euer Glück in dem glänzenden Nichts, welches
„ihr Ehre nennet, suchet, saget uns, ob die Leiden-
„schaft, die so viele Helden gemacht, auch viel Glück-
„liche gemacht hat? Ihr seine Ruhe, sein Vergnügen,

E 4 „sein

„ ſein Blut, und ſein Leben ſelbſt aufopfern, heißt viel
„ zu wenig für ſie thun. Das Opfer der Ehre, der
„ Redlichkeit, der Empfindungen der Menſchlichkeit,
„ iſt faſt allzeit das erſte, welches ſie verlanget. Die
„ Thaten, welche am meiſten gerühmet werden, ſind
„ oftmals weiter nichts, als groſſe Uebelthaten. Je
„ ſchneller euer Glück iſt, deſto mehr Unglückſelige ma-
„ chet ihr. Die eingeäſcherten Städte, die entheilig-
„ ten Kirchen, die mit Blute gefärbten Meere, und der
„ beſtürzte Erdboden, ſind faſt allzeit die einzigen Ue-
„ berbleibſel des Sieges. Dieſes iſt der Grund von
„ eurer Ehre. Iſt euch aber wohl unbekannt, daß eine
„ einzige gnädige Handlung dem Ueberwinder des Da-
„ rius weit mehr Ehre bringet, als funfzehn Jahre,
„ in welchen er Eroberungen macht?“

Nachdem der Herr Ballet, in der Lobrede auf den
h. Remigius, von der Taufe und der Salbung des Clododäus geredet hat; ſo bringt er folgende bewegliche
Stelle ſehr geſchickt an.

„ O glücklicher Tag für Frankreich! O koſtbarer
„ Zeitpunkt ſeines Glücks! Die Religion hat ſich auf
„ die Lilien erhoben, und wird ſie nicht wieder verlaſ-
„ ſen. Niemals, niemals wird die Trennung, oder der
„ Irrthum, den Thron der Nachfolger des Clododäus
„ verdunkeln. Unſere Könige werden allzeit die Be-
„ ſchützer und Werthendiger der Kirche ſeyn. Unter
„ dem Schatten ihres allzeit reinen Glaubens, und ih-
„ rer verehrten Macht, haben die verfolgten Päbſte all-
„ zeit eine Freyſtadt, und einen mächtigen Schutz ge-
„ funden.“

Der Eifer des h. Ludwigs für die Religion iſt in folgender Anrede ſehr lebhaft vorgeſtellt, welche aus der
„ Lob-

lehrede genommen worden, die der Abt von Boiſmont auf dieſen h. König gehalten hat.

„Heilige Religion! bloß deine Vortheile verſchloſ=
„ſen das Herz Ludwigs vor den Eindrücken der Gnade
„und Güte. Nachdem du durch die unreine Vermi=
„ſchung der Midianiten wareſt verfälſchet, durch die
„Lügen verſtellet, und durch die Gottloſigkeit veruneh=
„ret worden; ſo ſah er, daß du keine Herrlichkeit, und
„faſt keine Verehrer mehr hatteſt, und ſein Glaube
„wurde darüber unwillig. Er zündete in ſeinen Hän=
„den die Blitze an, welche die Ueberbleibſel der albi=
„genſiſchen Kätzerey verzehreten. Er waffnete die öf=
„ſentliche Rache wider ein Ungeheuer, welches dich ſo
„gar in deinen Tempeln verſpottete. Die Gottesläſ=
„terung wurde verbannet. Und wenn die ſchändli=
„chen Laſter nicht ausgerottet wurden; ſo thaten doch
„wenigſtens die ſcharfen Befehle ihrer Kühnheit Ein=
„halt, wenigſtens verunreinigten ſie nur ihre Finſter=
„niſſe und ihre Dunkelheit.„

Der Vater Bernhard giebt in folgender Anrede zu erkennen, die Gnade habe in dem Herzen des Herzogs von Orleans bey Zeiten die gottesfürchtigen Geſinnun= gen gebildet, welche man an dieſem Prinzen bewun= derte.

„Du, o mein Gott! hatteſt dieſe groſſe Seele vom
„weiten durch die Saamen der Tugend zubereitet, die
„du als koſtbare Keime in ſeine Seele geleget hatteſt,
„welche zu ihrer Zeit Früchte bringen ſollten! Du wa=
„teſt ſorgſam geweſen, ihn zu verwahren und zu er=
„leuchten. Bey der Verführung der Ergötzlichkeiten
„überzeugteſt du ihn bisweilen durch ſeine eigene Er=
„fahrung, daß ſie die Zwiſchenräume des Lebens ver=

E 5 „geb=

” geblich einnehmen. Sie füllen den leeren Raum des
” Herzens niemals aus, welches ſie vergiften, ohne ihm
” Gnüge zu leiſten. Der Menſch iſt viel zu groß, ſein
” Gegenſtand viel zu ernſthaft, ſeine Beſtimmung viel
” zu hoch, und ſeine Hoffnung viel zu erhaben, als daß
” er ſeine Glückſeligkeit auf Wollüſte, die ſo verächt=
” lich machen, einſchränken ſollte. ”

Man kann zu dem Lobſpruche nichts hinzuſetzen, ben
der Vater Poree dem Regenten in folgender Anrede er=
theilet hat, welche aus der lateiniſchen Trauerrede, die
er auf Ludwig den Vierzehnten gehalten, entlehnet iſt.
Die ſchönſte Abſchilderung des Flechier hat vielleicht,
was die richtigen Ideen, und die lebhafte Schreibart
anbetrifft, vor dieſer nichts voraus.

” O ihr, die ihr den Gefährlichkeiten eines fürchter=
” lichen Elementes ausgeſetzet ſeyd, und mit den Schä=
” tzen der Völker beladen zurücke kommet, betrachtet ei=
” nen Prinzen, welcher, nachdem er um mehr, als ei=
” ner Urſache willen, zur Regierung Frankreichs beru=
” fen worden, auch mehr, als eine Tugend, daſſelbe zu
” regieren, anwendet und gebrauchet...... Ihr mö=
” get in der Welt hinkommen, wohin ihr nur wollet;
” ſo machet die Urſache der Thränen, die wir vergieſ=
” ſen, bekannt; merket aber auch zu gleicher Zeit, was
” unſer Troſt dabey iſt. Saget, Ludwig der Groſſe iſt
” nicht mehr. So bald ihr dieſen Namen nennet, wer=
” den alle Völker den Verluſt einſehen, den wir erlit=
” ten haben. Saget, Philipp iſt der Regent von
” Frankreich. So bald ihr dieſen Namen ausſprechet,
” werden ſie ſich einen Prinzen vorſtellen, der wegen
” ſeiner Herzhaftigkeit bey den Unternehmungen, wegen
” ſeiner groſſen und weitläuftigen Einſichten, wegen ſei=
” ner klugen Rathſchläge, wegen ſeiner Erfahrung im
” Krie=

"Kriege, und wegen des Schutzes, welchen er den
"schönen Künsten ertheilet, lebenswürdig ist. Sie
"werden sich einen Prinzen vorstellen, der, aus Liebe
"zum Vaterlande, sein Leben so wohl in Friedens= als
"in Kriegszeiten nicht achtet; und welcher, weil er we=
"gen seiner Macht ein Herr, und wegen seines gemei=
"nen Wesens ein Bürger ist, alle Eigenschaften besi=
"tzt, die zu einem guten Regenten erfordert werden."

Als der Abt Anselme den Lobspruch des Königes mit
der Lobrede auf den h. Ludwig, die er vor der französi=
schen Academie hielt, verbinden wollte; so that er es
auf eine geschickte Art durch folgenden Uebergang, den
er in eine Anrede einkleidete.

"Göttlicher Geist, der du so oft die Feder der Pro=
"pheten geführet, die Könige zu loben, und itzo durch
"die Lobrede des Heiligsten, der iemals das Zepter ge=
"tragen, meine Zunge geheiliget hast, ich entheilige sie
"nicht, wenn ich einen Fürsten lobe, welcher, nachdem
"er das siegreiche Schwert, so das Schrecken über den
"ganzen Erdboden verbreitet, und Europa den Frieden
"versichert, vor dem Altären niedergeleget hat, aus der
"Hand des h. Ludwigs das Schwert der Gerechtigkeit
"nimmt, um das Ungeheuer zu erlegen, welches er an=
"gegriffen, aber nicht bezähmet hatte."

Wenn der Vater Molinier, einer von den Vätern
des Oratorii, das Verhalten GOttes in Absicht auf die
Jüden, und die Religion überhaupt zeigen will; so
schildert er, unter der Figur einer grossen und prächti=
gen Anrede, die Eingebung der Propheten, die Revo=
lutionen der mehresten Reiche, und legt fast alle Ver=
änderungen, die sich in der Welt zugetragen, vor die
Augen. Dieses Stück ist in einer ungemein heftigen
und hinreissenden Schreibart abgefaßt.

"Ihr

" Ihr Völker, die ihr das Volk GOttes betrübet
" habet, ihr ſeyd ſelbſt betrübet worden, wie es ihm
" ſeine Propheten verſprochen hatten! Ihr immerwäh=
" renden Feinde des Volks GOttes, Moab, Ammon,
" Samarien, Idumäa, die Propheten haben geſehen,
" daß euer Stolz iſt gedemüthiget, und euer wildes We=
" ſen gebändiget worden! Damaſcus! ſie haben deinen
" Untergang geſehen. Tyrus! ſie haben dich ver=
" ſchwinden, und dich gleichſam in das Meer, deſſen
" Beherrſcherinn du wareſt, verſinken ſehen. Egypten!
" ſie haben dich nebſt deiner Herrlichkeit, und deinen
" Schätzen, unter eine fremde Herrſchaft kommen ſe=
" hen. Babylon! ſie haben dich fallen, und über dei=
" nen Fall den Erdboden erſchrecken ſehen. Sie ha=
" ben alle deine Uebel, die einzigen Umſtände deiner
" Eroberung, geſehen. Sie haben die Völker Rächer
" der andern Völker, und Diener der göttlichen Ge=
" rechtigkeit wider dich genennet. Du Hammer, der
" du den ganzen Erdboden zerſchlagen haſt, ſie haben
" dich ſelbſt zerſchlagen ſehen. Unglücklicher Tyrann,
" Vorläufer des Antichriſts, unverſöhnlicher Feind von
" Juda und ſeiner Religion, Antiochus! ſie haben dei=
" ne Wuth; die Zeit, welche dir wider das Heiligthum
" eingeräumet worden; und am Ende dieſer Zeit dei=
" nen beklagenswürdigen Tod geſehen. Nebucadne=
" zar, der du nach allen deinen Charaktern beſchrieben
" worden! du biſt den Völkern und den Königen vom
" weiten, als die Ruthe, welche ſie zu ſtrafen beſtim=
" met war, gezeiget worden; aber die Beſtrafung dei=
" nes thörichten Stolzes, wovon man kein Beyſpiel
" hat, iſt in dieſen göttlichen Ausſprüchen mit der Be=
" ſtrafung deiner Herrlichkeit verknüpft. Cyrus! glück=
" licher Cyrus! du Wiederherſteller des Tempels GOttes,
" und ſonderbarer Wohlthäter ſeines Volks, du biſt zu
" dieſem Werke berufen, und von dem Jeſaias, zwey=
" hundert Jahre vor deiner Ankunft, bey deinem Na=
" men

"men genennet worden. Ihr Affyrier, Perser, und
"Meder, Griechen, und Römer, ihr grossen Reiche!
"ihr seyd vor den Augen des Daniels vorübergegan:
"gen; er hat euch, die einen über die andern, herfal:
"len, und das letzte alles bezähmen und verschlingen
"sehen. Hierauf sollte das Reich Christi erscheinen,
"und es ist erschienen. Deine Blindheit, o Israel!
"dein Unglaube, deine Undankbarkeit, deine Treulo:
"sigkeit, dein Unglück; alles dieses ist in sehr deutli:
"chen Ausdrücken vorher verkündiget worden. Und
"wenn wir alles dieses erfüllet sehen, was können wir
"sonst sagen, als daß die Propheten treu und wahrhaf:
"tig sind? Und wenn wir sehen, daß die Jüden denie:
"nigen so halsstarrig verwerfen, welcher so deutlich ist
"vorherverkündiget worden; was können wir anders
"denken, als daß diese Halsstarrigkeit Israels, welche
"in seinen Propheten in so starken Ausdrücken ist an:
"gezeiget worden, selbst ein Beweis von der Wahrheit
"der Prophezeihungen ist? Ihre Wegführung zu den
"heidnischen Völkern, nebst der Ursache und Dauer
"ihrer Gefangenschaft; die Zeit nebst sehr vielen Um:
"ständen dieser glücklichen Zurückkehrung; alles dieses
"ist ihnen lange Zeit vorher, durch den Mund ihrer
"Propheten, entweder als Drohungen, oder als Ver:
"heissungen, verkündiget worden. Der Zustand die:
"ses Volks, von der Gefangenschaft an, bis auf die
"Zeit des Messias, ist ihm in einem einzigen Prophe:
"ten recht deutlich vor die Augen geleget worden. Un:
"ter allen war eine grosse Weissagung bekannt, daß
"Juda ein Volk ausmachen würde, bis auf den Tag,
"da ihm alle Macht über sich selbst würde genommen
"werden, und alsdenn würde derjenige kommen, den
"Gott senden sollte."

Eben dieser Redner drücket sich eben so lebhaft und
eben so genau in folgender Anrede an die Käiser aus.
Die:

Dieses Stück ist interessant, und setzet den Verstand eben so wohl in Erstaunung, als die vorhergehende Anrede.

”Ihr, ihr Käiser, habet Berathschlagungen gehal=
”ten; ihr habet Befehle herausgegeben; ihr habet
”den Degen gezogen; ihr habet geplündert; ihr ha=
”bet in die Acht erkläret; ihr habet verbannet; ihr
”habet in die Gefängnisse gelegt; ihr habet eure Zu=
”flucht zu den verführerischesten Kunstgriffen genom=
”men; ihr habet die schrecklichsten Martern anthun
”lassen; ihr habet die Todesarten vermehret; ihr ha=
”bet die Verfolgungen erneuert; ihr habet die ganze
”Natur wider JEsum Christum erregt, der sein Reich
”aufrichten wollte; und alles dieses ist vergeblich ge=
”wesen.   Ihr habet der Abgötterey alle Macht, die
”Rom hatte, gegeben, und die Abgötterey ist nebst
”Rom überwunden worden.   Ihr habet alle eure
”Macht dem Teufel gegeben, um ihm sein Reich zu
”erhalten; und der Teufel, der von allen euren Waf=
”fen unterstützet wurde, ist zertreten worden, und JE=
”sus Christus hat gesieget, und JEsus Christus herr=
”schet, und giebt itzo der ganzen Welt Gesetze, und ihr
”habet sie endlich selbst angenommen.   O ihr Käiser!
”wo war also die Macht, die so viele Bemühungen
”zernichtet, so manchen Widerstand überwältiget, die
”Käiser selbst bezähmet, und das verfolgende Reich
”endlich zerstöret hat? Sie war in der Predigt des
”Kreuzes.   Prædicamus Christum crucifixum, Dei
”virtutem.”

Der Herr Flechier hat in folgende Anrede alles zu=
sammen gefaßt, was bewegen, rühren, und das Herz
zu GOtt erheben kann.   Man wird sie, ohne erwei=
chet zu werden, nicht lesen können.

”Ihr

„Ihr lebet, ihr betrübten Zeugen eurer Pfarren;
„ihr sehet die traurigen Ueberbleibsel eurer Kirchen
„vom weiten rauchen; diese Kanzeln, von welchen
„ihr die evangelischen Wahrheiten so oft verkündiget
„habet; diese Altäre, auf welchen ihr alle Tage das
„Opfer des unbefleckten Lammes opfert; diese Taber-
„nakl, aus welchen ihr das Brodt des Lebens heraus-
„nehmet, welches als eine Speise der Seelen vom
„Himmel herab kömmt; diese heiligen Zierathen und
„Kleider, welche dieneten, das heilige Zion an seinen
„Feyertagen zu schmücken, oder das Priesterthum bey
„Haltung der Messe noch ehrwürdiger zu machen; die-
„se Beichtstühle, in welchen ihr vielleicht so gar die
„Sünder, die euch betrüben, mit GOtt versöhnet ha-
„bet; diese Bilder der Heiligen, die größtentheils Mär-
„tyrer waren, und deren Betrachtung heute zu Tage
„so nothwendig ist, sie entweder um ihre Fürbitte an-
„zurufen, oder ihren Beyspielen zu folgen; alle diese
„Werke, die zwar von Menschenhänden gemacht, aber
„dem ewigen GOtt gewidmet waren, machen diesen
„schmalen Scheiterhaufen aus, und dienen diesen gott-
„losen Feuersbrünsten zur Nahrung. Dasienige, wo-
„von ihr ohne Zweifel am meisten seyd gerühret wor-
„den, ist der Gottesdienst, welcher aufgehöret hat.
„Die ganze Religion scheinet mit euch aus euren Pfarr-
„kirchen gewichen zu seyn. Es wird in denselben
„GOtt kein Loblied mehr angestimmet. Das immer-
„währende Opfer ist darinnen unterbrochen; der Geist
„des Gebeths ist verloschen; es ist in diesen Gegenden
„von Israel kein Glaube mehr; das Wort GOttes ist
„aus ihnen verbannet; niemand bricht dieses Brodt,
„ia es verlanget es so gar niemand. Die Assyrer ha-
„ben alle Canäle abgeschnitten, die das Wasser der
„Gnade nach Bethulien führten. Es fällt weder Re-
„gen, noch Thau mehr auf den Bergen von Gilboa,
„und

„ und der Greul der Verwüſtung herrſchet in dem Heis
▪ ligthume allenthalben.“

Indem der Abt Terraſſon, in ſeiner Predigt von den
Trübſalen, von der Verfolgung der Chriſten redet; ſo
unterbricht er ſich auf einmal durch dieſe rührende An=
rede. Man wird in derſelben indeſſen eine Art von
Vergröſſerung und Kühnheit gewahr, worüber man er=
ſtaunet, und welche bey nahe ins hyperboliſche fällt.

‚ Kommet her, ihr Völker, die ihr das Kreuz ver=
„ ehret, ihr alle, die ihr die Schmach JEſu Chriſti al=
„ len Schätzen vorgezogen habet, bezeuget die Wahr=
„ heit, die ich vortrage. Man hat euch die härteſten
„ Prüfungen aushalten ſehen. Euer Leben war ein
„ immerwährender Tod. Es iſt bey den Betrübniſſen,
„ bey der Armuth, und bey den Schmerzen verfloſſen.
„ Ihr waret ein Gegenſtand der Verſpottung und Ver=
„ achtung. Man gieng mit euch als mit den geringſten
„ Menſchen um. Die Höhlen oder die Gefängniſſe
„ waren euer gewöhnlichſter Aufenthalt. Ihr lieſſet
„ euch nur öffentlich ſehen, um dem Widerſpruche aus=
„ geſetzt zu ſeyn. Man führte euch von einem Richter=
„ ſtuhle zum andern. Man ſchleppte euch auf die Blut=
„ bühnen. Man wendete alle Elemente an, euch zu
„ martern. Man vergaß alle Geſetze der Menſchlich=
„ keit, ſo bald man ſich vorgenommen hatte, euch leiden
„ zu laſſen; und man ließ eure Leiber Martern ausſte=
„ hen, von welchen man niemals etwas würde gewußt
„ haben, wenn ihr niemals gelebt hättet.“

Man bemerket ein vorzügliches Genie und einen
vorzüglichen Geſchmack in folgender Anrede, in welcher
der Herr Bouti die Zwiſtigkeiten des h. Ludwigs mit
dem römiſchen Hofe vorträgt. Dieſes Stück iſt mit
einer

einer solchen Kunst und Klugheit abgefaßt, daß man
nichts schöners wünschen kann.

"Du erfuhrest es, Graf von Toulouse! Du sahest,
"daß, wenn man die Blitze des Throns vermeiden
"wolle, man sich vor den Blitzen der Kirche fürchten
"müsse. Du sahest, daß die gottlose Sekte, welche
"du unterstütztest, durch die Herzhaftigkeit und Klug-
"heit dieses getreuen Königes war zerstreuet und zer-
"nichtet worden, und du sahest dich selbst in die glück-
"liche Nothwendigkeit versetzt, zu gleicher Zeit zur
"Beobachtung deiner Pflicht, und in den Schooß der
"Kirche zurücke zu kehren...... Aber was sehe ich,
"meine Herren, der gemeine Vater der Gläubigen un-
"terstehet sich, den Zepter des Monarchen anzutasten!
"Was für einer Prüfung setzest du, großer GOtt, die
"Klugheit unsers Heiligen aus! Wird er auf Kosten
"des Christen König seyn? Wird er auf Kosten des
"Königes ein Christ seyn? Wird er die Rechte einer
"Krone seiner Gottesfurcht, oder seine Gottesfurcht
"den Rechten seiner Krone aufopfern?...... Lasset
"uns, meine Herren, weder in Ansehung der Reli-
"gion, noch auch in Ansehung der Macht und Gewalt
"des Prinzen etwas befürchten. Ludwig, der eine
"genaue Einsicht hat, wird den Diener von dem Am-
"te; den Regenten eines besondern Staats, von dem
"Oberhaupte der Kirche; und jenes seine Vortheile,
"von dieses seinen Vorzügen abzusondern wissen. Er
"wird die Grenzen, die GOtt dem Priesterthume und
"dem Reiche bestimmt hat, mit scharfsichtigen Augen
"von einander unterscheiden. Er wird, ohne das eine
"zu verachten, aber auch ohne das andere verächtlich
"machen zu lassen, GOtt mit aller Treue geben, was
"GOttes ist, aber auch dem Käiser geben lassen, was
"des Käisers ist. Lasset es uns gestehen, nur eine
"vollkommene Klugheit kann in einer und ebendersel-

"ben Person die Gelehrigkeit mit der Standhaftigkeit,
" und die Ehrerbiethung mit der Herzhaftigkeit zu be-
". fehlen, vereinigen."

Damit der Herr von Poncet, Bischoff zu Trone,
die schönen Eigenschaften der Anne Heinriette von Frankreich, welche er in folgender Anrede lobet, destomehr
erheben möge; so giebt er zu erkennen, daß sie gar sel-
ten bey den Grossen angetroffen werden, als deren Charakter gemeiniglich Hochmuth und Gleichgültigkeit ist.

" O ihr, die ihr wegen eurer Bedienungen, oder an-
" derer Verhältnisse, mehrere Gelegenheit hattet, sie
" zu kennen, und ihr bekannt zu seyn! saget, wurdet
" ihr wohl iemals bey ihr die ungleiche Gemüthsart,
" das eigensinnige Wesen, die Abwechselungen der
" Gunst und Gleichgültigkeit, der Kaltsinnigkeit und
" Lebhaftigkeit, des unüberlegten Zutrauens und des
" schimpflichen Mißtrauens gewahr, welche bey dem
" Umgange der Menschen etwas gar sehr gewöhnliches,
" und bey dem Dienste der Grossen fast nothwendig
" sind; die man bey seines gleichen erduldet, und an
" seinen Herren verehret; von welchen wenig Personen
" sollten beleidiget werden, weil wenige davon frey sind;
" und die, wir an andern um so viel eher entschuldigen
" sollten, ie mehr wir wünschen, daß man sie an uns
" entschuldigen möge."

Wenn der Herr Ballet in seiner Rede von unserer
lieben Frauen zum Berge Carmel beweisen will, daß
Frankreich zu allen Zeiten unter dem Schutze der Mutter des Heylandes gestanden habe; so gehet er bis zu
dem h. Ludwig zurück, den er, wie seine Nachfolger,
besonders aber unsern Monarchen lobet, dem sein Ruhm
und seine Tugenden einmal unter den größten Königen
der Monarchie eine Stelle verschaffen werden.

" Er-

"Erscheine hier, du Feind aller Laster', du Geisel
"der Kätzer, du Schrecken der Mauren und Sarace=
"nen; grosser H. Ludwig, der du im Himmel regierest,
"nachdem du in dem Herzen der Franzosen regieret hast!
"du dachtest allzeit an den entscheidenden Augenblick,
"in welchem die Könige ihre Thronen, ihre Zepter, und
"ihre Kronen vor sich fliehen und verschwinden sehen.
"Du warest heilig, als du aufhörtest, groß zu seyn.
"Die königlichen Tugenden waren von christlichen Tu=
"genden unterstützet worden; und die Ordensperso=
"nen des Berges Carmel, die du in Europa in dei=
"nen Schutz genommen, und gegen welche du dich sehr
"freygebig erwiesen hast, sind deutliche Merkmale dei=
"ner Ehrerbietung gegen die Mutter GOttes. Grosser
"Heinrich! der du die Kunst zu streiten und zu kriegen
"eben so gut, als David, verstundest; der du wegen
"deiner Tapferkeit eine Krone verdienet hättest, wenn
"sie nicht deiner Geburt gebühret hätte; du warest von
"den Reizungen der Kätzerey lange Zeit eingenommen,
"und gabest den Lehrern der Lügen Gehör. Du hiel=
"test die Diener der Lehrverbesserung für Orakel. Da=
"mals verachtetest du nur die heiligen Uebungen der rö=
"mischen Kirche. Was für ein Vergnügen ist es nicht
"für uns, daß wir dich in unsern Jahrbüchern unter
"die erstgebohrnen Söhne der Kirche zählen können! Ich
"stelle dich heute unsern Feinden als den aufrichtigsten
"Catholiken, und als einen König, der für die Ehre
"des Berges Carmel besorgt ist, entgegen.

"Ludwig, der du den Zunamen des Gerechten füh=
"retest! der du die Tugend und die Ehre liebtest; der
"du in eigner Person die Kätzerey auch sogar in den
"letzten Verschanzungen angriffest; den die Kirche bey
"Rochelle mit dem königlichen Schwerte gewaffnet sah,
"diejenigen zu strafen, die das geistliche Schwert ver=
"achteten, du hast gewollt, daß alle deine Untertha=

"nen

" nen die Mutter Gottes so, wie du, verehreten. Frank=
" reich, welches dem feyerlichen Gelübde Gnüge gelei=
" stet, welches du vor den Altären gethan hast, wird
" die spätesten Nachkommen belehren, daß du ein grösse=
" res Vertrauen auf den Schutz der h. Jungfrau, als
" auf die Tapferkeit deiner Kriegshelden, und die Stär=
" ke deiner fürchterlichsten Heere gesetzet hattest. Lud=
" wig mit dem Zunamen der Grosse! dessen Regierung
" eine Kette von Siegen und Eroberungen war, hast du
" nicht die Herren der Welt durch deine Thaten, wie
" durch dein langes Leben, übertroffen? Der einzige
" Cyrus ist, wie du, bey der Krone alt geworden;
" aber du allein hast dem Purpur selbst Glanz verschaf=
" fet.   Man würde dich auch ohne Thron und ohne
" Krone bewundert haben.   Deine Frömmigkeit mußte
" die Fehler der Menschlichkeit wieder gut zu machen.
" Dein Eifer um die Religion hat alle die prächtigen
" Lobsprüche verdienet und erhalten, mit welchen die
" Päbste ehemals den grossen Constantin überschütteten.
" Was für eine Ehre ist es nicht für die Ehrerbietung
" gegen den Berg Carmel, daß sie dich unter ihre Ver=
" theydiger zählen kann!

" Was soll ich von unsern glorreichen Monarchen
" sagen? Welcher Ruhm kann denjenigen verdunkeln,
" den er sich im Kriege erworben hat! Wie schnell wa=
" ren nicht seine Eroberungen! Kaum ist das Grab,
" welches sich bey der Hitze seines Laufs aufgethan hat=
" te, wiederum verschlossen; so siehet man ihn jenseit
" des Rheins.   Fünf Städte, die er in einem Jahre
" unter seinen Gehorsam gebracht, machen seine Tap=
" ferkeit öffentlich bekannt. Er erndtet bey den Bela=
" gerungen und bey den Schlachten Lorbern ein. Sei=
" ne Unerschrockenheit setzet die Tapfersten in Erstaunen.
" Er läßt das Schrecken und den Tod vor sich herge=
" hen.

"hen.   Die flüchtigen Engländer gestehen, daß sie
"überwunden sind.

"Ihr, meine Herren, treffet die Tapferkeit Lud-
"wigs des Grossen bey seinem Urenkel an. Verwun-
"dert euch nicht, daß ihr sie bey dem einzigen Erben
"seines Throns, dem Vergnügen eines glänzenden Ho-
"fes, in ihrem Glanze erblicket.   Die zärtlichen und
"heiligen Bande, welche er geknüpfet hat, haben, sei-
"ner kriegerischen Hitze nicht Einhalt thun können. Die
"Feinde haben alle Ehre und alle Hoffnung der Fran-
"zosen an der Spitze unserer Kriegsheere gesehen. Und
"wenn wir GOtt unendlichen Dank abgestattet haben,
"weil er den Sieg mit unsern Fahnen verknüpfet hat;
"so sollen wir niemals aufhören, ihm zu danken, weil
"er uns einen geliebten König, und den Nachfolger sei-
"nes Ruhms und seiner Macht hinterlassen hat."

Es herrschet viel Feuer, und eine edle Einfalt des
Ausdrucks in folgender Anrede, welche aus einer Predigt genommen worden, die der Vater Boule, ein
Franciscaner, von der Vorsehung gehalten. Nachdem
dieser Redner gezeiget hat, wie zärtlich die Vorsehung
für unsere Bedürfnisse sorget; so setzet er die Härtigkeit
der Menschen der götlichen Güte entgegen, und ruft
mit dem heiligen Ambrosius aus.

"Ihr Reichen dieser Welt! ihr, welche die Vorse-
"hung auf der Welt ihre Haushalter, und die Aus-
"theiler ihrer Gaben genennet hat, nehmet ihr dieieni-
"gen, die sich vor Schmerz und aus Armuth zu euren
"Füssen niederwerffen, also auf? gehet ihr also mit ih-
"nen um?..... Ach! indem ihr eure Augen von ei-
"nem Anblicke, der euch abschrecket, abwender, und
"indem ihr euch wegen eurer Empfindlichkeit vielleicht
"noch Glück wünschet, oder auch wohl gar bey eurer

F 3   Milb-

" Mildthätigkeit selbst noch grausam seyn, ihr verbin:
" det mit einem geringen Almosen alle Bitterkeit einer
" abschläglichen Antwort. Da ihr euch nach dem Maas:
" se, als ihr eine geitzige Hand aufthut, mit einer stren:
" gen und harten Stirne waffnet; so vermehret ihr noch
" die Schmerzen, für welche man bey euch einige Lin:
" derung suchen wollte. Eine geringe Hülfe verschaffet
" euch ein Recht zu Beschimpfungen. Ihr thut schänd:
" licher Weise einem Unglücklichen Unrecht, dem das
" Elend und die Furcht die Zunge binden. Ihr saget,
" er wäre Schuld daran, daß er sich in so elenden Um:
" ständen befände. Ihr haltet ihn für strafbar, weil er
" dürftig ist. Und weil ihr euch alles zu Nutze machet;
" so rechnet ihr ihm aus einer ihm, nachtheiligen Unem:
" pfindlichkeit, seine Kräfte, seine Gesundheit, und sei:
" nen Lebenswandel als ein Verbrechen an. Fürchtet,
" fürchtet euch vor dem, der diesen mit dem eurigen in
" eine Vergleichung stellet. Ihr sprechet, der Arme
" bringet sein Leben mit Müssiggehen, und seine Tage
" in der Irre zu. Treffet ihr aber wohl etwas vorzügliche:
" res in dem Ehrgeize, in den Spielen, in den Treulo:
" sigkeiten, in der Weichlichkeit, und in dem Stolze an,
" womit sich euer Ueberfluß beschäftiget? Er ist nicht
" werth, daß er lebt, weil er nicht arbeitet! Seyd ihr
" aber nicht eben so, wie er ebendiesem Gesetze unter:
" worfen, weil ihr Menschen seyd? Ein unschuldiger
" Kunstgriff, ein ungestümes Bitten verschaffet ihm ei:
" ne Erleichterung. Thut ihr aber wohl nicht mehr,
" um zu eurem Zwecke zu gelangen, und eure Laster zu
" krönen? Er ist ein fauler Knecht! Seyd ihr aber
" nicht untreue Knechte? . . . . . Lernet, spricht der h.
" Augustin, daß das christliche Gefühl, und die wah:
" re Liebe und Mildthätigkeit nicht so wohl dieienige ist,
" welche die Hand aufthut, als vielmehr dieienige, die
" das Herz rühret. Si manum porrigas, nec in corde
" miserearis, nil fecisti.

" Die:

Dieienigen, welche auch die scharffinnigste Sitten-
le're nur in so fern lieben, als sie von lebhaften Schil-
drungen, und heftigen Figuren belebet wird, werden
mit Vergnügen folgende Anrede lesen, die voller Verstand und glücklicher Vergleichungen ist.

"Ich berufe mich auf euer Herz, ihr eifersüchtigen
"und neidischen Menschen! woher rühret das grosse Be-
"trübniß, von welchem eure Seele beunruhiget wird?
"Wovon kommen bey euch die öftern Bekümmernisse,
"das verdriesliche Wesen, und die geheimen Unruhen
"her? Quare tristis es, & quare concidit facies tua?
"Wollen wir die Ursache davon in einem Ungelücke,
"dem nicht abzuhelfen ist, suchen? Ein weit geringeres
"Uebel, oder vielmehr ein Gut, welches euch ein Ver-
"gnügen verursachen sollte, wird die Quelle des Ver-
"drusses, der euch das Herz abfrißt. Euer Bruder
"wird, wie Abel, gelobet, weil er sich dessen durch sein
"Verhalten würdig zu machen gewußt hat; man hat,
"wie gegen den Joseph, besondere Achtung gegen ihn.
"Er hat sich, wie David, die Hochachtung des Volks
"erworben; und sein Verdienst, sein Glück, und sein
"Ruhm sind das Gift, welches eure Brust durchnagt.
"Wo seyd ihr hingekommen, ihr berühmten Menschen,
"die GOtt nur zum Glücke der andern Menschen auf
"dem Schauplatze der Welt gezeiget hat! Ihre in Erzt
"gegrabenen Wohlthaten, ihre in unsere Jahrbücher
"eingezeichneten Namen, ihre auf Marmor und Me-
"tall entworfenen Bilder sind nicht so wohl Denkmäler
"unserer Dankbarkeit, als vielmehr Lehren der Gut-
"thätigkeit für die Sterblichen. Diese seltenen Men-
"schen haben sich unter uns sehen lassen; und sie ha-
"ben sich, wie die heilsamen Regen, welche die Zierde,
"die Fruchtbarkeit, und den Ueberfluß über die Felder
"ausbreiten, unter uns nur sehen lassen, um uns die
"Ruhe, den Reichthum, und den Ruhm zu verschaf-
"fen.

F 2

„fen. Alle ihre Absichten, ihre Unternehmungen, und
„ihre Arbeiten hatten keinen andern Zweck, als ein Glück,
„welches sie nur für andern suchten, weil sie für sich
„selbst kein anderes, als dieses behielten, Menschen
„glücklich zu machen. Ihr, ihr eifersüchtigen und nei-
„dischen Menschen, die ihr, ihr Glück in eure grausam-
„ste Marter verwandelt, ihr kennet diese Art von Glücks-
„seligkeit nicht. Da ihr jenen Wolken von Insekten
„gleichet, welche, nachdem sie die Schönheit der Fel-
„der verderbet haben, auch sogar die Hoffnung derer,
„die sie bauen, verzehren; so suchet ihr weiter nichts,
„als bey andern eine Glückseligkeit zu zernichten, deren
„Untergang ihr als euer eigenes Glück wünschet.”

Ob es gleich hier der Ort nicht ist, dieses Stück eines Namesianischen Hirtenliedes einzurücken; so haben
wir uns doch nicht entschliessen können, es so wohl wegen der Delicatesse, die darinnen herrschet, als auch,
weil man es als ein kostbares Denkmal des Alterthums
betrachten kann, wegzulassen. Die Klagen über den Tod
eines Schäfers sind auf eine so zärtliche und so rührende Art ausgedrückt, daß man darinnen die Natur er-
blickt, welche von der Empfindung ausgeschmücket ist,
und die Empfindung selbst, die sich mit einer zierlichen
Einfalt ausdrücket.

„Himmlisches Feuer, Vater der Natur, grosser
„Ocean, Quelle aller Sachen, unermeßliche Luft, und
„du, fruchtbare Erde, die du den belebten Körper das
„Seyn und das Leben verleihest, nehmet diese Lieder
„an, und lasset sie den Meliböus hören, wenn der To-
„desschlaf die Empfindung nicht aufhebt. Wenn aber
„die grossen Seelen unter die Götter aufgenommen wer-
„den; wenn sie von dem blaugewölbten Himmel herab
„sich an dem Anblicke des Weltgebäudes ergötzen; so
„höre, Melibäus, Lieder an, die denjenigen gleichen,
                                                    „wel-

”welche du ſonſt aus Gütigkeit lobteſt. Ob mir gleich
”iusgeſammt von deinem glücklichen Alter Zeugen ge=
”weſen ſind; ſo hat uns doch der fatale Augenblick, der
”einem ſo ſchönen Leben ein Ende gemacht, in Schmerz
”und Betrübniß verſetzet. Er hat geſehen, daß wir
”ſo häufige Thränen vergoſſen haben, als wenn dich der
”neidiſche Tod in der Blüthe deiner Jahre hingeriſſen
”hätte. Ob wir gleich einmal eben daſſelbe Schickſal haben
”ſollen; ſo hat uns doch unſer gemeinſchaftliches Schickſal
”nicht abgehalten, unſere Klagen alſo auszubrücken.
”O Meliböus, der kalte Tod hat leider! den Lauf deines
”Blutes unterbrochen, und dich in die Nacht des Gra=
”bes verſenket. Nachdem das Alter dein Haupt mit
”Schnee bedecket, biſt du, als einer, welcher würdig
”war, unter die Unſterblichen aufgenommen zu wer=
”den, ein Opfer des betrübten Geſetzes geworden, wel=
”chem alle Menſchen unterworfen ſind. Alles zeigte
”bey dir von Gerechtigkeit. Du machteſt den Zwi=
”ſtigkeiten unſerer Schäfer ein Ende. Deine Klugheit
”legte ihre Streitigkeiten bey. Du lehreteſt uns die An=
”nehmlichkeiten des Landlebens lieben. Die Billigkeit
”ſah, daß durch deine Bemühungen ihre Geſetze unter
”uns verehret wurden, und ſie beſtimmte die ungewiſ=
”ſen Grenzen unſerer Felder. Deine ernſthafte Miene
”hatte nichts an ſich, das nicht liebenswürdig geweſen
”wäre. Bey einer immer heitern Stirne herrſchete
”die Sanftmuth in deinen Augen, und noch mehr in
”deinem Herzen. Du ermunterteſt uns, auf der Schall=
”mey zu blaſen, und uns auf dieſe Art, die verdrießli=
”chen Stunden zu vertreiben. Damit unſere Jugend
”bey einem tummen Müſſiggange nicht verderben möch=
”te; ſo ſetzteſt du uns zum öftern herrliche Preiſe aus,
”die derjenigen von unſern Muſen zu Theile wurden,
”die du derſelben würdig achteteſt. Damit du uns zur
”Nacheiferung ermuntern möchteſt; ſo ſpielteſt du auch
”oftmahls, deines Alters ungeacht, bey aufgeräumtem

F 5 ”Ge=

”Gemüthe auf einer Schallmen Lieder, die des Apollo
”würdig waren. Glücklicher Melibôus, lebe wohl!

Was für Lobſprüche verdienen nicht die Gedanken,
welche folgende rührende Bewegung in ſich hält, die aus
der Lobrede genommen iſt, welche der Herr Trublet auf
den h. Carl Borromäus gehalten hat! Man kann die
Kunſt, die ſie ſo natürlich vorgeſtellet hat, nicht gnugſam bewundern.

”Nachdem der h. Carl zu der Würde eines Car-
”dinals war erhoben worden, und ſein Oncle ihm die
”Verwaltung ſeiner päbſtlichen Geſchäfte aufgetragen
”hatte; ſo glaubte er, er müſſe nicht nur etwas an
”ſeiner Art zu leben ändern, ſondern auch noch über-
”dieſes im Glanze, in der Pracht, und in einer Art
”von Stolze und Hoffart leben...... O Macht des
”böſen Beyſpiels! du überwältigeſt auch die Stärkſten.
”O Strohm der Gewohnheit! du wirfſt auch die Stand-
”hafteſten um, und reiſſeſt ſie fort.   O Betrug des
”Geiſtes der Welt! der ſich bis in das Heiligthum ein-
”geſchlichen hat.   Die klügſten Köpfe, die redlichſten
”Herzen, ſind nicht vor der Verführung ſicher; und
”es iſt, wie ein gewiſſer groſſer Pabſt (†) ſagt, gleich-
”ſam nothwendig, daß, wann ſie dieſer Staub der
”Welt nicht verblendet, er ſie doch beſudelt. O Ge-
”ſaß der Gewohnheit! du verdrängeſt die Geſetze GOt-
”tes und der Kirche! Du ſetzeſt dich ſtolzer Weiſe an
”ihre Stelle! Du ſpotteſt der Einfalt derer, die ſich
”nach ihnen richten; wenigſtens dieneſt du denen, die
”ſie übertreten, zu einer Entſchuldigung und zu einem
”Vorwande.”

Man bemerket muntere Farben in folgenden Anreden, die aus der Lobrede genommen worden, welche

der

(†) Der heil. Leo.

der Vater Peruffault, ein Jesuit, vor den Mitgliedern
der französischen Academie gehalten hat.   Nachdem dieser Redner zu erkennen gegeben, wie sehr sich der heilige
König darüber betrübet, daß er nicht als ein Märtyrer
JEsu Christi stirbt; so drückt er sich also aus.

"Gieb dich zufrieden, grosser Prinz, die Liebe hat
"eben so wohl ihrer Märtyrer, als der Glaube.   Der
"h. Apostel Paulus hat es schon vor uns gesagt.   Wenn
"das Opfer nicht mit dem Schwerte erwürget wird; so
"wird es vom Feuer verzehret werden.   Es wird dem
"Opfer nichts mangeln, und die Liebe wird das, was
"sie angefangen hat, vollenden.

"Kommet also, ihr Christen, die ihr seine Unter-
"thanen seyd, lernet wohl leben, damit ihr wohl ster-
"ben lernet.   Betrachtet auf eine ehrerbiethige Weise
"dieses grosse Opfer, das von dem Feuer der Liebe ver-
"zehret worden, unter der Last des Schmerzes ganz
"kraftlos, aber weit stärker, als iemahls; und nieder-
"geschlagen, aber allezeit unüberwinnlich ist.   Sehet,
"welche Sanftmuth erblicket man nicht in diesem ster-
"benden Angesichte! welches edle Feuer in seinen Au-
"gen! Welche Salbung in seinen Worten! welche Hei-
"terkeit auf seiner Stirne! welche Züge der Grösse und
"Maiestät, welche Quelle von Thränen! welche Er-
"hebungen des Herzens nach dem heiligen Jerusalem!
"zärtliche Blicke nach dem gecreutzigten JEsu! wenn er
"im Leben groß war; kömmt er euch im Tode nicht noch
"grösser vor? Sind seine letzten Seufzer nicht die Seuf-
"zer eines Helden? Und werdet ihr bey diesem Anblik-
"ke nicht nebst mir sagen: Anderswo ist der Tod die
"Erniedrigung der Grossen; hier ist der Tod der Tri-
"umph der Heiligen.

"Sterben, und mit den Waffen in der Hand wider

„ der die Ungläubigen sterben, heißt das nicht, wie der
„ h. König Josias sterben? Sterben, und auch so gar
„ im Sterben das Schrecken unter den Barbaren ver-
„ breiten, heißt das nicht, wie Judas Maccabäus ster-
„ ben, und sich in seinen eigenen Triumph begra-
„ ben? ..... Er wollte das heilige Land erobern,
„ und er wird selbst von JEsu Christo erobert; welches
„ Glück! Er wollte den Glauben predigen, und er lei-
„ det für ihn; welche Ehre! Er wollte das Kreuz auf
„ fremde Ufer pflanzen, und er trägt es selbst bis in
„ den Tod; welche Liebe! ..... Er stirbt, und die
„ Könige, und die Völker, und die Frommen, und die
„ Sünder, alle beweinen ihn, und indem sie ihn be-
„ weinen, so glaubt ein ieder, die Kirche, Frankreich,
„ und ganz Europa weinen sehen. Er stirbt, und da
„ er auch noch nach seinem Tode ein Ueberwinder ist;
„ so demüthiget er den ottomannischen Stolz. Der
„ König von Tunis wird seiner Krone zinsbar. Man
„ verehrte ihn, als er lebte; man fürchtet ihn so gar,
„ da er nicht mehr ist. Er stirbt, und die Ehre seines
„ Thrones begleitet ihn bis in sein Grab; und seine
„ kostbaren Gebeine, welche, wie die Gebeine Josephs,
„ in das Land seiner Väter sind gebracht worden, weis-
„ sagen in der Hauptstadt seines Königreichs."

Der Vater Cherubin Bergeron, ein Recolet, zeigt
in folgender Anrede, welche aus der Trauerrede der Frau
von Belle=Isle entlehnet ist, die gottseligen Gesinnungen, die vollkommene Ergebung in den Willen GOttes,
und die heldenmüthige Standhaftigkeit dieser tugend-
haften Dame, auf ihrem Sterbebette. Hierauf stellet
er sie den kleinmüthigen Christen, welche bey dem Her-
annahen der Ewigkeit von einem plötzlichen Schrecken
überfallen werden, als ein Muster vor.

„ Auf

‚„Auf dem Sterbebette zeigt die Frau von Belle=
„Isle, mit einer heldenmüthigen Standhaftigkeit, den
„Anblick einer vollkommenen Ergebung in den Willen
„GOttes. Da sie weit entfernt ist, vor den Quellen
„des Lebens zu zittern; so wartet sie nicht, wie so viele
„andere, bis man sie ersucht, ihr anliegt, und es sich
„von ihr als eine Gnade ausbittet, die letzten Schritte
„zur Seligkeit zu thun; es war nicht einmal nöthig,
„daß man die furchtsame Behutsamkeit gegen sie beob=
„achtete. Sie bittet und flehet zuerst; ihre Klugheit
„leidet keinen Verzug. Ihre gottselige Bekümmerniß
„kömmt der Vorsichtigkeit zuvor. Sie ließ bey ihrer
„Krankheit keine Ungeduld von sich blicken; sie war
„nur ungeduldig, das Heil GOttes in ihr Haus kom=
„men zu sehen...... Kommet her, und betrachtet die
„Bußthränen, welche die unschuldige Andacht bey wie=
„derhohlten Beichten vergossen hat. Betrachtet den
„Rock Josephs, welcher mit dem Blute des Lammes
„gefärbet ist. Betrachtet die öftern Communionen,
„die mit einer letzten und brünstigen Communion sind
„gekrönet worden.; Sacramente in der Todesstunde,
„welche die Belohnung der im Leben empfangenen Sa=
„cramente waren. Kommet und sehet, wie sie JEsum
„Christum den gekreuzigten mit ihren schwachen Hän=
„den an ihren Mund drücket, um ihn vollends zu rei=
„nigen. Kommet und sehet, wie sich dieser Adler über
„die heiligen Berge erhebet, wie sich diese Taube in
„die Höhe schwingt, und nach dem Orte ihrer Ruhe
„eilet; wie diese grosse Seele, diese unschuldige Seele
„ohne Mühe ihre Bande zerreißt, sich ganz sanft von
„einem Leibe trennet, dessen Sclave sie niemals gewe=
„sen war; wie sie ohne Betrübniß dieses irrdische Haus
„verläßt, damit sie in das Haus ihrer Ewigkeit einge=
„hen möge; wie sie sich bis zum Throne der Gnaden
„erhebt, sich in dem hochzeitlichen Kleide ihrem Schö=
„pfer, und ihrem Erlöser darstellet, und die Zahl der
„gros=

„ großen Seelen vermehret, die ihre Krone zu den Füſ-
„ ſen des herrſchenden Lammes niederlegen. Kommet
„ und ſehet die Frau von Belle-Jsle im Ueberfluſſe der
„ Pracht und der Ergötzlichkeiten der Welt ſterben, wie
„ die Engel, und die Einſiedler in der Wüſte ſterben.
„ Es iſt vorbey, ſie wirft ſich in den Schooß der Barm-
„ herzigkeit; er ſtund ihr offen; ſie hat ſich in ihn be-
„ geben, und wird ihn niemals wiederum verlaſſen.‚

Wenn der Vater Fabre, ein Großcarmeliter, in der
Lobrede auf die Stadt Arles, von den ruhmvollen Thaten des Hannibals redet; ſo unterbricht er ſich durch
folgende ſehr feurige und recht redneriſche Anrede. Alles zeuget in derſelben von dem Geſchmacke, und der
reiſſenden Heftigkeit des Demoſthenes.

„ Die Eroberung von Sagunt, von Althäa, und
„ von Salamania, verſchiedene Siege, welche in Spa-
„ nien über die Römer erfochten wurden, giengen vor
„ einem fürchterlichen Helden her, und lieſſen den
„ Ruhm ſeiner Waffen vor ihm her eilen. Nichts ia-
„ get ein gröſſeres Schrecken ein, als ein erworbener
„ Ruhm. Hannibal war ohne Zweifel berechtiget, ſich
„ auf den ſeinigen zu verlaſſen. Er bricht, an der
„ Spitze von hunderttauſend Mann, von den Ufern des
„ Ebro auf, in der Abſicht, ſich nach Jtalien zu bege-
„ ben. Er gehet durch Gallien, entweder als ein Bun-
„ desgenoß, oder als ein Ueberwinder. Er zeigt ſich
„ an den Ufern der Rhone, und ſchickt ſich bereits an,
„ den Uebergang über dieſelbe zu verſuchen. Du wirſt
„ deinen groſſen Beſtimmungen Gnüge leiſten, du ſtol-
„ zer Ueberwinder ſo vieler Helden. Du wirſt über
„ die Alpen gehen, ob dir gleich die Tapferkeit des auf
„ unerſteiglichen Felſen verſchanzten Feindes groſſe Hin-
„ derniſſe in den Weg legen wird. Du wirſt in Jta-
„ lien eindringen. Du wirſt die Römer überwinden.
„ Du

"Du wirst mit ihrem Blute das Wasser der Trebia,
"des unglücklichen Sees Trasymenus, und die betrüb=
"ten Ebenen bey Canna färben.   Du wirst Rom in
"Furcht und Schrecken setzen; aber du wirst einen an=
"dern Weg suchen.   Die Rhone wird dich in unsern
"Gefilden aufhalten.   Sie wird uns bey deinem dro=
"henden Anrücken statt einer Vormauer dienen; und
"die Tapferkeit unserer Kriegsleute wird dich, der Be=
"mühungen deiner siegenden Waffen ungeacht, nöthi=
"gen, einen entfernten Umweg zu nehmen, um dich
"auf den Schauplatz zu begeben, wo blutige Lorbern
"dein Andenken verewigen sollen."

Der Vater von Menoux, ein Jesuit, giebt in fol=
gender Anrede, die aus einer Predigt genommen ist,
welche er den ersten Jenner 1757. zu Luneville vor des
Königes in Polen Majestät, von dem Gebrauche der
Zeit gehalten, zu erkennen, daß auf der Welt nichts
würdig ist, daß wir unser Herz daran hängen, weil al=
les vergehet, und GOtt nur allein ewig bleibet.

"Die Zeit vergehet geschwind..... Du allein,
"grosser GOtt, vergehest niemals.   In Ansehung dei=
"ner vergehet nichts; vor dir ist alles allzeit gegenwär=
"tig.   Von deinem unbeweglichen Throne herab, in
"einem immerwährenden Glanze, siehest du alle Jahr=
"hunderte anfangen, und ein Ende nehmen, alles in
"ihrem Laufe mit fortreissen, die Grundfesten der Staa=
"ten erschüttern, die Archive der Völker zernichten, die
"Herrschaften verändern, die Zepter zerbrechen, die
"Thronen umwerfen, zerstöhren, und die Königreiche
"und Käiserthümer, eines nach dem andern, entste=
"hen...... unbarmherziger Weise alle Geschlechter
"der Menschen, Grosse und Kleine, Reiche und Ar=
"me, Regenten und Unterthanen, alle, wie eine auf=
"gehende Blume vergehen, die am Morgen frisch ist,
"des

" des Mittags verwelket, des Abends abfällt, und end=
" lich verweſet. Deficientes qvemadmodum fumus de-
" ficient. Alles nimmt ein Ende, alles vergehet, alles
" ſtirbt; du allein, lebendiger GOtt, der du von dir
" ſelbſt, der Grund der Weſen, und der Urſprung der
" Zeiten biſt, biſt allzeit ebenderſelbe. Es kömmt nur
" dir zu, in dein unendliches Weſen alle Verſchieden=
" heiten der Zeiten zuſammen zu faſſen; und alle ver=
" ſchiedene Zeiten treffen dich allzeit bey ebendemſelben
" Grade der Gröſſe und Herrſchaft an. Tu autem
" idem manes, et anni tui non deficient."

Nichts erhebt eine Rede mehr, als pathetiſche, und
am rechten Orte unvermuthet angebrachte Bewegungen.
Von der Art iſt folgende heftige Wendung, die der
Herr Thiburge bey Gelegenheit der Demuth der Ma=
demoiſelle von Bouillon, einer eben ſo frommen, als
gutthätigen Prinzeſſinn, anbringt.

" Wie viel ſolche Handlungen würden wir hier nicht
" anführen können, wenn ſie ihre ſinnreiche Demuth
" nicht vor uns verheelet hätte? Ihr werdet einmal
" aus der Finſterniß herausgehen, ihr verborgenen Er=
" niedrigungen, ihr unbekannten Tugenden, ihr guten
" Werke, die ihr ingeheim ſeyd verrichtet worden, ihr
" werdet aus der Finſterniß hervorkommen, und damit
" ihr euch wegen des Unrechtes rächen möget, welches
" man euch dadurch zugefüget, daß man euch ſo lange
" nicht hat bekannt werden laſſen; ſo werdet ihr von
" der langen Nacht, in welche ihr ſeyd begraben gewe=
" ſen, einen neuen Glanz erhalten. Und nachdem ihr
" einen merklichen Zuwachs von Lichte bekommen; ſo
' werdet ihr den Thron umgeben, auf welchen dieſe
' Jungfrau an dem groſſen Tage wird geſetzt werden,
' der zur Offenbahrung der Herrlichkeit der Kinder
" GOttes beſtimmt iſt."

Ob

Ob es gleich scheinet, als wenn die Sittenlehre nur
in so fern ein Recht zu gefallen hätte, als sie sich wirk-
sam und geschäftig erweiset; so wird man doch viele,
eben so gründliche, als angenehme Sachen, in folgender Anrede bemerken, welche aus der Predigt entlehnet
ist, die der Vater Bernhard, ein Domherr der h. Ge-
nevive, von der evangelischen Kreuzigung gehalten
hat.

"Betrachtet einmal diese Menschen, welche die hey-
"nischen Gottheiten verachten. Es sind keine von den
"stolzen Philosophen, von den thörichten Stoikern,
"von den Weisen, deren Thorheiten das Alterthum
"geheiliget hat. Es sind blosse Gläubige, Kinder der
"Jungfrauen, die sich in den Bußarbeiten üben. Da
"sie die römischen und athenienfischen Helden weit über-
"treffen; so verbinden sie mit allen ihren Tugenden die
"Befreyung von allen Lastern und von allen Schwach-
"heiten. Da sie sich ihrer Liebe zu einem GOtt auf-
"opfern, der sein Leben für sie gelassen hat; so geben
"sie uns durch ihre Kreuzigungen zu erkennen, was wir
"unterlassen, und was wir thun sollen. Ihr wollüsti-
"gen Menschen, ihr sinnlichen Reichen, ihr weltlich-
"gesinnten Frauenzimmer, ihr Frechen, die ihr nur um
"des Vergnügens und der Ausschweifungen willen le-
"bet, untersuchet euch, und schämet euch! Die Reli-
"gion, die sie durch ihren bußfertigen Wandel ehreten,
"ist ebendiejenige, der ihr durch euer ärgerliches, und
"den Lehren des Evangelii zuwiderlaufendes Leben,
"tödtliche Streiche versetzet. Entweder entsaget eurer
"Weichlichkeit und eurem unordentlichen Wandel, oder
"saget nicht mehr, daß ihr ihre Jünger seyd."

Eine sanfte und einförmige Bewegung bringet bisweilen eine wunderbare Wirkung hervor. Von der
Art ist diejenige, welche folgendes Gebeth an einen Hei-

G   ligen

ligen in sich fasset, bem ber Vater Bourdaloue eine Lob=
rede hielt.   Dieser berühmte Redner, der mit aller
Salbung, und der Beredtsamkeit der Kirchenväter er=
füllet ist, erhebet, nach einem starken Schlusse, den er
gemacht hat, auf einmal seine Stimme vermittelst die=
ser rührenden Ausrufung.

" Nimm du indessen, bem GOtt sein Licht so rei-ch=
" lich mittheilete, und der du es uns auf eine so lieb=
" reiche Art mitgetheilet hast, du grosser Heiliger, nimm
" die feyerlichen Ehrenbezeigungen an, welche dir heu=
" te die ganze Christenheit erweiset. Nimm die Ehr=
" furchtsbezeigungen an, welche dir ganz Frankreich,
" als eben so viele Unterpfänder seiner Dankbarkeit, dar=
" bringet. Es weis, wie verdient du dich um dasselbe
" gemacht hast, und es suchet sich bey dieser Ceremonie
" einigermaassen dankbar gegen dich zu erweisen. Es
" hatte dich bereits zuerst durch die öffentliche und all=
" gemeine Stimme unter die Heiligen versetzet, und es
" vollendet endlich das Werk deiner Aufnahme unter
" dieselben durch die Stimme der Kirche. Du bist,
" auf das Bitten seines Königes, auf die Vorstellung
" seiner Prälaten, und auf das dringende Anhalten sei=
" ner ganzen Geistlichkeit, als ein Heiliger öffentlich
" ausgerufen worden. Es war billig, daß es dir, so
" viel als es in seinen Kräfften stund, vor den Men=
" schen dasienige wieder gab, was du ihm vor GOtt
" gegeben hattest. Du hast dir in deinem Leben alle
" Mühe gegeben, es zu heiligen; es war billig, daß es
" sich nach deinem Tode alle Mühe gab, deine Heilig=
" keit auf eine glaubwürdige Weise öffentlich bekannt
" zu machen."

Der Abt be la Tour du Pin lobet die grosse Köni=
ginn, vor welcher er zu reden die Ehre hatte, auf eine
sehr feine und wohlverdiente Art, in folgender Anrede,
                                                        die

die aus der Lobrede auf den h. Johann Nepomuk genommen iſt.   Man wird dieſes Stück mit einem um
viel gröſſern Vergnügen leſen, weil die Anwendung,
die man davon machen wird, wegen der Aehnlichkeit
der Züge, ganz gewiß der Anwendung, die der Redner
davon macht, zuvorkommen wird.

"Groſſer Heiliger, deine Tugenden und dein Ruhm
"waren in Frankreich nicht unbekannt; du hatteſt be-
"reits Nacheiferer unter einer Geſellſchaft, welche
"fromm, gelehrt, und der Kätzerey eben ſo fürchter-
"lich, als der Kirche nützlich war.   Unſere eben ſo tu-
"gendhaften, als tapfern Kriegsleute, hatten uns er-
"zählet, mit welchem Eifer man dich in Böhmen, als
"dem Schauplatze deines Apoſtelamtes und ihre Tapfer-
"keit, anrief.   Es war aber der Gottesfurcht einer
"groſſen Königinn aufbehalten, deine Verehrung an
"ihrem Hofe einzuführen, und in ihrer Perſon ein voll-
"kommenes Muſter von der Wiſſenſchaft, die Heiligen
"durch die Nachahmung ihres Lebens zu ehren, zu ge-
"ben.   Sie unterrichtet und beſchämet uns zu den Füſ-
"ſen deiner Altäre.   Sie befiehlt uns, deine Tugenden
"öffentlich zu rühmen, und erlaubt uns nicht, die ihri-
"gen bekannt zu machen.   Wir werden ſie deſto mehr
"bewundern, und unſer Stillſchweigen, welches uns
"die Ehrerbietung auferleget hat, wird in dieſem Stü-
"cke wenigſtens dasjenige nachahmen, welches du der
"Religion widmeteſt."

Die Sittenlehre iſt mit aller Anmuth, deren ſie fähig iſt, in folgender Anrede abgehandelt, welche aus
der Lobrede genommen worden, die der Abt du Renel
auf den h. Ludwig gehalten hat.   Man erkennet daraus einen Redner, welcher im Beſitze iſt, alle ſeine
Schriften mit Delicateſſe und Witze auszuſchmücken.

"Ihr

„ Ihr prächtigen, aber unnützen Gebäude; ihr Wun-
„ der der Kunst und des menschlichen Stolzes! ihr wer-
„ det einmal zu Grunde gehen, und mit euch wird auch
„ zugleich das Andenken derer zu Grunde gehen, mit
„ deren prächtigen Titeln ihr pranget. Aber ihr, ihr
„ kostbaren Zierathen der Religion Ludwigs, ihr heili-
„ gen Freystädte, welche er dem betrübten Zusammen-
„ flusse der Bedürfnisse und Schwachheiten, dem die
„ Menschlichkeit unterworfen ist, aufgethan hatte, wenn
„ die Zeit, die euch bisanhero verschonet hat, euch end-
„ lich in den grossen Abgrund versenket, welcher die
„ Werke der Sterblichen unvermerkt verschlinget; so
„ werdet ihr doch allzeit in dem Herzen der Franzosen
„ bleiben; und, indem ihr vor den Augen GOttes all-
„ zeit gegenwärtig seyd, den Ruhm des heiligen Köni-
„ ges in den künftigen Zeiten dauerhaft machen.„

In folgender Anrede, welche aus der Trauerrede
auf den Herrn Marquis von Castrie, der in seinem sie-
benzehnten Jahre starb, genommen ist, läßt der Herr
Chaix de la Thuillere die sinnreiche Fruchtbarkeit, die
feurigen Ausdrücke, und die natürlichen Schönheiten
bewundern, welche die Beredtsamkeit zieren und schmücken.

„ Castrie sagte: Meine Seele ist ganz in mir, ich bin
„ noch jung, ich werde leben, und demjenigen, wozu
„ ich bestimmt bin, Gnüge leisten. Ihr hättet selbst
„ zu ihm gesagt: Du hast kaum angefangen zu leben;
„ du befindest dich in der Blüthe deiner Jahre; was
„ kannst du dir nicht von dir und von deinen Jahren
„ versprechen? Der Pfeil des Todes wird sie nicht so
„ bald erreichen, und abkürzen? O nur gar zu unnütze
„ Sprache! Sollte er nicht in einem siebenzehnjährigen
„ Alter nur einen nichtigen Schein antreffen? Sieben-
„ zehn Jahre! Dein Gouverneur hatte sie kaum er-
„ reicht,

"nicht, und er lebt nicht mehr, er ist nicht mehr, er
"ist gestorben! Ich sage es zu euch, die ihr unter der
"last des Alters wanket, und von euren eigenen Trüm=
"mern zu Boden gedrücket werdet; ihr, die ihr gleich=
"sam der Mittelpunkt der Schwachheiten, und deswe=
"gen die traurigen Aufbewahrer unzähliger Antworten
"des Todes geworden seyd, verlasset euch noch auf das
"leben, ihr bemühet euch, einen Körper, der unter sich
"selbst einfällt, zu unterstützen, ein fast erstarrtes Blut
"zu ermuntern, und einen Hauch, den die Natur nicht
"beleben will, zurücke zu rufen; ihr, die ihr ganz ver=
"fallen seyd, und bey nahe sterben wollet, ihr wollet
"dem Tode nicht nur die Nachbarschaft, sondern auch,
"wie es scheinet, die Nothwendigkeit seiner Rechte strei=
"tig machen. Castrie lebt nicht mehr; ich sage es zu
"euch, die ihr, gleich als ob ihr hier auf der Welt eine
"bleibende Stätte hättet, von einem Vorhaben auf das
"andere fallet, euch so gar mit dem leeren eurer Ab=
"sichten anfüllet, euch vermittelst eurer Vorstellungen
"erhebet, in der Ferne Titel betrachtet, die euer Ehr=
"geiz näher herbeybringet, oder besser zu sagen, ver=
"schlinget; und die ihr, weil ihr wisset, daß der Tod
"nichts verschonet, von ihm zu fordern scheinet, er solle
"eure thörichten Entwürfe verschonen. Castrie ist nicht
"mehr; ich sage es euch, ihr stolzen Kriegsleute, die
"ihr unzähligen Gestalten des Todes ausgesetzt seyd,
"und die Tugend nicht so wohl darinnen suchet, daß
"ihr ihnen zuvorkommet, als daß ihr allen beherzt ent=
"gegen gehet; nicht so wohl darinnen, daß ihr die Welt
"durch eine genaue christliche Beobachtung eurer Pflich=
"ten erbauet, als daß ihr sie durch eine tapfere Kühn=
"heit in Erstaunen setzet; ihr, die ihr wegen eurer ei=
"genen Gefahr neidisch seyd, und denket, es hieße sehr
"wohl sterben, wenn man um einer falschen Ehre wil=
"len stürbe. Castrie ist todt; ich sage es dir, muntere
"Jugend, die du deine Laufbahne nach deiner Munter=

G 3   "keit,

" keit, und deine Jahre nach deinem Temperamente ab-
" missest, die du blindlings glaubest, der Tod könne dir
" das Alter nicht versagen, auf welches du dir Hoff-
" nung machest; er könne in das, was du entwirfst, an-
" ordnest, und dir versprichst, keinen Strich machen;
" und die du dir schmäuchelst, weil du nur anfiengest
" zu leben, so wäre dieses ein Grund, immer zu leben.
" Castrie ist todt; ich sage es nochmals zu allen mei-
" nen Zuhörern, ich sage es zu mir selbst; lasset uns zu
" uns sagen, und uns überzeugen, daß wir insgesammt
" ein Ende nehmen und sterben werden, und daß der-
" ienige Der mir heute zuhöret, vielleicht noch an die-
" sem Tage diesen betrübten Ausspruch rechtfertigen
" wird."

Wir können dieses Hauptstück nicht besser, als mit
dem beredten Gebethe beschliessen, welches einer Betrachtung über den Glauben angehängt ist, und vom
Herrn von Wauvenargue, einem von Natur lebhaften,
gründlichen und fruchtbaren Kopfe herrühret, der eine
männliche und heftige Schreibart mit einer richtigen
Beurtheilungskraft, und mit einer mannichfaltigen und
grossen Gelehrsamkeit verband. Man wird in diesem
ganzen Stücke eine Stärke des Genies, eine Lebhaftigkeit der Bilder, und ein Feuer der Einbildungskraft gewahr, welches man nicht gnugsam bewundern kann.

" O GOtt, was habe ich gethan? welche Beleidi-
" gung waffnet deinen Arm wider mich? welche un-
" glückliche Schwachheit ziehet mir deinen Unwillen zu?
" Du erfüllest mein krankes Herz mit Galle und Ver-
" drusse, die es zernagen. Du lässest mir nicht die ge-
" ringste Hoffnung übrig. Du lässest mich mein Leben
" in Schmerze und Betrübnisse zubringen. Die Er-
" götzlichkeiten, die Gesundheit, die Jugend, und die
Ehre,

"Ehre, welche den Träumen einer ehrgeizigen Seele
"schmäuchelt, entfliehen mir; du raubest mir alles....

"Gerechtes Wesen, ich suchte dich, so bald ich im
"Stande war, dich zu kennen. Ich opferte dir, von
"meiner zartesten Kindheit an, meine unschuldigen Ehr:
"furchtsbezeigungen und Wünsche, und ich liebte deine
"heilige Strenge. Warum hast du mich verlassen?
"Warum hast du mich zu der Zeit verlassen, als mir
"der Stolz, der Ehrgeiz, und die Ergötzlichkeiten ihre
"treulosen Fallstricke geleget haben? ...... Bey ih:
"ren Anfällen konnte mein Herz der Hülfe nicht ent:
"behren.

"Ich habe einen Blick auf die bezaubernden Gaben
"der Welt geworfen, und plötzlich hast du mich verlaß:
"sen; und der Verdruß, die Sorgen, die Gewissens:
"bisse, und die Schmerzen haben mein Leben haufen:
"weise überschwemmet.

"O meine Seele! sey bey diesen strengen Prüfun:
"gen stark; sey geduldig; hoffe auf deinen GOtt, dei:
"ne Noth wird ein Ende nehmen; es ist nichts dauer:
"haft und beständig. Die Erde selbst und die Him:
"mel werden, wie ein Traum, verschwinden. Du sie:
"hest diese Völker und diese Thronen, welche die Erde
"unter ihre Bothmässigkeit gebracht haben; alles die:
"ses wird vergehen. Höre, der Tag des HErrn ist
"nicht weit; er wird kommen. Das Weltgebäude
"wird mit Erstaunen gewahr werden, daß seine Kräfte
"erschöpfet, und seine Grundfesten erschüttert sind. Die
"Morgenröthe der Ewigkeit wird das Innerste der
"Gräber erleuchten, und der Tod wird keinen Ort mehr
"wissen, wohin er seine Zuflucht nehmen soll.

"O

”O schreckliche Veränderung! der Todtschläger und
” der Blutschänder genossen ihre bösen Thaten in Frie-
” de, und schliefen auf Blumenbetten. Die Stimme
” ist durch die Luft gedrungen; die Sonne hat ihren
” Lauf vollendet; die Gestalt des Himmels hat sich ver-
” ändert. Bey Anhörung derselben erzittern die Mee-
” re, die Berge, die Wälder und die Gräber; die
” Nacht redet, die Winde rufen einander. Lebendiger
” GOtt! auf diese Art offenbahret sich deine Rache,
” und gehet in die Erfüllung. So gehest du aus der
” Stille, und den Schatten, die dich bedeckten, heraus.
” O Christe! dein Reich ist herbeygekommen. Vater,
” Sohn, und ewiger Geist, die verblendete Welt konnte
” euch nicht begreifen. Die Welt ist nicht mehr; aber
” ihr seyd. Ihr seyd, ihr richtet die Völker. Der
” Schwache, der Starke, der Unschuldige, der Ungläu-
” bige, der Gotteslästerer, alle sind vor euch versamm-
” let. Welcher Anblick! Ich schweige; meine Seele
” geräth in Unruhe, und verirret sich in sich selbst.
” Dreyeinigkeit, die du dem Laster fürchterlich bist, nimm
” meine demüthige Verehrung an.”

Ach-

Achtes Hauptstück.

Stücke der hohen oder erhabnen Schreibart.

Man unterscheidet in der Beredtsamkeit verschiedene
Gattungen des Hohen und Erhabenen von einander; als das Erhabene der Sache, der Begriffe, der Gedanken, der Figuren, und dasjenige, welches aus der Wahl und Ordnung der Worte entstehet.
Die Lehrer der Redekunst sind in Ansehung des Begrif-
fes von der erhabnen Schreibart überhaupt nicht vollkommen mit einander einig. Damit wir einen klaren
und hinlänglichen Begriff davon machen mögen, ohne
in diesem Stücke etwas ungewisses vorzutragen; so
wollen wir die verschiedenen Meynungen der grossen
Meister, die davon geredet haben, anführen. Sie ist,
nach der Meynung des Herrn Rollin, eine Art zu schreiben, die das Höchste, das Stärkste, und das Kräftig-
ste die Gemüther zu rühren, das die Beredtsamkeit hat,
gebraucht; welche bewegt, entzückt, in Erstaunen setzet,
donnert, blitzet, und, gleich einem schnellen und gewal-
tigen Strohme, alles, was ihr widerstehet, umwirft
und fortreißt. Der Herr Boileau meynet, in seinen
Anmerkungen (†) über den Longin, das Erhabene wäre
eine gewisse Kraft und Stärke der Rede, die geschickt
ist, die Seele zu erheben und zu entzücken, und welche
entweder von den edlen und hohen Gedanken, oder von
den prächtigen Worten, oder von der wohlklingenden,
lebhaften und muntern Wendung des Ausdrucks, das
heißt, entweder von einer von diesen Sachen insbesondere betrachtet, oder von allen dreyen zusammen herrühret, welches das vollkommen Hohe und Erhabene
ausmacht. Der Herr de la Motte beschreibt es also:
Es ist, spricht er, das Wahre und Neue in einem gros-

G 5

sen

ſen Begriffe mit einander vereiniget, und ſo wohl zierlich, als genau abgedruckt. Der Herr Silvain betrachtet es, in ſeiner Abhandlung von Erhabenen (†), als
eine Rede von einer auſſerordentlichen Wendung, welche, vermittelſt der edelſten Bilder und gröſten Gedanken, deren ganzes edles Weſen ſie eben durch dieſe Wendung des Ausdrucks zu erkennen giebt, die Seele über
ihre gewöhnlichen Begriffe von der Gröſſe erhebet, und,
indem ſie dieſelbe auf einmal mit Bewunderung zu dem,
was in der Natur am erhabenſten iſt, fortführet, ſie
entzückt, und ihr von ſich ſelbſt einen hohen Begriff
beybringt. Endlich beſchreibt es Cicero, der es ſo oft
gebraucht hat, und deſſen Reden faſt insgeſammt dieſen
Charakter an ſich haben, alſo: Die erhabene Schreibart iſt maieſtätiſch, voller Ueberfluß, prächtig, und faſſet das Stärkſte und Heftigſte, das die Redekunſt hat,
in ſich. Dieſe Art von Beredtſamkeit hat den Beyfall
erhalten; ſie hat ſich zum Meiſter von den öffentlichen
Berathſchlagungen gemacht; ſie hat die Welt durch das
Geräuſche und die Geſchwindigkeit ihres Laufes in Erſtaunen geſetzt; und nachdem ſie den Beyfall und die
Bewunderung der Menſchen erreget, ſo läßt ſie ſie daran verzweifeln, daß ſie dieſe hohe Vollkommenheit, zu
welcher ſie ſich erhoben hat, iemals erreichen werden.
Mit einem Worte, ſie herrſchet auf eine unumſchränkte
Art über den Verſtand und über das Herz. Bald zerbricht ſie alles, was ihr widerſtehet; bald ſchleicht ſie
ſich durch verborgene Reizungen in die Seele der Zuhörer ein; und bald bringet ſie derſelben neue Meynungen bey, oder rottet dieienigen aus, welche am einge-
wurzelteſten zu ſeyn ſcheinen. Man ſiehet aus dieſer
Beſchreibung, daß dieſer berühmte Redner das Pathetiſche als einen Aſt von dem Erhabnen betrachtet, welches demienigen gar ſehr zuwider iſt, was die Herren
de la Motte, Silvain, und einige andere neuere Red-

ner

(†) Traité du Sublime, Liv. 1. Chap. 2. p 14.

er sagen. Was uns anbetrifft, und wenn es uns erlaubt ist, unsere Meynung der Meynung dieser grossen
Meister beyzufügen; so halten wir dafür, das wahre
Erhabene sey dasienige, wo alles groß, edel, erhaben,
prächtig und genau bestimmt ist, und wo der Ausdruck
sich mit dem Gedanken vereiniget, die Sache, von welcher man handelt, als groß vorzustellen. Es bestehet bisweilen in gewissen kurzen und rührenden Zügen, in einem
einzigen Worte, in einem einzigen Einfalle, in einer
einzigen Figur, und in einem einzigen Gedanken. Ueber-
haupt aber soll es in uns eine gewisse, mit Erstaunen
und Bestürzung vermischte Bewunderung hervorbringen,
welche die Seele über sich selbst erhebt.

Die erhabne Schreibart ist nichts anders, als die
Art und Weise sich edel und nachdrücklich auszudrucken,
welche sich auf die erhabnen Begriffe und die grossen Gedanken gründet. Sie erfordert die Deutlichkeit der
Sprache, die Stärke der Ausdrücke, die Kühnheit der
Figuren, die Lebhaftigkeit der Bewegungen, die Pracht
und den Wohlklang der Worte. Je grösser die Gegenstände sind, desto mehr ist man berechtiget, von dem
Maler lebhafte und prächtige Farben zu erwarten. Man
muß sich aber in acht nehmen, daß man das Edle der
Schreibart nicht mit den Gekünstelten vermenget. Die
hohen Worte drücken nicht allzeit die erhabensten Begriffe
aus. Dieser äusserliche Schwulst verbirgt oftmals nur ein
mittelmässiges Genie. Es ist indessen unter dem Erhabnen der Sachen, und dem Erhabnen der Schreibart,
dieser Unterschied, daß dieses allzeit in prächtige Ausdrücke muß eingekleidet, ienes aber ganz einfältig kann
vorgetragen seyn. Zum Exempel in dieser Stelle des
ersten Buchs Mose, die selbst von den Heiden so sehr
ist bewundert worden: GOtt sprach; es werde Licht,
und es ward Licht. Diese Worte, welche uns, wie
der

der Herr Boileau ſagt, von der Gröſſe und Macht GOt=
tes einen ſo prächtigen Begriff machen, haben weder
etwas prächtiges, noch weit hergeſuchtes. Der Begriff
iſt groß und wunderbar; aber der Ausdruck iſt einfältig
und ſo gar gemein. Dieſes beweiſet, daß das Erha=
bene der Begriffe und der Sachen, der Einfalt der Wor=
te nicht weſentlich zuwider iſt, beſonders wenn man nur
malen und erzählen ſoll. Wenn man aber ermuntern,
bewegen und reizen muß; alsdenn ſoll ſich das Erhab=
ne mit allen Reichthümern der Kunſt ſchmücken.

Was mangelt folgendem Gemälde, um alle Züge
an ſich zu haben, woran man das wahrhaftig Erhabne
erkennet?

"Wo wareſt du, als mich alle Morgenſterne zuſammen
"wegen des Seyns, das ich ihnen gegeben hatte, lobten,
"und alle Kinder GOttes bey der Erblickung meiner
"Werke vor Freuden ganz auſſer ſich waren? Wer hat
"dem Meere einen Damm gemacht, um es einzuſchlieſ=
"ſen, da es ſich ergoß, als es aus meinen Händen,
"wie aus dem Schoſſe ſeiner Mutter, kam? da ich es
"mit einer Wolke, wie mit einem Kleide, bedeckte, und
"es in düſtere Dünſte einhüllete, wie man ein kleines
"Kind in Windeln und Bänder wickelt? Ich habe es
"in die Grenzen, die ich ihm vorgeſchrieben, eingeſchloſ=
"ſen. Ich habe ihm Thüren und Riegel entgegenge=
"ſetzt. Ich habe zu ihm geſagt: Bis hieher ſollſt du
"kommen, und nicht weiter; hier ſollen ſich deine ſtol=
"zen Wellen legen."

Welche Hoheit! welchen Nachdruck! und welche
prächtigen Vorſtellungen findet man nicht in folgenden
chriſtlichen Betrachtungen über den Tod des Prin=
zen von Conde, welche aus der Trauerrede genommen
ſind,

..., die der Herr Bossuet auf diesen grossen Helden ... hat.

„Kommet her, ihr Völker; kommet her, ihr Her-
„ren und Potentaten; und Ihr, die ihr den Erdboden
„ ...; ihr, die ihr den Menschen die Thüren des
„Himmels aufthut; und ihr, die ihr mehr, als al-
„le andere Prinzen und Prinzeßinnen seyd, ihr edlen
„Zweige so vieler Könige, ihr Lichter von Frankreich,
„die ihr itzo von eurem Schmerze und Betrübnisse, als
„von einer Wolke, verdunkelt und bedecket seyd! kom-
„met her, und sehet, wie wenig uns von einer so ho-
„hen Geburt, von so vieler Grösse und Herrlichkeit
„übrig geblieben ist. Sehet euch allenthalben um; be-
„trachtet alles, was die Pracht und die Ehrerbietung
„hat thun können, einen Held zu ehren. Titel, In-
„schriften, nichtige Merkmaale dessen, was nicht mehr
„ist; Figuren, die um ein Grab zu weinen scheinen,
„und vergängliche Bilder eines Betrübnisses, welche
„die Zeit nebst allem übrigen hinweggraffet; Säulen, die,
„wie es scheinet, das prächtige Zeugniß unserer Nich-
„tigkeit bis in den Himmel zu erheben scheinen; mit
„einem Worte, es fehlt bey allen diesen Ehrenbezeigun-
„gen weiter nichts, als derjenige, dem man sie erwei-
„set. Weinet also über diese geringen Ueberbleibsel
„des menschlichen Lebens; weinet über diese betrübte
„Unsterblichkeit, die wir den Helden verschaffen. O
„ihr, die ihr mit so vielem Eifer auf dem Wege der
„Ehre fortgehet, ihr kriegerischen und unerschrockenen
„Seelen! wer war wohl sonst würdig, euer Anführer
„zu seyn? Beweinet diesen grosen Helden, und saget
„seufzend: Dieser war es, der uns in die Gefahr führ-
„te. Unter ihm sind so viele berühmte Helden entstan-
„den, die seine Beyspiele zu den höchsten Ehrenstaf-
„feln des Krieges erhoben haben. Sein Schatten
„hätte noch Schlachten gewinnen können. Und sehet,
„bey

”bey seinem Stillschweigen ermuntert uns so gar sein
”Name noch, und saget uns zu gleicher Zeit, wenn wir
”am Ende unseres Lebens noch ein Ueberbleibsel von
”unserer Muße und Arbeit antreffen wollten; so müß-
”ten wir, indem wir einem irrdischen Könige dieneten,
”auch noch dem himmlischen Könige dienen.”

    Ebendieser Redner verachtet, in der Trauerrede auf
die Herzoginn von Orleans, als ein christlicher Redner, die vergängliche Grösse und Hoheit, die eingebildeten Vorzüge, an welchen sich die Eitelkeit der Menschen ergötzet. Er lobet zu gleicher Zeit diese Prinzessinn wegen ihrer hohen Herkunft in ungemein prächtigen Vorstellungen und Ausdrücken.

    ” ”Wir sterben alle, sagte jenes Weib, deren Klug-
”heit die h. Schrift im andern Buche der Könige lo-
”bet, wir nähern uns dem Grabe beständig, wie
”Wasser, welches sich verläuft, ohne wiederzu-
”kehren. In Wahrheit, wir sind alle fliessenden
”Wasser gleich. Was für eines grossen Vorzugs sich
”die Menschen auch immer schmeicheln; so haben sie
”doch insgesammt einerley Ursprung, und dieser Ur-
”sprung ist klein und geringe. Ihre Jahre treiben ein-
”ander, wie Wellen, fort. Sie hören nicht auf zu
”verfliessen, als bis, nachdem die einen etwas mehr
”Geräusch, als die andern gemacht, und über etwas
”mehr Land, als die andern gegangen sind, sie sich ins-
”gesammt in einem Abgrunde miteinander vermischen,
”in welchem man weder die Prinzen, noch die Könige,
”noch auch alle die andern hohen Stände, welche die
”Menschen von einander unterscheiden, mehr kennet;
”gleichwie die so berühmten Flüsse ihres Namens und
”ihres Ruhms beraubet sind, nachdem sie in dem gros-
”sen Weltmeere mit den unbekanntesten Flüssen sind ver-
”mischet worden.

                                  ”Und

„Und gewiß, wenn die Menschen etwas über ihre
„natürliche Schwachheit erheben könnte; wenn der Ur-
„sprung, den wir miteinander gemein haben, unter
„denen, die GOtt aus einerley Leimen gemacht hat, ei-
„nen wahren und dauerhaften Unterschied zuliesse; was
„würde wohl in der Welt vornehmer und grösser seyn,
„als die Prinzeßinn, von welcher ich rede? Alles, was
„nicht nur die Geburt und das Glück, sondern auch
„noch die grossen Eigenschaften des Geistes, zur Erhe-
„bung einer Prinzeßinn beytragen können, das trifft man
„bey der unserigen beysammen, und hernach zernichtet
„an. Ich mag ihren edlen Ursprung betrachten, von
„welcher Seite ich will; so erblicke ich allenthalben Kö-
„nige, und ich werde überall von dem Glanze der größ-
„ten Kronen geblendet. Ich sehe das Haus Frankreich,
„als das ungleich größte in der Welt, und dem die
„mächtigsten Häuser, ohne es zu beneiden, gar wohl
„nachstehen können, weil sie ihren Ruhm aus dieser
„Quelle herzuleiten suchen. Ich sehe die Könige von
„Schottland, die Könige von England, welche, seit
„so vielen hundert Jahren, noch mehr wegen ihrer
„Heldhaftigkeit, als wegen der Macht ihres Zepters,
„über eine der kriegerischesten Nationen der Welt geherr-
„schet haben. Aber diese Prinzeßinn ist auf dem Thro-
„ne mit einem Geiste und einem Herzen gebohren wor-
„den, die weit erhabner, als ihre Geburt sind. Die
„Unglücksfälle ihres Hauses haben sie in ihrer zar-
„ten Jugend nicht zu Boden schlagen können, und
„hernach wurde man an ihr eine Grösse und Hoheit ge-
„wahr, die dem Glücke nichts zu danken hatte.„

Ebendieser Redner drücket sich nicht weniger hoch
und erhaben, in diesem andern Stücke aus, in welchem
er den menschlichen Stolz durch die Nichtigkeit der irrdischen Grösse und Hoheit, beschämt. Man trifft darinnen

innen starke Ausdrücke und edle Gedanken an, welche
mit scharffinnigen Betrachtungen verbunden sind.

"Nachdem wir, vermittelst der letzten Bemühung
"unseres Heldenmuthes, so zu sagen den Tod überwun-
"den haben; so löscht er in uns auch so gar diesen Muth
"aus, vermöge welches wir ihm zu trotzen schienen. Be-
"trachtet diese so bewunderte, und so geliebte Prinzeß-
"sinn, bey aller ihrer Großmuth, in dem Zustande, in
"welchen sie der Tod versetzet hat. Auch dieser Ueber-
"rest wird noch vergehen, dieser Schatten von Ehre wird
"noch verschwinden, und wir werden sehen, daß sie
"auch so gar dieser traurigen Auszierung ist beraubet
"worden. Sie wird in die düstern Oerter, in die unter-
"irrdischen Wohnungen hinunter steigen, um daselbst
"nebst den Grossen des Erdbodens, wie Hiob sagt,
"nebst den zernichteten Königen und Fürsten zu schlafen,
"unter welchen man kaum einen Platz für sie finden kann;
"so dichte liegen sie beysammen, so sehr eilet der Tod,
"diese Plätze voll zu machen. Aber auch hier täuschet
"uns unsere Einbildungskraft noch. Der Tod läßt
"uns nicht Leib genug, einen Platz einzunehmen, und
"man siehet da weiter nichts, als die Gräber, die noch
"etwas vorstellen. Unser Fleisch ändert seine Natur
"gar bald. Unser Leib bekömmt einen andern Namen,
"auch so gar den Namen eines Cadavers, den er, wie
"Tertullianus sagt, deswegen bekömmt, weil er noch eine
"menschliche Gestalt hat, behält er nicht lange. Er wird
"ein ich weis nicht was, welches in keiner Sprache einen
"Namen mehr hat; so gewiß ist es, daß alles an ihm stirbt,
"bis auf die traurigen und betrübten Worte, vermit-
"telst welcher man seinen unglücklichen Ueberrest aus-
"drückte. So verfolget die wider unsern Stolz mit
"Recht aufgebrachte göttliche Macht denselben bis zur
"Zernichtung, und so macht sie, um allen Unterschied
"unter den Ständen aufzuheben, aus uns allen nur ei-
"   ne

"re und ebendieselbe Aſche...... Aber hier erblicke
"ich eine neue Reihe von Dingen. Die Schatten des
"Todes verſchwinden. Es ſtehen mir die Wege
"zum wahren Leben offen. Die Prinzeſſinn iſt
"nicht mehr im Grabe; der Tod, der alles zu zernich-
"ten ſchien, hat alles wiederum hergeſtellet. Was an
"uns das göttliche Merkmaal an ſich hat, was vermö-
"gend iſt, ſich mit GOtt zu vereinigen, iſt itzo aus
"demſelben wiederum zurücke gerufen."

Es würde ſchwer fallen, Ludwig den Vierzehnten
auf eine künſtlichere, edlere und erhabnere Art zu loben,
als es ebendieſer Redner in der Trauerrede auf die Kö-
nigin von England gethan hat.

"Ich ſage nicht, daß Frankreich die Tochter Hein-
"richs des Groſſen verlaſſen habe. Die großmüthige
"und fromme Anna, welche wir niemals ohne Betrüb-
"niß nennen werden, nahm ſie auf eine Art auf, die
"der Maieſtät der beyden Königinnen anſtändig war.
"Weil aber die Umſtände des Königes es nicht erlaub-
"ten, daß dieſe kluge Regentinn das Hülfsmittel ſo ein-
"richten konnte, wie es das Uebel verlangte; ſo ur-
"theilet einmal von dem Zuſtande dieſer beyden Prin-
"zeſſinnen. Heinriette ſiehet ſich bey einem ſo groſſen
"Herzen genöthiget, um Hülfe zu bitten; aber die groß-
"müthige Anna kann ihr nicht Hülfe genug leiſten.
"Wenn man die ſchönen Jahre hätte beſchleunigen kön-
"nen, deren ruhmvollen Lauf wir itzo bewundern; wür-
"de wohl Ludwig, der das Seufzen der geplagten Chri-
"ſten von ſo entferneten Orten her höret; welcher, weil
"er von dem Ruhme verſichert iſt, den ihm ſeine klu-
"gen Anſchläge und ſeine redlichen Abſichten, des un-
"gewiſſen Ausganges der Begebenheiten ungeacht, all-
"zeit verſchaffen, ſich der gemeinen Sache allein an-
"nimmt, und ſeine fürchterlichen Waffen, zu Waſſer,

und zu Lande, in der Ferne blicken läßt; würde er wohl,
" ſage ich, ſeinen Arm ſeinen Nachbarn, ſeinen Bun=
" desgenoſſen, ſeinem eigenen Blute, und den heiligen
" Rechten der königlichen Würde, über die er ſo wohl
" zu halten weis, verſaget haben? Mit welcher Macht
" würde nicht England den unüberwindlichen Verthey=
" diger, oder den gegenwärtigen Rächer der beleidigten
" Majeſtät, geſehen haben?"

Indem der Abt du Jarry ſagt, wenn ein groſſer
König das Alter erreichet hätte, in welchem er ſich im
Stande befände, ſich zu kennen, und ſeine Macht em=
pfinden zu laſſen; ſo mache er gar bald allen den Unru=
hen ein Ende, die zur Zeit ſeiner Minderjährigkeit ent=
ſtanden wären; ſo lobt er Ludwig den Vierzehnten, in
der Trauerrede auf den Prinzen von Conde, auf eine
ſehr geſchickte Weiſe. Dieſer Lobſpruch faſſet erhabne
Gedanken in ſich.

" Dieſe gewöhnlichen Folgen der Minderjährigkeit
" der Könige nehmen mit der Minderjährigkeit Ludwigs
" des Groſſen ein Ende. Als die in die Schwachheiten
" der Kindheit gleichſam eingehüllte groſſe Seele dieſes
" Helden die reiche Quelle von Tugend und Licht, wel=
" ches uns blendete, nach und nach bekannt machte; ſo
" zerſtreuete ſie unvermerkt die ſchwachen Wolken, wel=
" che die Heiterkeit ſeiner Regierung beunruhigten. Man
" empfand gar bald die Stärke des vorzüglichen Genies,
" welches augenſcheinlich gebohren war, andern zu be=
" fehlen, und des ſo natürlichen Charakters der Herr=
" ſchaft, welche ſich ohne Mühe alles unterwürfig macht.
" Das Bild der Gottheit, das den Königen an die Stir=
" ne gepräget iſt, und welches niemals kenntlicher war,
" als an der majeſtätiſchen Stirne dieſes Monarchen,
" vereinigte gar bald aller Sinn und Gemüthe."

Man

Man kann den Anfang und das Ende der Kätze-
reyen nicht auf eine erhabnere Art vorstellen, als es in
folgender unvergleichlichen Wendung geschehen ist, deren
sich der Herr Bossuet in der Trauerrede auf die Königinn
von England bedienet hat.

"Wenn Gott aus dem Abgrunde den Dampf, wel-
"cher, nach dem Ausdrucke der hohen Offenbahrung, die
"Sonne verdunkelt, ich will sagen, den Irrthum und
"die Ketzerey aufsteigen läßt; wenn er, die Aergernisse
"zu bestrafen, und so wohl die Völker, als die Hirten
"zu erwecken, dem Geiste der Verführung erlaubt, al-
"lenthalben einen stolzen Verdruß, eine ungelehrige
"Neugierigkeit und einen Geist der Empörung auszu-
"breiten; so bestimmet er in seiner unerforschlichen Weis-
"heit die Grenzen, welche er der unglücklichen Ausbrei-
"tung des Irrthums, und dem Leiden seiner Kirche zu-
"gestehen will."

Alles ist in folgenden Stücke groß und prächtig, in
welchem der Herr Mascaron die Standhaftigkeit der
Heinriette von England, und Herzoginn von Orleans
abschildert, den Glauben bey ihren Widerwärtigkeiten
zu bewahren, und den heftigsten Anfällen der Ketzerey
zu widerstehen.

"Ich weis wohl, daß diese Prinzessin, welche bey
"den Widerwärtigkeiten ihres Hauses war gebohren
"worden, und nur die Trümmern des Throns ihrer
"Vorältern zur Wiege gehabt hatte, sich mit den Wider-
"wärtigkeiten bekannt gemacht, so bald sie angefangen hat
"zu leben. Ich weis, daß sie, in der Kunst, auf eine
"heldenmüthige Art zu leiden, die grossen Widerwär-
"tigkeiten der durchlauchtigen Heinriette von Frankreich,
"Königinn von England, ihrer Mutter, zur Lehrmeiste-
"rinn gehabt hat.

H 2   "Die

”Dieſer würdige Zweig der unſterblichen Lilien hat
”das doppelte Schickſal gehabt, welches die heilige
”Schrift dieſer ſchönen Blume beylegt. Zu einer ge-
”wiſſen Zeit hat ſie ſich auf dem Schauplatze der Welt
”mit weit mehrerer Maieſtät und Herrlichkeit, als Salo-
”mo ſehen laſſen. Dico vobis, quia nec Salomon in omni glo-
”ria ſua veſtiebatur, ſicut vnum ex illis. Zu einer andern
”Zeit iſt ſie mit Dornen umgeben geweſen; ſicut lilium in-
”ter ſpinas. Sie hat aber in dieſem doppelten Zuſtande ge-
”zeigt, daß ihr Herz weit gröſſer, als das Glück war. Die-
”ſe weit maieſtätiſchere Lilie, als Salomo, hat ſich nicht,
”wie er, verderbt. Sie hat das göttliche Geſetz an ei-
”nem kätzeriſchen Hofe nicht verlaſſen. Dieſe Lilie iſt
”unter den Stacheln ihrer Widerwärtigkeiten nicht er-
”ſticket worden, ſondern hat ihr Haupt unter den Dor-
”nen, welche ſie umgaben, allzeit empor gehoben. Si-
”cut lilium inter ſpinas.”

Es herrſchet etwas wahrhaftig Erhabnes in dieſem
andern Stücke, in welchem ebendieſer Redner von der
Standhaftigkeit redet, welche dieſe Prinzeſſinn von ſich
blicken ließ, als in den letzten Augenblicken ihres Lebens
die ganze königliche Familie um ſie herum ſtund, und
weinete.

”Mich dünkt, es ſey weit leichter, bey ſeinem ei-
”genen Schmerze ſtandhaft zu bleiben, als bey anderer
”ihrem Mitleiden...... Dieſe durchlauchtige Ster-
”bende wird von dem Betrübniſſe derer, die ihren Tod
”beweinen, weit heftiger angegriffen, als von dem
”Schmerze ſelbſt, worüber ſie den Geiſt aufgiebt. Die
”Herzen aller derer, welche von dem, was ſie leidet,
”Zeugen ſind, fallen ihr Herz an...... Alle Prinzen
”und Prinzeſſinnen vereinigen ſich, vermittelſt ihrer
”Thränen und Seufzer, mit denen, welche dieſer be-
”trübte Anblick dem Herzen und Munde ihres Sohnes
aus-

” auspresset, und machen ein trauriges und betrübtes Chor
” um sie herum aus, welches für sie ein getreuer Spiegel
” ihrer Schmerzen, und der Gefahr, worinnen sie sich be-
” findet, ist. Der grosse und edelmüthige Ludwig, dem
” das Alterthum tausend Herzen würde gegeben haben,
” weil es sie in den Helden, nach der Zahl ihrer größten
” Eigenschaften, vermehrte, hat bey diesem Anblicke kein
” Herz. Der Tod, welcher unwillig darüber ist, daß er
” es unter schrecklichen Gestalten durch die Furcht nicht
” erschüttern kann, nimmt eine andere, weit angeneh-
” mere und rührendere Gestalt an, um es durch alles
” dasjenige zu bewegen, was die Hochachtung und
” Freundschaft schmerzhaftes und empfindliches bey einer
” solchen Gelegenheit einflößen können. Indessen nä-
” hert sich diese Prinzessinn, unter Vergiessung so vieler
” Thränen, dem Tode auf eine eben so maiestätische Art,
” als die Sonne ihrem Untergange; und zu einer Zeit,
” da andere kaum im Stande sind, einen Trost anzu-
” nehmen, ertheilet sie ihn einem ieden. Magno spiri-
” tu vidit ultima, & consolata est lugentes.”

Ebendieser Redner zeigt, in der Trauerrede auf den
Herrn von Turenne, vermittelst lebhafter Bilder, und
maiestätischer Ausdrücke, was für eine schwere Sache
es für einen obersten Kriegsbefehlshaber, der von dem
Siege begleitet wird, ist, demüthig und bescheiden zu
seyn.

” Wenn es irgend eine Gelegenheit in der Welt
” giebt, wo die von sich selbst eingenommene Seele in
” Gefahr stehet, ihres GOttes zu vergessen; so findet
” sie sich in den wichtigen Posten, in welchen ein Mensch
” durch die Weisheit seines Verhaltens, durch die Grösse
” seiner Herzhaftigkeit, durch die Stärke seines Arms,
‚ und durch die Menge seiner Soldaten gleichsam ein
” GOtt anderer Menschen wird, und, da er selbst mit

H 3 ” Ruh-

"Ruhme erfüllet ist, die ganze Welt mit Liebe, Ver=
"wunderung und Schrecken anfüllet. Selbst das Aeuß=
"serliche des Krieges, der Klang der Trompeten und
"Trommeln, der Schimmer der Waffen, die Ordnung
"der Mannschaften, das Schweigen der Soldaten,
"die Hitze des Treffens, der Anfang, der Fortgang,
"und die Vollendung des Sieges, das verschiedene Ge=
"schrey der Siegenden und Ueberwundenen, greifen
"die Seele an so vielen Orten an, daß sie al=
"aller ihrer Weisheit und Mässigung beraubt, weder
"GOtt, noch sich selbst kennet. Alsdenn unterstehet
"sich ein gottloser Salmoneus den Donner GOttes
"nachzuahmen, und die Wetterstrahlen des Himmels
"durch die Wetterstrahlen des Erdbodens zu beantwor=
"ten. Alsdenn verehret ein gottlästernder Antiochus
"nur seinen Arm und sein Herz; und ein übermüthiger
"Pharao, der von seiner Macht aufgeblasen ist, spricht:
"Ich habe mich selbst gemacht! Scheinen aber auch die
"Gottesfurcht und Demuth wohl iemals herrlicher zu
"seyn, als wenn sie, bey diesem Grade des Ruhms
"und der Grösse, das menschliche Herz in der Unter=
"thänigkeit und Unterwürfigkeit erhalten, worinnen sich
"das Geschöpf in Ansehung seines Schöpfers befinden
"soll? Der Herr von Turenne hat niemals stärker em=
"pfunden, daß er einen GOtt über sich habe, als bey
"den herrlichen Gelegenheiten, wo ihn fast alle andere
"Menschen vergessen. Hier verdoppelte er sein Gebeth,
"und verehrte den GOtt in Demuth, vor welchem die
"Heerschaaren der Engel zittern, und sich demüthigen.
"Damit die Israeliten des Sieges gewiß seyn möchten;
"so liessen sie die Bundeslade in ihr Lager bringen.
"Und der Herr von Turenne glaubte, sein Lager wäre
"ohne Stärke und Vertheidigung, wenn es nicht täglich
"durch die Aufopferung des göttlichen Versühnopfers,
"welches über alle Mächte der Hölle triumphiret hat,
"befestiget würde."

Man

Man wird noch das wahrhaftig Erhabene in der glücklichen Anwendung einer Schriftstelle gewahr, welche ebendieser Redner bey Gelegenheit des Einfalls der Kaiserlichen Armee in Frankreich, und der Tapferkeit des Herrn von Turenne macht, der sie nöthigte, wiederum über den Rhein zurücke zu gehen.

" Wenn ich die unzählige Menge von Deutschen sehe,
" die Frankreich mit einer Ueberschwemmung droheten, die
" der Ueberschwemmung der Cimbrer und Teutonen glich;
" und wenn ich diesen so klugen Mann, der von dem zukünf-
" tigen allzeit so bescheiden redete, zuversichtlich versprechen
" höre, er wolle sie nöthigen, wiederum über den Rhein zurü-
" cke zu gehen, über welchen sie die Hoffnung, unsere reichen
" Erndten zu verwüsten, gelockt hatte; so dünket mich,
" er habe hier eine göttliche Eingebung gehabt, und er
" habe, wie ein anderer Prophet, von dem zukünftigen
" eben so sicher und gewiß, als GOtt selbst, der es ihm
" eingab, geredet. Versammlet euch, ihr Feinde Israels,
" spricht der GOtt der Heerschaaren, und ihr werdet
" überwunden werden. Congregamini, populi, & vin-
" cimini. Verstärket eure Ligue, die aus hundert mit
" einander verbundenen Prinzen bestehet; ihr werdet
" überwunden werden. Confortamini & vincimini. Ma-
" chet schreckliche Zubereitungen zum Kriege; ihr wer-
" det überwunden werden. Accingite vos, & vincimini.
" Vereiniget die Klugheit mit der Macht, haltet einen
" Kriegsrath nach dem andern; alle eure Anschläge
" werden zunichte gemacht werden. Inite consilium, &
" dissipabitur. Versprechet, hoffet, drohet; es wird
" aus dem allen, was ihr euch vornehmet, nichts wer-
" den. Loquimini verbum, & non fiet. Sehet, meine
" Herren, so redet derjenige, vor welchem alle Macht
" und alle Kräfte des Erdbodens nichts, als Wind und
" Rauch sind; und dieser große Feldherr verspricht es
" zuversichtlich. Ihr Völker, die der Rhein von uns
" ab-

H 4

„ abſondert, vereiniget euch, kommet aus euren Wäl=
„ dern und aus eurem Schnee heraus, die angenehmen
„ und gemäſſigten Gegenden Frankreichs zu überſchwem=
„ men. Ihr Kreiſe des Reichs, vereiniget alle eure
„ Kräfte, ihr werdet überwunden werden, und es wird
„ euch weiter nichts übrig bleiben, als traurige und un=
„ glückliche Trümmern von euren Kriegsheeren, welche
„ ihren von Menſchen und Soldaten entblöſten Ländern
„ die Nachricht von eurer Niederlage, und von der Gröſ=
„ ſe meines Königes hinterbringen werden. Er ſagts,
„ und führet es aus. Er thut einen Marſch faſt von
„ hundert Meilen. Er führet ſein Heer und ſein Ge=
„ ſchütz durch Wege, auf welchen Wegen der Berge,
„ Abgründe, Flüſſe, und des vielen Schnees kaum
„ ſolche Reiſende, die nichts bey ſich hatten, und unbe=
„ packt waren, fortkommen konnten. Der Zug geſchie=
„ het auf eine ſo wunderbare geheime Art, daß man
„ hätte ſagen mögen, die Manſchaften wären von einer
„ dicken Wolcke umgeben worden, welche verhindert
„ hätte, daß ſie niemand habe ſehen können. Er
„ kömmt den Feinden unvermuthet über den Hals, er
„ greift ſie mit einer ungleichen Anzahl an; aber
„ GOtt erneuert hier die wunderbaren Siege der
„ Maccabäer. Und um die Sache ſelbſt mit den
„ Worten der h. Schrift und der Kirche vorzuſtellen, die
„ ſich ſo gut hieher ſchicken; der Herr von Turenne läßt
„ das glänzende Bild der franzöſiſchen Sonne kaum in
„ ſeinen Fahnen ſchimmern, als die Augen der Feinde
„ davon geblendet werden. Ihre Menge zerſtreuet und
„ freuet ſich, daß ſie einen groſſen Fluß zwiſchen ihre
„ Flucht, und die Hitze unſers groſſen Feldherrn, der ih=
„ nen keine Ruhe läßt, ſtellen kann. Refulſit ſol in
„ clypeos aureos, & multitudo gentium diſſipata eſt.

Als die Türken Candia einnahmen; ſo wurde der
Herzog von Beaufort bey einem Ausfalle getödtet, ohne
daß

daß iemand zugegen war, und ohne daß man seinen
Leichnam finden konnte. Dieses stellet besagter Redner
mit vielem Feuer und Nachdrucke vor, und bedienet sich
dabey einer unvergleichlichen Wendung, die Ehre sei=
nes Helden zu retten.

" Ich sehe, wie die Türken entweder herzhaft zurücke=
" getrieben, oder unter ihre eigene Arbeit begraben
" werden. Ich sehe, wie sie sich ins Meer stürzen, und
" in dem Wasser ein Heil suchen, welches ihnen die Er=
" de versagt. Aber ach! der Sieg wird mitten in sei=
" nem Laufe aufgehalten. Das Feuer kömmt in ein
" Pulvermagazin. Das Getöse, der Schimmer, die
" Schläge und das unterbrochene Feuer rühren die Au=
" gen der Soldaten, und setzen ihre Einbildungskraft
" in eine Verwirrung. Sie glauben, die Hölle und der
" Himmel donnerten auf sie los; der Einsturz des Him=
" mels werde sie zerschmettern, und die Erde, welche
" sich aufgethan, werde sie verschlingen. Einige sind
" hinweggerissen, und alle äusserst bestürzt. Das Schre=
" cken, welches von Seiten GOttes eine Wirkung sei=
" ner Macht, und auf unserer Seite eine Wirkung un=
" serer Schwachheit ist, vertreibet alle Zucht. Man
" weis von keiner Ordnung, und von keinem Gehorsa=
" me mehr. Die Gegenwart des Geistes, und die Herz=
" haftigkeit der Anführer kann so gar nicht einmal die
" Verwirrung der Flucht in einen ordentlichen Zurück=
" zug verwandeln. Und der Soldat, welcher die Ta=
" pferkeit nicht mehr besitzt, die zum streiten erfordert
" wird, besitzt auch die Gelehrigkeit nicht mehr, die zum
" gehorchen gehöret.

" Dieses ist der betrübte und unglückliche Ort, wo
" mich meine Materie verläßt. Die Unordnung ent=
" ziehet diesen Prinzen meinen Augen. Und da sein
" Leben ein schöner Anblick für die Menschen gewesen

H 5   " war;

„ war; so muste sein Tod ein Anblick für den GOtt der
„ Heerschaaren, und die Engel, die seine Legionen aus=
„ machen, seyn. Spectaculum Deo et angelis. Ihr,
„ ihr Engel GOttes, ihr einzigen und alleinigen Zu=
„ schauer seiner Kriege, ihr müsset von dieser Materie
„ reden.   Ihr Schutzengel dieser Kirche und Frank=
„ reichs, ihr Diener des GOttes der Heerschaaren, sa=
„ get uns, was für Gesinnungen hegte bey dieser be=
„ trübten Verlassung ein Herz, welches allein die Ehre
„ der christlichen Heere ausmachen, und, so zu sagen,
„ die Bruchstücke der Tapferkeit und Herzhaftigkeit ei=
„ nes ganzen Heeres in sich sammlen will? . . . . . . Bey
„ dieser Unordnung stellet euch den Herzog von Beau=
„ fort, wie dort den tapfern Maccabäus vor, als ihn
„ die Seinigen verlassen hatten, und er der ganzen
„ Macht und aller Wuth der Feinde ausgesetzet war.
„ Alles, was sich noch um ihn herum befindet, redet
„ mit ihm von nichts, als von der Flucht und dem Zu=
„ rückziehen. Sie stehet ihm so wohl, als den andern
„ offen. Liberemus animas nostras, et revertamur ad
„ fratres nostros. Die Klugheit und die Kriegsgesetze
„ scheinen es zu verlangen. Aber der Geist der Stär=
„ ke, der diejenigen belebet, welche für den Herrn strei=
„ ten, hat seine schönen und gerechten Unregelmässigkei=
„ ten.   Es giebt eine Art von heiliger Begeisterung,
„ und göttlicher Eingebung, welche macht, daß ihre Her=
„ zen die Grenzen überschreiten, von welchen die mensch=
„ liche Klugheit ein Sclave ist. . . . . . Ich höre bereits
„ unsern Prinzen eben die Worte bey sich selbst sagen,
„ welche aus dem Munde des Judas Maccabäus gien=
„ gen: Absit, ut rem istam faciamus, et fugiamus ab
„ eis. GOtt bewahre mich, daß ich vor den Ungläu=
„ bigen fliehen sollte. Ist unsere letzte Stunde gekom=
„ men; so wollen wir als tapfere Männer sterben, und
„ den Ruhm eines schönen Lebens nicht dadurch, daß
„ wir vor dem Tode fliehen, beflecken. Sed moriamur
„ in

„ in virtute, et non inferamus crimen gloriae nostrae.
„ Vermöge dieses gefaßten Entschlusses verbreitet er das
„ Schrecken und den Tod allenthalben, wo er seine
„ Streiche hin richtet. Aber dieser andere Judas Mac=
„ cabäus, der von allen den Seinigen verlassen ist, und
„ vielmehr der Menge, als der Macht weichet, fällt
„ endlich auf seine eigenen Trophäen, und stirbt des
„ rühmlichsten Todes, den sich ein christlicher Held wün=
„ schen kann, indem er mit dem Degen in der Faust
„ wider die Feinde seines Königes und seines GOttes
„ streitet, in dem Mittelpunkte der Welt, vor dem An=
„ gesichte von Europa, Africa, und Asien, und was
„ noch mehr, als alles dieses ist, vor dem Angesichte
„ GOttes und seiner Engel.“

Aus den verschiedenen Stücken, die wir bisanhero
angeführet haben, kann man von der gesetzten, nach=
drücklichen, und bisweilen erhabnen Beredtsamkeit des
Herrn Mascaron urtheilen. Man trifft in derselben
keine wohlklingenden Perioden, keine künstlich ange=
brachten Figuren, keine Malereyen eines schönen Colo=
rits, und keine mühsam gesuchten Redensarten an; son=
dern es sind allenthalben lebhaft gedachte, und auf eine
sehr edle und nachdrückliche Weise vorgetragene Sa=
chen, welche durch die Schönheit der Bilder, und die
Hoheit der Begriffe, in Erstaunen setzen, bewegen, und
hinreissen. Von der Art ist auch noch folgendes mo=
ralische Stück, welches, der gar zu oft vorkommenden
Gegensätze ungeacht, prächtige und auf eine edle Art
ausgedrückte·Gedanken in sich fasset.

„ In was für einem Zustande befindet ihr euch, ihr
„ unverständigen Seelen, ihr, die ihr auf die Betrach=
„ tung des Todes keine andere Zeit, als die Zeit der
„ Vollstreckung selbst wendet; ihr, die ihr, wenn ihr se=
„ het, was ihr niemals gesehen habet, verbunden seyd,
„ an

" wenn du dermaleins in der Luft auf einer hellglänzen-
" den Wolke, vom Donner und Blitze umgeben, und
" indem das Schrecken und der Tod vor dir her-gehen,
" erscheinen wirst; so werden die Menschen vor Furcht
" vergehen, die Gottlosen werden sich in tiefe Höhlen
" verstecken, und zu den Bergen sagen, fallet über uns.
" Wie! bist du im Heiligthume nicht, als auf einer
" herrlichen Wolke, gegenwärtig? Thun sich nicht die
" Himmel über dir auf? Kommen die himmlischen Geis-
" ster nicht, so oft der Priester die wichtigen Worte aus-
" spricht, vom Himmel herab, dir noch ferner zu die-
" nen, und ihre Ehrerbiethung zu erzeigen? Richtest
" du die Menschen nicht auf diesem geheimnißvollen
" Richterstuhle? Unterscheidest du die vielen Anbether,
" die sich in deinem Tempel einfinden, nicht von einan-
" der? Hast du allda nicht in der einen Hand Blitze,
" und in der andern Kronen? Weißt du mich nicht un-
" ter dem Haufen zu finden? "

Wie nachdrücklich und heftig redet nicht eben dieser
Redner, in folgendem andern Stücke, wider den unwürdigen Genuß des heiligen Abendmahls! Wir treffen in der Beredtsamkeit der Kirchenväter nichts lebhafters und rührenderes an.

" Wenn sich der Apostel ehemals beklagte, daß die
" mit vielen Wunden behafteten Leiber, die allenthal-
" ben eingerissenen Krankheiten, und die plötzlichen To-
" desfälle von nichts anders, als von der Entheiligung
" dieses Sacramentes herrühreten; o! so schlägst du
" uns, HErr, seit langer Zeit; du gießest den Kelch
" deines Zorns über unsere Städte und Länder aus;
" du waffnest einen König wider den andern, und ein
" Volk wider das andere; man höret von nichts, als
" von Kriege und Kriegsgeschrey; du schickest die Un-
" fruchtbarkeit vom Himmel auf unsere Felder herab;

" das

„das Schwert des Feindes entvölkert unsere Fami-
„lien . . . . . . Die geheime und dir allein bekannte
„Noth ist noch grösser, als das öffentliche Elend. Wir
„haben den Hunger und den Tod unsere Bürger hin-
„wegraffen, und unsere Städte in schreckliche Wüste-
„neyen verwandeln sehen. Der Feind deines Namens
„macht sich unsere Uneinigkeit zu Nutze, und setzet sich
„unrechtmässiger Weise in den Besitz deines Erbtheils.

„Grosser GOtt! woher rühren diese so langwieri-
„gen und so schrecklichen Plagen? Woher entstehen
„die Wolken des Zorns und Unwillens, die seit so lan-
„ger Zeit über uns ausbrechen? Sind es nicht die
„Freveltaten, durch welche man sich täglich bey dei-
„nen Altären an deinem Leibe versündiget, welche uns
„diese Merkmaale deines Zorns zuziehen? O! so schla-
„ge uns denn, o HErr! räche deine Ehre. Befiehl
„dem Engel in der Luft, daß er seinen Arm nicht zu-
„rückeziehen, und der Häuser nicht schonen soll, in wel-
„chen man noch die Merkmaale des entheiligten Blu-
„tes wahrnimmt. Dein Zorn ist gerecht. Doch nein!
„räche nicht Sünden durch Sünden. Gieb unsern
„Zeiten den Frieden wieder. Höre das Schreyen der
„Gerechten, die dich darum ersuchen. Laß die Enthei-
„ligungen, die der Krieg allemal nach sich ziehet, ein
„Ende nehmen. Gieb so vielen entheiligten Tempeln
„ihre Majestät : . . . . unsern Städten den Frieden,
„unsern Familien den Ueberfluß, und Israel den Trost
„und die Freude wieder.“

Man spürete alles Feuer der Begeisterung in folgendem Stücke, in welchem ebendieser Redner von dem
Mangel der Ehrerbiethung in den Gotteshäusern redet,
und dabey grosse Figuren gebraucht, und die Todten
herausruft.

”Groſſer GOtt! was für ein Verbrechen iſt es nicht,
”wenn man dieſe heiligen Oerter, und die Stunde
”gottesdienſtlicher Handlungen erwählet, ſchändliche
”Leidenſchaften zu erregen, ſtrafbare Begierden zu he=
”gen, und Gelegenheiten zu ſuchen, welche uns der
”bloſſe Wohlſtand anderswo zu ſuchen verhindert!
”Was für ein Verbrechen iſt es nicht, wenn man das
”Heiligſte in der Religion gebraucht, das Laſter deſto
”leichter auszuüben; wenn man deinen Tempel zu ei=
”nem Sammelplatze der Bosheit macht, und deine Ge=
”genwart erwählet, das Geheimniß einer unreinen Lei=
”denſchaft zu verbergen! ..... Welche Raſerey iſt es
”nicht, wenn man die Augen ſeines Richters zu Zeu=
”gen ſeiner Laſter, und ſeine Gegenwart zur ſchrecklich=
”ſten Urſache unſerer Verdammung macht! Was für
”ein Zeichen iſt es nicht, daß man von GOtt verlaſſen,
”und verworfen worden, wenn man die Freyſtädte un=
”ſerer Heiligung in Gelegenheiten, Unordnung und
”Frechheit zu begehen, verwandelt!

”Groſſer GOtt! als man dich auf der Schädelſtät=
”te, wo du doch noch ein GOtt wareſt, welcher litt,
”läſterte; ſo thaten ſich die Gräber um Jeruſalem her=
”um auf; die Todten ſtunden auf, gleich als wollten
”ſie ihre Nachkommen wegen ihrer abſcheulichen Ruch=
”loſigkeit beſtrafen. O! belebe doch die Aſche unſerer
”Väter, welche in dieſem heiligen Gotteshauſe auf die
”ſelige Unſterblichkeit warten! Laß ihre todten Leichna=
”me aus dieſen prächtigen Gräbern hervorkommen, die
”ihnen unſere Eitelkeit aufgerichtet hat. Laß ſie einen
”heiligen Unwillen über den Mangel der Ehrfurcht, der
”dich vom neuen kreuziget, und die geheiligte Freyſtadt
”der Ueberbleibſel ihrer Sterblichkeit entheiliget, bey
”ſich verſpüren, und auf dieſen Denkmälern erſcheinen.
”Und weil weder unſere Ermahnungen, noch unſere
”Drohungen etwas fruchteten; o ſo laß ſie ſelbſt ihren

”Nach=

" Nachkommen ihre Gottloſigkeit und Ruchloſigkeit ver-
" weiſen.   Wenn aber, o mein GOtt! auch ſo gar dei-
" ne ſchreckliche Gegenwart nicht vermögend iſt, ſie in
" der Ehrfurcht zu erhalten; ſo werden ſie, wenn auch
" gleich die Todten, wie du ſelbſt ſagſt, auferſtünden,
" dennoch weder gottesfürchtiger noch gläubiger wer-
" den."

Nichts iſt vermögender, von dem Erhabenen des
Herrn Boſſuet einen hohen Begriff beyzubringen, als
folgende lebhafte Abſchilderung der Unruhen eines
Staats, welche aus der Trauerrede auf die Anna von
Gonzaga von Cleve, Pfalzgräfin am Rhein, genom-
men iſt.

" Was ſehe ich binnen dieſer Zeit? Welche Unruhe!
" was für ein ſchrecklicher Anblick ſtellet ſich hier mei-
" nen Augen dar! Die bis auf den Grund erſchütterte
" Monarchie, der innerliche und der äuſſerliche Krieg,
" das Schwert von innen und von auſſen; die Prinzen,
" welche mit einer groſſen Gefahr ſind gefangen genom-
" men, und mit einer noch gröſſern befreyet worden;
" der Prinz, den man als den Helden ſeiner Zeit be-
" trachtete, kann ſeinem Vaterlande, deſſen Stütze er
" geweſen war, nichts helfen, und hat nachhero, wider
" ſeine eigene Neigung, die Waffen wider daſſelbe er-
" griffen; ein verfolgter Miniſter, welcher nicht nur
" wegen ſeiner wichtigen Dienſte, ſondern auch noch
" wegen ſeines Unglücks, in welches die höchſte Macht
" und Gewalt verwickelt war, nothwendig geworden iſt.
" Was ſoll ich ſagen? war dieſes etwan eines von den
" Ungewittern, durch welche der Himmel bisweilen ſei-
" ne Geſinnung bekannt machen muß? und ſollten vor
" der groſſen Ruhe und Stille unſerer Tage dergleichen
" Stürme hergehen? Oder waren dieſes die letzten Be-
" mühungen einer ſich regenden Freyheit, die der recht-
" mäſ-

" måssigen Macht und Gewalt Platz machen wollte?
" Oder war es gleichsam eine Arbeit Frankreichs, wel-
" ches im Begriffe war, die wunderbare Regierung Lud-
" wigs zur Welt zu bringen? Nein, nein, GOtt wollte
" zeigen, daß er tödte, und wiederum lebendig mache;
" daß er bis in die Hölle hinnabstosse, und aus dersel-
" ben wiederum herausbohle; daß er die Erde erschüt-
" tere, sie zerbreche, und in einem Augenblicke alle ihre
" Risse heile."

Ebendieser Redner sagt in folgendem Stücke, womit
er seine Einleitung in die allgemeine Weltgeschichte be-
schliesset, die lange Reihe der besondern Ursachen, welche die Reiche erheben und zu Grunde richten, hänge
von den geheimen Anordnungen der göttlichen Vorsehung ab, wobey die Grösse und Macht GOttes auf eine vortreffliche Weise abgeschildert werden.

" GOtt regieret alle Königreiche vom hohen Himmel
" herab; er hat alle Herzen in seiner Hand. Bald
" hält er die Leidenschaften zurück, bald überläßt er sie
" aller ihrer Wuth; und dadurch macht er das ganze
" menschliche Geschlecht rege. Will er Weltbezwinger
" hervorbringen; so läßt er das Schrecken vor ihnen
" hergehen, und flösset ihnen und ihren Soldaten eine
" unüberwindliche Kühnheit ein. Will er Gesetzgeber
" hervorbringen; so sendet er ihnen seinen Geist der
" Weisheit und Vorsichtigkeit. Er läßt sie die Un-
" glücksfälle, die den Ländern drohen, vorhersehen, und
" legt den Grund zur allgemeinen Ruhe. Er siehet,
" daß die menschliche Weisheit niemals ganz hinläng-
" lich ist. Er erleuchtet sie, er erweitert ihre Einsich-
" ten, und alsdenn überläßt er sie ihrer Unwissenheit.
" Er verblendet sie, er stürzet sie, und macht sie durch
" sich selbst zu Schanden. Sie verwickelt sich in ihre
" eigene Spitzfindigkeit, und ihre Vorsichtigkeit gereichet
" ihr

„ ihr zu einem Fallstricke. GOtt übet auf diese Art
„ seine schrecklichen Gerichte, nach den Regeln seiner
„ allzeit untrüglichen Gerechtigkeit, aus. Er bereitet
„ die Wirkungen in den entferntesten Ursachen zu, und
„ verrichtet die grossen Streiche, deren Gegenstoß so
„ weit wirket. Wenn er den letzten vollführen, und
„ die Reiche zu Grunde richten will; so ist in den Raths:
„ versammlungen alles schwach und unordentlich. Das
„ ehemals so weise Egypten gehet ganz berauscht, un=
„ besonnen und taumelnd fort, weil GOtt den Schwin=
„ delgeist über seine Berathschlagungen ausgegossen
„ hat; es weis nicht mehr, was es thut, es ist verloh=
„ ren. Damit sich aber die Menschen dabey nicht irren
„ mögen; so bringet GOtt, wenn es ihm gefällt, den
„ verkehrten Sinn wiederum in die Ordnung. Und
„ derjenige, welcher der Blindheit der andern spottete,
„ geräth selbst in weit dickere Finsternisse, ohne daß oft=
„ mals, seine Vernunft zu verwirren, etwas anders,
„ als sein lange dauerndes Glück, erfodert wird. So
„ regieret GOtt über alle Völker. Lasset uns nicht
„ mehr von dem ungefehren Zufalle, und dem Glücke
„ reden. Was in Ansehung unserer ungewissen An=
„ schläge ein ungefehrer Zufall ist, das ist ein Vorha=
„ ben, welches in einem weit höhern, ich will sagen,
„ in jenem ewigen Rathe beschlossen worden, welcher
„ alle Ursachen und alle Wirkungen in eins zusammen
„ fasset. „

Der Herr Ballet kömmt uns in folgendem Stücke
erhaben vor, welches, eigentlich zu reden, nur eine Er=
weiterung dieser Schriftstelle ist: Vidi impium super ex-
altatum et elevatum, sicut cedros libani; transivi et ecce non erat. Ich sah einen Gottlosen, der war
trotzig, und breitete sich aus, wie die Cedern auf
dem Libanon; als man vorübergieng, siehe, da
war er dahin.

„Die=

" Dieſe Bruchſtücke der Gröſſe und Macht, welch‹
" im Grabe zu Grunde gegangen, ſind immerwähren›‹
" Lehren der Demuth für die Menſchen, ihren Stolz zu
" beſchämen. Dieſe prächtigen Lobſprüche, dieſe ſtol‹
" zen Grabmäler, thun weiter nichts, als daß ſie die
" Erniedrigung der Groſſen verkündigen. Man rich‹
" tet dem Tode Siegeszeichen auf, indem man den
" Ruhm der Mächtigen in der Welt zu verewigen ſucht.
" Seine Herrſchaft zeigt ſich über den Gräbern der Kö‹
" nige. Dieſe zernichteten Kronen, und dieſe zerbro‹
" chenen Zepter verkündigen ſeine Macht. Man mag
" immerhin in einer prächtigen Schreibart zeigen, was
" ſie geweſen ſind; man ſiehet ſich genöthiget zu beken‹
" nen, daß ſie nicht mehr ſind. Nachdem man geſagt
" hat, daß ſie auf dem Throne ein Geräuſch gemacht
" haben; ſo ſetzet man hinzu, daß ſie im Staube ru‹
" hen. Demüthigende Betrachtungen für die Gröſſe
" der Welt!

" Gebet wohl Achtung, ſpricht der Prophet Jeſaias,
" auf dieſen ſtolzen Menſchen, welcher dieſe hohe Eh‹
" renſtelle bekleidet. Nachdem er in der Welt eine Zeit
" lang eine groſſe Figur wird gemacht, die Augen des
" Volks geblendet, ſeine Bedienten, ſeine Vaſallen und
" alle diejenigen, welchen ſein Anſehen Nutzen ſchaffte,
" unter ſein gewaltiges Joch gebracht haben; wird der
" Tod alle dieſe äuſſerliche Gröſſe und Hoheit zernich‹
" ten, er wird in ein Grab geleget werden, und hier
" wird ſein Stolz ein Ende haben. Detracta eſt ſuper‹
" bia ad inferos.

" Wo ſind die mächtigen Monarchen, welche die blü‹
" henderſten Königreiche beſeſſen, und die ſchönſten Kro‹
" nen getragen haben; wo ſind die berühmten Weiber,
" ‹‹‹‹, die auf ihrem Zuge allzeit von dem Siege
" ‹‹‹ wurden; welche die Städte einnahmen, die
" Pro‹

„ Provinzen eroberten, und die größten Reiche schwäch-
" ten ; wo sind die grossen Staatsmänner, welche die
" Geschäfte so gut verwalteten, und die Länder so ge-
" schickt regierten; wo sind die Gelehrten, die sich durch
" ihre Gelehrsamkeit und durch ihre schönen Schriften
" so berühmt gemacht haben, und welche mit den be-
" rühmtesten Academien einen gelehrten Briefwechsel
" unterhielten; wo sind, sage ich, alle diese hingekom-
" men? Sie sind in das Grab hinabgestiegen. Der
" Glanz des Throns, die bey den Belagerungen und
" in den Schlachten eingesammleten Lorbern, der für den
" Minister so rühmliche, und für den Staat so vor-
" theilhafte Ausgang der Unternehmungen; der Ruhm
" und die Hochachtung, welche in der Republik der Ge-
" lehrten erworben worden; alle diese Ehre ist im Gra-
" be zernichtet worden. Diese mit Ruhm und Ehre
" bedeckten Männer befinden sich in demselben in der
" Dunkelheit und Erniedrigung. Detracta est superbia
" ad inferos. Der Prophet sagt es. Er lebte selbst in
" der Grösse und Hoheit, und er hat ihre ganze Nich-
" tigkeit eingesehen. Das Grab, spricht er, ist der
" Aufenthalt der Erniedrigung; die Ehre kann in das-
" selbe nicht eindringen. Alle menschliche Grösse und
" Hoheit gehet bey und neben demselben her; aber sie
" steiget in dasselbe nicht hinab. Die prächtige Be-
" stattung zur Erde ist die letzte Ehre, die man einem
" Grossen erweiset. Sie ist zum Troste der Lebendigen,
" darum nimmt sie mit den Ceremonien ein Ende. Der
" Regent begiebt sich allein in das Grab; hier verläßt
" ihn sein Ruhm. Non descender cum eo gloria eius."

Wenn der Vater Poree in folgendem Stücke, welches aus der Trauerrede auf Ludwig den Vierzehnten
genommen worden, erhaben und maiestätisch ist; so
rühret es so wohl von der Grösse der Begriffe, als von
der Stärke der Ausdrücke her.

„ Kom-

"Kommet, ihr christlichen Prinzen; kommet alle aus
" den verschiedenen Theilen der Welt, und betrachtet
" Ludwigen; nicht mehr an der Spitze seiner Kriegs-
" heere, wie er nach seinem Gefallen den Blitz von sich
" schießt; nicht mehr, wie er auf seinem Throne sitzet;
" sondern wie er von einer Krankheit befallen ist, und
" auf dem Sterbebette liegt. Betrachtet ihn, und ler-
" net von ihm; nicht mehr zu regieren, oder zu über-
" winden, sondern zu sterben. Doch was sage ich?
" auch so gar in diesem betrübten Zustande lehret er
" euch noch überwinden und regieren. Ja, der ster-
" bende Ludwig zeigt noch, daß er ein König ist. Gleich
" wie die Sonne niemals grösser zu seyn scheinet, als
" wenn sie sich ihrem Untergange neiget; also behält
" auch er alle seine Grösse, und allen seinen Glanz bey,
" nur sein Leib ist entkräftet. Ja, der sterbende Lud-
" wig trägt noch den Sieg davon. Er ist niemals stär-
" ker, als wenn er ohne Waffen ist. Er ist niemals
" hitziger im Streite, als wenn der Feind fürchterlicher
" ist...... Nachdem er seiner Krone und seines An-
" sehens beraubet worden, welche er dem Dauphin
" übertragen hat; so bleibt Ludwigen weiter nichts
" übrig, als Ludwig allein, und auch in diesem Stücke
" bleibt ihm mehr übrig, als er weggegeben hat."

Der Herr Massillon bedienet sich der Ausdrücke der
h. Schrift auf eine erhabene Art, in der Trauerrede auf
den Herrn von Villeroy, Erzbischoff zu Lyon, um die
Unordnung eines Kirchsprengels abzuschildern.

" Stellet euch einmal, meine Herren, den betrübten
" Zustand vor, in welchem sich dieser weitläuftige Kirch-
" sprengel, diese so ehrwürdige Kirche befand, zu wel-
" cher der Grund schon zu der Apostel Zeiten geleget
" wurde; welche die erste in unserm Gallien war, die
" die Schätze des Evangelii aus dem Morgenlande em-
" pfieng;

,, pfieng; welche sah, daß Photius und Irenäus anka:
,, men, und mit Freuden aufgenommen wurden, diese
,, göttlichen Männer, die mit dem vor kurzer Zeit ver:
,, gossenen Blute JEsu Christi noch bespritzet waren,
,, und nebst dem Glauben den Geist des Leidens und
,, des Märtyrertodes allenthalben ausbreiteten: Diese
,, Kirche, welche, nachdem sie durch ihre Bemühungen
,, war gegründet, und durch ihre Lehre befestiget wor:
,, den, endlich verdienete, daß sie durch ihr Blut ver:
,, herrlichet wurde; und welche, weil sie von dem Lichte
,, des Glaubens zuerst erleuchtet worden, auch noch
,, heute zu Tage die vornehmste in dem Königreiche ist.
,, Stellet euch, sage ich, den betrübten Zustand vor, in
,, welchem sie sich befand, als sie unsern erlauchten Bi:
,, schoff zu ihrem Oberhaupte bekam.

,, Ach! aller Schmuck dieser Tochter Zions war da:
,, hin. Ihre Propheten hatten entweder gar keine Ge:
,, sichte mehr, oder nur falsche. Ihre Feyertage und
,, Sabbathe waren bey nahe weiter nichts, als ein un:
,, ordentliches abergläubisches Wesen. Die Steine des
,, Heiligthums lagen schimpflicher Weise auf den Gas:
,, sen. Denen, welche die Milch der Lehre austheilen
,, sollten, klebte die Zunge an dem Gaumen. Lyon,
,, diese heilige Stadt, welche ihr herrlicher Thron zum
,, Haupte so vieler Provinzen macht, seufzete als eine
,, betrübte Wittwe, und war Garizim bey nahe zins:
,, bar geworden. Die Königinn in den Ländern
,, muß nun dienen. Klagel. Jer. 1.,,

Ebendieser Redner stellet noch ferner in erhabnen
Bildern, welche aus der h. Schrift genommen sind, die
Würde und das Ansehen des göttlichen Wortes vor.

,, Nichts legt die Macht und die Hoheit des Wor:
,, tes des Evangelii besser und deutlicher an den Tag,

,,als

”als die Bilder, derer sich JEsus Christus bedienet,
”uns die Wirkungen desselben vorher zu verkündigen.
”Bald ist es ein heiliges Schwert, welches den Vater
”von den Kindern, den Bräutigam von der Braut,
”den Bruder von der Schwester, und den Menschen
”von sich selbst scheiden; allen Verstand unter dem Jo=
”che des Glaubens gefangen nehmen, die Käiser sich
”unterwürfig machen, über die Weisen und Gelehrten
”siegen, und die Fahne des Kreuzes über den Trüm=
”mern der Gößenbilder und der Reiche aufrichten
”wird; und hierdurch wird uns seine Macht vorgestel=
”let, welcher die ganze Welt nicht hat widerstehen
”können.

”Bald ist es ein göttliches Feuer, das in einem Au=
”genblicke über den ganzen Erdboden kömmt, die Ber=
”ge zu zermalmen, die Städte zu verwüsten, die Wäl=
”der zu verheeren, die abgöttischen Tempel in Asche zu
”verwandeln, die Menschen zu verbrennen, sie, als Un=
”sinnige, vor dem Angesichte der Völker dem Tode ent=
”gegenlaufen zu lassen; und unter diesen gleichnißvol=
”len Bildern wird uns die Geschwindigkeit seiner Wir=
”kungen, und der schnelle Lauf seiner Siege vorge=
”stellet.

”Bald ist es ein geheimnißvoller Sauerteig, welcher
”den ganzen Teig zusammenbringt, die Theile dessel=
”ben unter einander verbindet, und ihnen eine gemein=
”schaftliche Kraft und Stärke mittheilet; welcher den
”Unterschied unter den Jüden und Heiden, unter den
”Griechen und Ausländern aufhebt, und ihnen insge=
”sammt einerley Namen und Wesen beylegt; und
”hieraus erkennet man seine Heiligkeit und seine ver=
”borgene Kraft, die den ganzen Erdboden gereiniget,
”und aus allen Völkern nur ein einziges gemacht hat.
”Ein andermal ist es ein Saamen, der anfangs in der
”Erde

„ Erbe zu verderben scheint, hernach aber hervorwächst,
„ und sich hundertfältig vermehret; und dieses ist der
„ Grund von seiner Fruchtbarkeit."

Ebendieser Redner zeigt auf eine sehr nachdrückliche
und erhabne Art die Nichtigkeit der Glückseligkeit der
Welt in folgendem Stücke, welches aus der Rede genommen ist, die bey der Einweihung der Fahnen des
Regiments von Catinat gehalten worden.   Es ist ein
maiestätischer Strohm von Beredtsamkeit, den man zu
bewundern nicht müde werden wird.

„ Gesetzt aber auch, daß euer Glück mit eurer Hoff-
„ nung übereinstimmte; daß die angenehmen Irrthü-
„ mer und Träume, bey welchen euer Geist einschlum-
„ mert, mit der Zeit wahr würden; daß ihr, vermöge
„ eines ungefähren Zufalles, worauf bey dem Kriegs-
„ glücke allzeit gar sehr viel ankömmt, zu solchen Ehren-
„ stellen gelanget, nach welchen ihr euch nicht einmal
„ unterstundet zu trachten, und daß ihr in Ansehung al-
„ les dessen, was ein Mensch nur begehren kann, weiter
„ nichts zu wünschen hättet; wie sind die Glückseligkei-
„ ten dieser Welt beschaffen? wie unbeständig und ver-
„ gänglich sind sie nicht? Was ist uns von den grossen
„ Leuten übrig geblieben, die ehemals eine so vortreff-
„ liche Rolle in der Welt gespielet haben? Sie haben
„ sich einen einzigen Augenblick sehen lassen, und sind
„ auf ewig aus den Augen der Menschen verschwunden.
„ Man weis, was sie die kurze Zeit über, die ihr Glanz
„ gedauert hat, gewesen sind; wer weis aber, was sie
„ in dem ewigen Lande der Todten sind? Die Hirnge-
„ spinnste der Ehre und Unsterblichkeit helfen da nicht
„ das geringste.   Der rächende GOtt, welcher ihre
„ Handlungen auf seinem Richterstuhle prüfet, und ihre
„ Verdienste beurtheilet, richtet nicht nach dem, was
„ wir hier auf der Welt von ihnen sagen und denken;

"und alle die groſſen Dinge, die ihnen ſo viel Ehre
"bringen, und unſere Jahrbücher anfüllen, ſind viel-
"leicht die Haupturſachen ihrer Verdammniß, und in
"den Augen GOttes die ſchändlichſten Züge ihrer
"Seele.

　*

"Ach! meine Herren, was ſind die Menſchen auf
"der Welt? Theaterperſonen. Alles iſt auf derſelben
"falſch und erdichtet. Es ſind allenthalben weiter
"nichts, als Vorſtellungen; und das Prächtigſte und
"Vortrefflichſte, ſo man allda wahrnimmt, iſt nur ein
"Spiel. Wer ſagt dieſes nicht täglich in der Welt?
"Eine unvermeidliche Veränderung, eine Flüchtigkeit,
"die nichts zurücke hält, verſenket alles in die Abgrün-
"de der Ewigkeit. Die Jahrhunderte, die Geſchlech-
"ter, die Reiche, alles verſinkt in dieſem tiefen Schlun-
"de. Es gehet alles hinein, und kömmt nichts wie-
"der heraus. Unſere Vorfahren haben uns den Weg
"dazu gebahnet, und wir bahnen ihn hinwiederum in
"einem Augenblicke denen, die nach uns kommen. So
"erneuren ſich die Alter; ſo verändert ſich die Geſtalt
"der Welt unaufhörlich; ſo folgen die Todten und die
"Lebendigen beſtändig auf einander, indem die einen
"die Stellen der andern einnehmen. Nichts bleibt be-
"ſtändig; alles nutzet ſich ab, alles vergehet. GOtt
"allein iſt allzeit ebenderſelbe, und ſeine Jahre nehmen
"kein Ende. Der Strohm der Zeitalter und der Jahr-
"hunderte fließt vor ſeinen Augen vorbey; und er ſieht
"es mit zornigen und rächenden Blicken an, daß ſchwa-
"che Sterbliche zu eben der Zeit, da ſie von dem Stroh-
"me mit fortgeriſſen werden, im Vorbeyſchwimmen ſei-
"ner ſpotten, ſich dieſes einzigen Augenblicks bedienen,
"ſeinen Namen zu läſtern, und hernach in die ewigen
"Hände ſeines Zorns und ſeiner Gerechtigkeit gera-
"then.

"Wie?

"Wie? wollen wir bey so gestalten Sachen noch immer
" Entwürfe machen, glücklich zu werden, und zu hohen
" Ehrenstellen zu gelangen? Wollen wir unser Hertz noch
" immer mit tausend schmäuchelhaften Hoffnungen spei-
" sen? Wollen wir noch immer mit grossen Unkosten uns
" endliche Anstalten machen, uns einen glücklichen
" Augenblick zu verschaffen, der nicht ruhig seyn kan?.....
" O Herr! dem allein Ehre und Hoheit gebühret, will
" es denn der Mensch niemals begreiffen, daß ausser
" dir für ihn keine dauerhafte und ruhige Glückseligkeit
" zu finden ist? daß alles, was hier auf der Welt ge-
" fällt, das Herz zwar bethören, aber keinesweges zufrie-
" den stellen kann? daß die Ehre und die Ergötzlichkei-
" ten fast nur in dem Augenblicke, der vor ihnen herge-
" het, kützeln? daß die Unruhen und der Eckel, welche
" darauf folgen, geheime Stimmen sind, die uns zu
" dir rufen? und daß, wenn man sich auch so gar ein
" ungetrübtes Glück versprechen könnte, es doch weiter
" nichts, als ein Dampf seyn würde, der eine kurze Zeit
" dauert, den man in einem Augenblicke entstehen, dicke
" werden, in die Höhe steigen, sich ausbreiten und ver-
" schwinden siehet."...... Ludwig der Vierzehnte schätz-
te den Herrn Masillon so hoch, daß, als er im Jahre 1704.
zum andernmale am Hofe erschien, dieser grosse Prinz,
nachdem er ihm in den gnädigsten Ausdrücken zu erkennen gegeben hatte, wie vollkommen vergnügt er mit ihm
wäre, er noch hinzusetzte: Mein Vater, ich will
euch in Zukunft alle zwey Jahre hören.

Nachdem der Vater de la Neuville von dem Tode
des Cardinals von Fleury geredet hat; so stellet er den
Zustand seiner Seele vor GOtt auf eine rührende
Art vor.

" Er ist also nicht mehr, dieser so mächtige und so
" gefürchtete Minister! Er ist noch, aber nicht mehr uns

”ter uns; er befindet ſich in den Tiefen der **Ewigkeit.**
”**Die Erde** hat die **Erde** wiederbekommen. Der **Geiſt**
”war von **GOtt** gekommen, er iſt wiederum zu **GOtt**
”zurücke gekehret. Revertatur pulvis ad terram ſuam,
”unde erat; ſpiritus redeat ad Deum, qui fecit illum.

”**Wir** ſind dem **Carbinal** von **Fleury** bey dem ver
”ſchiedenen **Begebenheiten** ſeines Lebens auf der **Welt**
”nachgefolget. **Wir** wollen ihn nicht verlaſſen, ſondern
”auch noch begleiten, da er ſich in die Tiefen der **Ewig**
”keit begiebt. **Hier** iſt er mit **GOtt** ganz allein. **Wel**
”che plötzliche **Veränderung** der **Vorſtellungen** und **Em**
”pfindungen! **Ein** ſeltenes **Beyſpiel** des menſchlichen
”**Glücks,** daß er eine **Gunſt** ohne **Abwechſelung,** und
”ohne **Abnahme** beſeſſen; und daß ſein **Andenken** durch
”das **Betrübniß** ſeines **Herrn** iſt geehret worden! **Ach!**
”was liegt ihm daran, was er war, und was auf der
”**Welt** vorgeht! **Der** unermeßliche **Raum** der **Ewig**
”keit, die ſich vor ſeinen **Augen** aufthut; die ſchreckliche
”**Erwartung** der **Gerichte GOttes;** das **Schickſal,** das
”unveränderliche **Loos** eines neuen **Lebens,** welches ſei
”nen **Anfang** nimmt, um niemals ein **Ende** zu neh
”men; ſtellet euch, wenn ihr könnet, den tiefen **Ein**
”druck durchdringender **Furcht,** unruhiger und ſchnel
”ler **Bewegungen** vor, welche dergleichen **Gegenſtände**
”in ſeine erſchrockene und beſtürzte **Seele** machen! **Die**
”**Religion** hatte den **Carbinal** von **Fleury** gelehret, daß
”das zeitliche **Glück** und **Unglück** nur ein nichtiger **Traum,**
”und daß nur in der **Ewigkeit** ein wahres **Glück** und
”**Unglück** anzutreffen ſey. **Die Religion** hatte es ihm
”gelehret. **Er** glaubte es. **Der Vorhang** iſt zerriſſen;
 er ſiehet es, er empfindet es, er erfähret es.

”**Bald** werden wir es, meine **Herren,** wie er, ſe
”hen, und erfahren. **Einige Tage,** einige **Jahre,** wer
”den unſerem **Laufe** hier auf der **Welt** ein **Ende** machen.

”**Wenn**

„Wenn auch 'gleich der Himmel ganze Jahrhunderte
„für uns bestimmt und zubereitet hätte; ist es uns wohl
„unbekannt, daß das längste Leben nur einen Augen=
„blick währet? Die Dauer der Ceder auf dem Libanon
„wird, in Vergleichung mit der Ewigkeit, eben so kurz
„seyn, als die Dauer des schwachen Bäumchens, wel=
„ches unter ihrem Schatten wächst. Ich sehe für den
„Menschen weiter nichts, als gebohren werden und
„sterben. Der Raum, welcher diese beyden Enden
„von einander absondert, beträgt so wenig, daß er
„nichts ist. Lasset uns bedenken, daß sich der Verstand,
„die Geschicklichkeiten, der Reichthum, das Ansehen,
„die Macht, der Ruhm und die Ehre, diese Gaben,
„diese Schätze der Natur oder des Glücks, in einem ir=
„denen Gefässe befinden. Es fällt, es zerbricht, es
„bleibt weiter nichts übrig, als Trümmern und Bruch=
„stücke. Wir wollen uns gewöhnen, so zu denken, wie
„wir einmal in der Ewigkeit denken werden; und so zu
„urtheilen, wie wir in der Ewigkeit urtheilen werden.
„Wir werden den Weltmenschen sich in betrüglichen
„Hoffnungen und Glückseligkeiten verirren lassen; an
„statt sein Glück zu beneiden, werden wir seinen un=
„glücklichen Betrug beklagen. Was hilft es den Men=
„schen, die ganze Welt zu gewinnen, wenn er seine
„Seele verlieret?"

Die Lobrede auf den h. Franz von Sales, welche
den 29. Jenner 1756. in der Kirche der Frauen von
der Visitation zu Thiers gehalten worden, ist das Pro=
bestück des Herrn Heraud, Domherrns ebendieser Stadt,
welcher kaum sein 25stes Jahr erreichet hat. Das Stück,
welches wir anführen werden, wird seinen Geschmack
und seine Geschicklichkeit zu Lobreden zu erkennen geben.
Er schildert den Irrthum unter folgenden rührenden Zü=
gen ab. Diese Abbildung, welche voller Feuer und Nach=
druck ist, wird von einer Bewegung begleitet, die den Ein=

druck

druck sehr schön zu erkennen giebt, welchen so betrübte
Gegenstände in den h. Franz von Sales machten, den
uns der Redner vorstellet, als ob er wie ehemals der
Prophet Jeremias über das Unglück der Stadt Jerusa:
lem, ausrufte.

"O Frankreich! o mein Vaterland! was für Un:
"ruhen erreget nicht die Kätzerey in deinem Inner:
"sten? In welchen Zustand der Verwüstung bist du
"nicht versetzet worden? Die geplünderten Städ:
"te, die niedergerissenen Kirchen, die umgeworfenen
"Altäre, die entheiligten Reliquien, die zerbroche:
"nen Bilder, das Kreuz, der mit Füssen getretene Al:
"lerheiligste, die entweder fliehenden, oder getödteten
"Priester, die geraubte Ehre der Jungfrauen, die über:
"tretenen Gesetze, die mit einander vermengten Rechte,
"der aufrührische Unterthan; dieses ist der betrübte An:
"blick, den es allenthalben zeigt. Es ist nicht mehr
"das blühende Königreich, welches von der ganzen Welt
"bewundert wurde. Die benachbarten Völker, welche
"so lange auf seine Ehre neidisch gewesen sind, sehen es
"nur noch an, um es zu beklagen..... Wo sind
"die Einsiedler hingekommen, welche die Wälder be:
"völkerten, und sie Tag und Nacht von dem Lobe des
"Allerhöchsten ertönen liessen? Wo sind die Jungfrauen,
"die dem unbefleckten Lamme allenthalben nachfolgten?
"die Priester, die mit seinem Dienste beschäftiget;
"und die Kirchen, die seiner Ehre gewidmet waren?
"Warum werden die Feste nicht gefeyert, vergessen, und
"in Trauertage verwandelt? Warum hat das Gold sei:
"nen Glanz, und seine Farbe verlohren? Warum sind
"die Steine des Heiligthums zerstreuet? Wem soll ich
"dich vergleichen, du Tochter Jerusalem! Wem soll ich
"sagen, daß du gleich geworden bist, du Tochter Zion!
"Wie werde ich dich trösten können? Wer wird deinen
"mannichfaltigen Uebeln abhelfen können?"

"Die

Die Beredtsamkeit ist in folgendem Stücke aufs höch=
ste getrieben, in welchem der Herr Flechier die größten
Bewegungen der Redeknnst gebraucht, den Tod des
Herrn von Turenne zu erzählen. Das Rührende und
das Schreckliche sind in demselben auf eine erhabne Art
vorgestellet. Die grossen Figuren leuchten darinnen
allenthalben hervor.

„Er gehet über den Rhein, und hintergehet die
„Wachsamkeit eines geschickten und vorsichtigen Feld=
„herrn. Er beobachtet die Bewegungen der Feinde.
„Er stärket den Muth der Bundesgenossen, und läßt
„dem Glücke von dem allen nichts übrig, was ihm die
„menschliche Klugheit entziehen kann. Der verwirrte
„und bestürzte Feind wüthete schon vor Verdrusse in
„seinem Lager. Dieser Adler, dessen kühner Flug un=
„sere Provinzen anfangs erschrecket hatte, war schon im
„Begriffe, sich, um seiner Sicherheit willen, ins Ge=
„birge zu begeben. Die ehernen Donner, welche die
„Hölle zum Verderben der Menschen erfunden hat, lies=
„sen sich schon von allen Seiten hören, um diesen Ab=
„zug entweder zu befördern, oder zu beschleunigen. Und
„das zweifelhafte Frankreich erwartete den Erfolg eines
„Unternehmens, welcher nach allen Regeln der Kriegs=
„kunst unausbleiblich war.

„Ach! wir wußten alles, was wir hoffen konnten,
„und dachten an das nicht, was wir befürchten sollten.
„Die Vorsehung verheelete ein weit grösseres Unglück vor
„uns, als der Verlust einer Schlacht ist. Es sollte ein
„Leben kosten, welches ein ieder von uns gern mit sei=
„nem eigenen hätte erkaufen wollen; und alles, was
„wir gewinnen konnten, kam demjenigen nicht bey, was
„wir verlieren sollten. O schrecklicher, aber in deinen Raths=
„schlüssen über die Menschen gerechter GOtt! du hast
„so wohl die Sieger, als die Siege in deinen Händen.
„Der

”Deinen Willen zu erfüllen, und deine Gerichte furcht=
”bar zu machen, ſtürzet deine Macht auch dieienigen,
”die deine Macht ſelbſt erhoben hatte. Du opferſt dei=
”ner unumſchränkten Gröſſe und Hoheit groſſe Opfer
”auf, und ſchlägeſt, wenn es dir gefällt, die erlaucht=
”ten Häupter, die du ſo oft ſelbſt gekrönet haſt.

”Erwartet nicht, meine Herren, daß ich hier eine
”Trauerbühne eröffne; daß ich dieſen groſſen Held
”auf ſeinen Siegeszeichen entſeelt vorſtelle; daß ich
”noch den blaſſen und blutigen Körper zeige, um wel=
’chen der Blitz noch rauchet, der ihn getroffen hat; daß
”ich ſein Blut, wie Abels Blut, ſchreyen laſſe; und
”daß ich euren Augen die traurigen Bilder der klagenden
”Religion und des bethränten Vaterlandes zeige.....
”Wenn das Herz ſoll gerühret werden; ſo hat es nicht
”nöthig, daß die Einbildungskraft bewegt und aufge=
”bracht wird.

”Es fehlt nicht viel, daß ich hier nicht ſtecken blei=
”be. Ich werde irre, meine Herren. Turenne ſtirbt!
”Es geräth alles in Unordnung. Das Glück wanket;
”der Sieg wird müde; der Friede entfernet ſich; die
”guten Abſichten der Bundesgenoſſen erkalten! der
”Muth der Soldaten wird durch den Schmerz nieder=
”geſchlagen, und durch die Rachgier wieder ermuntert.
”Das ganze Lager bleibt unbeweglich. Die Verwun=
”deten denken an den erlittenen Verluſt; nicht aber an
”die empfangenen Wunden. Die ſterbenden Väter
”ſchicken ihre Söhne, ihren entſeelten Feldherrn zu be=
”weinen. Das traurende Heer iſt mit ſeinem Leichen=
”begängniſſe beſchäftiget; und das Gerücht, welches
”die auſſerordentlichen Zufälle ſo gern in der Welt aus=
”breitet, erfüllet ganz Europa mit der Erzählung von
”dem ruhmvollen Leben dieſes Prinzen, und von ſei=
”nem bedauernswürdigen Tode.

”Was

"Was für Seufzer, was für Klagen, was für Lob=
"sprüche erschalleten nicht damals in den Städten, und
"auf dem Lande!...... Hier opfert man das anbe=
"tenswürdige Opfer JEsu Christi für seine Seele.
"Dort bauet man ihm ein Trauergerüste auf, wo man
"ihm einen Triumphbogen aufzurichten gedachte.
"Ein ieder suchet sich die schönste Stelle aus einem so
"schönen Leben aus. Alle fangen an, ihn zu loben;
"und ein ieder, der sich durch seine Seufzer und Thrä=
"nen unterbricht, bewundert das Vergangene, beklagt
"das Gegenwärtige, und zittert vor dem Zukünftigen.
"So beweinet das ganze Königreich den Tod seines Be=
"schützers, und der Verlust eines einzigen Mannes ist
"ein allgemeines Elend."

Man wird es vielleicht mit Vergnügen sehen, wie
der Herr Maскaron ebendiese Materie abgehandelt hat.
Dieses Stück ist zwar nicht so erhaben und glänzend, als
das vorhergehende; es hat aber doch seine Schönheiten.

"Das Betrübniß, welches der Tod des Herrn von
"Turenne verursachet hat, ist nicht von der Art derer,
"welche mit den ersten Thränen und Seufzern ver=
"schwinden. Es hat einen gar zu dauerhaften Eindruck
"in alle Herzen gemacht ..... Alle Kriegsbefehls=
"haber, und alle Soldaten, die mit einer neuen Herz=
"haftigkeit erfüllet waren, gleich als ob sie bey dem
"Sarge dieses Prinzen den Ueberrest von Geistern ge=
"sammlet hätten, welche, wie die Alten glaubten, um
"die Körper der Verstorbenen herumtreten, oder weil
"sie dachten, sie stritten noch vor den Augen dieser gro=
"sen Seele, liessen anfangs die Feinde empfinden, was
"Kriegsvölker können, die von einem solchen Lehrmei=
"ster sind abgerichtet worden, und welche von der Be=
"gierde, seinen Tod zu rächen, belebet werden. Der
"Hof, die Kriegsheere, die Stadt, die Provinzen und
"die

K

„die Unterthanen haben ſich ein Betrübniß daraus ge
„macht, welches niemals vergehen wird. Dieſe be=
„trübte Nachricht breitete ſich durch ganz Frankreich wie
„ein dicker Nebel aus, der das Licht des Himmels be=
„decket, und alle Gemüther mit den Finſterniſſen des
„Todes erfüllet. Auf ſie folgte das Schrecken und die
„Beſtürzung. Niemand vernahm den Tod des Herrn
„von Turenne, der nicht anfangs glaubte, das Kriegs=
„heer des Königes wäre in Stücken zerhauen, unſere
„Grenzen ſtünden offen, und die Feinde wären im Be=
„griffe, in das Herz des Staats einzudringen. Als
„man hierauf den allgemeinen Nutzen und Vortheil ver=
„gaß; ſo empfand man nur den Verluſt dieſes groſſen
„Mannes . . . . . Man bemerkte in den Städten,
„durch welche man ſeinen Leichnam führte, eben die
„Geſinnungen, welche man ehemals in dem römiſchen
„Reiche bemerket hatte, als die Aſche des Germanicus
„aus Sirien in die kaiſerliche Gruft gebracht wurde.
„Die Häuſer waren verſchloſſen. Das betrübte und
„tiefe Stillſchweigen, welches auf den öffentlichen Plä=
„tzen regierte, wurde nur von den Seufzern der Ein=
„wohner unterbrochen. Die obrigkeitlichen Perſonen,
„welche in Trauerkleidern erſchienen, hätten gern ihre
„Schultern hergegeben, um ihn aus einer Stadt in die
„andere zu tragen. Die Prieſter und die Ordensper=
„ſonen, begleiteten ihn mit ihren Thränen, und mit
„ihrem Gebethe, um die Wette. Die Städte, für
„welche dieſer traurige Anblick etwas ganz neues war,
„ließen ein noch heftigeres Betrübniß ſpühren, als die=
„ienigen, die ihn begleiteten; und das Schreyen und
„die Thränen nahmen, als man ſeinen Sarg erblickte,
„ihren Anfang vom neuen, gleich als ob man ihn zum
„andernmale verlohren hätte . . . . . Das Gerüchte
„mag die Nachricht von dieſem Verluſte den Feinden
„Frankreichs bekant machen. Allenthalben, wo man

„die

2

" die Tugend lieben wird, wird man auch diesen er-
" lauchten Verstorbenen bedauern."

Alle Kunst, welche in den größten Mustern bewundert worden, ist in ihrer höchsten Vollkommenheit in
folgendem Stücke anzutreffen, welches aus der vortrefflichen Predigt entlehnet ist, die der Abt de la Tour du
Pin vom Religioneifer gehalten hat. Es ist uns nichts
edlers, nichts lebhafters, nichts nachdrücklicheres,
nichts, wo das Erhabene ununterbrochener fortdauer-
te, und nichts, das sich zur Hoheit der Materie besser
schickte, als dieses, bekannt. Man möchte sagen, man
höre die Religion selbst reden.

" Wenn ich euren Eifer um die Religion JEsu
" Christi zu erregen suche, was habe ich dabey für eine
" Absicht? Will ich zu euch sagen, reiset ab, ihr Urber-
" winder der Natur und des Blutes; begebet euch al-
" lenthalben hin, wo die Religion Apostel verlanget?
" Erhebet euch über die furchtsamen Rathschläge der
" menschlichen Klugheit; vertrauet euch einem schwachen
" Schiffe an; verachtet die Stürme und Ungewitter des
" Meeres; sieget über die Unbeständigkeit der Elemente.
" Gehet zu den barbarischesten Völkern, Menschen zu bil-
" den, Christen zu unterrichten, die Götzenbilder zu
" zerbrechen, Kirchen einzuweyhen. Prediget JEsum
" Christum mitten unter der Gefahr und den Verfolgun-
" gen. Verwandelt die Scheiterhaufen und die Blut-
" bühnen in Predigtstühle. Biethet dem Tode durch
" euren heldenmüthigen Eifer Trotz. Wenn ihr Apo-
" stel und Märtyrer der Religion seyd, alsdenn wer-
" det ihr derselben würdig seyn. Ihr gebet ihr nicht zu
" viel, wenn ihr sie mit eurem Blute besiegelt. Der
" Beruf des Christenthums ist, wie Tertullianus sagt,
" ein Beruf zum Märtyrertode. Fidem martyrii de-
" bitricem.

" Die

„Diese Sprache würde euch erschrecken, meine Brü=
„der, und ihr würdet an eurer Bestimmung zu einem
„so wichtigen Amte zweifeln.   Nein, dieses ist die Art
„des Apostelamts nicht, welche ich euch predige.   Ihr
„könnet den Eifer, den ich von euch verlange, mitten
„unter den Christen, bey dem Geräusche der Welt,
„und in dem Schooße eurer Familien ausüben.

„In Wahrheit, was verstehe ich unter dem Reli=
„gionseifer? Ich verstehe unter demselben eine Liebe
„zur Religion, welche sich durch die Reden, und durch
„die Werke an den Tag legt; ein öffentliches Zeugniß,
„das der Heiligkeit und Göttlichkeit der Religion erthei=
„let wird. Ich verstehe eine beständige Treue, sie zu
„bekennen, zu vertheydigen und zu erhalten. Dieses
„nenne ich Religionseifer . . . . . Und ist etwan ei=
„ne solche Religion unsers Eifers nicht würdig? Muß
„man euch noch sagen, daß ihn JEsus Christus von
„uns verlanget? Eritis mihi testes, ihr werdet meine
„Zeugen seyn, sagte er zu seinen ersten Jüngern. Als
„Erben ihres Glaubens sollten wir auch Zeugen unsers
„Amtes seyn. Zu ienem sagte er: Bestreitet die Ab=
„götterey, das Judenthum, die Philosophen, und die
„Tyrannen. Es scheinet, als ob er vom Himmel herab
„zu uns sagte: Die Unglaubigen greifen die Glaub=
„würdigkeit meiner Wunder an. Antwortet ihnen, das
„größte Wunder der Religion wäre die Religion selbst,
„welche der Glaube der Welt geworden. Sie beschul=
„digen das Kreuz der Thorheit; zeiget seine Weisheit.
„Sie geben dem Evangelio Tyrannen Schuld; zeiget
„seine Gelindigkeit. Sie nennen die Offenbahrung
„ein Hirngespinnste; Thut ihre Wahrheit und Gewiß=
„heit dar. Vermöge eines Eifers des Gehorsams be=
„streitet ihre Empörung. Vermöge eines Eifers des
„Stillschweigens verachtet ihren Tadel. Und vermit=
„telst eines Eifers des Unwillens machet ihre Verwe=

„gen=

„ genheit zu Schanden. Eritis mihi testes . . . . .
„ Ein gelinder, ein uneigennütziger, ein exemplarischer
„ Eifer. Man erlanget oftmals durch die Gelindigkeit,
„ was man durch die Gewalt der Waffen nicht erlangen
„ würde. Ein Eifer, den der Eigennuß verzehret, brin-
„ get das Apostelamt in ein böses Geschrey. Ein fal-
„ scher Apostel ist die größte Plage der Religion. Ein
„ heuchlerischer Apostel ist ihre Schande. Man muß
„ die Heiligkeit und Vortrefflichkeit der Religion durch
„ seine Handlungen beweisen. Hierinnen bestehet die
„ Kunst, ihren glücklichen Fortgang zu verewigen.

„ Dem Eifer hat die Religion ihren Ursprung, ihr
„ Wachsthum und ihre Befestigung zu danken. Dem
„ Eifer will GOtt das Wunder ihrer immerwährenden
„ Dauer zugestehen . . . . . Gehet, spricht JEsus
„ Christus zu seinen Jüngern; der Schauplatz eures
„ Eifers ist die Welt. Euntes in mundum vniver-
„ sum . . . . . . Ich sehe bereits ein Volk von Erö-
„ berern in der Kirche entstehen . . . . . . ; Sie ge-
„ ben ihren Geist auf, und aus ihren Gräbern prediget
„ ihre Asche die Religion auf eine beredte Weise . . . .
„ Die Religion verlieret einen Apostel; der Eifer ge-
„ winnet ihr eine Stadt, eine Provinz, ein Königs-
„ reich . . . . Bald fallen die Götzenbilder
„ in Africa. Asien richtet JEsu Christi Altäre auf.
„ Der Eifer demüthiget den Stolz der Brachmanen in
„ Indien, und bringet die aufgeblasene Gelehrsamkeit
„ der Bonzen in Japon zum Stillschweigen. Er brei-
„ tet die Wissenschaften und die Tugenden so gar in Chi-
„ na aus.

„ Vergeblich wollte sich die Kätzerey ihren
„ Siegen widersetzen . . . . . Der Eifer eines Atha-
„ nasius und Hilarius schlägt die Lehre des Arius zu
„ Boden. Die Lehre des Nestorius giebt unter den

„ über

„ überwindenden Streichen, welche ihr der Eifer des
„ Proclus und des Cyrillus verſetzet, den Geiſt auf.
„ Vermittelſt des Eifers des Hieronymus und Auguſti-
„ nus kehret die Lehre des Pelagius in die düſtre Nacht
„ zurücke, aus welcher ſie der menſchliche Stolz hatte
„ hervorgehen laſſen.   Dem Eifer unzähliger Apoſtel
„ hat die gedemüthigte Lehre des Lutherus, und die be-
„ ſchämte Lehre des Calvinus ihren Verfall und ihre
„ Niederlage zu danken. Auf der einen Seite befeſti-
„ get der Eifer die Religion, und auf der andern rä-
„ chet er ſie. Zelus peragravit orbem, et orbis muta-
„ tus eſt. . . . .

„ Obgleich die Religion mit dem Siegel der Gott-
„ heit bezeichnet iſt; ſo hat ſie doch viele Feinde. Die
„ einen mißbrauchen ſie; und die andern empören ſich
„ wider ſie. Jene wiſſen ſie zur Beförderung ihrer bö-
„ ſen Thaten anzuwenden; und dieſe waffnen alle La-
„ ſter und Uebelthaten wider ſie. Der Eifer muß ſie
„ alle beſchämen und zu Schanden machen.

„ Die Menſchen mißbrauchen alles. Wohlthaten;
„ ſie ſind undankbar. Freundſchaft; ſie ſind treulos.
„ Macht und Anſehen; ſie ſind ſtolz und hoffärtig.
„ Wenn ſie aber die Religion mißbrauchen; ſo iſt in
„ ihren Augen nichts heilig. Sie ſind im Stande, alle
„ Laſter und alle Ausſchweifungen zu begehen. . . . .
„ Was für Ungeheuer hat dieſer Mißbrauch nicht her-
„ vorgebracht? Aus dieſer vergifteten Quelle ſind die
„ Häuchelen und ihre liſtigen Griffe, die Schwärmerey
„ und ihre Blendwerke, die Kätzeren und ihre Wuth,
„ der falſche Eifer und ſeine Greuel hervorgekom-
„ men . . . . .   Was hat nun aber die Religion,
„ welche von unwürdigen Jüngern JEſu Chriſti auf
„ eine ſo abſcheuliche Art iſt gemißbrauchet worden, rein
„ und unbefleckt erhalten? Was hat gemacht, daß ſie

„ über

„ über die Schwärmerey, die Häucheley, und den Aber-
„ glauben gesieget hat? Der Eifer. Der Eifer, der
„ sich alle Mühe giebt, den rechten und wahren Ver-
„ stand der h. Schrift, den man verfälschet, zu fassen,
„ und ihn zu erhalten. Der Eifer, der vor Begierde
„ brennet, den Irrthum zu bestreiten, der Häucheley
„ die Maske abzunehmen, der Schwärmerey und dem
„ Aberglauben zuvorzukommen; und welcher nicht auf-
„ höret, den Jüngern die Unterthänigkeit gegen die Kir-
„ che, den Gehorsam gegen den Landesherrn, die Liebe
„ zum Vaterlande, die Verabscheuung des Lasters und
„ der Neuigkeit, und die Liebe zu dem Lasterhaften, und.
„ dem, der Neuerungen anfängt, zu predigen.

„ Das Christenthum hat zu allen Zeiten Feinde, und
„ auch zu allen Zeiten Vertheydiger gehabt. Es hat
„ seine Streite allzeit nach seinen Siegen gezählet. Sie-
„ ge ferner, heilige Religion, die du, bey den Wellen,
„ die dich beunruhigen, allzeit standhaft und unbeweg-
„ lich bist. Laß den Unglauben unter den Streichen,
„ welche er dir versetzen will, unterliegen. Dominare
„ in medio inimicorum tuorum. Die Wege des Ei-
„ fers sind glücklich gebähnet. Wider diejenigen, wel-
„ che in die Fußtapfen der alten Verleumder der Reli-
„ gion treten, muß man in die Fußtapfen ihrer alten
„ Vertheydiger treten. . . . . . . Die grossen Wahr-
„ heiten, die der Eifer allzeit mit so gutem Erfolge wi-
„ der die Abgötterey, das Judenthum und den Unglau-
„ ben vertheydiget hat, soll unser Eifer wider die neuen
„ Feinde der Religion vertheydigen. Wenn wir die
„ Geschicklichkeit und die Wissenschaft eines Paulus,
„ und eines Augustinus nicht besitzen; so soll doch we-
„ nigstens unsere Neigung zum Glauben allzeit die Klip-
„ pe seiner Tadler seyn. Argue, increps. . . . . .
„ O du Eifer des Elias und Ambrosius, möchtest du
„ doch unter uns erneuert werden, um der unglücklichen

„ Frey-

„ Freyheit Einhalt zu thun, die man ſich heute zu Ta‐
„ ge herausnimmt, wider die Religion alles zu ſagen,
„ und alles zu ſchreiben. . . . . . . O du Eifer der
„ alten Chriſten, der du die Schriften, welche wider
„ die Religion herauskamen, zum Feuer verdammeteſt,
„ wo biſt du hingekommen? Wo iſt die zärtliche Liebe
„ zur Religion hingekommen, welche nicht erlaubte, daß
„ man wider ſie etwas unternehmen durfte? Heute zu
„ Tage läßt ſich, wie es ſcheinet, die Ruchloſigkeit un‐
„ geſtraft ſehen. Man möchte ſagen, die Feinde der
„ Religion hielten die Chriſten wegen der Mühe, die
„ ſie haben, ſie zu glauben; und wegen des Widerwil‐
„ lens, den ſie bey ſich verſpüren, ſie auszuüben, ſchad‐
„ los."

　„ Jedoch ich irre mich. So lange der verwegene
„ Unglaube ſich unterſtehet, den Glauben anzugreifen,
„ findet auch die Religion noch gelehrte Vertheydiger.
„ Es lebt ein Biſchoff (†), deſſen ſinnreicher Eifer den
„ ſtarken Geiſtern nur einige unentſchiedene Fragen vor‐
„ zulegen ſcheinet, und welcher durch ſeine ſtarken Ver‐
„ nunftſchlüſſe den Ungläubigen nöthiget, zu geſtehen,
„ er ſey es mehr dem Herzen, als dem Verſtande nach;
„ der Urſprung ſeiner Zweifel gereiche ſo wohl ſeiner
„ Vernunft, als ſeinen Sitten zur Schande; ſeine ver‐
„ meynte Stärke des Verſtandes wäre eine bewieſene
„ Schwäche; ſeine Frömmigkeit wäre ein Geſpenſt;
„ und der Unglaube wäre eine Peſt, die der Sicherheit
„ der Fürſten, und der Glückſeligkeit der Länder ſchäd‐
„ lich iſt."

　Nichts iſt erhabner, als folgendes Stück, welches
aus dem verlohrenen Paradieſe genommen iſt. Milton
hat nichts gemacht, das es überträfe. Was für große
Ideen! Was für nachdrückliche Worte! Welche ſchreck‐
liche

(†) Queſtions ſur l'incredulité, par M. l'évêque dú Pui.

lich - Mischung der Wuth und des Haffes! Es ist die
R de von der Zusammenverschwörung der Hölle wider
t en Menschen.   Sehet, wie Beelzebub seinen Anschlag
im Rathe der Teufel vorträgt.

  „ Ihr gebietherischen Mächte, ihr Gottheiten des
„ Himmels, ihr ätherischen Kräfte, oder vielmehr ihr
„ furcht samen Einwohner der Hölle; denn da ihr euren
„ ersten Titeln entsaget, so zielen alle eure Stimmen
„ auf nichts anders, als hier ein neues Reich aufzurich-
„ ten? Worinnen bestehet also euer Irrthum? Der
„ Ewige bestimmet hier für euch keine Thronen; son-
„ dern Gefängnisse.   Er hat euch nicht hieher gesetzt,
„ euch seiner Herrschaft zu entziehen, und noch weniger,
„ euch in den Stand zu setzen, eine neue Ligue wider
„ seinen Thron zu errichten.   Sein allerhöchster Wille
„ ist, euch in der Sclaverey zu erhalten.   Er allein,
„ glaubet es gewiß, welcher allzeit in der Höhe, und in
„ der Tiefe, der erste und der letzte ist, er allein ist der
„ Monarch, welcher regieret, und unsere Empörungen
„ können seiner Ehre keinen Eintrag thun.   Wir stehen
„ noch unter seiner Herrschaft; und seine eiserne Ru-
„ the, welche über uns aufgehaben ist, nöthiget uns,
„ uns seinen Gesetzen zu unterwerfen, gleichwie er die
„ himmlischen Geister durch die geringste Bewegung
„ seines güldenen Zepters regieret.   Warum wollen
„ wir uns also lange berathschlagen, ob wir Krieg füh-
„ ren, oder Friede machen wollen? Der Krieg hat un-
„ ser Schicksal bestimmt.   Den Frieden bietet man
„ uns nicht an; lasset uns ihn nicht suchen.   Was für
„ einen Frieden können Sclaven hoffen? Sie dürfen
„ nichts anders erwarten, als daß man sie in Fesseln
„ legt, und nach dem Willen und Wohlgefallen des Ue-
„ berwinders auf eine unanständige Weise mit ihnen
„ umgehet.   Lasset uns Haß mit Hasse, und Feindselig-
„ keiten mit Feindseligkeiten vergelten.   Lasset uns, ob-

„gleich

" gleich langsam, rächen, weil uns unser Zustand keine
" geschwinde Rache erlaubt. Unsere einzige Absicht soll
" seyn, den Ueberwinder der Früchte seines Sieges zu
" berauben. Wir wollen ihn das grausame Vergnü-
" gen, sich an unserem Elende zu ergötzen, nicht ruhig
" geniessen lassen. Was ist es nöthig, daß wir durch
" einen gefährlichen Einfall in den höchsten Himmel ein-
" zudringen suchen, dessen hohe Mauern sich weder vor
" einem Sturme, noch vor einer Belagerung, noch vor
" einem unvermutheten Ueberfalle von Seiten des Ab-
" grundes fürchten. Es giebt weit sicherere und leich-
" tere Mittel und Wege. Es hat uns eine alte Pro-
" phezeihung im Himmel bekannt gemacht, es solle eine
" neue Welt aus dem Nichts hervorgehen. Wenn ich
" die Ausdrücke und die Zeichen der Prophezeihung
" recht mit einander verbunden habe; so muß sie aus
" demselben schon herausgegangen seyn, um einem neuen
" Geschlechte zur Wohnung zu dienen, nämlich dem
" Menschen, dessen Natur, welche zwar der unserigen
" gleich ist, ihr aber an Vortrefflichkeit nicht beykömmt,
" von demienigen, der dort oben regieret, mehr begün-
" stiget wird. Der Allerhöchste hat in diesem Stücke
" seinen Willen unter den Göttern bekannt gemacht,
" und ihn mit einem Eide bestätiget, vor welchem der
" ganze Umkreis des Himmels erschütterte. Lasset uns
" alle unsere Gedanken auf diese Seite richten; lasset
" uns alle Mühe anwenden, zu erfahren, was für Ge-
" schöpfe sie bewohnen; wie sie gestaltet, oder von was
" für einer Substanz sie sind; mit was für Talenten sie
" begabet worden; worinnen ihre Stärke, oder ihre
" Schwäche bestehet; und ob man, um sie zu überwäl-
" tigen, die List, oder die Gewalt brauchen müsse. Die
" Thore des Himmels sind verschlossen. Alles befesti-
" get den Ruhm und die Ruhe des grossen Monar-
" chen. Vielleicht aber ist dieser andere Platz, als der
" Grenzort seines Reiches, offen, von Mannschaften

" ent-

„ entblöſet, und wird weiter von niemand, als von ſei-
„ nen erſten Einwohnern vertheydiget. Laſſet uns un-
„ ſere Waffen gegen ſie richten; laſſet uns ihre Welt
„ entweder zerſtören, oder erobern, und uns unterwür-
„ ſig machen. Da wir aus dem Himmel ſind vertrie-
„ ben worden; ſo laſſet uns dieſe neuen Unterthanen
„ von dem Erdboden vertreiben, oder ſie wider ihren
„ GOtt aufwiegeln, damit er ihr Feind wird, und in
„ ſeiner Wuth ſein eigenes Werk zernichtet. Empfin-
„ det ihr nicht das ganze Vergnügen einer ſolchen Ra-
„ che? Sie würde die Freude ſtöhren, die er über un-
„ ſere Beſchämung empfindet; und unſere Freude wür-
„ de aus ſeiner Unruhe und Verwirrung entſtehen. Er
„ würde ſeine geliebten Kinder bedauren, welche, indem
„ ſie unſere Fehler und unſere Strafen mit uns theil-
„ ten, ihren Urſprung verfluchen, und ihre nur gar zu
„ kurze Glückſeligkeit beklagen würden. Sehet alſo zu,
„ ob dieſer Anſchlag eure Aufmerkſamkeit verdienet, oder
„ ob es vortheilhafter für euch iſt, euch in dieſer dü-
„ ſtern Wohnung mit Errichtung erdichteter Reiche zu
„ beſchäftigen.

„ Der kühne Anſchlag wurde gebilliget, und die Freu-
„ de leuchtete den Engeln der Finſterniß aus den Au-
„ gen heraus. Sie gaben alle ihre Einwilligung dazu;
„ worauf Beelzebub ferner alſo redete.

„ Endlich iſt euer Streit geendiget, meine Gründe
„ haben die Oberhand behalten. Götter müſſen groſſe
„ Dinge unternehmen. Hierdurch werdet ihr euch, dem
„ Schickſale zum Trotze, aus der Tiefe des Abgrundes
„ erheben. Hierdurch werdet ihr euch eurer alten Woh-
„ nung nähern. Vielleicht werdet ihr ſo gar nicht weit
„ von den herrlichen Grenzen, die ihr ehemals beſaſ-
„ ſet, entfernet ſeyn. Und wer weis, ob wir uns nicht
„ die Nachbarſchaft werden zu Nutze machen können,

„ un-

ſehr ſtark; und nichts war geſchickter, die Gemüther zu
überreden, und zu gewinnen. Wenn ſie damals bey
der Provinz Geldern keinen Eindruck machte; ſo muß
die Weltgeſchichte das nöthige Licht an die Hand geben,
dieſes Problem aufzulöſen.

    "Wir können Euer Edelmögenden den Verdruß
"nicht bergen, den ihr uns dadurch verurſachet, daß ihr
"den Entſchluß gefaſſet habet, euch von einem Statt-
"halter regieren zu laſſen. Ob wir gleich wiſſen und
"überzeugt ſind, daß ihr thun könnet, was ihr wollet;
"ſo glauben wir doch, vermöge der Bande der ge-
"meinſchaftlichen Vereinigung, berechtiget zu ſeyn, euch
"unſere Gedanken deswegen mitzutheilen. Möchten
"ſie doch keine Vorurtheile zu beſtreiten haben, oder
"über dieſelben ſiegen.

    "Die Geſchichte der Statthalterſchaft iſt die Ge-
"ſchichte unſeres mannichfaltigen Unglücks. Wenn der
"Wohlſtand der Republik eiferſüchtige Nachbarn auf-
"gebracht, oder gewaffnet hat; wenn blutige Kriege
"unſere Handlung unterbrochen, oder zu Grunde ge-
"richtet; wenn betrübte Niederlagen unſere Grenzen
"offen gelaſſen; wenn Feindſchaften und Cabalen unſe-
"re Gemüther getrennet, und unſere Herzen kaltſinnig
"gemacht haben; und wenn die Furcht vor den bürger-
"lichen Uneinigkeiten unſer Innerſtes durchwühlet hat;
"ſo iſt dieſes, edelmögende Herren, zweifelt nicht dar-
"an, ein Werk der Statthalterſchaft. Wir fangen
"kaum wiederum an zu leben, und dem ganz verfalle-
"nen Staate wiederum aufzuhelfen; ſo verkündigen
"uns eure gefaßten Anſchläge neue, und ohne Zweifel
"weit gröſſere Unglücksfälle. Werden wohl unſere,
"durch die Unternehmungen der fünf Tyrannen bis auf
"den Grund erſchütterten Provinzen, neuen Anfällen
"wiederſtehen können? Ueberleget es wohl, edelmögen-
"de

„be Oeven, da ihr einen sechsten Statthalter erwäh-
„let; so seyd ihr im Begriffe, der Republik den letzten
„Stoß zu versetzen. Wir bitten euch um des Anden-
„kens der Tugenden, die den Grund zu den vereinig-
„ten Provinzen legten; um der Liebe, die ihr dem Va-
„terlande schuldig seyd; um unseres, und um eures
„Glückes willen; es ist noch Zeit, machet unserm Un-
„ruhen ein Ende. Lasset unsere Soldaten ihr Blut
„nicht vergeblich verschwendet haben. Unsere Greise
„müssen sich nicht schämen, einige Tage zu lange gele-
„bet zu haben. Und unsere Kinder müssen es uns
„nicht vorwerfen können, daß wir sie in die Sclave-
„rey gestürzet haben. Wir wollen unsern Nachkommen
„die Unabhängigkeit hinterlassen, die wir von unsern
„Vorältern erhalten haben. Wir wollen als freye Leu-
„te leben, und sterben. Wir wollen Holländer seyn.
„Wir wollen von dem Geblüte der Bernaveld, der De-
„wit, der Tromp, der Ruiter, und so vieler andern groß-
„müthigen Seelen abstammen, die einen rühmlichen Tod
„einer schändlichen Sclaverey würden vorgezogen haben.
„Edelmögende Herren, entsaget der Statthalterschaft;
„es ermahnet und ladet euch alles dazu ein. Bringet
„dieses Opfer euren Bundesgenossen, euren Freunden;
„bringet es eurer Sicherheit, und eurer Ehre.“

Erhabne Stellen des Herrn Bossuet.

Die Trauerreden des Herrn Bossuet sind voll majestätischer und erhabener Züge, die auf eine edle Art,
und besonders mit einer Genauigkeit ausgedrücket sind,
welche ihre Hoheit noch vermehret, indem sie dieselben
nachdrücklicher macht. Man wird in ihnen durchgän-
gig einen hohen Geist gewahr, der allezeit stark denkt,
und dessen Schreibart mehr Gedanken, als Worte in

sich

sich fassen. Die nachstehenden haben uns die stärksten und rührendsten zu seyn geschienen.

In der Trauerrede auf die Königinn von England.

"Wenn dieser grosse GOtt iemand erwählet hat,
" daß er das Werkzeug seiner auszuführenden Absichten
" seyn soll; so hält nichts seinen Lauf zurücke. Entwe:
" der er fesselt, oder verblendet, oder bezähmet alles,
" was einigen Widerstand thun kan . . . . . . Alles
" biegt und schmiegt sich, wenn er gebeut. Die Zeiten
" sind bezeichnet, die Geschlechter sind gezählet, und er be:
" stimmet es, wie lange die Welt schlummern, und
" wann sie wiederum erwachen soll."

In der Trauerrede auf die Herzoginn von Orleans.

" Man nennet die Geschichte mit Recht die kluge
" Rathgeberinn der Fürsten. Hier haben die grösten
" Könige keinen höhern Rang, als den ihnen ihre Tu:
" genden verschaffen. Und nachdem sie von den Hän:
" den des Todes auf immerdar sind erniedriget worden; so
" erscheinen sie ohne Hofstaat, und ohne Gefolge, vor
" dem Gerichte aller Völker und aller Jahrhunderte.
" Hier siehet man, daß der Glanz, der von der Schmäu:
" cheley herrühret, etwas ungegründetes ist, und daß
" die falschen Farben nicht halten, wann man sie gleich
" noch so sorgfältig aufträgt.

" Stellet euch die merkwürdigsten Unterscheide vor,
" welche unter den Menschen gefunden werden, ihr wer:
" det keinen wirklichern antreffen, als denienigen, der
" den Ueberwinder über die Ueberwundenen die zu sei:
" nen Füssen liegen, erhebet. Indessen wird dieser auf
" seis

„ feine Titel so stolze Ueberwinder dem Tode seines Or=
„ tes auch selbst in die Hände fallen. Alsdenn werden
„ diese unglücklichen Ueberwundenen ihrem stolzen
„ Ueberwinder zu sich in ihre Gesellschaft rufen, und es
„ wird aus ihrem Grabe diese Stimme erschallen, wel=
„ che alle Grösse und Hoheit darnieder schlägt: Du bist,
„ wie wir, verwundet, und uns gleich geworden (†).
„ Das Glück versuche es also nicht, uns aus dem Nichts
„ heraus zu ziehen, oder der Niedrigkeit unserer Natur
„ Gewalt anzuthun.

„ Betrachtet die hohen Mächte, auf welche wir un=
„ sere Blicke aus einer so grossen Tiefe richten: Indem
„ wir unter ihren Händen zittern, schlägt sie GOtt, um
„ uns zu warnen. Ihre Hoheit ist die Ursache da=
„ von, und er schonet sie so wenig, daß er kein Beden=
„ ken trägt, sie dem Unterrichte der übrigen Menschen
„ aufzuopfern.

„ Was werden wir (††), wenn wir sterben, sonst
„ sehen, als einen Dampf, der vergehet; Lebens=
„ geister, die sich erschöpfen; Triebfedern, welche in
„ eine Unordnung und Verwirrung gerathen; und end=
„ lich eine Maschine, die sich auflöset, und in Stücke
„ zerfällt.

„ Wenn die Gesetze des Staats seiner ewigen Wohl=
„ fahrt zuwider sind; so wird GOtt den ganzen Staat
„ erschüttern, um ihn von diesen Gesetzen zu befreyen.
„ Dazu braucht er die Waffen. Er bewegt den Him=
„ mel und die Erde, um Auserwählte zu gebähren. Und
„ da

(†) Ecce tu vulneratus es, sicut et nos; noftri similis ef=
  fectus es. Jef. 14, 10.
(††) Schönes Bild.

”da er nichts liebet, als die Kinder, die er von Ewigkeit
”her geliebet hat, ſo ſpahret er nichts, um ſie ſeelig zu
”machen.

”Wir wünſchen vornämlich, daß England, welches
”in ſeinem Glauben gar zu frey, und in ſeiner Geden=
”kungsart gar zu ausſchweifend iſt, wie wir, mit den
”ſeligen Banden möge gefeſſelt werden, welche den
”menſchlichen Stolz verhindern, ſich in ſeinen Gedan=
”ken zu verirren, indem ſie ihn unter der Macht und
”dem Anſehen des heiligen Geiſtes, und der Kirche
”gefangen nehmen.”

In der Trauerrede auf die Maria The-
reſia von Oeſterreich.

”Kommet her, ihr Völker; kommet und betrach=
”tet auf der höchſten Ehrenſtelle der Welt die ſeltene
”und maieſtätiſche Schönheit einer allzeit beſtändigen
”Tugend. Bey einem Leben, das ſich ſo gleich iſt,
”gilt es dieſer Prinzeſſinn gleich viel, wo ſie der Tod
”überfällt. Man wird in demſelben keine ſchmache Seite
”gewahr, von welcher ſie unvermuthet überfallen zu wer=
”den befürchten könnte . . . . . . Ihre Hoheit wird
”weiter zu nichts dienen, als der ganzen Welt, gleich=
”ſam von den erhabenſten Orte, der ſich in ihr befin=
”det, dieſe wichtige Wahrheit vorzutragen; es ſey un=
”ter den Menſchen nichts gegründetes, und wahrhaf=
”tig groſſes, als die Sünde zu meiden.

”Unſere wirklichen Feinde befinden ſich in uns ſelbſt,
”und Ludwig beſtreitet dieſe weit mehr, als alle ande=
”re . . . . Alle Menſchen räumen ein, es ſey nichts
”gröſſer, als was er thut, man müſte denn ſagen wol=
”len

„len, alles, was er nicht hat thun wollen, und die
„Grenzen, die er seiner Macht gesetzt hat, wären noch
„grösser. Verehre also, o grosser König, denjenigen,
„durch den du regierest, der dich überwinden läßt,
„und welcher dir bey dem Siege, des Stolzes, den
„er einflösset, ungeacht, so gemässigte Gesinnungen ver-
„leihet.

„Betrachtet die fromme Königinn vor den Altären;
„sehet, wie sie von der Gegenwart GOttes eingenom-
„men ist. Man erkennet sie nicht etwan an ihrem Ge-
„folge, sondern an ihrer Aufmerksamkeit, und an der
„ehrerbietigen Unbeweglichkeit, welche ihr nicht ein-
„mal erlaubt, die Augen aufzuheben . . . .
„Sehet, wie sie an ihre unschuldige Brust schlägt, wie
„sie ihr hohes Haupt, vor welchem sich die Welt nei-
„get, zur Erde niederbeugt. Die Erde, ihr Ursprung
„und ihr Grab, ist noch nicht schlecht und geringe ge-
„nug, sie zu empfangen; sie möchte gern vor der Ma-
„iestät des Königes aller Könige ganz und gar ver-
„schwinden.

„Als Ludwigen alles wich, und als wir glaubten,
„wir sähen die Zeiten der Wunder wieder kommen, da
„die Mauern von dem Schalle der Posaunen einfielen;
„so richteten alle Völker die Augen auf die Königinn,
„und glaubten, sie sähen den Donner, welcher so vie-
„le Städte zu Boden schlug, aus ihrem Bethzimmer
„heraus kommen.

„Das Schwert, welches die Tage der Königinn
„verkürzet hat, ist noch über uns aufgehaben. Unse-
„re Sünden haben es gewetzet. Die ganze Welt siehet
„es helle glänzen. Schwert des HErrn, der ganze
„Erd-

In der Trauerrede auf den Herrn le Tellier.

”In einem glücklichen Alter, da er, nebſt ſeiner
”groſſen Seele, den ihm anvertrauten heiligen Schatz
”der Macht und Gewalt übergeben will, hat er alle
”ſeine Gröſſe und Hoheit mit ſeinem Leben verſchwin=
”den ſehen, ohne daß es ihn auch nur einen Seufzer
”gekoſtet hätte; an einen ſo hohen Ort, zu welchem der
”Tod nicht kommen konte, hatte er ſein Herz, und ſei=
”ne Hoffnung geſtellet.

”Oftmals unterredet er ſich mit dem Tode ganz al=
”lein. Da ſein Gedächtniß, ſeine Ueberlegungskraft,
”und ſeine Sprache noch gut iſt, und er dem Geiſte
”nach noch eben ſo lebet, als er dem Leibe nach ſtirbt;
”ſo ſcheinet er ihn zu fragen, woher es komme, daß
”man ihn grauſam nennet.

”O glücklicher Augenblick! da wir aus den Schat=
”ten und Räzeln herausgehen werden, um die Wahr=
”heit klar und deutlich zu ſehen. . . . . Hier iſt das
”Ziel der Reiſe; hier hören die Seufzer auf; hier
”hat die Arbeit des Glaubens ein Ende, wenn ſie, ſo
”zu ſagen, das Schauen zur Welt bringen wird.”

In der Trauerrede auf den Prinzen von Conde.

”Er erſcheinet in einem Augenblicke, wie ein Blitz,
”in den entferneſten Ländern. Er iſt zu gleicher Zeit
”bey allen Angriffen, und an allen Orten zugegen.
”Wenn, indem er auf der einen Seite zu thun hat,
”auf die andere ſchicket, um Erkundigung einzuziehen;
”ſo erſtaunet der eilfertige Officier, der ſeine Befehle
”überbringet, daß der Prinz ihm zuvor gekommen, und
durch

” durch seine Gegenwart schon alles wiederum belebet,
” und in die Ordnung gebracht ist. Es scheinet, als
” ob er sich bey einer Schlacht vermehrete. Weder das
” Schwert, noch das Feuer hält ihn zurück. Er hat
” nicht nöthig, das Haupt, welches er so mancher Ge-
” fahr aussetzet, zu rüsten; GOtt ist eine weit sichere
” Rüstung für ihn. Die Streiche scheinen, indem sie
” sich ihm nähern, ihre Kraft zu verlieren, und nur
” Merkmale seiner Herzhaftigkeit, und des Schutzes des
” Himmels an ihm zurücke zu lassen.

” Die Feinde mögen kommen, zu welcher Stunde,
” und von welcher Seite sie wollen; sie treffen ihn all-
” zeit auf seiner Huth an. Er ist allzeit bereit, sie an-
” zugreifen, und sich Vortheile zu verschaffen. Gleich-
” wie man siehet, daß ein Adler, er mag entweder durch
” die Luft fliegen, oder auf einen hohen Felsen sitzen,
” seine durchdringende Blicke allzeit auf alle Seiten rich-
” tet, und so gewiß auf seine Beute herabschießt, daß
” man seinen Klauen eben so wenig als seinen Augen
” entgehen kann: Eben so lebhaft waren auch die Bli-
” cke, eben so hitzig und heftig war der Angriff, und
” eben so stark und unvermeidlich waren die Hände des
” Prinzen von Conde.

” Wenn er iemahls ein ausserordentlicher Mensch,
” klug und verständig zu seyn, und alle Sachen gelassen
” anzusehen schien; so war er es in dem geschwinden
” Augenblicken, von welchen die Siege abhängen, und
” in der Hitze des Streits. Bey allen andern Gelegen-
” heiten denket er nach; er überlegt, und giebt allen
” guten Rathschlägen willig Gehör. Hier aber stellet
” sich ihm alles auf einmal vor. Die Menge der Ge-
” genstände machet ihn nicht verwirret; er hat sich in ei-
” nem Augenblicke entschlossen. Er befiehlt, und ist zu
” gleicher Zeit geschäftig, und alles bricht auf einmal,

L 4　　　　　　　　　” und

”und in Sicherheit auf . . . . . . Man möchte ſa-
” gen, es befände ſich noch ein anderer Mann in ihm,
” dem ſeine Seele die kleinen und geringen Sachen über-
” ließe, mit welchen ſie ſich nicht beſchäftigen wolte. Im
” Feuer, bey dem Angriffe, und bey den Bewegungen,
” wird man auf einmal etwas ſo ſeines, ſo geſeßtes, ſo
” lebhaftes, ſo feuriges, ſo freundliches, ſo angeneh-
” mes für die Seinigen, und ſo troßiges und ſo dro-
” hendes für die Feinde gewahr, daß man nicht weis,
” wovon dieſe Vermiſchung ſo widriger Eigenſchaften
” bey ihm herkommen mag. An dem ſchrecklichen Ta-
” ge, an welchem der Himmel, wie es ſchien, vor den
” Thoren der Stadt, und vor den Augen ſeiner Mit-
” bürger, das Schickſal dieſes Prinzen entſcheiden woll-
” te, und wo er dem Eigenſinn des Glücks mehr als ie-
” mals ausgeſeßet war, indem die Streiche von allen
’ Seiten herkamen, haben uns diejenigen, die neben
” ihm fochten, oftmals geſagt, wenn man mit dieſem
” Prinzen eine wichtige Sache hätte auszumachen ge-
” habt; ſo hätte man die Augenblicke erwählen können,
” in welchen um ihn herum alles in Feuer geweſen wä-
” re. So ſehr erhob ſich zu der Zeit ſein Geiſt; ſo ſehr
” ſchien ihnen ſeine Seele in ſo fürchterlichen Umſtän-
” den von oben herab erleuchtet zu ſeyn. Er war, wie
” die hohen Berge, deren über die Wolken und Unge-
” witter erhabene Spiße auf ihrer Höhe die Heiterkeit
” antrifft, und keinem Strahl von dem Lichte, welches
” ſie umgiebt, verlieret.

” Betrachtet einmal das unglückliche Schickſaal der
” Männer, die GOtt zur Zierde ihrer Zeiten erwählet
” hat. Was haben dieſe ſeltenen Männer ſonſt geſucht,
” als Lobſprüche, und die Ehre, welche die Menſchen
” geben? Vielleicht wird GOtt, um ſie zu Schanden zu
” machen, dieſe Ehre ihrem eitlen Verlangen verſagen?
” Nein; er macht ſie beſſer zu Schanden, indem er ſie
” ihnen

" ihnen, und so gar noch über ihre Erwartung zu Theile
" werden läßt. . . . . . . O ihr Könige! demüthiget
" euch bey eurer Grösse und Hoheit! Ihr Weltbezwin=
" ger, rühmet eure Siege nicht! Wenn die grossen Tha=
" ten der Römer eine Belohnung verdienet haben; so
" hat GOtt eine zu finden gewußt, welche mit ihren Ver=
" diensten, wie mit ihren Wünschen übereinkam.   Er
" hat ihnen die Herrschaft über die Welt, als ein Ge=
" schenk von keinem Werthe, und die Ehre der Men=
" schen zur Belohnung gegeben; eine Belohnung, die
" nicht bis zu ihnen gelanget, welche sich anzuhängen
" sucht; und woran? vielleicht an ihre Schaumünzen,
" oder an ihre ausgegrabenen Bildsäulen, als die Ue=
" berbleibsel der Jahre und Barbaren; an die Bruch=
" stücken ihrer Denkmäler, und ihrer Werke, welche
" mit der Zeit, oder vielmehr mit ihrer Vorstellung,
" mit ihrem Schatten, und mit dem, was man ihren
" Namen nennet, streiten.   Dieses ist die würdige Be=
" lohnung so vieler Mühe und Arbeit, und bey der Er=
" füllung ihrer Wünsche, die Ueberzeugung von ihrem
" Irrthume.   Kommet her, ihr Grossen der Welt, sät=
" tiget euch; bemächtiget euch, wenn ihr könnet, nach
" dem Beyspiele dieser grossen Männer, die ihr bewun=
" dert, dieses Gespenstes der Ehre.   GOtt, der ihren
" Stolz in der Hölle bestraft, hat ihnen, wie der h. Au=
" gustinus sagt, diese so gewünschte Ehre nicht mißgön=
" nen wollen.   Und da sie eitel waren; so haben sie ei=
" ne Belohnung erhalten, die eben so eitel, als ihre
" Wünsche, war.   Receperunt mercedem suam vani,
" vanam.

" Alles ertönete von dem Geschrey; alles zerfloß in
" Thränen: Der Prinz allein war nicht bewegt, und
" die Bestürzung kam nicht in die Freystadt, in welche
" er sich begeben hatte.   O GOtt! du warest seine
" Stärke, seine unbewegliche Zuflucht, und, wie David
L 5   " sag=

" ſagte, der feſte Fels, auf welchen ſich ſeine Standhaf=
" tigkeit ſtützte . . . . . . Aber was gieng in dieſer
" Seele vor? Was für ein neues Licht erſchien ihr?
" Was für ein plötzlicher Strahl drung durch die Wol=
" ke, und ließ in dieſem Augenblicke, nebſt allen Unwiſ=
" ſenheiten der Sinne, ſelbſt die Finſterniſſe, wenn ich
" ſo ſagen darf, und die heiligen Dunkelheiten des
" Glaubens gleichſam verſchwinden? Wo kamen da=
" mals die ſchönen Titel, die unſerem Stolze ſchmäu=
" cheln, hin? Wie geſchwind verſchwanden, bey der
" Herannahung eines ſo ſchönen Tages, und bey dem
" erſten Eindrucke eines ſo ſtarken Lichtes, alle Blend=
" werke der Welt! O wie düſter iſt der Glanz des ſchön=
" ſten Sieges! und o wie verachtet man die Ehre deſ=
" ſelben! "

Erhabene Stellen des Herrn Maſcaron.

Der Herr Maſcaron iſt fruchtbar an erhabenen Stel=
len; ſie werden aber oftmals auf eine gewiſſe unverſtänd=
liche Art, und in einer nachläſſigen, ſchleppenden, und
weitläuftigen Schreibart vorgetragen. Man wird die=
ſes an folgenden Beyſpielen wahrnehmen können.

In der Trauerrede auf die Anna von Oeſterreich.

" Seiner Macht Grenzen ſetzen, hieß der Glückſee=
" ligkeit dieſer Monarchin welche ſetzen . . . . . .
" Was für Händen konnte er ſeine Macht und Gewalt
" beſſer anvertrauen, als den Händen dieſer Königinn,
" welche die Demuth zu eben der Zeit auf den Thron
" erhoben, als ſie denſelben beſtiegen hatte? Meynet
" ihr wohl, meine Herren, daß dieſe dunkle Tugend
" ihrer Demuth, bey dieſem Glanze, und bey dieſem
" ho=

"haben Vorzuge, die Oberstelle inne hatte? Das Herz
"der Regenten erforschen wollen, würde heissen, in das
"Recht desjenigen, der die Schlüssel zum Abgrunde
"hat, einen Eingriff thun wollen. Aber ihre Gedan=
"ken entdecken sich in ihrem Gesichte; ihre Gesinnun=
"gen legen sich durch deutliche Kennzeichen an den Tag.
"Man wird entweder einen Stolz, oder doch wenig=
"stens eine ausserordentliche Freude gewahr. Ihr
"Mund mag nicht reden; aber ihr Gesicht giebt zu
"verstehen, daß sie über alles erhoben sind, und daß
"sie nur allein GOtt über sich haben."

In der Trauerrede auf die Heinriette von England.

"Dieses herrliche Gebäude, und dieser prächtige
"Dom, welcher den Menschen die Grösse der durch=
"lauchtigen Prinzessinn, die ihn aufgeführet hat, von
"ferne zeiget, setzten ehemals meine Einbildungskraft
"in Verwunderung, und fülleten sie mit gar zu vielen
"Vorstellungen, die der Pracht der Welt günstig wa=
"ren, an. Geheiligtes Herz einer grossen Königinn,
"du hast mich von diesem Irrthume befreyet, und ver=
"mittelst einer geheimen Stimme zu dem meinigen ge=
"sagt, es werde eine Zeit kommen, da dieses Werk
"werde zerstöhret seyn; sein Gipfel werde weit niedri=
"ger, als sein Grund seyn; und du erblicktest vom ho=
"hen Himmel herab, wo du nach Einsichten urtheilest, die
"von den unserigen gar sehr unterschieden sind, an die=
"sem Meisterstücke der Baukunst, weiter nichts dauer=
"haftes und gegründetes, als die blosse Gottesfurcht,
"welche dir die Unternehmung desselben eingab.

"Ihre Aufrichtigkeit ersparhte denen, welche die Eh=
"re hatten, sich ihr zu nähern, die langen Beobach=
"tungen, und die schrecklichen Entdeckungen, die man
"mas

” machen muß, wenn man das Herz der Groſſen will
” kennen lernen, welches zu erforſchen eine eben ſo
” ſchwere Sache iſt, als die Höhe des Himmels zu meſ⸗
” ſen, und die Tiefe der Erde zu ergründen. Da ſie
” in ihren Reden aufrichtig, in ihren Verſprechungen
” treu, in ihren Handlungen ohne Verſtellung, und in
” ihren Freundſchaften ſicher und gewiß war; ſo zeigte
” ſie der ganzen Welt, daß, wenn die kleinen Lichter
” nöthig haben, ein künſtliches Licht, und eine gekün⸗
” ſtelte Brechung der Strahlen zu ſuchen, um einen
” deſto gröſſern Glanz von ſich zu geben, die groſſen
” Geſtirne ſich nur ſo zeigen dürfen, wie ſie beſchaffen
” ſind, um alle Augen zu reizen und einzunehmen.

” Fern ſey von hier die eitle und ſtolze Grosmuth,
” die nichts anders zum Grunde hat, als die Zernich⸗
” tung eines allerhöchſten Weſens, deſſen nothwendi⸗
” ges Daſeyn der einzige Grund von allen Sachen
” iſt . . . . . . Unſere Prinzeſſinn hatte gelernt, es
” ſey ein unſterblicher und unſichtbarer GOtt, ein HErr
” der Zeiten, und der Ewigkeit, welcher, da er allein
” der Anfang aller Gröſſe und Hoheit iſt, auch allein
” der Zweck und das Ziel aller Ehre ſeyn ſoll; mit ei⸗
” nem Worte, ein GOtt, der über dieſe Ehre ſo ſehr
” hält, daß er alle Gröſſe, welche ſich wider die ſeinige
” erhebt, in Staub zu verwandeln weis. Sie hat ihr
” Haupt unter dieſe allmächtige Hand zu demüthigen,
” und in der That einzuſehen gewußt, daß ein Herz,
” welches von der Liebe zur wahren Ehre und zur wah⸗
” ren Gröſſe recht gerühret iſt, nur allein durch die Gröſ⸗
” ſe und Ehre GOttes kann geſättiget werden.

” Alles wird an dem traurigen und betrübten Tage
” der Wiedervergeltung verſchwinden, und GOtt wird
” an demſelben allein hoch und erhaben ſeyn. Dieſes
” Wort Allein, zerſtöhret und zernichtet alles. Dieſes
                                                    ” un⸗

„ unvergleichliche und gebietherische Allein, läßt an dem
„ Wesen der Dinge nichts übrig, und bauet seinen
„ Thron auf das Nichts aller Grösse und Hoheit. Die=
„ ses Allein zernichtet alle Grade, und heb:t allen Un=
„ terschied, und alle Rangordnungen auf."

In der Trauerrede auf den Herzog von Beaufort.

„ Welche Veränderung unserer Hoffnung! Wir
„ schmäuchelten uns, zu sehen, wie man Fahnen, die
„ den Feinden des christlichen Namens abgenommen
„ worden, in diesen heiligen Tempel brächte, und wie
„ der halbe Mond der Türken vor dem Kreuze JEsu
„ Christi gedemüthiget worden.   Aber, an statt dieser
„ Siegeszeichen, erblicke ich leider! hier weiter nichts,
„ als die betrübte Zubereitung zu seinem Leichenbegäng=
„ nisse.   Die düstere Farbe der Auszierungen dieses
„ Tempels, das schwache Licht dieser Fackeln, der be=
„ trübte Klang unserer Glocken, die traurigen Töne
„ der Musik, dieses ganze Gepränge, wobey die Reli=
„ gion und die Tapferkeit in Trauer erscheinen, die Ce=
„ remonien des Opfers, und das traurige Bezeigen die=
„ ser vornehmen Versammlung, würden auch so gar de=
„ nen, die es nicht bereits wüßten, zu erkennen geben,
„ es wäre dieses der Triumph eines Helden, aber eines
„ Helden, der gestorben, und in seinen eigenen Triumph
„ begraben ist.

„ Wenn ich mir die schrecklichen Gefängnisse zu Al=
„ gier und Tunis vorstelle, welche mit Christensclaven,
„ unter welchen sich mehrere von den Franzosen, als von
„ andern Völkern befinden, angefüllet, und allem dem=
„ ienigen ausgesetzet waren, was sie die Grausamkeit
„ dieser unbarmherzigen Herren leiden ließ, um entwe=
„ der ihren Glauben wankend zu machen, oder sie zu
„ nö=

" nöthigen, ein desto grösseres Lösegeld zu bezahlen;
" und wenn ich mich aller der gotteslästerlichen und beis-
" senden Spöttereyen erinnere, welche diese Unverschäm-
" ten gegen einen GOtt und gegen einen König aus-
" stiessen, von welchen der eine seine Anbether, und der
" andere seine Unterthanen so übel vertheydigten; so stel-
" let mir meine Einbildungskraft diese unglücklichen Zei-
" ten so gegenwärtig vor, daß ich nicht umhin kann,
" auszurufen: Vsquequo, Domine, improperabit ini-
" micus? Wie lange werden, grosser GOtt, die Feinde
" deines Namens deiner Ehre spotten? was für ein Ziel
" setzest du ihrer schädlichen Macht, und unserm Un-
" glücke? Es dünkt mich aber, als ob man mir ant-
" worte: Warte, bis unser grosser König, bis der un-
" überwindliche Ludwig das Reichsruder selbst führen
" wird. Diese aufgehende Sonne wird den schädlichen
" Mond vertreiben, und diejenigen, die unsern Frieden
" gestöhret haben, werden uns auf den Knien um den-
" selben bitten.

" Man kann sagen, das Urtheil von dem Verluste
" Candiens war in dem Himmel gefället worden, wie
" ehemals das Urtheil über Jerusalem. Dominus locu-
" rus est super eam propter multitudinem iniquitatum
" eius. Unsere Sünden, unsere Laster, unsere Greuel
" sind die tapfersten Kriegsleute der Ottomannen gewe-
" sen. Die Gebethe der Heiligen, die Wünsche der
" Gläubigen, und das Bitten eines heiligen Pabsts,
" haben nicht können durch die Wolken dringen, welche
" die schwarzen Dünste der Bosheit und Ungerechtig-
" keit zwischen GOtt und uns hervorgebracht hatten.
" Mit welchem Sturme und Ungewitter bedrohet uns
" nicht diese von unsern Sünden schwangere Wolke?
" Ich sehe sie in der Luft hängen, und bereit seyn, über
" alle die Derter auszubrechen, über welche sie der Zorn
" GOttes, als ein heftiger Wind, führen wird. Alle
" Zu-

„ Zurüstungen, welche in dem ottomannischen Reiche
„ geschehen, sind das Gerassele des Donners, der sich
„ in der Luft hören läßt, ehe er über Candia ausbricht.
„ Wir haben die Mauer der heiligen Stadt verlohren;
„ die christliche Welt stehet auf allen Seiten offen; und
„ die Kirche kann mit Recht zu ihrem Bräutigame JE-
• su Christo sagen: Siehe meine Noth und mein Elend
„ an; mein wegen seines Glücks und meines Verlustes
„ aufgeblasener Feind macht tausend schädliche Anschlä-
„ ge wider meine Freyheit. Ich höre das Gerassele
„ der Ketten, die er mir zubereitet. Vide, Domine,
„ afflictionem meam, quoniam erectus est inimicus.

„ Dieser christliche Aeneas hat sich durch seine Tapfer-
„ keit in so manchem Gefechte, und durch seine Gottes-
„ furcht in der erhabensten Würde der Religion unsterb-
„ lich gemacht. Dieser christliche Hector ist gestorben,
„ indem er das christliche Troia vertheydiget hat. Aber
„ sein Ruhm wird niemals sterben; und so lange Men-
„ schen auf der Welt seyn werden, so lange wird das
„ Beyspiel seines Lebens und seines Todes zu allen de-
„ nen, die ihre Geburt und ihre Neigung zu Kriegs-
„ bedienungen bestimmet, sagen, eine Tapferkeit sey kei-
„ ne wahre Tapferkeit, wenn sie nicht zur Vertheydi-
„ gung des Besten ihres Fürsten, und der Ehre ihres
„ GOttes angewendet würde. Esto vir fortis, et præ-
„ liare bella Domini.„

In der Trauerrede auf den Canz-
ler Seguier.

„ Alle Finsternisse, welche über die schönen Künste,
„ und die schwersten Wissenschaften ausgebreitet waren,
„ wichen seinem durchdringenden Verstande, und er
„ war eben so wohl das Orakel aller schönen Discipli-
„ nen, als der Rechtsgelahrheit, und der Gesetze. Sein
„ Herz

" Herz kam, wegen ſeiner Standhaftigkeit, mit den Ein=
" ſichten ſeines Verſtandes überein. Die Furcht, der
" Geiz, die Schmäuchelen, dieſe ſtürmiſchen Winde der
" Welt und der Sittenlehre, welche die ſtandhafteſten
" Herzen zu Boden werfen, haben das ſeinige niemals
" erſchüttert. Ob er gleich, wegen ſeiner groſſen Eigen=
" ſchaften und hohen Ehrenſtellen, ſehr weit über ande=
" re Menſchen erhaben geweſen; ſo hat ihn doch ſeine
" Religion allzeit beſtändig unter die allmächtige Hand
" GOttes gedemüthiget, und hat ihm die Einſichten
" ſeines Verſtandes in ſeinem Leben allzeit unterworfen,
" und in ſeinem Tode alle Neigungen ſeiner Seele ge=
" heiliget.

" Aber wir können uns leider! nicht mehr dabey ir=
" ren; dieſer groſſe Mann iſt weiter nichts mehr, als
" Staub und Aſche. Dieſes Orakel iſt verſtummet.
" Sein Licht iſt durch die Schatten des Todes verdun=
" kelt worden. Dieſer groſſe Canzler hat nur noch ein
" Grab zu ſeinem Richterſtuhle.

" Wir können ihm folgende Worte des Weiſeſten un=
" ter allen Menſchen in den Mund legen: Meine Weis=
" heit hat mir den vortrefflichen Verſtand, und die nach=
" drückliche Beredtſamkeit verſchaffet, welche die Ehr=
" furcht der Völker zuwegebringet, und die weiſeſten
" obrigkeitlichen Perſonen in Erſtaunen ſetzet. In con-
" ſpectu Potentium admirabilis ero. Ich habe mich
" von dem mächtigſten Miniſter, der iemals geweſen
" iſt, bewundern laſſen. Der groſſe Armand, der un=
" ſterbliche Armand, traf in meiner tiefen Weisheit,
" und in meiner nachdrücklichen Beredtſamkeit, etwas
" bewundernswürdiges an; er, welcher, da er ſich ſelbſt
" kannte, an ſeinen heroiſchen Eigenſchaften alle ſeine
" Bewunderung ſollte erſchöpfet haben.

" Ich

„ Ich ſaß einen Mann, der auf dem Sterbebette
„ weit vortrefflicher und bewundernswürdiger war, als
„ er es iemals auf ſeinem Richterſtuhle geweſen war.
„ Ich werde eher meiner ſelbſt vergeſſen, als ich die
„ groſſen Dinge vergeſſe, von welchen ich ein Zeuge ge-
„ weſen bin. Wie ſtark drung der Glanz und die Gröſ-
„ ſe dieſes Anblicks durch die Schatten des Todes hin-
„ durch! Was für ein ſchöner Anblick war es nicht für
„ GOtt, zu ſehen, wie dieſes Herz vom Schmerze und
„ Betrübniſſe zerknirſchet, und bey der Erblickung ſei-
„ ner Sünden gedemüthiget, aber auch von dem Ver-
„ trauen auf den JEſum aufgerichtet wurde, den er ſo
„ oft ſeinen guten, ſeinen freundlichen, ſeinen liebens-
„ würdigen und ſeinen barmherzigen JEſum nannte.
„ Spectaculum Deo! Was für ein ſchöner Anblick war
„ es nicht für die Engel, den Glanz dieſer groſſen See-
„ le zu ſehen, welche, weil ſie ſich bereits von den Sin-
„ nen und der Materie losgeriſſen hatte, ſich, dem An-
„ ſehen nach, mit den ewigen Wahrheiten beſchäftigte,
„ und nur von der Gröſſe und Heiligkeit GOttes einge-
„ nommen war, welche dieſe Geiſter in alle Ewigkeit
„ rühmen und preiſen. Spectaculum Angelis! Was
„ für ein ſchöner Anblick war es nicht für die Menſchen,
„ das Beyſpiel einer ſo vollkommenen Ergebung in den
„ Willen GOttes, und die ſo richtige Ausſuchung der
„ ſchönſten und kräftigſten Stellen der h. Schrift zu ſe-
„ hen, daß es ſchien, als ob ſie eben der Geiſt, der ſie
„ den Propheten eingab, auch ihm eingäbe, um ſie vor-
„ zubringen, und die zärtlichſten Rührungen aus den-
„ ſelben heraus zu ziehen. Spectaculum hominil us!
„ Der HErr, welcher tödtet und lebendig macht, in das
„ Grab, und aus demſelben wiederum herausführet,
„ ſchien ihn mehr als einmal aufzuopfern, und wieder
„ um lebendig zu machen, um ſich ſelbſt, den Menſchen
„ und den Engeln, den ſchönen Anblick eines ſo chriſt-
„ lichen und ſo heldenmüthigen Todes öfter zu verſchaffen.
M   „ Er

„ Er konnte mit dem königlichen Propheten zu GOtt
„ ſagen: Ich bin auferſtanden; aber nur, um bey dir
„ zu ſeyn. Reſurrexi, et adhuc ſum tecum. Wir ſa
„ ben auch nicht, daß dieſer groſſer Mann eher aufhö
„ rete zu leben, als da er aufhörete, von GOtt zu re
„ den. Was ſage ich? meine Herren, er habe aufge
„ höret, von GOtt zu reden? Nein, nein, er wird nie
„ mals aufhören, es zu thun. Sein Leib verrichtet
„ noch in ſeiner Gruft das Amt, welches ſein Geiſt in
„ ſeinem Leibe verwaltete. Seine Gebeine ſagen noch
„ in dem Grabe, welches er erwählet hat, zu GOtt:
„ HErr, wer iſt dir gleich? Omnia oſſa mea dicent:
„ Domine, quis ſimilis tibi? „

In der Trauerrede auf den Herrn von Turenne.

„ Wenn ich dieſen groſſen Mann gebührend loben
„ wollte, würde ich nicht von den Regungen des ganzen
„ Europa; des Hofes, deſſen Bewunderung er war;
„ der Kriegsheere, deren Seele und Vergnügen er war;
„ der Unterthanen, deren Schild und Beſchützer er
„ war; des ganzen Königreichs, deſſen Zierde er war;
„ der Feinde, deren Schrecken er war; der Redlichen
„ und Frommen, deren Muſter er war; und, was noch
„ mehr, als alles dieſes iſt, der Kirche und der Heili
„ gen, deren Liebe und Freude er war, müſſen belebet
„ werden?

„ Unter was für einem prächtigern Bilde ſtellet uns
„ die h. Schrift, welche die Regel und Richtſchnur un
„ ſerer Urtheile und Geſinnungen ſeyn ſoll, GOtt ſelbſt
„ vor, als unter dem Bilde eines Heerführers, welcher
„ vor unzähligen Legionen Geiſtern, die unter ſeinen
„ Fahnen ſtreiten, in eigener Perſon hergehet? Sie
„ zeiget ihn uns auf einem Wagen, der ganz von Bli
„ ßen

" ßen glänzet, und mit dem Donner in der Hand. Das
" Schrecken und der Tod gehen vor ihm her; sie legen
" seine Feinde zu seinen Füssen, und indem sie auch so
" gar in die unempfindlichen Dinge einen Eindruck ma-
" chen, so erschüttern sie dieselben, und lassen den Ab-
" grund der Erde sich aufthun. Ist nicht der größte
" Titel, den sich GOtt selbst beylegt, der Titel eines
" GOttes der Heerschaaren? und giebt er nicht endlich,
" da er auf dem Berge Sinai als ein Gesetzgeber er-
" scheinet, um aus einem hohen Tone, und mit einer
" prächtigen Stimme zu reden, seine Gesetze unter Don-
" ner und Blitzen? "

Folgendes Stück, welches aus der Trauerrede genommen worden, die der Herr Massillon auf den Dauphin gehalten hat, ist ein wahrhaftig erhabner Zug.
Nachdem dieser berühmte Redner das Bild des Herzogs von Montausier, und des Herrn Bossuet, welchen
der König die Erziehung des Dauphins, seines einzigen
Sohns, aufgetragen, geschildert hat; so lobet er die-
nigen, die ihnen in der Erziehung des Herzogs von
Bourgogne nachfolgten, auf folgende Art.

" Es waren zween Männer, welche, ein ieder in sei-
" ner Art, die einzigen waren; und man würde es nicht
" geglaubet haben, daß, nach ihrem Tode, ihre Stelle
" wieder könnte besetzet werden, wenn uns nicht die-
" nigen, die ihnen in der Erziehung des Prinzen, wel-
" cher zur Regierung gelangen sollte, nachfolgten, ge-
" lehret hätten, daß Frankreich keinen Verlust erlitte,
" den es nicht wiederum zu ersetzen wisse. "

Man kann auch folgendes Stück, welches aus der
Lobrede entlehnet ist, die der Vater de la Rue auf den
h. Ludwig gehalten hat, mit unter die erhabenen Stellen rechnen.

M 2 " Der

" Der h. Ludwig hat nur den Geist aufgegeben, als
" man auf einmal die Trompeten Carls von Aniou,
" Königes in Sicilien, der ihm eine Verstärkung zu
" führt, höret.   Weil er über das tiefe Stillschwei-
" gen, welches er in dem Lager bemerkt, erstaunet; so
" gehet er bis an das königliche Zelt.   Und was er-
" blicket er allda? Seinen verstorbenen Bruder. Stel-
" let euch einmal, ·wenn ihr könnet, seine Bestürzung,
" seinen Schmerz, und seine Thränen vor.   Werdet
" ihr euch aber wohl vorstellen können, mit was für ei-
" ner Hitze er und alle Kreuzfahrer ihren Entschluß fas-
" sen? Es scheinet, als ob in diesem Augenblicke alle
" Kraft Ludwigs wiederum erwache, und ihnen mitge-
" theilet werde. Gleich wie man von dem Abel sagte:
" Er rede noch, ob er gleich gestorben wäre, et defun-
" ctus adhuc loquitur; also möchte man auch sagen, ob-
" gleich Ludwig gestorben ist, so ist er doch noch geschäf-
" tig, er streitet und sieget noch."

Der Herr Bossuet hat nichts erhabners gemacht, als
folgenden Zug, in welchem er, nach einer prächtigen
Abschilderung der geschwinden Ausbreitung der Abgötterey, sich also ausdrückt.

" Damals war alles GOtt, nur GOtt selbst nicht;
" und die Welt, die GOtt erschaffen hatte, seine Macht
" zu offenbahren, schien ein Götzentempel geworden zu
" seyn."

· Wir setzen den folgenden moralischen Zug nur deswegen hieher, weil der letzte Gedanke desselben stark,
nachdrücklich, und wahrhaftig erhaben ist.   Er ist aus
der Lobrede genommen, welche der Abt Petiti auf die
heilige Käiserinn Adelheid gehalten hat.

" Wie

„ Wie glücklich würden nicht die Trübsale seyn,
„ wenn sie aus eurem Herzen eben so viel schädliche Lei-
„ denschaften ausrotteten, als sie in dem Herzen der
„ Adelheid erbauliche Tugenden hervorbrachten und
„ glänzen liessen! Ihre Liebe wurde weit brünstiger,
„ ihr Glaube weit heller, und ihre Hoffnung weit leb-
„ hafter. Ihre Geduld stieg bey ihren Widerwärtig-
„ keiten aufs höchste. An statt aber, daß ihr weit hei-
„ liger werden solltet, werdet ihr weit strafbarer. Ihr
„ verbindet mit den Sünden, die das Glück und der
„ Wohlstand hervorbringen, noch diejenigen, die aus
„ dem Unglücke entstehen. Bey dem Ueberflusse hat
„ man sich ergötzet, und bey dem Mangel murret man.
„ In den hohen Ehrenstellen, zu welchen man sich hin-
„ auf geschwungen hatte, wurde man stolz und hoffär-
„ tig; und in dem Nichts, in welches man wiederum
„ zurückkehret, schweifet man aus. Man läßt sich die
„ Last seiner Widerwärtigkeiten zu Boden schlagen, und
„ es bleibt auch weiter nichts grosses, als der Schmerz
„ übrig.”

M 3   Neun-

Neuntes Hauptſtück.
Stücke der pathetiſchen
Schreibart.

Der vornehmſte Zweck eines Redners ſoll ſeyn, zu
unterrichten, zu überreden, zu überzeugen, und
zu gefallen. Damit er dieſen Zweck erlangen
möge, nimmt er ſeine Zuflucht zu den glänzenden Ausdrücken und Figuren, zu den Bildern, zu den Anneh-
lichkeiten, und den Zierathen der Rede, als den Mitteln, welche den Zuhörer nach und nach zur Ueber-
dung bringen. Aber das geſchwindeſte und kräftigſte
Mittel iſt, zu wiſſen, die Leidenſchaften zu erregen, welche die Bewegungen der Seele ſind, die entweder vom
Schmerze, oder vom Vergnügen begleitet werden, und
welche, eigentlich zu reden, nichts anders, als das Herz
des Menſchen ſelbſt ſind. Die Lehrer der Redekunſt
ſind wegen der Anzahl der Leidenſchaften nicht einig.
Die vornehmſten ſind die Liebe, der Haß, die Freude,
die Hoffnung, das Betrübniß, die Furcht, das Mitleiden, der Zorn, und die Rache. Wir überlaſſen es den
Philoſophen, den Vortheil zu zeigen, den ein vernünf-
tiger Menſch für ſeine Perſon von den Leidenſchaften
haben kann. Die Redekunſt beſchäftiget ſich nur mit
ihrem Nutzen. Sie folget ihrer natürlichen Neigung,
bringet ſie in die Ordnung, mäſſiget und verbeſſert ſie.
Wir werden uns nicht in eine genaue und weitläuftige
Unterſuchung alles deſſen, was ſie betrifft, und die Art
und Weiſe, ſie zu erregen, einlaſſen. Es würde uns
dieſes gar zu weit führen. Wir werden uns begnügen,
zu zeigen, daß die Wiſſenſchaft der Leidenſchaften die
Wiſſenſchaft des Herzens iſt, und daß das ſicherſte Mittel, ſie in der Seele der Zuhörer zu erregen, darinnen
beſtehet, daß man ſelbſt davon eingenommen und durchdrungen iſt. Ein Redner empfinde das, was er ſagt,

rst selbst! Er scheine von den Bewegungen, die er in
ndern hervorbringen will, eingenommen zu seyn; so
wird er ganz unfehlbar rühren! In unserer Sprache
nd alle Leidenschaften unter dem Worte Pathetisch
egriffen, unter welchem man nicht nur Reden verste=
et, die lebhaft, heftig, voller Nachdruck und Feuer
nd; sondern auch diejenigen, die sanft, gelassen, zärt=
ich, beweglich und rührend sind.   Eine Rede, die nur
gezieret und geschmückt ist, schmäuchelt zwar den Per=
onen, die Geschmack haben; sie ist aber nicht wirklich
geredt, weil der Redner dem Zwecke seines Amtes nicht
Gnüge leistet, welches darinnen bestehet, daß er in das
Herz redet, dasselbe beweget, und rühret; und diese Be=
wegung wird von dem Pathetischen erregt.   Die Kunst,
durch die Empfindung einzunehmen, spricht ein gewisser
kluger Kopf, ist der höchste Grad der Kunst, und die
wunderbarste Frucht der Beredtsamkeit.

Niemand hat diese Gabe zu bewegen, und diese
Kunst sich in die Herzen einzuschleichen, und sie zu er=
weichen, zu gleicher Zeit zu reden und zu überreden, in
einem höhern Grade, als der Herr Massillon besessen.
Besonders wendet er in folgendem Stücke, das aus der
Trauerrede auf Ludwigen dem Vierzehnten genommen
ist, in welchem er von den Widerwärtigkeiten dieses
Monarchen redet, die rührendesten Bewegungen der
Beredtsamkeit an, um die grosse Seele, und die helden=
müthige Standhaftigkeit eines Königes vorzustellen, der
fast seine ganze Nachkommenschaft verlöschen siehet.

”Der sicherste Beweis von einer gegründeten Tu=
” gend sind Widerwärtigkeiten. Und was für Schläge
” bereitetest du nicht, o mein GOtt! seiner Standhaf=
” tigkeit zu! Dieser grosse König, dem der Sieg von
” der Wiege an nachgefolget war, und welcher seine
” Glückseligkeiten nach den Tagen seiner Regierung zäh=
” lete;

_ M 4

” wigs, die für die Ehre deines Namens so tapfer ge-
” fochten haben, vor dir, wie das Blut Ahabs, und so
” vieler gottloser Könige geworden, deren ganze Nach-
” kommenschaft du ausgerottet hast?

” Das Schwert ist noch immer aufgehaben, meine
” Brüder. GOtt hat seine Ohren vor unsern Thrä-
” nen, wie vor der Liebe und Gottesfurcht Ludwigs
” verschlossen. Diese aufgehende Blume, deren erste
” Tage so schön waren, ist abgefallen (†). Und wenn
” der grausame Tod demjenigen, der noch an der Brust
” liegt (††), diesem kostbaren Ueberrest, den uns GOtt, nach
” einem so vielfältig erlittenen Verluste, noch erhalten
” wollte, nur drohet; so geschiehet es aus keiner andern
” Ursache, als uns, zum Beschlusse dieses betrübten
” und blutigen Auftrittes, den einzigen von dreyen Prin-
” zen (†††) zu rauben, der noch ganz allein übrig war, für
” seine Erziehung zu sorgen, und ihn entweder auf den
” Thron zu führen, oder auf demselben zu befestigen.

” Mitten unter diesen traurigen Trümmern seines
” hohen Hauses blieb Ludwig im Glauben fest. GOtt
” bläst in seine zahlreiche Nachkommenschaft, so gleich
” ist sie vertilget, wie Buchstaben, die man in den Sand
” geschrieben hat. Von allen Prinzen, die sich um ihn
” befanden, und welche gleichsam die Herrlichkeit und
” die Strahlen seiner Krone ausmachten, ist nur noch
” ein schwaches Fünkchen übrig geblieben, welches da-
” mals ebenfalls verlöschen wollte. Allein die Qvelle
” seines Glaubens kann durch seine Widerwärtigkeiten
” nicht erschöpfet werden. Er hoffet, wie Abraham,
” das einzige Kind der Verheissung werde nicht umkom-
” men.”

(†) Es starb der Herzog von Bretagne, ältester Bruder
    Ludwigs des Funfzehnten, ebenfalls wenig Tage darnach.
(†† Der König, Ludwig der Funfzehnte, war damals dem
    Tode sehr nahe.
(†††) Den Herzog von Barry, Oncle Ludwigs des Funf-
    zehnten.

"nen. Er verehret denjenigen, der die Zepter und
" Kronen austheilet; und erblicket vielleicht in dieſem
" häuslichen Verluſte die Barmherzigkeit, welche ſeine
" ehmaligen fremden Leidenſchaften ausſöhnet, und ſie
" aus dem Buche der Gerechtigkeit GOttes vollends ver-
" tilget."

Der Vater de la Rue iſt eben ſo pathetiſch, als der
Herr Maſillon, in folgendem Stücke, welches aus der
Trauerrede auf den Dauphin, und die Dauphine genommen iſt. Er beklagt in demſelben Frankreichs Unglück, und ſtellet den Schmerz eines groſſen Königes
vor, der ſeine ganze Nachkommenſchaft, bis auf einen
einzigen Prinzen, der noch ein Kind war, verlohren
hatte.

" Was für Begebenheiten! was für Anblicke, mei-
" ne Herren! Der Arm des Allerhöchſten iſt ſo wohl
" über den Prinzen, als über den Unterthanen ſchwer
" geworden. Ein Haus, das dem Hauſe Davids glich,
" das von den Händen der Weisheit war aufgeführet
" worden, und welches von ſo vielen Säulen unterſtü-
" het wurde, die es in den Stand zu ſetzen ſchienen,
" daß es weder von den Anfällen des Glücks, noch von
" dem Ungemache der Zeit könnte erſchüttert werden.
" GOtt öffnete es, ſeit ſo vielen Jahren, dem Siege,
" der Pracht, der Freude; und verſchloß es, dem Schei-
" ne nach, vor dem Schmerze und Verdruſſe. Aber
" vermittelſt wie vieler unvermutheter, ſubtiler, und
" wiederhohlter Schläge hat er die Einſamkeit in dem-
" ſelben ausgebreitet, und dem Tod hineingeführet!
" Der gottesfürchtige Monarch beweinet ſeine hinweg-
" geraffte Familie. Seit einem Jahre beweinet er ei-
" nen Sohn, der ſeine gröſte Ehre darinnen ſuchte, daß
" er ihm gehorchte. Wo wird er noch Thränen genug
" hernehmen, einen Enkel zu beweinen, den alle chriſtliche

”liche und politiſche Tugenden geſchickt machten, einmal
”wohl und gut zu regieren; eine Prinzeſſinn, welche
”ſchon durch die Reizungen ihrer Sanftmuth und Freund-
”lichkeit regierte; ein zartes Kind, welches unter der
”Blume der reizenden Züge ſeiner Mutter, die Frucht
”der hohen Eigenſchaften ſeines Vaters und ſeiner Vor-
”ältern verbarg.   Haſt du denn alſo, o GOtt, der Re-
”gierung eines Monarchen, der uns faſt alle hat ſehen
”gebohren werden, und den wir insgeſammt als unſern
”gemeinſchaftlichen Vater verehren; haſt du ſeiner Re-
”gierung nur deswegen einen Umfang gegeben, der-
”gleichen bisanhero noch kein König gehabt hat, damit
”zu ſeinen Zeiten Wunder geſchehen möchten, die noch
”unter keiner Regierung geſchehen ſind? Haſt du die
”zahlreiche Nachkommenſchaft, die du für ihn zu beſtim-
”men ſchieneſt, nur deswegen in einer ſo ſchönen An-
”zahl vor die Augen geſtellet, damit du ihm binnen
”zwanzig Tagen nehmen möchteſt, was ſeinen Thron
”ein ganzes Jahrhundert lang unterſtützen konnte? Ei-
”ne Krone, die ſeit mehr als zwölfhundert Jahren von
”ſo vielen Königen getragen, und dem durchlauchtigen
”Haupte, welches ſie ſeit ſiebenzig Jahren trägt, mit ſo
”vielem Glanze aufgeſetzet worden, hat zu ihrer näch-
”ſten Stütze nur ein zweyjähriges Kind.   Durch wel-
”ches Uebermaaß von Sünden haben wir dieſe Aus-
”gieſſung der Gefäſſe des Zorns und Grimms GOttes
”verdienen können? Ut intereat ex vobis vir et mulier
”parvulus de medio Judae. . . . . . Verzeihe, o Gott
”unſerer ſchwachen Sterblichkeit den Schmerz, den wir
”empfinden, da wir die Erde einen Prinzen verlaſſen ſe-
”hen, den du in den Himmel rufeſt, ſo bald du ihn
”deiner würdig geachtet haſt. Das Gepränge, welches
”wir dem Andenken ſeines Namens veranſtalten, iſt
”nur für uns traurig und betrübt; für ihn iſt es tri-
”umphirend.   Und wenn wir ſein Leichenbegäng-
”niß bey dieſer düſtern Zubereitung begehen, welche
                                                          ”uns

" uns der Schmerz eingiebt, und die Gewohnheit vor=
" schreibet; so geschiehet es deswegen, weil wir uns
" noch nicht erkühnen, ihm Altäre aufzurichten; ein
" Trost, der unsern Nachkommen aufbehalten ist."

Als der Vater Poisson zu Sanct Paul über das
Evangelium vom Jünglinge zu Nain predigte; so be=
wegte er alle seine Zuhörer durch folgendes Stück zum
weinen, in welchem er auf eine eben so rührende, als
nachdrückliche Art, von dem Tode der Prinzen, und be=
sonders von dem Tode des Herzogs von Burgund redet.

" Ach! man führet uns heute nicht nur zu den Grä=
" bern unserer Vorfahren; sondern zu den Gräbern un=
" serer Prinzen. Der Todt reißt sie in der Blüthe ih=
" rer Jahre dahin; er schlägt sie bey nahe in der Wiege;
" man trägt sie haufenweise in das Land der Finsterniß.

" Was für einen betrübten Anblick hast du nicht, o
" GOtt, vor kurzem diesem Königreiche vor die Augen
" gestellt! Das höchste Bündniß, welches mitten un=
" ter den Zärtlichkeiten, die es dauerhaft machen, ist
" getrennet, oder vielmehr durch den grausamen Tod,
" der es ewig gemacht hat, ist befestiget worden! Die
" beyden grossen Herzen, welche im Leben noch genauer,
" als die Herzen des David und Jonathan verbunden
" waren, und im Staube mit einander sind vermenget
" und vermischet worden! Die heilige Verbindung, wel=
" che für sie ein Joch der Liebe und des Friedens ge=
" wesen war, und ein unauflösliches Band geworden
" ist, welches sie alle beyde in den Sarg einschließt!
" Den Hochzeitschleyer, der von dem Tode selbst nicht
" hat können zerrissen werden, und den er nur in einen
" Trauerschmuck verwandelt hat, um den Bräutigam
" und die Braut nochmals zu bedeken, und sie mit
" eine

” einander zu der immerwährenden Hochzeit des unbe=
” fleckten Lammes zu führen!

” Ach! der Gegenstand unserer zärtlichen Liebe, un=
” serer Hoffnung, und unserer Bewunderung ist ver=
” schwunden. Wir haben den Prinzen verlohren, mit
” welchem Salomo, Josaphat und Hiskias niemals
” werden können in eine Vergleichung gestellet werden.
” Herr! wir waren seiner nicht würdig. Du hattest
” diese grosse Seele nicht für unsern Thron bestimmt,
” welcher du die Tugenden der Engel und der himmli=
” schen Thronen schienest mitgetheilt zu haben. Sie be=
” findet sich itzo, o mein GOtt! in deinem Heiligthu=
” me. Sie ist gekrönt, und in dem Schoosse deiner
” Herrlichkeit ganz mit Licht umgeben.

” O! daß sie uns doch in deinen Hütten noch eben
” so lieben möge, als sie uns an dem Hofe ihres Va=
” ters geliebet hat! O! daß doch die Liebe zu Frankreich
” niemals aus dieser seligen Seele kommen möge! Sie
” müsse itzo für unsere Seligkeit bitten, wie sie, vor ei=
” nigen Tagen, auf die Beförderung unserer Glückse=
” ligkeit bedacht war! und sie müsse bey den Entzückun=
” gen einer himmlischen Freude noch ein stilles Mitlei=
” den mit unsern Seufzern, mit unserem Aechzen, und
” mit unsern Thränen haben!

” Ach! wir haben sie erschöpft, als ob wir; nichts
” mehr verlieren sollten. Aber das Kind, welches kaum
” aus Mutterleibe gekommen ist, soll in seinen Sarg ge=
” leget werden. Das Geschlecht des Gerechten ist fast
” verloschen; und Frankreich, das unglückliche Frank=
” reich, sollte den Geschichten der Völker diese unbekann=
” ten Züge beyfügen.

” Du

”Du, o GOtt! haſt es indeſſen noch immer lieb,
”weil du uns dieſen Monarchen erhältſt. Unſere Nach=
”kommen werden unſern Verluſt nicht empfinden, wenn
”Ludwig noch mit ſeinen Händen den Prinzen, der uns
”übrig geblieben iſt, bilden kann. Und du, o mächti=
”ger GOtt! haſt dieſe ſo koſtbaren Gefäſſe, die aus
”deinen Händen gekommen ſind, aus keiner andern Ur=
”ſache vor unſern Augen zerbrochen, als uns an unſe=
”rer Nichtigkeit und an der Vergänglichkeit der Welt
”zu erinnern.”

Der Herr de la Pariſiere, Biſchoff zu Nimas, ver=
bindet den Nachdruck mit dem Pathetiſchen in folgen=
den Stücke, in welchem er, nachdem er von dem To=
de der Prinzen geredet hat, die Noth und das Elend
des Königreichs vorſtellet.

”Ach! HErr, wenn du uns dieſen Prinzen ge=
”nommen hätteſt, ehe er angefangen hätte, an unſerem
”Glücke zu arbeiten; ſo würden wir, ohne gar zu neu=
”gierig in das zukünftige hinein zu ſchauen, an dem,
”was wir noch nicht ſehen, haben zweifeln können. . . .
”Itzo da wir alles geſehen haben, was dieſer Prinz
”für uns im Sinne hatte; daß die von ſeinem Groß=
”vater ſo gebilligten Rathſchläge nur Rathſchläge des
”Friedens geweſen ſind; itzo, da er von den gefährli=
”chen Hinderniſſen, die ſeine Abſichten hätten zernich=
”ten können, nicht konnte zurückgehalten werden, hat
”er nichts um und neben ſich gehabt, das ſie nicht gern
”bekannt gemacht, und befolget hätte; itzo, da uns ein
”iedes Jahr neue Züge der Weisheit entdecket, eine ie=
”de Bewegung uns ſein Herz bekannt gemacht, und das
”unſerige mit dem ſeinigen vereiniget hat . . . . . .
”ia itzo, da er uns weiter nichts zu wünſchen übrig
”läßt, als ihn zu behalten, nimmſt du ihn uns, o Gott;
”du nimmſt uns ſeine Gemahlinn nebſt ihm; ſein Sohn
”giebt

"giebt zu gleicher Zeit den Geist auf. Wir stehen we-
"gen des Lebens des andern in Sorgen . . . . . .
"O! GOtt, erhalte den König, erhalte dieses zarte
"Kind; thue dem rächenden Arme, den du wider uns
"gewaffnet hast, Einhalt. Dic angelo percutienti: ces-
"set iam manus tua, ut non desoletur terra, et ne per-
"das omnem animam vivam. Befiehl deinem Würg-
"engel, er soll eines Blutes schonen, welches dir all-
"zeit so treu gewesen ist; er soll aufhören, den Erdbo-
"den zu verwüsten. Ein so kostbares Blut entscheidet
"sein Glück.

"Erhalte, o GOtt! erhalte den König. Du weist
"wie schätzbar uns seine Person allzeit, auch wenn wir
"die größten Hülfsmittel gehabt, gewesen ist. Wie
"würde es um uns stehen, wenn wir alles verlöhren?
"Wir haben gnug, wenn du uns erhältst, was uns
"noch übrig geblieben ist. Die Gütigkeit des Königes
"ist uns alles schuldig, was er uns seines Enkels we-
"gen versprochen hatte. Er müsse lange genug leben,
"um es uns geniessen zu lassen. Wenn die Anzahl sei-
"ner Jahre in dem kostbaren Erben nebst seinen eige-
"nen Tugenden, die Tugenden des Dauphin, seines Va-
"ters vereiniget; so müssen sie auf dem Throne eine
"Fortpflanzung seiner Gesinnungen antreffen, und zwei-
"feln lassen, ob seine Regierung aufgehöret habe. Wenn
"du uns aber auch gleich alle diese Hülfsmittel entzie-
"hest; so hast du doch in dem Schatze deiner Barm-
"herzigkeit noch unzählige. Wir erkühnen uns itzo,
"oder niemals, sie anzuflehen. Als wir von einem so
"schrecklichen Schlage getroffen wurden, schwiegen wir
"stille, weil er von deiner Hand kam. Wirst du denn
"deine übrigen Plagen nicht von uns abwenden? Wenn
"wirst du uns, o GOtt! erhören, wenn du uns bey
"so betrübten Umständen nicht erhörest? Wir erwar-
"ten keine Schadloshaltung, die deine Eifersucht erre-
"gen,

„gen, oder deiner Unabhängigkeit zu nahe treten könne.
„Wir haben uns dir niemals mehr, als itzo überlaſ-
„ſen. Wenn die Gröſſe des Unglücks ein Recht zu dei-
„ner Gütigkeit ertheilet; können wir wohl iemals mit
„mehrerem Vertrauen unſere Zuflucht zu ihr nehmen,
„als itzo? Du haſt es dich gewiſſer maſſen reuen laſſen,
„daß du den Erdboden, der ganz mit Sünden bedecket
„war, gar zu hart geſtrafet haſt; und du haſt es dir
„nicht mißfallen laſſen, ihm ein Unterpfand der Ver-
„ſöhnung zu geben, das ihn auf immerdar vor einer ſol-
„chen Rache in Sicherheit ſetzte. Die Stimme des
„Elendes hat dich allzeit erweichet. Du haſt deine
„Völker erhöret, wenn es mit ihnen auf das äuſſerſte
„gekommen war. Gedenke an die durch Wunder ge-
„ſchlagenen Kriegsheere, an die wider alle Hoffnung
„eroberten Städte, an die durch unvermuthete Hülfe
„geendigten Gefangenſchaften, und an die Geſetze der
„Natur, welche, um deine Macht an den Tag zu le-
„gen, über den Haufen ſind geworfen worden. Wor-
„an gedenken wir nicht, dich zu bewegen? Sind wir
„nicht gnug gedemüthiget, um würdig zu ſeyn, daß
„du dich zu uns wendeſt? Laſſet uns nicht daran zwei-
„feln, meine Herren, der Himmel legt die Waffen nie-
„der. Die Vorſehung hat uns nur ein gewiſſes Maaß
„von Uebeln zubereitet. Eine gröſſere Prüfung über-
„ſteiget unſern Muth und unſere Kräfte. Alles reizet
„und beweget die Treue GOttes zu unſerem Beſten.
„Es hat ihn ſo gar ſein Zorn, der ſich geleget hat, be-
„reits an ſeine alte Barmherzigkeit gedenken laſſen. Die
„Erde erhohlet ſich bereits. Das Feuer fängt ſchon al-
„lenthalben an zu verlöſchen. Eine ſo tragiſche Bege-
„benheit ändert die Geſtalt der Welt. Man ſiehet die
„Gerechtigkeit und den Frieden, als unzertrennliche
„Gefährtinnen, in dem Herzen wiederum aufleben....
„Ein einziger Feldzug verſchaffet uns das wieder, was
„wir in vielen verlohren haben, und er würde uns auch

N   „zu

"zu allem übrigen Hoffnung machen, wenn der Friede
"nicht das Ziel aller unserer Wünsche wäre.   In einem
"Lande, welches das wahre Joch nicht leiden kann, und
"der Empörung gewohnt ist, mag man sich die Schwä-
"che eines Heeres, das seine Herzhaftigkeit nicht ver-
"läßt, immerhin zu Nutze machen; ein Kriegsbefehls-
"haber (†), dessen Gottesfurcht die Waffen seegnet,
"sieget, ohne Blut zu vergiessen, und nebst einer Hül-
"fe, welche dieser Provinz Ehre bringet, macht er An-
"schläge zunichte, welche schon sollten ausgeführet seyn.
"Neun Ursachen der Freude und des Vergnügens haben
"nicht aufgehöret, die Völker in unsern Kirchen zu ver-
"sammlen.   Alles erinnert uns der ersten Zeiten unse-
"rer Siege, und macht uns Hoffnung, keine mehr da-
"von zu tragen.

"Es ist dieses ohne Zweifel die Frucht des Verdien-
"stes und des Gebethes des Dauphin.   Nachdem
"GOtt durch ein solches Opfer ist versöhnet worden; so
"wendet er uns seine vorige Güte wieder zu.   Er geste-
"het seiner Fürbitte zu, was er seinen Rathschlägen ver-
"saget hat.   Dieser Prinz hat das gelobte Land, den
"so sehnlich gewünschten Frieden, nicht sehen können;
"er wird aber sein Werk seyn ......   Vergieb es,
"grosser Prinz, der du es hier auf der Welt für dein
"größtes Glück hieltest, die Herzen der Völker zu besi-
"tzen, und der du es vielleicht, weil du von den Be-
"wegungen der unserigen gerühret wärest, itzo mit Ver-
"gnügen anhören würdest, daß wir sie ausschütteten,
"vergieb es, wenn ich unsern Schmerz zu lindern suche.
"Es geschiehet mit thränenden Augen, und bey den
"tiefsten Seufzern, daß ich meinen Zuhörern diese Art
"von Troste bekannt mache.   O wie glücklich würde ich
"gewesen seyn, wenn ich mein ganzes Lebenlang deine
ho-

(†) Der Marschall von Berwick belagert Gironne.

"hohe Weisheit hätte verehren, und mir in meinem
"Amte den Beystand zu Nutze machen können, den
"deine Gottesfurcht der Religion versprach. Ich mer-
"ke, daß meinem Munde die Trostworte gebrechen.....
"Doch was sage ich? Du würdest unsere gar zu schwa-
"chen und gar zu menschlichen Bekümmernisse verwer-
"fen, wenn sie nicht den Gesinnungen nachgäben, die
"du uns selbst eingeflösset hattest; und du würdest mir
"widersprechen, wenn ich nicht unsere niedergeschlage-
"nen Herzen durch die Hoffnung auf die Barmherzig-
"keit GOttes, und durch den Beystand deiner Tugen-
"den aufrichtete, welche nicht mehr mit meinem Schleyer
"der Bescheidenheit bedecket, sondern mit dem Glanze
"der Gottheit umgeben sind. Bey dem allen ist nicht
"zu befürchten, daß wir gar zu sehr werden getröstet
"werden. Es wird allzeit ein gewisser betrübter Ein-
"druck zurücke bleiben, den unser größtes Glück nicht
"wird vertreiben können. Es wird unserem Glücke die-
"ses mangeln, daß du kein Zeuge davon gewesen bist.
"Und an statt, daß wir das Andenken unseres erlitte-
"nen Verlustes iemals aus den Gedanken lassen sollten;
"so dienet uns unser Vertrauen selbst zu einem Bewe-
"gungsgrunde, es allzeit sorgfältig beyzubehalten."

Wenn der Herr Flechier in der Trauerrede auf die
Frau von Montausier von der Erziehung redet, die diese Herzoginn dem Dauphin gab, und welche ihr durch-
lauchtiger Gemahl nach ihrem Tode vollendete; so trägt
er dieses auf eine sehr bewegliche Art vor.

"O Tod! grausamer Tod! warum gönntest du ihr
"nicht länger das Vergnügen, die Früchte ihrer Arbeit
"zu sehen? Warum hat sie nicht den größten Theil ih-
"rer Hoffnung in die Erfüllung gehen sehen? Warum
"hat sie nicht die grossen Eigenschaften, zu welchen sie
"den Grund geleget hatte, hervorleuchten sehen? Schöne

See-

”Seele, die du nunmehro in dem Schooſſe des Frie-
”dens und der ewigen Stille ruheſt, ich weis gewiß,
”daß dieſes faſt das einzige Vergnügen iſt, um welches
”willen du länger zu leben gewünſchet haſt! Wenn du
”aber noch einige Empfindung gegen die Welt, die du
”verlaſſen haſt, bey dir verſpüreſt; ſo denke, daß die-
”ſe hervorwachſenden Tugenden immer mehr Stärke
”gewinnen; daß dein Werk von Tage zu Tage immer
”vollkommner wird; daß ein Theil von dir ſelbſt das,
”was du angefangen haſt, vollendet; daß dein erlauch-
”ter Gemahl zu dieſer ſo wichtigen Erziehung den Ver-
”ſtand, den du ſo hoch geſchätzet; die Seele, die mit
”der deinigen noch ſo genau verbunden iſt; und das
”Herz, in welchem du noch lebeſt, anwendet; und daß
”ihm bey dem Betrübniſſe, dich verlohren zu haben,
”noch der Troſt übrig bleibet, etwas von dir in dem
”Geiſte, und in den Handlungen des bewundernswür-
”digen Kindes, welches er erziehet, anzutreffen.”

Der Vater Bourdaloue bedienet ſich ſehr lebhafter
und pathetiſcher Figuren in folgendem Stücke, in welchem er von der Mühe redet, die Heinrich von Bour-
bon, der Vater des groſſen Conde, anwendete, die Cal-
viniſten wiederum in den Schooß der catholiſchen Kirche zurücke zu führen.

”Es gehörte zu dem ruhmvollen Schickſale des Kö-
”niges, daß auch dieſe glückliche Unternehmung eines
”von den Wundern ſeiner Regierung war. Das, was
”der Prinz von Conde gethan hatte, war nur das Vor-
”ſpiel davon. Es gereichet aber dem Prinzen von
”Conde zu einem nicht geringen Ruhme, daß er in ei-
”ner ſo wichtigen Sache der Vorläufer Ludwigs des
”Groſſen geweſen iſt. Ach! meine geliebten Zuhörer,
”wenn das Herz dieſes Prinzen, welches wir hier auf-
”bewahren, von etwas könnte gerühret werden; was
”für

„für ein ungemeines Vergnügen würde es nicht itzo,
„da ich rede, empfinden? Wenn seine in diese Urne
„eingeschlossene Asche heute wieder könnte lebendig wer=
„den; welchen Dank würde sie nicht der Gottesfurcht
„des größten Königes abstatten? Und wenn seine seli=
„ge Seele an den Begebenheiten der Welt noch eini=
„gen Antheil nimmt; wie sie denn ohne Zweifel an
„dieser einen nimmt; wovon kann sie weit lebhafter ge=
„rühret werden, als wenn sie die unbegreifliche Aus=
„breitung der catholischen Religion in diesem Königs=
„reiche wahrnimmt, welche eine Wirkung dieser Got=
„tesfurcht ist? Würdest du es wohl geglaubet haben,
„grosser Prinz, als du nach den ersten Vorstellungen
„urtheiletest, die du dir von diesem Monarchen, da er
„noch ein Kind war, machtest? und würdest du wohl
„damals gesagt haben, er wäre derjenige, der das
„Werk, welches du so glücklich angefangen hattest, bald
„vollenden sollte?

Ebendieser Redner ist nicht weniger pathetisch, wenn
er sich im Namen seiner Gesellschaft dafür bedanket, daß
der grosse Conde dieser berühmten Gesellschaft sein Herz
überließ.

„Es erfordert es unsere Schuldigkeit, heute diesem
„Helden die Pflichten der billigsten und feyerlichsten
„Dankbarkeit zu erweisen, die wir niemals vollkommen
„abtragen werden. Ich rede hier im Namen einer
„ganzen Gesellschaft, die er mit seinem Schutze, mit sei=
„ner Gewogenheit, und, wenn ich es sagen darf, mit
„seinem Vertrauen, mit seiner Hochachtung, und mit
„seiner Freundschaft beehret hat. Ihr wisset es, mei=
„ne Väter, und ich bin versichert, daß in dem Augen=
„blicke, da ich dieses sage, eure Herzen, die eben so
„lebhaft, als das meinige, gerühret sind, durch ein
„einmüthiges Zeugniß mit allem demjenigen überein=

„stim=

„ ſtimmen, was ich denke, und empfinde . . . . . .
„ Nachdem er uns in ſeinem Leben dasienige anver-
„ trauet, was er auf der Welt am liebſten hatte; ſo
„ wollte er in unſern Armen ſterben; und indem er ge-
„ ſtorben, hat er uns einen Theil von ſich ſelbſt, wel-
„ cher ſein Herz iſt, hinterlaſſen. Dieſes Herz, wel-
„ ches gröſſer, als die Welt war; dieſes Herz, welches
„ uns heute ganz Frankreich zu mißgönnen berechtiget
„ ſeyn würde; dieſes ſo geſetzte, ſo redliche, und GOt-
„ tes ſo würdige Herz hat gewollt, daß wir es beſitzen,
„ und aufbewahren ſollten. Wir werden es thun, groſ-
„ ſer Prinz, und niemals wird ein letzter Wille ehrer-
„ biethiger und treulicher ſeyn vollſtrecket worden, als
„ dieſer. Alle unſere Herzen ſind lauter lebendige Grab-
„ mähler, in welche wir das deinige legen werden. Die-
„ ſes Erzt und dieſer Marmor ſind nur beſtimmt, die
„ Aſche deſſelbigen aufzubewahren; in uns aber wird
„ es ewig leben. So lange dieſe Geſellſchaft beſtehen
„ wird, wird es von derſelben verehret werden. Bis
„ an das Ende der Welt wird man Theil an der Ver-
„ bindlichkeit nehmen, die uns obliegt, dieſes Herz zu
„ ehren. In der alten und in der neuen Welt wird es
„ Herzen geben, die von dem unſterblichen Danke, den
„ wir den Prinzen von Conde abzuſtatten haben, durch-
„ drungen ſind.‟

Der Vater Poiſſon iſt uns in folgendem Stücke,
welches aus der Trauerrede auf den Dauphin entlehnet
iſt, eben ſo erhaben, als pathetiſch vorgekommen.

O Sterbliche! o Prinzen! ihr fallet ſo plötzlich, und
„ das Alterthum eures Geſchlechtes dienet weiter zu
„ nichts, als euch, ſo zu ſagen, weit näher, als die an-
„ dern Menſchen, zu der Erde zurücke zu führen, aus
„ welcher es zu erſt entſtanden iſt. O unbarmherziger
„ Tod! binnen ſechs Tagen, in einer Stunde, in einem

„ Au-

„Augenblicke von den Seiten des Throns in die Tiefe
„des Grabes herabgestürzet zu seyn.   Dieses Herz,
„welches die angenehmsten Regungen der zärtlichen Lie-
„be, und die reineste Begierde nach Ruhm und Ehre
„empfand; dieses Herz, in welchem sich GOtt, der Kö-
„nig, die Prinzen, die Grossen, und das Volk in ei-
„ner so schönen Ordnung befanden; dieses grosse Herz
„ist weiter nichts mehr, als Asche.   Der Sohn Lud-
„wigs des Grossen und der Maria Theresia, der Ge-
„mahl der Victoria von Bayern, der Vater der durch-
„lauchtigen Prinzen, die wir bewundern, stehet, wie
„Hiob sagt, nur noch mit dem Staube und den
„Würmern in einem Bündnisse.   Nun saget noch,
„die Grösse und Hoheit wäre etwas wirkliches; das
„Zepter wäre eine dauerhafte Stütze; der Purpur wä-
„re ein Schild wider die Sterblichkeit; das Leben, die
„Gesundheit, die Jugend wären unerschöpfliche Quel-
„len; und die Tugend wäre ganz allein ein Hirnge-
„spinnst und ein Blendwerk.„

Der Abt le Prevot drücket sich auf eine rührende Art
in folgender Anrede an die Jungfrauen zu Sanct Cyr
aus, welche aus der Trauerrede auf den Bischoff von
Chartres genommen ist.

„Heilige Jungfrauen, vergesset seine Wohlthaten
„nicht.   Und wenn in diesem Thränenthale, wo auch
„der Frömmste seine Schwachheiten hat, das heilige
„Feuer unter euch abnehmen sollte; so bedienet euch,
„um es wiederum anzufachen, dieses apostolischen Her-
„zens (†), welches euch ist anvertrauet worden; dieses
„Herzens, welches, unter der kalten Asche, und bey
„dem Todesschlafe, noch von dem Verlangen nach eu-
„rer Seligkeit zu brennen, und für ihre Beförderung
                    N 4   „zu

(†) Das Herz des Herrn von Chartres befindet sich zu
    Sanct Cyr.

"zu ſorgen ſcheinet; dieſes Herzens, deſſen Gegenwar
"und deſſen Stillſchweigen ſo gar eine kräftige und un
"aufhörliche Predigt für euch iſt."

Man trifft in der Trauerrede, die der Herr von
Saulx auf die Frau von Roi, Aebtiſſinn von Sanct
Pierre zu Rheims, gehalten, eine lebhafte und pathe=
ſche Beſchreibung der Mildthätigkeit dieſer frommen
Aebtiſſinn an. Dieſes Stück hat eine ganz neue und
rührende Wendung.

"Hier verlanget die ganz in Thränen zerflieſſende
"Mildthätigkeit, daß ich eine kaum angefangene Er=
"zählung abbreche. Sie erſcheinet mir mit dem treuen
"Buche in der Hand, in welchem die geheimen Allmo=
"ſen der gutthätigen Prinzeſſinn aufgezeichnet ſind.
"Schlage auf, lies, ſpricht ſie ſeufzend zu mir, die Zeit
"der Offenbahrung iſt herbey gekommen. Der Tod
"giebt dir das Recht, die Wohlthaten meiner geliebten
"Tochter öffentlich bekannt zu machen. Verkündige,
"wie die Aebtiſſinn zu Sanct Pierre von der Verach=
"tung, die der Dürftigkeit auf dem Fuſſe nachfolgt,
"die Edlen befreyete, die von ihren Aeltern weiter
"nichts, als nichtige Titel geerbet hatten, welche ſie nö=
"thigten, ſich ingeheim über das reine Blut, welches
"in ihren Adern floß, zu beklagen. Erzähle, wie viel
"dürftige Jungfrauen in dieſem Hauſe, nebſt Speiſe
"und Kleidung, die Vortheile einer heiligen Erziehung
"erhielten. Ihr Wittwen, denen es an Hülfe, und
"ihr Wäiſen, welchen es an Vertheydigung mangelte,
"ihr Gefangenen, ihr Armen aus allen Ständen, ihr
"Opfer alles Elendes, erſcheinet in dieſem heiligen
"Tempel, tretet um ihr Grab herum, redet; eure vie=
"len Stimmen werden weit beredter ſeyn, als die ſchwa=
"chen Töne der meinigen."

Es

Es herrschet eine ganz neue und pathetische Wen=
dung in folgender Abschilderung des Todes des h. Franz
Xaver, welche aus der Lobrede entlehnet ist, die der Va=
ter Bretonneau, ein Jesuit, auf diesen Heiligen gehal=
ten hat.

    ,, Xaver stirbt, Xaver! und hat doch kaum die Helf=
,, te von seiner Laufbahne zurücke gelegt! Es waren alle
,, Anstalten gemacht, nach China zu gehen. Wenn er
,, China würde erobert haben; so gedachte er das Licht
,, in dem grossen tartarischen Reiche auszubreiten. Nach
,, Vollendung dieses Werks, wollte er nach Europa zu=
,, rückekehren, die Kätzerey allda zu Schanden zu ma=
,, chen, und so wohl die Reinigkeit der Lehre, als des
,, Lebens wieder herzustellen.   Alsdenn wollte er nach
,, Africa und Asien reisen, so daß kein Theil der Welt
,, übrig bliebe, in welchem er nicht das Evangelium
,, verkündigte; und er stirbt! aber doch wenigstens mit=
,, ten in dem Feuer von Japon, unter dem Schwerte
,, eines Henkers, und vor den Augen eines Tyrannen.
,, Die Helden müssen nur auf dem Schlachtfelde, und
,, ein Apostel nur auf einer Blutbühne sterben.   Xa=
,, ver stirbt; aber der Himmel gewähret, was er so lan=
,, ge gewünschet, und durch so viele Mühe und Arbeit
,, verdienet hat, weder seinen Wünschen, noch seiner
,, Arbeit.   Xaver stirbt; er stirbt aber nicht als ein
,, Märtyrer! Ihr Völker, die ihr ihm haufenweise
,, nachfolget! ihr Könige, die ihr ihn mit vieler Ehre
,, an zahlreichen Höfen, und bey einer prächtigen Zube=
,, reitung aufnahmet; kommet und sehet; er stirbt an
,, einem wüsten Ufer, in einer armen Hütte, die auf
,, allen Seiten offen stehet . . . . . .   Xaver stirbt,
,, und giebt sich auch im Sterben noch Mühe um eine
,, Seele, die er gern erretten und selig machen möchte.
,, Sein Eifer entzündet sich, da alles übrige zu verlö=
,, schen scheinet. Er ist, bis auf den letzten Augenblick,

N 5   ,, alle

„ allzeit ein Apoſtel . . . . . . Er ſtirbt; aber vor
„ dem Angeſichte von China, und da er die nächſte Hoff-
„ nung hat, in daſſelbe hinein zu kommen. Und ſo oft
„ er ſeine Blicke nach dieſem ſo gewünſchten Ziele rich-
„ tet, welches er aber doch nicht erreichen kann, ſo oft
„ bringet er GOtt ein Opfer, deſſen Vorſehung er prei-
„ ſet, und deſſen Gerichte er in Demuth verehret. Dem
„ ſey nun aber, wie ihm wolle, Xaver ſtirbt; aber ſein
„ Eifer, die Früchte ſeiner Miſſion ſterben nicht mit
„ ihm. Dieſer Leib, der von den letzten Anfällen des
„ Todes befreyt, und vor den Augen ſeiner Brüder noch
„ mit einer wunderbaren Kraft erfüllet iſt; dieſer Leib
„ reizet, ſo unempfindlich er iſt, ihren Muth, und bele-
„ bet ihren Eifer. Sie gehen auf dem Wege ihres
„ Meiſters fort, das, was er geſäet hat, einzuerndten.
„ Sie eröffnen ſich einen Weg in Länder, die er ihnen
„ nur mit der Hand gezeiget hat, ohne daß er ſelbſt in
„ dieſelben hat kommen können. Sein Andenken, wel-
„ ches niemals untergehet, unterſtützet die Prediger bey
„ ihren beſchwerlichen Amtsverrichtungen, die Miſſio-
„ narien bey den Stürmen und Ungewittern des Mee-
„ res, auf dem Eiſe, in dem Schnee, und in dem heiſ-
„ ſen Sande; und die Märtyrer bey den ſchrecklichen
„ Martern und Lebensſtrafen.“

Was für Thränen wurden nicht vergoſſen, als der
Herr Boſſuet den Tod der Herzoginn von Orleans auf
folgende traurige und rührende Art erzählte.

„ O unglückliche Nacht! o fürchterliche Nacht! in
„ welcher dieſe ſchreckliche Nachricht auf einmal, als ein
„ Donnerſchlag erſchallete: Die Herzoginn ſtirbt; die
„ Herzoginn iſt todt. Wer war von uns bey dieſem
„ Schlage nicht dergeſtalt gerühret, als ob ſeine Fami-
„ lie durch einen unglücklichen Zufall wäre zu Grunde
„ gerichtet worden? Auf die erſte Nachricht von einem

„ ſo

„ so grossen Unglücke begiebt man sich von allen Orten
„ nach Sanct Cloud; man trifft alles bestürzt an, nur
„ das Herz dieser Prinzeßinn nicht. Allenthalben hö-
„ ret man ein Geschrey; allenthalben erblicket man den
„ Schmerz, das größte Betrübniß, und das Bild des
„ Todes. Der König, die Königinn, der Prinz, der
„ ganze Hof, das ganze Volk, alles ist niedergeschla-
„ gen, alles grämet sich; und mich dünkt, ich sehe fol-
„ genden Ausspruch des Propheten in die Erfüllung ge-
„ hen: **Der König wird weinen, der Prinz wird**
„ **betrübt seyn, und das Volk wird vor Schmerz**
„ **und Bestürzung die Hände sinken lassen.** Aber
„ die Prinzen und das Volk seufzeten vergeblich. Ver-
„ geblich umfaßte der Prinz und der König selbst die
„ Herzoginn so genau; der eine und der andere konnte
„ damals mit dem h. Ambrosius sagen: Stringebam
„ bracchia; sed iam amiseram, quam tenebam. Ich
„ hielt die Arme fest; ich hatte aber schon, was ich
„ hielt, verlohren. Die Prinzeßinn entfloh ihnen un-
„ ter so zärtlichen Umarmungen; und der noch mäch-
„ tigere Tod entriß sie uns aus diesen königlichen Hän-
„ den.„

Ebendieser Redner schildert uns, in der Trauerrede
auf den Prinzen von Conde, den letzten Abschied, den
der grosse Conde von dem Herzoge von Enghien, seinem
Sohne nahm, mit ebendemselben Pinsel.

„ Was soll ich von seinen letzten Unterredungen mit
„ dem Herzoge von Enghien sagen? Welche gnugsam
„ lebhafte Farben würden euch so wohl die Standhaf-
„ tigkeit des Vaters, als auch das überausgrosse Be-
„ trübniß des Sohnes vorstellen können? Er vergies-
„ set Thränen, und stößt dabey mehr Seufzer aus, als
„ er Worte vorbringet. Bald küsset er seine siegreichen,
„ izo aber ganz matten Hände. Bald wirft er sich
„ wie-

„ wiederum in ſeine Arme, und in den väterlichen
„ Schooß, und ſcheinet durch ſo viele Bemühungen die-
„ ſen geliebten Gegenſtand ſeiner Ehrerbiethung und ſei-
„ ner Zärtlichkeiten zurücke halten zu wollen. Die
„ Kräfte verlaſſen ihn; er fällt zu ſeinen Füſſen nieder.
„ Der Prinz läßt ihn, ohne darüber unruhig zu werden,
„ wiederum zu ſich kommen. Hierauf ruft er ſeine
„ Schwiegertochter, die auch ganz ſprachlos iſt, und faſt
„ kein Leben mehr hat, mit einer Zärtlichkeit, an wel-
„ cher man nichts ſchwaches wahrnimmt, und urtheilet
„ ihr ſeine letzten Befehle, die ein Beweis von ſeiner
„ Gottesfurcht und Frömmigkeit ſind. Er beſchließt
„ ſie, indem er ſie mit dem Glauben, und den Wün-
„ ſchen, die GOtt erhöret, ſeegnet, und indem er nebſt
„ ihnen, wie ein anderer Jacob, ein iedes von, ihren
„ Kindern beſonders ſeeguet; und man ſah auf beyden
„ Seiten alles, was man, wenn man es wiederhohlen
„ wollte, ſchwächen würde . . . . . Indem er aber
„ ſein Herz ausſchüttet, und, indem er den König lo-
„ bet, ſeine Stimme ſich ermuntert, kömmt der Prinz
„ von Conti an, der von Erkenntlichkeit und Schmerz
„ ganz durchdrungen iſt. Die Zärtlichkeiten nehmen
„ ihren Anfang vom neuen. Die beyden Prinze hör-
„ ten, was niemals aus ihrem Herzen kommen wird;
„ und der Prinz beſchloß damit, daß er ſie verſicherte,
„ ſie würden niemals weder groſſe Männer, noch groſſe
„ Prinzen, noch rechtſchaffene Leute, als nur in ſo fern
„ ſeyn, als ſie fromm, GOtt und dem Könige treu ſeyn
„ würden. Dieſes war das letzte Wort, welches er ih-
„ rem Gedächtniſſe einprägte. Dieſes war, nebſt dem
„ letzten Merkmale ſeiner zärtlichen Liebe, ein kurzer
„ Abriß ihrer Pflichten. Alles ertönete von Geſchrey;
„ alles zerfloß in Thränen. Der Prinz allein war nicht
„ bewegt, und die Unruhe drung in die Freyſtadt nicht
„ ein, in welche er ſich begeben hatte. O GOtt! du
„ wareſt ſeine Stärke, ſeine unbewegliche Zuflucht, und,
„ wie

— wie David ſagte, der feſte Fels, auf welchen ſich ſei⸗
” ne Standhaftigkeit ſtützte!”

Es würde ſchwer werden, die gottesfürchtigen Hand⸗
lungen und Geſinnungen einer Königinn auf dem Ster⸗
bebette in ein gröſſeres Licht zu ſetzen, als es der Vater
Biroat, ein Ordensmann zu Clunp, in der Trauerrede
auf die königliche Frau Mutter gethan hat.

”Sie ruft, um ihrem Kreuze glücklich ein Ende zu
” machen, das Kreuz des Heilandes zu Hülfe. Sie
” läßt es nicht dabey bewenden, daß ſie das Crucifix,
” welches man ihr vorhält, ſiehet; ſondern ſie nimmt
” es in ihre Hand, um es noch ſtärker an ihre Augen,
” an ihren Mund, und an ihr Herz zu drücken. Was
” ſagte ſie nicht damals zu dieſem heiligen Zeichen eines
” für uns ſterbenden GOttes, und welche Antwort er⸗
” hielt ſie nicht von ſeinen Wunden? Das Herz des
” gekreuzigten JEſu, und das Herz dieſer ſterbenden
” Königinn unterhalten eine Art von gegenſeitiger Mit⸗
” theilung. Sie läßt ihren Geiſt durch ihre Seufzer,
” durch ihre Ergebung in den Willen GOttes, und
” durch die Handlungen der Liebe, welche ſie an den
” Sohn GOttes richtet, in ſein Herz übergehen. Es
” läßt aber auch der Heiland ſeinen Geiſt in dieſes ſter⸗
” bende Herz, durch den Beyſtand, der er ihm leiſtet,
” durch den Troſt, den er ihm mittheilet, und durch die
” letzte Gunſt, die er ihm erweiſet, in ſeiner Gnade,
” wie wir zu hoffen Urſache haben, zu ſterben, überge⸗
” hen. Heißt das nicht auf eine rühmliche Weiſe über
” den Tod herrſchen, wenn man ſeine Natur und ſeine
” Schmerzen auf eine ſolche Art ändert; und wenn man
” aus dieſem Kampfe den Frieden, mit welchem ſie den
” Geiſt aufgiebt; aus dieſen Schatten des Todes die
” Unſterblichkeit, zu deren Beſitze ſie gelanget; und aus
” dies

" dieſem Augenblicke die ſelige Ewigkeit, in welche ſie
" eingehet, entſpringen läßt? "

Wenn der Herr Maſſillon in ſeinem Kirchſprengel
zu Clermont, wegen des Sieges, der im Jahre 1734
bey Parma über die Käiſerlichen erfochten wurde, Dank-
gebethe anordnet; ſo drücket er ſich auf eine Art aus,
welches geſchickt iſt, in dem Herzen des Volks Regungen der Dankbarkeit und der Zerknirſchung hervor zu
bringen.

" Was für Siegeszeichen würden wir wohl auf ei-
" nem Schlachtfelde aufrichten können, welches ganz
" und gar von den über'einander liegenden Leichnamen,
" und hin und her zerſtreueten Gliedmaaßen ſo vieler
" tauſend Chriſten bedecket iſt? Laſſet uns, meine Brü-
" der, uns in den Gedanken dahin begeben, und an die-
" ſem Orte, der mit ſo vielen Ströhmen Blutes be-
" flecket, und, unſeres Sieges ungeachtet, ſo gar für
" uns ſelbſt ſo betrübt iſt; an dieſem Orte, von wel-
" chem wir nur allein deswegen Meiſter geblieben ſind,
" damit wir allda die Unbeſtändigkeit der menſchlichen
" Dinge, und das von den Kriegen unzertrennliche Un-
" glück leſen, und demſelben nachdenken ſollen, laſſet
" uns dem GOtt des Friedens dieſen Anblick vorhalten,
" der ſo vermögend iſt, ſein väterliches Herz zu bewe-
" gen. Laſſet es uns dahinbringen, daß die Stimme
" des vergoſſenen Blutes bis zu ihm hinaufſteigt; und
" daß dieſe Stimme, an ſtatt, wie ehemals, ſeine Ra-
" che zu erregen, dieſelbe ſtillet und entwaffnet. Laſſet
" uns ſeinen Händen durch unſer Bitten und Flehen
" das Schwert entreiſſen, welche ſeine Gerechtigkeit
" vom neuen über unſern Häuptern blitzen läßt. Laſſet
" uns ihm einen weit heiligern Lebenswandel verſpre-
" chen; ſo wird er uns weit ruhigere Tage verſchaffen.
" Laſſet uns den Sünden, die ihn erzürnen, ein Ende
" mas

„ machen; so wird er auch die Plagen, die uns betrü-
„ ben, zurücke halten. . . . . . . Lasset uns also, mei-
„ ne geliebten Brüder, vor seinen Altären zusammen-
„ kommen, und mehr von den Verwüstungen, die der
„ Krieg nach sich ziehet, als von dem Ruhme unserer
„ glücklichen Unternehmungen gerühret werden. Lasset
„ uns einen GOtt, der nur deswegen auf die Welt ge-
„ kommen ist, damit er auf derselben alle Feindschaften
„ in seinem Blute auslöschen, und die Welt versöhnen
„ möchte, lasset uns ihn, sage ich, nicht bitten, daß sein
„ Schwert die Völker, welche die Waffen wider uns er-
„ griffen haben, vollends ausrotten wolle. Ein solches
„ Blutgebeth würde auf unsere Scheitel zurückefallen.
„ Sondern lasset uns ihn um den Frieden bitten, den
„ die Könige, die Siege, und die Welt nicht geben
„ können, und welcher nur allein ein Werk seiner unend-
„ lichen Barmherzigkeit seyn kann. Lasset uns ihn bit-
„ ten, daß die Völker und die Könige, nachdem sie end-
„ lich wiederum sind vereiniget und ausgesöhnet worden,
„ weiter an nichts denken mögen, als wie sie ihm die-
„ nen wollen; und daß, indem sie mehr darauf sinnen,
„ wie sie das Reich des Glaubens ausbreiten, als wie
„ sie die Grenzen ihres Reichs erweitern mögen, sie hin-
„ führo die Waffen in keiner andern Absicht ergreifen,
„ als daß sie so wohl die Fahne der Religion, als die
„ Ehre des christlichen Namens, bis zu den ungläubi-
„ gen Völkern tragen wollen, welche einmal zu der Er-
„ kenntniß des Evangelii sollen berufen werden. Wenn
„ die Völker zusammen kommen, und die Köni-
„ ge, dem HErrn zu dienen.“

Ebendieser Redner giebt in einer Verordnung, die
er bey Gelegenheit eines andern Sieges ergehen lassen,
welcher in ebendemselben Jahre in Italien über die käiserlichen Kriegsvölker erfochten worden, den Unterthanen zu erkennen, daß sie sich des geschwinden Glücks un-

Der Herr Maſillon drücket ſeine Liebe zum König
ſehr ſchön in der Verordnung aus, welche er im Jahr
1726. ergehen ließ, um GOtt für die wiedergeſchenk-
te Geſundheit dieſes Monarchen zu danken. Der Nachdruck, die Salbung, und das Pathetiſche, welches dieſem berühmten Prediger ſo natürlich iſt, leuchten in
dieſem Stücke allenthalben hervor.

”Es iſt nicht lange, meine Brüder, daß wir eine
”Verordnung an euch ergehen ließen, öffentliche Ge-
”bethe anzuſtellen, und in denſelben GOtt zu bitten,
”daß er den glücklichen Anfang der Regierung unſers
”iungen Monarchen mit ſeinem Segen und Beyſtand
”begnadigen wolle. Ach! die Hand GOttes hat ihn
”zu eben der Zeit, da unſere Tempel noch von Gebe-
”then und Dankſagungen ertöneten, geſchlagen, und
”unſere Freudenlieder ſind in Trauer und ein töd-
”liches Schrecken verwandelt worden. Er hatte ange-
”fangen, ſich uns ganz und gar zu widmen, und die
”ganze Laſt der königlichen Würde bey noch iungen Jah-
”ren über ſich zu nehmen. Kaum aber hatten wir an-
”gefangen, ihn zu beſitzen, und die erſten Früchte ſeiner
”Liebe zu uns zu genieſſen, als wir bedrohet wurden,
”ihn zu verlieren.

”Dieſer koſtbare Ueberreſt von ſo vielen Prinzen;
”dieſer glückliche Funke, der von der Erlöſchung und
”den Trümmern des ganzen königlichen Hauſes allein
”übrig geblieben iſt; dieſes einzige hohe Unterpfand von
”der Befeſtigung des Throns und der häuslichen Ruhe;
”dieſes göttliche Geſchenk, welches dem Volke iſt gelaſ-
”ſen worden, um es wegen ſeines Unglücks und Ver-
”luſtes zu tröſten; dieſes heilige Zeichen, welches der
”Himmel, nach einer Sündfluth von vergoſſenem Blu-
”te und Niedermetzeln, Europa gezeiget hat, damit er
”gleichſam ein Unterpfand und eine gewiſſe Verſiche-
”rung

„ rung seyn möge, daß die allgemeinen Plagen aufhö-
„ ren, und die Völker den Frieden wieder bekommen
„ sollen, und welches uns GOtt nach seiner Barmher-
„ zigkeit gegeben hatte, hat uns bereits mehr, als ein-
„ mal, in seinem Zorne wieder sollen genommen werden.

„ Haben wir etwan seine Wohlthat desto höher schä-
„ tzen sollen, weil er uns so oftmals gedrohet hat, sie
„ uns wiederum zu entziehen? Wenn aber unsere Liebe
„ zu dem Könige sein Leben in Sicherheit setzen könnte;
„ wenn, um ihn seinem Volke immer zu erhalten, wei-
„ ter nichts erfordert würde, als die völlige Grösse der
„ Wohlthat einzusehen, vermöge welcher er uns ist ge-
„ lassen worden; wenn die Dauer unserer Erkenntlich-
„ keit der Dauer seiner Tage gleichen könnte; mit einem
„ Worte, wenn sein Schicksaal von unsern Herzen ab-
„ hienge; o! was würde man wohl noch für ihn wün-
„ schen können, und was würden wir wohl selbst noch
„ zu befürchten haben? Frankreich würde das glücklich-
„ ste Volk auf der Welt seyn; und GOtt würde uns
„ täglich mit neuen Gunstbezeigungen überhäufen, wenn
„ er den Ueberfluß und die Grösse derselben nach unse-
„ rer Liebe und Zärtlichkeit gegen unsern Regenten ab-
„ mässe.

„ GOtt hat also, wenn er sie schlägt, keine andere
„ Absicht, als uns zu strafen, weil wir ihm nicht treu
„ genug sind.   Unsere Sünden sind gemeiniglich ganz
„ allein die Ursache alles unsers Unglücks.   Sie allein
„ raubten uns in den trauervollen Tagen, die bey uns
„ noch in so frischen Andenken sind, auf einmal so viele
„ Prinzen, welche die Stützen des Throns, und die
„ Hoffnung der Monarchie waren.   Es hat bey uns in
„ den Nebenlinien, die zur Regierung gelangen können,
„ niemals an Nachfolgern gefehlt, als zu den Zeiten,
„ da uns das Verderbniß der Höfe, und die öffentlichen

„ Ausſchweifungen den Zorn des Himmels zuzogen.
„ Das königliche Blut hörte damals auf, von den Vä-
„ tern auf die Kinder zu flieſſen. GOtt übergab die
„ Groſſen und das Volk dem Geiſte der Empörung und
„ Uneinigkeit; und die öffentliche Schande mußte für
„ die öffentlichen Laſter büſſen. Die traurigen Beyſpie-
„ le der vorigen Jahrhunderte ſollten ein Unterricht für
„ das unſerige werden. GOtt beſtraft die Miſſethaten
„ der Völker allemal, indem er ihnen entweder die gu-
„ ten Könige nimmt, oder in ſeinem Zorne Könige giebt.
„ Er will alſo ſein Volk erhalten, indem er uns den
„ König erhält. O! daß doch alſo unſer Dank ſo groß
„ ſeyn möchte, als unſere Furcht und Schrecken geweſen
„ ſind.

   „ Allein, laſſet uns bedenken, daß unſere Treue ge-
„ gen GOtt die einzige Erkenntlichkeit iſt, die er von
„ uns verlanget. Er züchtiget uns ſchon lange, und
„ wir beklagen uns täglich darüber. Er hat nach und
„ nach alle Schalen ſeines Zornes über uns ausgegoſſen.
„ Er hat uns die einzige und ſchrecklichſte gezeigt, mit
„ welcher uns, ſo zu ſagen, ſeine Gerechtigkeit noch heim-
„ ſuchen konnte, indem er den König geſchlagen. Laſ-
„ ſet uns nicht glauben, daß unſer Unglück eher aufhö-
„ ren werde, als unſere Sünden aufhören. Die ſon-
„ derbaren Wege, auf welchen er unſere iungen Mo-
„ narchen auf den Thron geführet hat, geben uns zu
„ erkennen, daß er ſonderbare Abſichten der Barmher-
„ zigkeit gegen uns hege. Er iſt ein neuer Moſes, wel-
„ cher ganz allein, vermöge einer wunderbaren Beſchü-
„ ßung, von ſeinem ganzen durchlauchtigen Geſchlechte
„ iſt erhalten worden, damit er ohne allen Zweifel der-
„ maleins ſein Volk von dem Joche der Unterbrückung
„ und des Elendes erretten möge. Seine Augen ſehen
„ ſich ſchon, wie ehemals die Augen eines heiligen Kö-
„ niges in Juda, nach getreuen Männern um, die er
                                                    „ nes

„ ben sich setzen möge. Meine Augen sehen nach den
„ Treuen im Lande. Der weise Regierer seiner Kind=
„ heit soll auch der Regierer seines Reiches werden. Eben
„ die Grundsätze der Leutseligkeit, Gerechtigkeit und
„ Gottseligkeit, nach welchen seine ersten Sitten sind ge=
„ bildet worden, sollen auch die Regeln seines Regi=
„ ments werden. Und eben die Hände, welche ihm die
„ Gefährlichkeiten und die Pflichten der Krone gezeiget
„ haben, sollen sie ihm auch tragen helfen. Lasset uns,
„ meine lieben Brüder, so glückliche Vorbedeutungen
„ ihres Nutzens nicht berauben, und, indem wir fort=
„ fahren, den Himmel zu erzürnen, die wichtigen Vor=
„ theile, die sie uns versprechen, nicht wieder uns
„ kehren.„

Ebendieser Redner ist eben so beweglich, und eben
so pathetisch, in dieser andern Verordnung, in welcher
er, nachdem er das Unglück des Krieges beseufzet hat,
die Vortheile und Annehmlichkeiten eines unvermutheten
Friedens bey Gelegenheit desjenigen zeigt, der zwischen
dem Könige und dem Käiser im Jahre 1739. geschlos=
sen wurde.

„ Wir haben, meine geliebten Brüder, über die
„ Verwüstungen und das schreckliche Blutbad, welches
„ uns der letzte heftige Krieg vor die Augen stellte, all=
„ zeit geseufzet. Es konnten uns so gar selbst die er=
„ langten Vortheile wegen des christlichen Blutes, wel=
„ ches auf eine beklagenswürdige Weise vergossen wurde,
„ nicht zufrieden stellen; und unsere feyerlichen Danksa=
„ gungen waren vor den Altären vielmehr öffentliche und
„ andächtige Wünsche wegen des Friedens, als Freuden=
„ lieder wegen unserer Siege. Der Geist der Weisheit und
„ Mäßigung, welcher die Monarchie regieret, hatte so
„ gar unsere Kriegsheere eingenommen; und man wur=
„ de bey einem Kriege, in welchem sie die größten Merk=

O 3   „ mas

" male der Tapferkeit an den Tag gelegt hatten, gewahr,
" daß sie niemals geneigter gewesen wären, als itzo, das
" Glück, keine Feinde mehr zu haben, der Ehre, sie zu
" überwinden, vorzuziehen.

" Wenn es aber damals etwas löbliches war, den
" Frieden zu wünschen; so war es doch fast nicht mög-
" lich, sich denselben zu versprechen. Zwey hohe Häu-
" ser, welche zu allen Zeiten Nebenbuhler von einander
" gewesen waren, und einander die Ehre der höchsten
" Ehre Macht und Gewalt in Europa mit den Waffen in
" der Hand beständig streitig zu machen gesucht, hat-
" ten die Völker, ja fast die ganze Welt in ihre Zwistig-
" keiten verwickelt. Es schien, als ob die Herzen eben so
" wenig mit einander könnten vereiniget werden, als
" die Vortheile. Die schreckliche Stimme des Zornes
" GOttes, welcher durch unsere Sünden war gereitzet
" worden, hatte, so zu sagen, den Krieg angekündiget,
" und die ganze Welt in Bewegung gesetzet. Dedit vo-
" cem suam, mota est terra; conturbatæ sunt gentes, et
" inclinata sunt regna. Alles befand sich in Unruhe und
" Verwirrung, oder war wenigstens im Begriffe, dar-
" ein zu gerathen. Und weit gefehlt, daß es hätte schei-
" nen sollen, als ob ein so hitziger und grausamer Krieg
" seinem Ende nahe wäre; so wollte er sich vielmehr im-
" mer weiter ausbreiten, und die übrigen Staaten er-
" greifen, welche bisanhero nur bloße Zuschauer dessel-
" ben abgegeben hatten.

" Was für ein Wunder ist nicht, meine geliebten
" Brüder, eine allgemeine Ruhe und Stille, die Gott
" auf einen Krieg hat folgen lassen, der ganz Europa
" beunruhigte, und zwar zu einer Zeit, da das Feuer der
" Zwietracht mehr als iemals entzündet war, und, wie
" es schien, niemals wieder auslöschen sollte! Kom-
" met her, und schauet die Werke des HErrn, der
" auf

"" auf Erden ſolche Wunder anrichtet, und den
"" Kriegen in aller Welt ſteuret.

"" Ohne Zweifel war, meine geliebten Brüder, Gott,
"" der uns eine ſo unerwartete Gnade erzeigte, von den
"" friedlichen Geſinnungen, die der König auch mitten
"" unter ſeinen Siegen hegte, gerühret worden.   Die
"" Grundſätze einer weiſen Auferziehung hatten ihn ge-
"" wöhnet, auch die glücklichſten Kriege als Züchtigun-
"" gen des göttlichen Zorns über die Völker anzuſehen.
"" Er wußte, daß die Eroberungen auch ſo gar dieieni-
"" gen Monarchien, die ſie vergröſſern, ſchwächen und
"" erſchöpfen; daß der glorreichſte Fortgang der Waffen
"" gar einen ſchlechten Eindruck macht, wenn er nicht ein
"" unter dem Elende ſeufzendes Volk erquicket, und ihm
"" die Thränen abwiſchet; daß die Könige vielmehr von
"" Gott geſetzet ſind, die Väter und Beſchützer ihres
"" Volk, als die Ueberwinder ihrer Nachbarn zu ſeyn;
"" und daß, wenn ſie ſich vermittelſt des Blutes und der
"" Abgaben neue Unterthanen verſchaffen, ſie oftmahls
"" die Liebe und das Vertrauen ihrer eigenen Untertha-
"" nen verlieren."

Man wird auch noch folgende Verordnung mit Vergnügen leſen, welche ebendieſer Redner im Jahr 1742. wegen
der Miſſionen ſeines Kirchſprengels ergehen ließ. Dieſes Stück, in welchem eine männliche und bewegliche
Beredtſamkeit herrſchet, kömmt den ſchönſten Zügen in
ſeinen Predigten gleich.

"" Da die Härtigkeit unſerer Herzen, meine gelieb-
"" teſten Brüder, der unendlichen Barmherzigkeit Got-
"" tes gegen uns täglich neue Hinderniſſe in den Weg
"" legt; ſo ſcheinet es, als ob ſeine väterliche Güte ih-
"" res Ortes nicht müde würde, täglich neue Mittel und
"" Wege zu verſuchen, uns von unſern Irrwegen abzu-

D 4   "" zie-

„ziehen. Er suchet unsere Felder mit Unfruchtbarkeit
„heim. Er läßt zu, daß die Bedürfniße des Staats
„die Last der öffentlichen Auflagen zu eben der Zeit ver-
„mehren, da er uns einen Theil von den Mitteln sie
„zu ertragen entziehet. Er hat die Krankheit und den
„Tod über unsere Städte und Dörfer kommen laßen.
„Wir haben gesehen, wie um und neben uns die Ael-
„tern den Kindern, und die auf das zärtlichste gelieb-
„ten Kinder ihren Aeltern sind entrißen worden. Wir
„haben nicht aufgehöret, und hören auch noch nicht auf,
„uns über diese allgemeinen Unglücksfälle zu beklagen;
„wir denken aber nicht daran, wie wir den Treulosig-
„keiten und Sünden, wodurch wir uns dieselben zuzie-
„hen, ein Ende machen wollen.

„Die Prediger mögen uns auf den Canzeln immer-
„hin sagen, es würden beßere Zeiten kommen, wenn
„wir einen reinern und heiligern Wandel führeten. Ver-
„geblich lesen sie in unsern Gotteshäusern die öffentli-
„chen Gebethe der Kirche ab, damit sich der Himmel
„gegen euch günstiger erzeigen möge. Ihr begebet euch
„in dieselben, eine Veränderung der Witterung, aber
„nicht eine Veränderung eurer Herzen zu erlangen....
„Euer öffentliches Gebeth ist vielmehr ein fleischliches
„Geschrey einer Menge Strafbarer, welche seufzen, weil
„sie sehen müßen, daß ihnen die Gegenstände ihrer
„Sünden und Laster entzogen werden, als einer Ver-
„sammlung wahrhaftig Bußfertiger, welche durch ihr
„Schreyen und andächtiges Seufzen eine wahre Reue
„an den Tag legen, daß sie dieselben allzeit übel an-
„gewendet haben. Wie können aber, meine lieben
„Brüder, so unreine Gebethe einen Gott besänftigen,
„den sie nur erzürnen müßen? Und wie können sie von
„seiner Gütigkeit Güter erhalten, die ihr mißbrauchet,
„und welche er euch nur in seinem Zorne, und als Ge-
„legenheiten zu eurem ewigen Verderben würde zuge-
„stehen können? . . . . . . „Es

„ Es ist also vergeblich, meine Brüder, daß euch
„ GOtt durch die allgemeinen Plagen, womit er euch
„ heimsuchet, und durch die öffentliche Gebethe, welche
„ um die Abwendung derselben angestellet werden, zu
„ sich rufet . . . . . . Es wecket euch also aus eu-
„ rem Schlafe nichts auf, weder die elenden Zeiten,
„ noch die öffentlichen Hülfsmittel der Kirche, noch auch
„ die geheimen Eindrücke der Gnade; und der Tod ist
„ für alle diejenigen, die euch gleich sind, allzeit der
„ schreckliche Augenblick, in welchem sich ihre von dem
„ Schatten des Leibes befreyeten Augen endlich dem
„ Lichte der Wahrheit, aber ohne Nutzen für sie, auf-
„ thun.

„ Damit nun aber die unaussprechliche Güte des
„ Vaters der Barmherzigkeit einem so grossen, aber
„ doch dabey so gemeinen Unglücke zuvorkommen möge;
„ so will sie noch den letzten Versuch thun, um euch zu
„ nöthigen, endlich einmal in euch zu gehen. Ehedes-
„ sen sendete GOtt Rachengel zu seinem Volke, wenn
„ es seine Warnungen nicht hören wollte, und seine
„ Sünden aufs höchste gestiegen waren. Er verbrann-
„ te die sündlichen Städte mit Feuer. Es ist aber die-
„ ses Zorn-und Rachfeuer nicht mehr, welches sein Sohn
„ auf der Welt anzuzünden gekommen ist, sondern das
„ Feuer der Liebe. Die Engel, die er zu euch sendet,
„ und welche sich unter euch werden sehen lassen, sind
„ die Diener des Friedens und der Versöhnung. Er
„ wird seine Stimme, und sein heiliges Wort in ihren
„ Mund legen.

„ Das Wort der Kraft und Herrlichkeit, welches,
„ an statt die Städte zu zerstöhren, und die Einwohner
„ derselben zu vertilgen, eine neue Welt, einen neuen
„ Himmel, und eine neue Erde unter euch schaffen
„ wird. Die Stimme des HERRN gehet mit

„Macht,

” Macht, die Stimme des HErrn gehet herrlich.
” Pſ. 29, 4. und f.

” Das heilſame Wort, welches das ſchlammichte
” Waſſer der Laſter bewegen, und ſein Erbtheil, das
” ſo lange Zeit davon iſt überſchwemmet und verunrei-
” niget worden, von demſelben reinigen wird.   Die
” Stimme des HErrn gehet auf den Waſſern.

” Das allmächtige Wort, welches die Cedern des
” Libanons, alle Gebäude des Stolzes, und das Glück,
” welches auf den Betrug und die Ungerechtigkeit ge-
” bauet iſt, umwerfen und zerſtöhren wird. Die Stim-
” me des HErrn zerbricht die Cedern, der HErr
” zerbricht die Cedern in Libanon.

” Das von dem Feuer des Eifers und der Liebe
” ganz entzündete Wort, welches alle unreine Flammen
” auslöſchen, und dafür keuſche und heilige in euren
” Herzen anzünden wird.   Die Stimme des HErrn
” häuet wie Feuerflammen.

” Das fruchtbare Wort, welches den neuen Men-
” ſchen in den langſamen, ſchüchternen und unentſchlüſ-
” ſigen Seelen gebähren wird, welche ſeit langer Zeit
” von den Bewegungen der Gnade und den Geburts-
” ſchmerzen ſind angetrieben worden, ihn in ihren Her-
” zen gebähren zu laſſen.   Die Stimme des HErrn
” erreget die Hindinn.

” Das apoſtoliſche Wort, das Donnerwort der Kin-
” der Zebedäi, welches die Wüſten erſchüttern wird,
” ich will ſagen, die in der Bosheit verhärteteſten und
” unbeweglichſten Seelen, welche mit ihrer Verſtockung
” auf eine gottloſe Weiſe prahlen, und in welchen keine
” Wartung und Pflegung, und kein Saame iemals er-
” nus

” was anders, als Dornen hat hervorbringen können.
” Die Stimme des HErrn erreget die Wüsten.

” Endlich die durchbringende Stimme, welche bis
” in das Innerste der sündlichen Gewissen eindringen,
” die dicksten Finsternisse derselben erleuchten, und, ver=
” mittelst einer aufrichtigen Entdeckung in dem Beicht=
” stuhle, das finstere Chaos zerstreuen und vertreiben
” wird, in welchem sie so lange Zeit gelegen hatten.
” Die Stimme des HErrn entblösset die Wälder.

” Es ist also dieses, meine Brüder, gleichsam das
” letzte Hülfsmittel, welches GOtt aus den Schätzen
” seiner Barmherzigkeit herausnimmt, euch zu erretten.
” O! wie unglücklich würdet ihr seyn, wenn ihr eure
” Verstockung aufs höchste triebet, indem ihr es bey
” euch keinen Nutzen schaffen liesset! Ach! meine Brü=
” der, ich zittere, indem ich euch diesen Fluch zum vor=
” aus verkündige. Ihr würdet zu gleicher Zeit die Ge=
” duld und die Barmherzigkeit GOttes gegen euch aufs
” höchste treiben. Ja, meine Brüder, ich sage es noch=
” mals, dieses ist der Augenblick, der euer ewiges
” Schicksal entscheiden soll.

Man wird aus folgender rednerischen Figur, die aus
der Lobrede genommen ist, welche der Vater Bourda=
loue auf den h. Andreas gehalten hat, sehen, wie ein
geschickter Redner die Hülfsmittel seiner Kunst recht zu
gebrauchen weis.

” Dieß ist der Prediger, den GOtt zu eurem Un=
” terrichte erwecket hat. Dieß ist derjenige, den ihr
” nach dem Willen und Verlangen GOttes anhören
” sollet; nämlich der heil. Andreas am Kreuze. Se=
” het nicht auf mich. Heget keine Achtung, weder ge=
” gen meine Worte, noch gegen meinen Eifer. Ver=
” gesset

”geſſet die Heiligkeit meines Amtes. Ich bin heute
”nur ein tönendes Erzt, und eine klingende Schelle.
”Und es kömmt mir nicht zu, euch einen gekreuzigten
”GOtt zu predigen; ſondern dieſem Apoſtel, dieſem
”gekreuzigten Manne, deſſen Predigt, welche weit nach:
”drücklicher und kräftiger, als die meinige iſt, noch izo
”in allen Kirchen der chriſtlichen Welt erſchallet. Die:
”ſer, ſage ich, iſt der Prediger, wider welchen ihr
”nichts einzuwenden habet. Was hat er aber nicht
”euch vorzurücken?

Ebendieſer Redner wendet in der Lobrede, welche er
auf die heil. Genevieve, die Schutzpatroninn der Stadt
Paris, gehalten, ein aus der heiligen Schrift genom:
menes Beyſpiel auf eine ſinnreiche und pathetiſche
Art an.

”Von der Zeit an, als die franzöſiſche Monarchie
”entſtund, beſtimmte ihr GOtt dieſe Beſchützerinn.
”Paris wurde in den folgenden Zeiten eine der vor:
”nehmſten und prächtigſten Städte der Welt. Und
”wenn es ſich bis izo bey dieſem Glanze erhalten; wenn
”es, der unaufhörlichen Veränderungen und Abwech:
”ſelungen der menſchlichen Dinge ungeacht, beſtanden
”hat, und noch beſtehet; und wenn es unzähligemal,
”weder durch das Feuer, noch durch das Schwert, we:
”der durch den Hunger, noch durch die anſteckende
”Seuche, weder durch die Dürre, noch durch die Ue:
”berſchwemmungen iſt zu Grunde gerichtet worden; iſt
”es euch wohl unbekannt, daß es ſolches ſeiner ſeligen
”Patroninn zu danken hat? Vermöge ihres mächtigen
”Schutzes hat ſie es oftmals vor der Wuth des Krie:
”ges, vor den freſſenden Flammen, vor übler Witte:
”rung, vor der Unfruchtbarkeit der Felder, und den
”Ueberſchwemmungen der Flüſſe bewahret. Ein Schutz,
”der um ſo viel nöthiger iſt, ie gröſſer die Bosheit der
”Welt

„ Welt ist, und ie mehr sie den Himmel wider uns zum
„ Zorne reizen muß. Denn was ist diese volkreiche
„ Stadt, und was würdet ihr erblicken, wenn ich euch
„ alle Greuel derselben vor die Augen stellte? Was ist,
„ sage ich, Paris? Ein ungeheurer Zusammenfluß aller
„ Laster, welche zunehmen, sich mehren, und die Klei=
„ nen und die Grossen, die Reichen und die Armen an=
„ stecken; die auch so gar die allerheiligsten Sachen ent=
„ weihen, und sich bis in das Haus GOttes einschlei=
„ chen. Lasset uns den Vorhang nicht wegziehen, wel=
„ cher diese abscheulichen Dinge zum Theil vor uns ver=
„ birgt. Es ist uns ohnedem nur mehr als zu viel da=
„ von bekannt. Was würde nun aber nicht geschehen,
„ wenn wir keine Mittlerinn hätten, die sich unserer bey
„ GOtt annähme, und seine Streiche zurücke hielte?
„ Wird aber wohl GOtt, meine Brüder, bey dem allen
„ nicht ermüden? Wird das Maaß unserer Sünden
„ nicht voll werden, und wird es sich nicht zutragen kön=
„ nen, daß der Beystand, den uns die Genevieve lei=
„ stet, endlich aufhöret? Als die Israeliten des HErrn
„ ihres GOttes dergestalt vergessen hatten, daß sie zu
„ der Zeit, als Moses auf dem Berge war, und für sie
„ bethete, einem güldenen Kalbe opferten; so machte
„ GOtt, wie die h. Schrift meldet, diesem Gesetzgeber
„ deswegen einen Vorwurf. Gehe, Mose, sagte er zu
„ ihm, steige von dem Berge hinab; so wirst du die
„ Unordnung deines Volks sehen. Denn es ist dein
„ Volk, und nicht mehr mein Volk. Gehe hin, und
„ steige hinab, dein Volk hat gesündiget . . . . . .
„ Gehe also, du wirst selbst Zeuge von seinen Unord=
„ nungen und Ausschweifungen seyn . . . . . . Bitte
„ also nicht mehr für dasselbe, und widersetze dich mir
„ nicht mehr, da ich mir vorgenommen habe, es aus=
„ zurotten, und zu vertilgen. Dein Gebeth thut mir
„ Gewalt an. Laß mich einige Augenblicke gehen, da=
„ mit mein Zorn ausbrechen möge. Laß mich wal-

S   „ ten,

„ten, daß mein Zorn ergrimme. Ich weis, ih
„Chriſten, was Moſes that, daß er deswegen nic
„aufhörete, um Gnade zu bitten; daß er GOtt be
„ſchwohr, ſeinen Arm noch zurücke zu halten; und da
„er es endlich durch die dringendeſten Vorſtellungen da
„hin brachte, daß das Urtheil, welches die göttlich
„Gerechtigkeit gefället hatte, geändert wurde. Ihr wi
„ſet aber auch, daß es nicht ohne ſehr traurige und
„ſchreckliche Folgen geſchah; weil auſſer den drey und
„zwanzig tauſend Menſchen, die Moſes, dieſes Aerger=
„niß zu beſtrafen, mit dem Schwerte erwürgen ließ,
„von allen übrigen, welche geſündiget hatten, nicht ein
„einziger in das Land Canaan kam.

„Iſt es wohl nöthig, meine geliebten Zuhörer, daß
„ich euch dieſes Bild erkläre? Machet ihr nicht ſelbſt
„die Anwendung davon? und ſehet ihr nicht bereits
„das ganze Geheimniß ein? So lange die Genevieve
„auf der Welt lebte, und das Volk durch ihre Gegen=
„wart und durch ihr Beyſpiel ermunterte, war Paris
„eifrig, und man bewunderte die Unſchuld und Heilig=
„keit der wenigen Chriſten, die es bewohneten. Itzo
„aber, da uns der Tod dieſes groſſe Muſter geraubet
„hat, und die Genevieve ſich auf dem Berge befindet,
„wo ſie GOtt unſere Noth und unſer Anliegen vorſtel=
„let, machen wir uns Götzen, welchen wir räuchern;
„güldene Götzen, fleiſchliche Götzen; und wir ſagen,
„wie die Iſraeliten, einer zu dem andern: Dieß ſind
„die Götter, welchen wir dienen ſollen. Dieß ſind dei=
„ne Götter. Da wir nun aber, meine geliebten Zu=
„hörer, in dieſem Stücke GOtt auf eine ſo unanſtän=
„dige Weiſe begegnen, und er mit Recht wider uns
„zum Zorne gereizet iſt; hat er nicht Urſache, zu der
„heiligen Patroninn, die ihr um ihren Beyſtand bey
„ihm anflehen werdet, ebendasjenige zu ſagen, was er
„zu Moſen ſagte: Gehe hin, ſteige hinab, dein Volk
„hat

„hat geſündiget. Gehe hin, und ſiehe, was das für
„ein Volk iſt, deſſen du dich ſo eiftig annimmſt. Ich
„laſſe es mir gefallen, daß es dein Volk iſt. Es iſt
„aber nicht mehr das meinige; denn es iſt ein abgöt=
„tiſches Volk. Es iſt ein abgöttiſcher Verehrer der
„Welt, die es als ſeinen GOtt anbethet. Es iſt ein
„abgöttiſcher Verehrer der falſchen Güter der Welt, die
„es durch alle die Mittel an ſich zu bringen ſuchet, wel=
„che ihm ſeine unerſättliche Begierde eingiebt. Es iſt
„ein abgöttiſcher Verehrer der Gröſſe und Hoheit der
„Welt, nach welcher es ſein Ehrgeiz beſtändig trachten
„läßt. Es iſt ein abgöttiſcher Verehrer der Ergötzlich=
„keiten der Welt, und der ſchändlichſten Wellüſte, in
„welchen es elender Weiſe erſoffen iſt. Warum trittſt
„du alſo zwiſchen daſſelbe und mich? Warum ſucheſt
„du meine Barmherzigkeit zu rühren, und warum läſ=
„ſeſt du meine Gerechtigkeit nicht thun, was ſie will?
„Laß mich walten, daß mein Zorn ergrimme.
„Wer zweifelt wohl, ihr Chriſten, daß GOtt mit der
„h. Genevieve nicht alſo rede, oder reden könne? Und
„wer weis, ob ſich nicht die Genevieve, welche deetwe=
„gen, weil wir ihre Bemühungen ſo ſchlecht unterſtü=
„tzen, unwillig iſt, ſelbſt hinweg begeben, und ſich viel=
„leicht wider uns aufmachen wird?„

Ebendieſer Redner macht vermöge einer ſinnreichen,
aber rührenden Figur, eine Abſchilderung vom jüngſten
Gerichte, und zeigt, daß am groſſen Tage der Rache
die Sünden eines jeden der ganzen Welt vor die Augen
werden geleget werden.

„Ich will euch dieſes, ihr Chriſten, noch deutlicher
„vorſtellen. Gebet Achtung auf das, was ich ſage;
„ihr werdet davon gerühret werden. Wenn mir GOtt
„itzo, da ich rede, vermöge eines Strahls ſeines Lich=
„tes dasjenige entdeckte, was in einem jeden von euch
„am

„ am geheimsten und verborgensten ist; noch mehr, wenn
„ er mir befähle, euch itzo dasienige öffentlich und ins
„ Angesichte vorzuwerfen, was in eurem Leben am un-
„ bekanntesten und betrübtesten ist; wenn er zu mir, wie
„ zu dem Propheten sagte: Grabe durch die Wand
„ und offenbahre, vermöge des Rechts, welches ich be-
„ ertheile, die Gewissen aufzudecken, alle Greuel und
„ alle Abscheulichkeiten derselben. Erhebe deine Stim-
„ me, und sage denen, die dir zuhören, ohne dich vor
„ ihnen zu fürchten, dasienige unerschrocken, was sie
„ am wenigsten hören wollen; worüber sie, wenn sie es
„ hören, ganz ausser sich seyn werden; was man ihnen
„ noch niemals gesagt hat, und was sie sich auch selbst
„ nicht zu sagen getrauen; und verkündige meinem
„ Volke seine Missethat. Wenn ich, diesem Befehle
„ zu Folge, mein Amt und die Freyheit, die es mir er-
„ theilet, so weit ausdehnete; und wenn ich, ohne auf
„ euren Stand zu sehen, auf dieser Canzel so viele Ge-
„ heimnisse der Ungerechtigkeit, oder besser zu sagen, so viele
„ schändliche Geheimnisse öffentlich bekannt machte; mit
„ einem Worte, wenn ich, auf göttlichen Befehl, wirk-
„ lich einen und den andern von meinen Zuhörern an-
„ griffe, die für redliche und rechtschaffene Leute gehal-
„ ten werden, aber in der That verderbte Menschen, und
„ vielleicht sehr grosse Bösewichter sind; wenn ich einen
„ ieden insbesondere nennete, und ihnen die Schande
„ von, ich weis nicht wie vielen, und noch dazu schänd-
„ lichen Lastern, durch welche sie beschimpfet würden,
„ vorrückte; so würde derienige, der mir mit Vergnü-
„ gen zuhöret, ganz gewiß vor Schmerz und Verdruß
„ darüber sterben. Indessen ist dieses nur ein gerin-
„ ger Abriß von dem Gerichte, von welchem ich mit
„ euch rede, und von dessen wesentlichen Umständen ei-
„ ner in der unumschränkten Freyheit, oder besser zu
„ sagen, in der gebietherischen Freyheit bestehet, mit
„ welcher GOtt dieienigen verurtheilen wird, die sich,
„ so

"so lange sie in der Welt lebten, einbildeten, sie wären
"im Besitze, niemals verurtheilet zu werden; mit wel-
"cher er diejenigen bestrafen wird, die man niemals
"bestraft hat; und mit welcher er zeigen wird, er sey
"für alle, ohne Ausnahme, noch weit mehr aber um
"deswillen der GOtt der Rache. GOtt ist ein HErr,
"dem die Rache zugehöret.   Denn, spricht der kö-
"nigliche Prophet, er wird aus eben dem Grunde, aus
"welchem ihm die Rache gehöret, auf eine freye und
"uneingeschränkte Art, das ist, als ein GOtt handeln.
"Als ein GOtt, der gegen nichts einige Achtung hat,
"oder welcher vielmehr über alles weit erhaben ist.
"Als ein GOtt, der bey dem letzten Gerichte, welches
"er mit den Menschen halten wird, weder auf gewisse
"Stände zu sehen, noch gewisse Personen zu schonen
"haben wird, weil er kommen wird, die Menschen des-
"wegen, weil sie ihre Stände gemißbrauchet, zu rich-
"ten, und die schändliche Nachsicht zu bestrafen, die
"man gegen sie geheget hat.   GOtt, dem die Ra-
"che zugehöret, hat frey gehandelt.

Damit der Vater Bourdaloue, in der Predigt vom
Leiden JEsu Christi, seine Zuhörer durch dringende
Schlüsse und starke Wahrheiten erschrecken, und in ihnen eine heilsame Furcht vor der Sünde erregen möge;
so wendet er einen gewissen Umstand des Leidens des
Heilandes, welcher darinnen bestehet, daß JEsus Christus mit dem Barrabas in eine Vergleichung gestellet
wurde, glücklich an.   Diese Stelle ist eben so erhaben,
als pathetisch.

"Wie oft haben wir nicht, meine geliebten Brüder,
"JEsu Christo eben die Beschimpfung zugefügt, die
"ihm das jüdische Volk zufügte? Wie oft haben wir
"nicht, nachdem wir ihn in dem Sacramente der Com-
"munion gleichsam im Triumphe aufgenommen, weil
"wir

P

„ wir von der ſinnlichen Begierde verführet wurden,
„ dieſem GOtt der Herrlichkeit entweder ein Vergnü-
„ gen, oder einen Vortheil, den wir zum Nachtheile
„ ſeines Geſetzes ſuchten, vorgezogen? Wie oft haben
„ wir nicht, weil wir zwiſchen dem Gewiſſen, das uns
„ regierte, und der Leidenſchaft, die uns verderbte, ge-
„ theilt waren, das abſcheuliche Urtheil und den ſchänd-
„ lichen Vorzug erneuert, welcher der Creatur vor un-
„ ſerem GOtt ſelbſt eingeräumet wurde? Ich bitte euch,
„ ihr Chriſten, auf folgende Anwendung Achtung zu
„ geben. Sie rühret von dem h. Chryſoſtomus her,
„ und wenn ihr ſie recht faſſet; ſo werdet ihr ſchwerlich
„ davon ungerühret bleiben. Das Gewiſſen, welches
„ auch wider unſern Willen die Stelle eines Richters
„ in uns vertritt, ſagte in unſerm Herzen zu uns: Was
„ willſt du thun? Auf der einen Seite erblickeſt du dein
„ Vergnügen, und auf der andern deinen GOtt. Für
„ wen erkläreſt du dich? Denn beydes zugleich kannſt
„ du nicht haben. Du mußt entweder dein Vergnü-
„ gen, oder deinen GOtt laſſen. Thue nunmehro den
„ Ausſpruch; welcher von beyden ſoll dir losgegeben
„ werden? Aber die Leidenſchaft, welche ſich in uns un-
„ ſers Herzens bemächtiget hatte, ließ uns, aus einer
„ abſcheulichen Treuloſigkeit, den Entſchluß faſſen; ich
„ verlange mein Vergnügen. Was ſoll denn aber alſo
„ aus deinem GOtt werden, antwortete das Gewiſſen
„ ingeheim, und was ſoll ich mit ihm machen, da ich
„ nicht umhin kann, mich ſeiner wider dich anzuneh-
„ men? Was ſoll ich denn mit JEſu machen!
„ Es mag meinem GOtt gehen, wie es will, antwortet
„ die Leidenſchaft trotziger Weiſe; ich will mir Gnüge
„ thun, und der Entſchluß iſt gefaßt. Weiſt du aber
„ wohl, verſetzte das Gewiſſen durch ſeine Biſſe, daß,
„ wenn du dir dieſes Vergnügen erlaubeſt, dein GOtt
„ noch einmal wird ſterben, und in dir ſelbſt gekreuzi-
„ get werden müſſen? Er mag immerhin gekreuziget

„ wer-

„werden, wenn ich mir nur genug thun kann. Laß
„ihn kreuzigen. Aber ich frage noch einmal, was
„hat er dir denn zuwider gethan, und was hast du für
„Ursache, ihn auf eine solche Art zu verlassen? Was
„hat er denn Böses gethan? Mein Vergnügen ist
„meine Ursache. Und da mein GOtt ein Feind von
„meinem Vergnügen ist, und mein Vergnügen ihn
„kreuziget; so sage ich nochmals, er werde gekreuziget.
„Laß ihn kreuzigen. Denn dieses gehet, meine ge-
„liebten Zuhörer täglich in dem Gewissen der Menschen
„vor, und es ist in euch, und in mir vorgegangen, so
„oft wir in die Sünde gefallen sind, die JEsu Christo
„eben so wohl, als unserer Seele den Tod bringet.
„Hierinnen bestehet die Schwere und die Bosheit die-
„ser Sünde. Ich weis wohl, daß man sich nicht alle-
„mal so ausdrücklicher Worte bedienet, und sich nicht
„allzeit so deutlich ausdrückt. Es giebt aber doch,
„ohne daß man es so deutlich sagt, eine Sprache des
„Herzens, welche alles dieses sagt. Denn so bald ich
„weis, daß ein solches Vergnügen strafbar, und von
„GOtt verbothen ist; so weis ich auch, daß ich es un-
„möglich verlangen, und darnach streben kann, ohne
„GOtt zu verlieren. Und folglich ziehe ich dieses Ver-
„gnügen GOtt vor, wenn ich es verlange, und dar-
„nach strebe.„

Der Vater Bourdaloue bedienet sich, nach dem h.
Chrysostomus, ebendieser Figur, in der Predigt von
der Ceremonie Asche zu streuen. Man wird darinnen
eben das Feuer, und eben die Heftigkeit, als in dem vorhergehenden Stücke gewahr.

„Es ist in Ansehung euer und meiner nichts gewis-
„ser, als der Tod. Ja, ihr Christen, der Heyland der
„Welt sagt ausdrücklich zu uns: Wachet, weil des
„Menschen Sohn zu einer Stunde kommen wird, da
„ihr

"ihr es nicht vermuthen werdet. In der Stunde,
"da ihr es nicht meynet. Kann wohl etwas deut=
"licher, als diese Worte seyn? und vergrössern sie
"mein Verbrechen nicht, wenn ich in meinen Sünden
"fortfahre, und meine Bekehrung aufschiebe? . . . . . .
"Und in Wahrheit, wenn wir den Tod recht ernsthaft
"und aufmerksam betrachteten, wie unbillig und unge=
"recht würde uns nicht die unmässige Liebe vorkommen,
"die wir zu unserem Körper tragen? Wie ungerecht
"handeln wir nicht gegen GOtt, diesen ewigen GOtt,
"daß wir einen Leib, welcher der Verwesung unter=
"worfen ist, mehr lieben, als ihn, ja daß wir ihn, wie
"der h. Paulus sagt, dergestalt lieben, daß wir so gar
"eine Gottheit aus ihm machen? Wie ungerecht han=
"deln wir nicht gegen unsere Seele, diese unsterbliche
"Seele, daß wir ihr einen Leib vorziehen, welcher eine
"Speise der Würmer werden soll; und daß wir, ob
"sie gleich unsterblich ist, dennoch ihre Glückseligkeit
"und Herrlichkeit den unreinen Begierden eines ver=
"weslichen Fleisches aufopfern? Ja wie ungerecht han=
"deln wir nicht selbst gegen diesen Leib, daß wir ihn,
"um vergänglicher Wollüste willen, Martern aussetzen,
"die niemals ein Ende nehmen werden, und daß wir
"ihn ein kurzes Vergnügen durch ewige Strafen erkau=
"fen lassen? Ach! meine Brüder, spricht der h. Chry=
"sostomus, indem er etwas vraussetzt, worüber ihr
"erstaunen werdet, welches aber im Grunde ein ganz
"christlicher und gegründeter Gedanke ist. Wenn der
"Leib eines Verdammten, der itzo in der Erde liegt,
"welcher aber dermaleins in der Hölle einen Platz be=
"kommen soll, am jüngsten Gerichte wider seine Seele
"auftreten, und sie anklagen könnte, was für Vorwür=
"fe würde er ihr nicht wegen der grausamen Nachsicht
"machen, die sie in Ansehung seiner beobachtet hat?
"Und wenn die Seele, die sich in das Verderben
"stürzet, weil sie ihren Leib gar zu sehr geliebet hat,
"itzo,

„ izo, da ich rede, aus dem Orte ihrer Qvaal zurücke-
„ kommen, und diesen Leib im Grabe sehen könnte, was
„ für Vorwürfe würde sie sich nicht selbst wegen der
„ strafbaren Neigung machen, die sie zu ihm gehabt
„ hat? Ja, was für Vorwürfe würden sie nicht alle
„ beyde einander machen, wenn sie GOtt gegen einan-
„ der stellte? Vergönnet mir, daß ich diesen Gedanken
„ etwas weiter ausführe, welcher, so unregelmäßig,
„ und so weit er auch immer getrieben zu seyn scheinen
„ mag, euch dennoch die Wahrheit, die ich vortrage,
„ noch deutlicher vor die Augen stellen wird. Treulose
„ Seele, würde der eine sagen, mustest du mich so hin-
„ tergehen? Mustest du, um mich einen Augenblick
„ glücklich zu machen, mich nebst dir in den Abgrund
„ einer ewigen Verdammniß stürzen? Mustest du eine
„ so schädliche Nachsicht gegen mich hegen? Mustest
„ du meinen Neigungen leichtsinniger Weise nachge-
„ ben? Hättest du ihnen nicht vielmehr Einhalt thun,
„ und dir eine Gewalt über mich anmassen sollen? War-
„ um hast du mich nicht zu der heilsamen Bußstrenge
„ verdammt? Warum hast du mich nicht gezwungen,
„ nach den Regeln zu leben, welche du mir auf göttli-
„ chen Befehl vorschreiben solltest? Hatte er mich dir
„ nicht deswegen unterworfen? Aber, du widerspänsti-
„ ger und wollüstiger Leib, würde die Seele antworten,
„ wem soll ich mein Verderben sonst, als eben dir zu-
„ schreiben? Ich kannte dich nicht. Ich ließ mich von
„ deinen Reizungen verführen, weil ich weder daran
„ gedachte, was du gewesen warest, noch auch an das,
„ was du werden solltest. Wenn ich den schrecklichen
„ Zustand, in welchen dich der Tod versetzen sollte, all-
„ zeit vor Augen gehabt hätte; so würde ich nichts, als
„ Verachtung gegen dich geheget haben. Und in der
„ Gesellschaft, in welcher wir mit einander lebten, wür-
„ de ich dich nicht anders, als den Gefährten meines
„ Elendes, oder vielmehr als den Mitschuldigen mei-
„ ner

P 3

" ner Verbrechen angesehen haben, welcher eben des-
" wegen verbunden ist, die Strafen und Züchtigungen
" mit mir zu theilen.

" In Wahrheit, ihr Christen, dieses hat zu allen
" Zeiten in den Seelen, die sich wahrhaftig bekehret
" haben, nicht nur diese heldenmüthige Verachtung,
" sondern auch diesen heiligen Haß gegen ihre Leiber ge-
" wirket.   Dieses hat so oftmals unter den Christen
" Wunder der Bekehrung gethan.   Ein Franz von
" Borgia hatte weiter nichts nöthig, um sich zu ent-
" schliessen, die Welt zu verlassen.   Der Anblick des
" Leichnams einer verstorbenen Königinn und Käiserinn,
" den er feyerlich sollte beerdigen lassen, und welchen er
" fast nicht mehr kannte, als er bezeugen sollte, daß es
" ihr Leichnam wäre, so scheußlich und verunstaltet kam
" er ihm vor; dieser Anblick, sage ich, überredete ihn
" völlig.   Er konnte diese Schönheit, welche der Tod
" durch eine so plötzliche und so seltsame Veränderung
" zerstöhret hatte, nicht sehen, ohne zugleich den Ent-
" schluß zu fassen, selbst allen Eitelkeiten der Welt ab-
" zusterben."

Damit ebendieser Redner in folgendem Stücke die
Nichtigkeit der falschen Güter der Erde desto besser zeigen möge; so leget er auf eine Art, welche sehr geschickt
ist, einen Eindruck zu machen, seinen Zuhörern die Leichname der elenden Sclaven der Welt vor die Augen,
welche das größte Glück nicht hat vor dem Tode schützen können.

" Warum eignet ihr euch, ihr sterblichen Menschen,
" ohne Ursache eine eingebildete und erdichtete Größe
" zu? Erinnert euch dessen, was ihr vor einigen Jah-
" ren waret, als euch GOtt durch seine Allmacht aus
" dem Staube und dem Nichts hervorzog.   Gedenket
" da

" dabey an das, was ihr in einigen Jahren seyn wer-
" det, wenn die wenigen Tage, die ihr noch zu leben
" habet, vollends verflossen sind.   Denn dieses sind die
" beyden Ziele, auf welche sich euer ganzer Stolz; auch
" wider euren Willen, einschränken muß.   Redet von
" diesen beyden Sachen, so viel, und so lange ihr wol-
" let; ihr werdet doch niemals eine andere Folgerung
" daraus ziehen, als eine solche, die euch nicht nur be-
" müthiget, sondern auch zu eurer Pflicht zurückerust,
" wenn ihr so blind und thöricht seyn, und euch von
" derselben entfernen werdet. Um euch hiervon zu über-
" zeugen, darf ich mich heute nur der Worte der Kirche
" bedienen: **Bedenke, Mensch, daß du Staub bist,**
" **und wiederum zu Staube werden wirst.**   Ich
" darf diesen Ausspruch nur an alle von Leidenschaften
" eingenommene Seelen, welche hier zugegen sind, rich-
" ten, um sie anzutreiben, nicht mehr so weitläuftige
" und so unermeßliche Begierden zu haben, die sie be-
" ständig martern, und welchen man niemals Gnüge
" leistet.   Ich darf nur eben die Einladung an sie er-
" gehen lassen, welche die Jüden an den Heiland der
" Welt ergehen liessen, als sie ihn ersuchten, sich zu dem
" Grabe des Lazarus zu begeben, und zu ihm sagten:
" **Komm und siehe.**   Kommet, ihr Geizigen, ihr
" brennet von einer unersättlichen Begierde, deren Feuer
" nichts stillen kann. Und weil diese Begierde uner-
" sättlich ist; so macht sie, daß ihr unzählige Ungerech-
" tigkeiten begehet.   Sie macht euch bey dem Elende
" der Armen unempfindlich, und stürzet euch in eine
" tiefe Vergessenheit eurer Seeligkeit. Betrachtet die-
" sen todten Körper mit aufmerksamen Augen. Komm
" und siehe.   Er war ein Glückskind, wie ihr seyd.
" Er hatte sich in wenig Jahren so sehr, als ihr, berei-
" chert. Er begieng, wie ihr, die Thorheit, daß er
" nach seinem Tode ein volles Haus und wohlversorgte
" Kinder hinterlassen wollte. Betrachtet ihn aber izo.

” mehren, niemals Anlaß gegeben, bey dem Falle he=
” rer, auf welche ihr euch ſtützet, ſelbſt zu ſeufzen, und
” zu zittern? Haben es euch die Kinder, die ihr wünſch=
” tet, um in euren Nachkommen die Früchte eurer Mü=
” he und Arbeit, und die Ehre eurer geleiſtten Dien=
” ſte zu verewigen, niemals bereuen laſſen, daß ihr nicht
” der letzte eures Namens geweſen ſeyd? Da ihr aber
” in Anſehung eurer Glücksumſtände unwiſſend ſeyd;
” ſeyd ihr es wohl in Anſehung eurer Unfälle weniger?
” Wie viele von euch, meine Herren, haben über die
” Hinderniſſe geſeufzet, die eure Anſchläge zunichte mach=
” ten? Der Ausgang hat gezeiget, daß dieſe ſcheinbaren
” Hinderniſſe glückliche Zufälle waren. Eine demüthi=
” gende Ungnade, eine lange Dunkelheit hat oftmals
” zu einer Stufe gedienet, wiederum in Gunſt zu kom=
” men, und mit mehrerem Glanze zu erſcheinen. Eine
” zur ungelegenen Zeit gekommene Krankheit hat bis=
” weilen das Leben erhalten. Es giebt Augenblicke, da
” die Erniedrigung Ehre macht; da die Armuth dieje=
” nigen ſchützet, welche ein groſſes Vermögen dem Stur=
” me und Ungewitter ausgeſetzet hatte; und da man
” durch ebendasjenige glücklich iſt, was man für ſein
” Unglück hielt. Es denke einmal ein jeder von euch,
” ohne Ausnahme, in ſeinem Leben funfzehn bis zwan=
” zig Jahre zurücke; er erinnere ſich nach der Reihe der
” Sachen, die er begierig gewünſchet, warum er inſtän=
” dig gebethen, und welche er mit vielem Vergnügen
” erhalten hat; ſo wird er geſtehen müſſen, daß die meh=
” reſten zu ſeinem Schaden, zu ſeinem Mißvergnügen,
” und zu ſeiner Beſchämung gereichet haben; und daß
” er endlich weit ruhiger und glücklicher würde geweſen
” ſeyn, wenn er ſie niemals erhalten hätte . . . . . .

” So iſt die Gewährung unſerer Bitten oftmals ei=
” ne Wirkung des Zornes GOttes, und die Verweige=
” rung derſelben eine Wirkung ſeiner Güte. Oftmals
” erhö=

erhöret er, um zu strafen, und verweigert, um sich
gnädig zu erzeigen; er handelt aber allzeit einmal so
gerecht, als das andere. Lasset uns sehen, wie die Israeliten unter den Flügeln der Vorsehung durch die
Wüste reisen. Sie führet und beschützet sie. Wenn
die Erde nichts zu ihrem Unterhalte hervor-
bringet; so thut sich der Himmel auf. Man siehet
das Manna alle Morgen herabfallen. Sie werden
endlich einer so leichten Speise überdrüssig, und verlangen weit stärkere. Sie empören sich wider Mosen.
Sie murren wider Gott. Sie werden sie bekommen,
und du, o Herr, wirst sie ihnen geben. Ganze Wolken Vögel werden von den Winden, als Staubwolken,
herbeygebracht, und fallen ihnen in die Hände. Er
ließ Fleisch wie Staub auf sie regnen, und Ge-
flügel wie Sand am Meere. Welche Gütigkeit, o
mein Gott, gegen Undankbare! Sie sind zufrieden gestellt; lasset uns vielmehr sagen, sie sind gestraft. Sie
freuen sich über die Erhörung ihres Gebethes; sie
werden aber gar bald die traurige Wirkung davon
wahrnehmen. Indem sie, was sie so sehnlich gewünschet hatten, mit Vergnügen geniessen; so kömmt,
gleich als ob diese Speisen Gift gewesen wären, der
Tod nebst ihnen plötzlich in ihren Mund. Der Arm
Gottes wurde schwer über ihnen, und das Sterben,
war so schrecklich, daß diese betrübten Wüsteneyen einen neuen Namen davon erhielten, und seit dem Lust-
gräber, oder die Gräber der Begierde genennet wurden. Sepulchra concupiscentiæ. 4 Mos. 11, 13.

"Gräber der Begierde! Ach! meine geliebten Zu-
"hörer, die ganze Welt ist davon voll. Wie viel be-
"trübte Trümmern von einem zu Grunde gerichteten
"Glücke! Wie viel vornehme und berühmte Häuser,
"von welchen weiter nichts, als der Name übrig ist,
"welcher noch dazu oftmals auf fremde Personen ge-
"kom-

”kommen, welche ihn zu führen nicht würdig sind!
” Wie viel Gebethe, und wie viel Wünsche hatten nicht
” die Väter und die Mütter für sich, und für ihre Nach-
” kommen, für die Grösse und den Glanz ihrer Kinder,
” für ihr Wohlergehen, und für ihre Gesundheit abge-
” schickt! Gott hat ihnen alles zugestanden. Sie sind
” weit höher gestiegen, als sie hoffeten; aber der Zorn
” Gottes ist noch höher gestiegen. Ira Dei ascendit su-
” per eos. Sie verlangten ein langes Leben; sie haben
” gelebet, aber länger, als zu ihrem Ruhme nöthig
” war. Sie bathen um Reichthümer; sie haben sie bekom-
” men, sie sind aber hochmüthig und verschwenderisch
” geworden. Sie bathen um hohe Ehrenstellen; sie
” haben sie erhalten, sie haben ihnen aber zum Falle ge-
” reichet. Ach! gütiger Gott, warum erhörtest du sie!
” Warum schlugest du ihnen ihre Bitten nicht ab? Sie
” fragten mich nicht um Rath. Sie glaubten es besser
” zu verstehen, was ihnen nützlich und schädlich wäre.
” Sie richteten sich nicht nach der von meiner Vorsehung
” gemachten Ordnung. Sie wollten durch die von ih-
” nen selbst ersonnenen Mittel und Wege glücklich wer-
” den. Ich habe sie auf ihren Wegen lassen zu Grun-
” de gehen. Sie haben auf demselben umkommen wol-
” len; sie mögen also umkommen, sie waren meiner Ver-
” weigerungen nicht werth.

Man bemerket nicht weniger edles Wesen, Salbung und Anstand in folgendem Stücke, welches aus
ebendieser Predigt entlehnet ist. Man kann es nicht lesen, ohne die Quellen einer lebhaften und eiferigen Gottesfurcht zu bewundern, und von ihr gerühret zu werden.
Die glückliche Anwendung einiger Schriftstellen hebet
den Vortrag des Redners.

” Ihr gleichet dem Pharao, welcher, als er sein
” Elend betrachtete, und sich nicht im Stande befand,
”daß

'' daſſelbe zu verlaſſen, ſeufzend zu Moſe ſagte: Bittet
'' den HErrn, euren GOtt, daß er ſich meiner erbar-
'' me, und mich belehre. Orate Dominum . . . . . . ,
'' Rogate pro me. Dieſes ſagen die Sünder alle Ta-
'' ge zu den Frommen. Aber antwortete Moſes dieſem
'' beklagenswürdigen Könige. Conſtitue mihi, qvando
'' deprecer pro te. Beſtimme mir alſo die Stunde,
'' den Tag, und die Zeit, da ich deinetwegen mit GOtt
'' reden, und ihn für dich bitten ſoll.

'' Ihr Sünder, ach! ich ſage ebenfalls aus allen
'' meinen Kräften, und aus dem Innerſten meines Her-
'' zens zu euch, und wenn ich mein Blut und mein Le-
'' ben für eure Seligkeit hingeben ſollte; ſo bin ich be-
'' reit, mich zu den Füſſen GOttes niederzuwerfen, ihn
'' für euch um ſeine Gnade anzuflehen, ihm das Blut,
'' welches er für euch vergoſſen hat, vorzuhalten, und,
'' wenn es möglich iſt, eure Sünden zu entſchuldigen.
'' Saget mir aber zu dem Ende, was für eine Zeit ich
'' erwählen ſoll. Conſtitue mihi, quando deprecer pro
'' te. Vielleicht werdet ihr euch in eben dem Augen-
'' blicke, da ich für euch bitte, ein Vergnügen machen,
'' euch in einer ausſchweifenden Geſellſchaft befinden,
'' und beſchäftiget ſeyn, eure Beleidigungen gegen GOtt
'' zu verdoppeln. Wenn ich ihn nun aber auf der einen
'' Seite durch mein Gebeth zu beſänftigen ſuche, und
'' wenn ihn auf der andern Seite eure Sünden zum
'' Zorne reitzen; was wird wohl den größten Eindruck
'' in ſein Herz machen, mein Gebeth, oder eure Sün-
'' den? Wenn ſoll ich denn alſo GOtt bitten, daß er
'' euch wenigſtens ruhig, und auſſer Stande, ihn zu er-
'' zürnen, antrifft? Machet mir dieſe glückliche Zeit be-
'' kannt; beſtimmet ſie mir. Conſtitue mihi, quando
'' deprecer pro te. Vielleicht itzo, in dieſem Augen-
'' blicke, da euch eure nicht ſo heftige Leidenſchaft er-
'' laubt, das heilige Wort zu hören; da ihr vielleicht

'' ſeine

„ ſeine Kraft empfindet, und von ihm gerühret ...
„ Dieſe Zeit der Aufmerkſamkeit und Ruhe iſt ...
„ günſtigſte Zeitpunkt für euch zu bitten. Se ...
„ mich denn von ganzem Herzen, und von ganzer ...
„ le für einen ieden von euch, und für alle Sün ...
„ mir, zuhören, zu den Füßen GOttes nieder. ...
„ ihr es haben? Ja, HErr, ſie wollen es. Sie ...
„ dich um ihre Seligkeit, und ich bitte dich in ...
„ Namen. Gieb ihnen die Wichtigkeit derſelben ...
„ kennen, verleihe ihnen die Mittel dazu, und ...
„ in die Nothwendigkeit, daran zu arbeiten. ...
„ mich ihrer Seligkeit nicht weniger annehmen ...
„ nicht minder kühn, als der Prophet ſeyn, ...
„ alſo, nebſt ihm zu dir: Deus meus, mein GO ...
„ illos ut rotam; imple facies illorum igne ...
„ qvaerent nomen tuum. Betrübe, o mein G ...
„ ſe Sünder, demüthige ſie, und mache ſie ſe ...
„ daß ſie alles vergeſſen, und dich kennen; daß ...
„ hintanſetzen, und dich ſuchen; daß ſie alles ...
„ und dich finden. Et qvaerent nomen tuum ...
„ iſt daran gelegen, daß ſie auf der Welt gr ...
„ lich, und reich ſind? Daran iſt aber gelegen, ...
„ ſelig werden. Nimm alſo dieſem aus ...
„ Jünglinge die Freyheit, die er mißbraucht. ...
„ dieſem Neugirigen die Wiſſenſchaft und den W ...
„ ihn in das Verderben ſtürzet. Nimm dieſem ...
„ chen den Ueberfluß, der ſeine Wolluſt unt ...
„ Nimm dieſem weltlichgeſinnten Frauenzim ...
„ Schönheit, die ihr zu ſo vielen Sünden Gel ...
„ giebt. Ach! HERR, haſt du keine Unge ...
„ Sturmwinde, Feuer, Unglücksfälle und Krankh ...
„ Bediene dich ihrer, die ſelig zu machen, die ...
„ dich hoffen.

„ Was ſage ich? Meine Herren, ihr höret mein
„ Gebeth als eine Anwünſchung alles Unglücks gegen
euch

„ euch an. Ihr habet mir aufgetragen, euch den gött=
„ lichen Segen zuwege zu bringen, und es scheinet, als
„ ob ich euch die Plagen, und den Fluch zuzöge. Ihr
„ beklagt euch über mich, wie sich ieener moabitische Kö=
„ nig über den Propheten Bileam beklagte, er habe
„ seine Sache bey GOtt böse gemacht . . . . . . Diese
„ Widerwärtigkeiten, die ich euch wünsche, sind die
„ einzigen Segen, die ihr hoffen könnet. Ihr wollet
„ sie nicht, ihr stosset also eure Seligkeit von euch, und
„ widersprechet meinem und eurem Gebethe. Ach!
„ warum soll ich denn GOtt sonst für euch bitten? Um
„ Wohlergehen bey eurem Glücke? Habet ihr aber
„ nicht dabey GOttes vergessen? Um Ehre, Hoheit und
„ Ansehen? Fesselt euch aber dieses nicht an die Erde?
„ Um beständigen Ueberfluß an Gütern? Macht euch
„ aber dieser nicht verschwenderisch und wollüstig? Um
„ ein iugendliches und schönes Ansehen, das beständig
„ in eurem Gesichte glänzet? Macht euch aber dieses
„ nicht zu einem Abgotte der Ausschweifung und des
„ öffentlichen Aergernisses? Alle diese Güter sind bis=
„ anhero die Quellen eures Verderbens gewesen; wie
„ wollen sie die Mittel eures Heils werden?

Der Vater de la Rue läßt alle Stärke seines Genies
in folgendem Stücke sehen, in welchem man dasienige
nicht antrifft, was in der Sittenlehre am meisten miß=
fällt, ich will sagen, das weitläuftige und das gemeine.
Die Wendung desselben ist edel und lebhaft, und rüh=
ret so wohl den Verstand, als das Herz.

„ Nun murret, wie ihr wollet, über die Strenge
„ seiner Gebote, über die Austheilungen der Beloh=
„ nungen, und der Strafen für die Zeit und Ewigkeit;
„ über die gemachten Einrichtungen seiner Vorsehung,
„ die euren Begriffen und Beurtheilungen zuwider sind.“
„ Alles dieses beantworte ich mit dem einzigen Worte,

„ mit

„ mit welchem er ehemals ſeine Geſetze beſchloß: Eg
„ Dominus.   Ich bin der Herr; ich will, ich befehle,
„ ich verbiethe, ich belohne, ich ſtrafe; nicht nur weil
„ ich Grund und Urſache darzu habe, weil es weiſe,
„ recht und billig iſt, um eures, oder um meines Nu:
„ tzens willen; ſondern um deswillen, weil ich der Herr
„ bin, ego Dominus . . . . . Würdet ihr wohl, mei:
„ ne Herren, bey dieſer Stimme, bey dieſem einzigen,
„ ſo nachdrücklichen und ſo ſchrecklichen Worte, euch und
„ das eurige ſo ſchändlich mißbrauchen, wenn ihr bey dem
„ Gebrauche der Güter, die er euch gegeben, dieſe Stim:
„ me höretet: Ego Dominus. Ich bin der Herr davon,
„ und du wirſt mir einmal Rechenſchaft davon geben
„ müſſen. Würdet ihr nicht daran denken, wie ihr ſie
„ mehr zu ſeiner Ehre, als zu eurer Eitelkeit; mehr
„ zum Almoſen, als zum Spielen; und mehr zur Ver:
„ ſöhnung eurer Sünden, als zu nichtigen Ergötzlich:
„ keiten anwenden wolltet?

„Und wenn man bey der Bemühung nach Ehren:
„ſtellen, und beſonders nach Ehrenſtellen des Heilig:
„thums, dieſe ſchrecklichen Worte von dem Altare er:
„ſchallen hörte: Ego Dominus; hier iſt meine Woh:
„nung und mein Thron; hier iſt mein Erbtheil und
„mein Schatz; würde man wohl zu dem Beſitze der
„geiſtlichen Güter und Aemter anders, als vermit:
„telſt des göttlichen Berufs zu gelangen ſuchen? Wür:
„de man wohl die Eingebungen der Ehrſucht, des Gei:
„zes, des Stolzes, und der häuslichen Bedürfniſſe zu
„einem Berufe machen? Würde man die Einkünfte,
„die zum Unterhalte der Armen beſtimmt ſind, zum
„Dienſte der Wolluſt anwenden? . . . . . . Würden
„wohl die Fallſtricke der Unreinigkeit, die man der Un:
„ſchuld, und ihrer Einfalt täglich legt, und das ſchänd:
„liche Gewerbe, welches man mit einem ſo öffentlichen
„ Aer:

„Aergerniſſe in einem ieben Alter treibt, ſo gewöhnlich
„ſeyn können, wenn man ſich vorſtellte, als ob den
„Perſonen, die man verführen will, dieſe Worte an die
„Stirne geſchrieben wären: Ego Dominus. Ich bin
„HErr von dieſem Herzen, deſſen Tyrann du ſeyn willſt;
„ich, der ich dieſe Seele mit meinem Blute gewaſchen
„habe, die du verführen willſt. Ego Dominus . . . .
„. . Es iſt ein Gott, vor welchem alles lebt. Omnes enim
„vivunt ei. Wie viel Jahrhunderte ſind verfloſſen! Wie
„viel Völker ſind in den Staub zurücke gekehret! Man
„trifft unſere Vorfahren auch nicht einmal in ihren Grä-
„bern mehr an. Ihre Aſche iſt zerſtreuet. Sie ſind
„verſchwunden. Sie ſind in Anſehung unſer todt. Aber
„in den Augen Gottes ſind ſie lebendig, und gegenwärtig.
„Wie viel Jahrhunderte werden nach uns kommen! Wel-
„che unzählbare Nachkommenſchaft! Alles dieſes iſt in
„Anſehung unſer noch nicht. Aber alles dieſes lebt, und
„iſt vor Gott. Omnes enim vivunt ei. „

Nichts iſt gründlicher und erbaulicher, als die Sittenlehre, welche in folgendem Stücke enthalten iſt, das aus
der Predigt genommen worden, welche ebendieſer Redner
von der Unreinigkeit gehalten hat. Indem die öftere Wiederhohlung dieſer Schriftſtelle, hæc dicit Dominus, viel
edles und lebhaftes über dieſen Zug ausbreitet; ſo macht
ſie denſelben zugleich weit einnehmender und lehrreicher.

„ Was euch, ihr ſchwachen Seelen, ihr chriſtlichen See-
„ len, anbetrifft; ſo wartet nicht, bis Propheten vom Him-
„ mel kommen, und euch die Folgen eurer Schwachheit be-
„ kannt machen. Sehet euch auf dem ganzen Erdboden,
„ an allen Höfen, und in allen Ständen um; ſo werdet ihr
„ allda nur mehr als zu viel Propheten antreffen, die euch
„ aus dem, was bereits geſchehen iſt, dasienige vorherſa-
„ gen werden, was euch noch begegnen ſoll. Hæc dicit Do-
„ minus. So ſpricht der Herr. Es iſt das Geſchrey der
„ alten Propheten; er hat es euch in der heiligen Schrift
„ ge-

Q

" geſagt: Dieienigen, die ſeinen Tempel, das iſt, ihren
" eigenen Leib verunehren, werden ſelbſt verunehrt
" werden. Die Fäulniß und die Würmer werden
" den Unzüchtigen bey lebendigem Leibe ſi eſſen. Die
" ſinnliche Begierde iſt unerſättlich und verleitet zu
" den größten Ausſchweifungen. Er hat es euch durch
" ſeine Propheten geſagt; ihr habet ihn aber nicht gehö-
" ret. Er ſagt es euch durch die Sünder, durch Leute von
" eurem Alter, von eurer Bekanntſchaft, und vielleicht von
" eurer Blutsfreundſchaft; werdet ihr ihnen nicht glau-
" ben? Es ſagt es euch dieſes Glück, welches durch den
" üblen Ausgang einer Intrique der Unreinigkeit iſt zu
" Grunde gerichtet worden. Hæc dicit Dominus. So
" ſpricht der Herr. Dieſe Reichthümer, die mit ſo vieler
" Mühe ſind geſammlet, und durch die thörichten Ver-
" ſchwendungen eines iungen Wollüſtigen ſo leicht durch-
" gebracht worden. Hæc dicit Dominus. So ſpricht
" der Herr. Dieſe Reihe blühender Jahre, welche durch
" die Unmäſſigkeit und Geilheit abgekürzet worden. Hæc
" dicit Dominus. So ſpricht der Herr. Dieſe Verach-
" tung, in welche ſo viele Familien gekommen, die ehemals
" berühmt waren, und in groſſem Anſehen ſtunden, itzo
" aber durch die Schandflecke der Wolluſt ſind verhaßt und
" beſchimpfet worden. Hæc dicit Dominus. So ſpricht
" der Herr. So viele gute Eigenſchaften, welche durch
" das Aergerniß der Ausſchweifung in die Vergeſſenheit
" gekommen, und ſo viele Verdienſte, die durch daſſelbe
" zernichtet worden. Hæc dicit Dominus. So ſpricht
" der Herr. Sind die Ausſprüche, die er gethan, und die
" Drohungen, die er ergehen laſſen, wider iene, und nicht
" wider euch gerichtet geweſen, die ihr einen eben ſo unor-
" dentlichen Wandel führet, eben ſo ein Herz habet, aus
" eben der Erde gebildet ſeyd, und von ebendemſelben Feu-
" er brennet? Sie ſind wider alle, und wider uns gerich-
" tet. Dispereant omnes, qui fornicantur abs te. "

   Die Predigt vom ſterbenden Sünder wird mit Recht
                                                      für

für das Meisterstück des Vaters de la Rue gehalten.
Die Beredtsamkeit dieses berühmten Predigers glänzet
veder wegen der anmuthigen Schreibart, noch wegen der
ausgesuchten Worte, noch auch wegen der kindischen
Bestrebung einen schönen Geist vorzustellen; sondern
wegen der starken Schlüsse, wegen der hohen und erhabenen Gedanken, wegen der kühnen Figuren, und besonders wegen einer rührenden und pathetischen Sittenlehre, welche das Herz noch mehr, als den Verstand
einnimmt. Unter den rührenden Zügen, die man in dem
Stücke, welches wir anführen werden, bemerken wird,
werden die Kenner ohne Zweifel dieser schnellen und unvermutheten Bewegung: Denke an dich, Unglückseliger, denke an dich; vergiß alles übrige, und denke an dich, ihren Beyfall ertheilen. Der Vater de la
Rue sprach diesen erhabnen Zug auf eine so lebhafte Art
aus, daß es schien, als ob alle seine Zuhörer gleichsam
vom Donner gerühret wären; und daß sie sich eine Zeit
lang in einer Bestürzung befanden, die sie mit einem heiligen Schrecken erfüllete.

"Wir wollen uns dem Bette dieses Sünders nä-
"hern, der verwegen genug ist, sich auch noch an den
"Pforten des Todes Hoffnung zum Leben zu machen;
"aber auch in Ansehung seiner Gesundheit so furchtsam,
"daß er sich nicht getrauet, an Gott zu gedenken, damit
"er ihr nicht etwan durch irgend einen verdrießlichen
"Gedanken einigen Schaden zufügen möge. Indes-
"sen kömmt die Stunde herbey, da ein guter Freund,
"welcher der Gefälligkeit und Schmäucheley müde ist,
"zu ihm sagt, wie ehemals der Prophet zu jenem alten
"Könige von Juda sagte: Dispone domi tuæ. Den-
"ke an dich, es ist Zeit. Es geschiehet nicht ohne Um-
"schweife, und ohne Klugheit und Vorsichtigkeit. O!
"welche Behutsamkeit muß man nicht anwenden, einem
"Sterblichen begreiflich zu machen, daß er sterben muß!

Q 2   "Es

"Es iſt alſo aus? Es iſt keine Hoffnung mehr? S
"muß man denn einen Beichtvater hohlen. Man drin
"get in den Kranken, man bittet ihn inſtändig, man ⟨n⟩
"thiget ihm endlich ſeine Einwilligung ab. Indem ⟨er⟩
"alsdenn in dem Innerſten ſeines Herzens einen Uebe⟨r⟩
"reſt von Standhaftigkeit auffucht, um ſich äuſſerli⟨ch⟩
"nichts merken zu laſſen; ſo überläßt er ſich inwendig
"ſeinen in Verwirrung gerathenen Gedanken . . . .
".. Betrachtet einmal dieſes ſterbende Cadaver, wel⟨=⟩
"ches nur noch vermöge eines ganz ſchwachen Fade⟨ns⟩
"am Leben hängt; dieſen wichtigen Mann, der ſeit ⟨ſo⟩
"vielen Jahren noch keine Zeit hat finden können, ſein
"Herz kennen zu lernen, und ſein Gewiſſen zu unterſu⟨=⟩
"chen. Warum? Bald wurde er von Verdrießlich⟨=⟩
"keiten, bald von Krankheiten, und bald von Geſchäf⟨=⟩
"ten auſſer Stand geſetzt, einige Zeit darauf zu ver⟨=⟩
"wenden. Wenn er nun bey allen dieſen Zerſtreuun⟨=⟩
"gen und Unruhen niemals Zeit genug hatte, an ſeine
"Seligkeit zu denken; wie wollet ihr euch alſo bekeh⟨=⟩
"ren, mein geliebter Bruder? Wie werdet ihr geſchickt
"und bereit dazu ſeyn? Wenn es zum ſterben kömmt,
"ſprechet ihr, wird die Vernunft ihren Vorzug und ih⟨=⟩
"re Stärke wieder erlangen; ſie wird aus dem Grabe
"heraus gehen, wenn der Menſch im Begriffe iſt, in
"daſſelbe hinein zu gehen; das Licht des Verſtandes
"wird anfangen zu ſcheinen; wenn das Licht des Lebens
"faſt wird verloſchen ſeyn. O! denket an die Unru⟨=⟩
"hen und Verwirrungen, von welchen alsdenn die Ver⟨=⟩
"nunft wird umgeben ſeyn, und die euch in der Stunde
"des Todes darnieder ſchlagen werden. Wenn ein
"jeder Theil eures Leibes vermittelſt der Erſchöpfung
"ſeiner Kräfte zu euch ſagen wird: Denket an uns.
"Wenn die Bedienten vermittelſt ihrer ſchlecht erkann⟨=⟩
"ten, und übel bezahlten Dienſte zu euch ſagen werden:
"Denket an uns. Wenn die Geſchäfte vermittelſt der
"Unordnung, worein ihr ſie habet gerathen laſſen, zu

"euch

"euch sagen werden: Denket an uns. Wenn die Gläu-
"biger vermittelst der Betrachtung ihrer Güter, die mit
"den eurigen sind vermenget worden, zu euch sagen wer-
"den: Denket an uns. Wenn die Personen, die ihr
"lieb habet, vermittelst ihrer Seufzer zu euch sagen wer-
"den: Ach! denket zum letztenmale an uns. Wenn
"ihr auf allen Seiten gemartert, und von mannichfal-
"tigem Geschrey ganz betäubet werdet, und wenn euch
"eure Vernunft, da es auf das äusserste gekommen ist,
"aus dem Innersten eures Gewissens zurufen wird:
"Denke an dich, Unglückseliger, denke an dich; vergiß
"alles übrige, und denke an dich; wird alsdenn wohl,
"mein geliebter Bruder, eure Vernunft so laut reden,
"daß man sie verstehen kann? . . . . . Alsdenn stel-
"le sich euren Gedanken, und eurer schwachen Einbil-
"dungskraft nur eine einzige Gewohnheitssünde vor!
"alsdenn betrachte das noch schwächere Herz diesen nich-
"tigen Gegenstand nur einen Augenblick auf eine gefälli-
"ge Art, und gebe ihm nur einigermaßen zu erkennen,
"wie nahe es ihm gehet! Ach! einander verlassen! ein-
"ander nicht länger sehen! es ist aus. Dieses ist die
"letzte Bewegung des Herzens, der letzte Hauch seines
"Lebens, der entscheidende Seufzer seiner unseligen
"Ewigkeit. Ihr eiferigen Priester, ihr behülflichen
"Freunde, bethet, weinet; lasset in seinen tauben Oh-
"ren den Namen des Heylandes erschallen; drücket
"das Crucifix an seine Augen, und an seine Lippen;
"verdoppelt eure Zureden und euer Geschrey. Ihr se-
"het das Innere dieses Geistes, und dieses Herzens nicht.
"Gott siehet es, Gott verdammet es, es ist todt, es ist
"verdammt . . . . . Der fatale Streich ist vollführt.
"Was ich euch vermittelst vieler Worte vorzustellen su-
"che, ist in einem Augenblicke geschehen. Der Augen-
"blick der Trennung der Seele von dem Leibe, ist der
"Augenblick des Gerichts, und der Verdammung. Vox
"Domini confringentis cedros, concutientis desertum.

Q 3   "Die

" Die Stimme des Richters, der das Urtheil gefället,
" hat weit geſchwinder, als der Donner, die Cedern zer
" ſchmettert, die Wüſteneyen erſchüttert, und iſt bis in
" das Innere der Abgründe hineingedrungen. Die le
" bendigen, welche um den Verſtorbenen herum weinen,
" haben keine Ohren, dieſe Stimme zu hören. Aber
" die Erde und die Hölle hören ſie; und die von dem
" Angeſichte Gottes verworfene Seele hat ſich bis in den
" Mittelpunct der Welt einen Weg geöffnet, den wir
" mit unſern Augen nicht ſehen können.

" Sie iſt, wie der Satan, als ein Blitz, nach dem
" Ausdrucke Jeſu Chriſti, vom Himmel gefallen. Vi-
" debam Satanam ſicut fulgur de cœlo cadentem. Sie
" wird in das Feuer des göttlichen Zorns begraben. Se-
" pultus eſt in inferno. Itzt iſt die verdammte Seele
" eigentlich der Geiſt, von welchem David redete; ein
" Geiſt, der hingehet, und nicht wiederkömmt. Spiri-
" tus vadens & non rediens. Was für Bewegungen
" hat er nicht auf dem Erdboden gemacht? Man wird
" ihn auf demſelben nicht wieder zu ſehen bekommen.

" Er wird nicht zurücke kehren, und durch die Seuf-
" zer der Seinigen, die um ſein Bette herum weinen, nicht
" erweichet werden. Er wird keinen Antheil an dem
" prächtigen Leichenbegängniſſe nehmen, welches der
" Stolz ſeiner Angehörigen, der die Maske des Mitlei-
" dens angenommen, um des Publici willen anſtellt. Er
" wird von dem prächtigen Grabmahle nicht gerühret
" werden, in welchem man mit groſſen Koſten ſein Ca-
" daver verfaulen läßt, das von den Laſtern iſt zernaget
" worden, ehe es von den Würmern gefreſſen wird. Der
" Geiſt hat die Hölle zum Grabe. Gott hat das Sie-
" gel der Ewigkeit darauf gedrückt; er wird niemals wie-
" der heraus kommen. Non eſt reverſio eius, quoni-
" am conſignata eſt. "

Der Herr von Voltaire macht uns in ſeinen Anmer
kun-

lungen über die Beredtsamkeit eine Anecdote bekannt,
die man hier vielleicht mit Vergnügen lesen wird. Das
erstemal, spricht er, als der Herr Massillon seine berühm=
te Predigt von der geringen Anzahl der Auserwählten
hielt, kam in derselben eine Stelle vor, bey welcher alle
Zuhörer in eine solche Bewegung geriethen, daß sie ganz
ausser sich waren. Fast ein ieder stund ohne es zu wol=
len, halb auf. Das Geräusche des Beyfalls Zurufs
und des Erstaunens war so groß, daß es den Redner fast
irre machte. Doch dieses dienete nur, das Pathetische
dieses Stücks zu vermehren, in welchem die kühnste Fi=
gur herrschet, die man iemals gebraucht hat, und wel=
che zu gleicher Zeit an ihrem rechten Orte angebracht
ist. Es ist dieses einer der schönsten Züge der Beredt=
samkeit, die man bey den Alten und Neuern antrifft;
und das übrige der Predigt ist dieses so hervorstechenden
Stücks nicht unwürdig. Es lautet also.

" Ich bleibe bey euch, meine Brüder, die ihr hier ver=
" sammlet seyd, ganz allein stehen. Ich rede nicht mehr
" von den übrigen Menschen; ich sehe euch an, als ob
" ihr ganz allein auf der Welt wäret. Aber sehet, was
" für ein Gedanke mich einnimmt, und erschrecket. Ich
" setze voraus, dieses wäre die letzte Stunde eures Le=
" bens, und das Ende der Welt; der Himmel werde
" sich aufthun, und Jesus Christus werde in seiner Herr=
" lichkeit mitten in diesem Tempel erscheinen; und ihr
" wäret in keiner andern Absicht allhier versammlet, als
" ihn zu erwarten, und als Missethäter, die vor Furcht
" zittern, und über welche entweder ein gnädiges Urtheil,
" oder ein Urtheil des ewigen Todes soll gefället wer=
" den. Denn ihr möget euch schmäucheln, wie ihr wol=
" let; so werdet ihr doch in dem Zustande sterben, in
" welchem ihr euch heute befindet. Das Verlangen, wel=
" ches ihr itzo habet, euch zu ändern, werdet ihr haben,
" bis ihr auf das Sterbebette zu liegen kommet. Es ist

Q 4 " zu

"zu allen Zeiten ſo geweſen. Alles, was ihr alsdenn
" neues in euch antreffen werdet, wird vielleicht eine et-
" was gröſſere Rechnung ſeyn, als diejenige iſt, die ihr
" heute abzulegen hättet; und nach dem, was ihr ſeyn
" würdet, wenn man euch in dieſem Augenblicke richte-
" te, könnet ihr beynahe ſchon das Urtheil fällen, was
" euch begegnen wird, wenn ihr dieſes Leben verlaſſen
" werdet.

" Nun frage ich euch, und ich thue es mit Furcht und
" Zittern, indem ich in dieſem Stücke mein Schickſal
" von dem eurigen nicht abſondere, und mich in eben den
" Zuſtand verſetze, in welchem ich wünſche, daß ihr euch
" befinden möget; ich frage euch demnach: Wenn Je-
" ſus Chriſtus in dieſem Gotteshauſe, mitten unter die-
" ſer Verſammlung, welche die anſehnlichſte in der Welt
" iſt, erſchiene, um uns zu richten, und die ſchreckliche
" Abſonderung der Böcke von den Lämmern vorzuneh-
" men; meynet ihr wohl, daß der gröſte Haufe von de-
" nen, die hier verſammlet ſind, werde zu ſeiner Rech-
" ten geſtellet werden? Glaubet ihr wohl, das ſich we-
" nigſtens auf der einen Seite ſo viele, als auf der an-
" dern befinden würden? Glaubet ihr wohl, daß der
" Herr hier zehen Gerechte finden werde, die er ehemals
" in fünf ganzen Städten nicht antreffen konnte? Ich
" frage euch dieſes. Aber ihr wiſſet es nicht, und ich
" weiß es auch nicht. Du allein, o mein Gott! kenneſt
" die, ſo dir angehören. Wenn wir aber die nicht ken-
" nen, die Theil an ſeiner Herrlichkeit haben werden;
" ſo wiſſen wir doch wenigſtens, daß ihm die Sünder
" nicht angehören. Welche ſind denn nun die hier ver-
" ſammleten Gläubigen? Die Titel und die Ehrenſtel-
" len müſſen für nichts geachtet werden; ihr werdet ih-
" rer, wenn ihr vor Jeſu Chriſto erſcheinet, beraubet
" ſeyn. Welche ſind ſie? Ich ſehe viel Sünder, die
" ſich nicht bekehren wollen; noch mehrere, die es zwar
" thun

" thun wollen, welche aber ihre Bekehrung aufschieben;
" viele andere, die sich nur deswegen bekehren, damit sie
" wieder fallen mögen; und endlich eine grosse Anzahl
" solcher, welche glauben, sie hätten es nicht nöthig, sich
" zu bekehren. Diese sind die Verworfenen. Sondert
" diese vier Arten Sünder von dieser heiligen Gemeine
" ab; denn sie werden am jüngsten Tage von ihr abge-
" sondert werden. Nun tretet hervor, ihr Gerechten!
" Wo seyd ihr? ihr übrigen von Israel, tretet zur Rech-
" ten. Du Weizen Jesu Christi, sondere dich von die-
" ser Spreu ab, welche zum Feuer bestimmt ist. O
" Gott! wo sind deine Auserwählten? und was bleibt
" dir für deinen Theil übrig?

" Meine Brüder, unser Untergang ist beynahe ge-
" wiß, und dennoch denken wir nicht daran. Jedoch ge-
" setzt, daß sich bey der schrecklichen Absonderung, welche
" dermaleins geschehen wird, nicht mehr, als nur ein ein-
" ziger Sünder von dieser Gemeine unter den Verwor-
" fenen finden sollte, und daß uns eine Stimme davon
" versicherte, ohne ihn jedoch anzuzeigen; wer würde sich
" von uns nicht fürchten, dieser Unglückselige zu seyn?
" Welcher unter uns würde nicht so gleich sein Gewissen
" fragen, ob nicht seine Laster eine solche Strafe verdie-
" net hätten? Welcher unter uns würde nicht vor Furcht
" und Schrecken Jesum Christum, wie ehemals die Apo-
" stel, fragen: Herr, bin ichs? Und wer würde nicht,
" wenn ihm einige Zeit gelassen würde, durch die Thrä-
" nen und Seufzer einer wahren Busse, dieses Unglück
" von sich abzuwenden suchen?

" Sind wir klug und weise, meine Brüder? Viel-
" leicht sind unter allen meinen Zuhörern nicht zehen
" Gerechte anzutreffen. Vielleicht sind ihrer noch weni-
" ger. Was weis ich, o mein Gott! ich unterstehe mich
" nicht, in die Abgründe deiner Gerichte und deiner Ge-
" rechtigkeit hinein zu schauen. Vielleicht ist nur ein

" einzi-

" einziger darunter; und diese Gefahr rühret euch nicht,
" geliebteste Zuhörer? und ihr glaubet, unter der grof=
" sen Anzahl derer, welche umkommen werden, dieser ein=
" zige Glückliche zu seyn? ihr, die ihr weniger Ursache
" es zu glauben habet, als ein ieder anderer; ihr, die das
" Todesurtheil allein treffen sollte, wenn es nur über ei=
" nen einzigen von den Sündern, die mich hören, sollte
" ausgesprochen werden.

" Grosser Gott! wie wenig ist das Schrecken deines
" Gesetzes in der Welt bekannt! Die Gerechten sind zu
" allen Zeiten erschrocken, wenn sie der Strenge und Tie=
" se deiner Gerichte über das Schicksal der Menschen
" nachgedacht haben.　Man hat heilige Einsiedler gese=
" hen, welche, nachdem sie ihr ganzes Leben hindurch
" Busse gethan, von der Wahrheit, die ich itzo vortra=
" ge, sind gerühret, auf dem Sterbebette von einem Schre=
" cken, das man kaum stillen konnte, überfallen, und auf
" ihrem elenden und harten Lager von einer solchen Angst
" eingenommen worden, daß sie ihre Brüder ohne Un=
" terlaß mit einer schon gebrochenen Stimme gefraget
" haben: Glaubet ihr wohl, daß mir Gott Barmher=
" zigkeit erzeigen werde? Ja sie würden beynahe in Ver=
" zweifelung gerathen seyn, wenn deine Gegenwart,
" mein Gott! nicht so gleich das Ungewitter gestillet, und
" den Winden nebst dem Meere nochmals gebothen hät=
" te, ruhig zu seyn.　Und heute zu Tage stirbt ein ieder
" ganz ruhig, nachdem er ein gemeines, weltliches, wol=
" lüstiges und gottloses Leben geführet hat; ia der Die=
" ner Jesu Christi, den man hat rufen lassen, sieht sich
" genöthiget, den falschen Frieden des Sterbenden zu un=
" terhalten; mit ihm von nichts, als von den unendli=
" chen Schätzen der göttlichen Barmherzigkeit zu reden,
" und ihn, so zu sagen, sich selbst verführen zu helfen.
" O mein Gott! was bereitet also deine strenge Gerech=
" tigkeit den Kindern Adams zu?"

Man

Man bedienet sich bisweilen der Ironie auf der Canzel, um den Sündern, vermittelst einer feinen und edlen
Spötterey, ihre falschen Ergötzlichkeiten und ihre schändlichen Ausschweifungen zu erkennen zu geben. Weil aber
diese Figur nicht gefällt, und besonders bey Personen,
die das Wort Gottes verkündigen sollen; so soll man die
Gelegenheiten, sich derselben zu bedienen, vermeiden.
Es giebt wenig Ironien, die so stark, und so geschickt angebracht sind, als die Ironie des Herrn Massillon in folgendem Stücke, welches aus der Predigt von der geringen Anzahl der Auserwählten entlehnet ist.

„Gehet die Geschichte der Frommen von einem Jahr-
„hunderte zum andern durch, und sehet zu, ob die Heili-
„gen, deren Leben und Thaten bis auf unsere Zeiten ge-
„kommen, den übrigen Menschen zu allen Zeiten gleich
„und ähnlich gewesen sind. Ihr werdet vielleicht sa-
„gen, dieses wären ganz besondere Beyspiele, und viel-
„mehr Ausnahmen, als Regeln, welchen ein ieder zu
„folgen verbunden wäre. Es ist wahr, es sind Aus-
„nahmen; dieses rühret aber daher, weil es etwas all-
„gemeines ist, sich in das Verderben zu stürzen; und
„weil eine gläubige Seele in der Welt allezeit etwas be-
„sonders, und gleichsam ein Wunder ist. Ihr saget, es
„wäre nicht ein ieder verbunden, diesen Beyspielen zu
„folgen. Ist denn aber die Heiligkeit nicht der allge-
„meine Beruf aller Gläubigen? Muß man nicht hei-
„lig seyn, wenn man selig werden will? Soll der Him-
„mel einige viel, andere aber gar nichts kosten? Habet
„ihr euch nach einem andern Evangelio zu richten, an-
„dere Pflichten zu erfüllen, und andere Verheißungen
„zu hoffen, als die Heiligen? O! wenn man auf einem
„viel bequemern Wege in den Himmel kommen konnte,
„warum habet ihr, ihr frommen Gläubigen, die ihr in
„dem Himmel ein Reich inne habet, das ihr nicht an-
„ders, als mit Gewalt eingenommen, und welches ihr
„ mit

"mit eurem Blute und mit eurer vielen und sauren Ar=
"beit erworben habet, uns so gefährliche und so unnü=
"tze Beyspiele hinterlassen? Warum habet ihr uns ei=
"nen rauhen, unangenehmen und solchen Weg gezeigt,
"der geschickt ist, unsere Schwachheit abzuschrecken, da
"ihr uns doch einen andern, weit angenehmern und ge=
"bähntern hättet zeigen können, um uns zu ermuntern
"und anzureizen, indem ihr uns unsere Laufbahne er=
"leichtert hättet? Grosser Gott! o wie wenig ziehen
"die Menschen in Sachen, die ihre Seligkeit betreffen,
"ihre Vernunft zu Rathe!

　"Nun tröstet euch einmal bey diesen Umständen mit
"mit dem grossen Haufen, gleich als ob er machen könn=
"te, daß das Laster ungestraft bliebe, und als ob sich
"Gott nicht getraute, alle Menschen, die so leben, wie
"ihr lebet, zu verdammen. Was sind aber alle Men=
"schen zusammen vor Gott? Hinderte es wohl die Men=
"ge der Strafbaren, daß zu den Zeiten der Sündfluth
"nicht alles Fleisch verderbet wurde? daß nicht auf fünf
"gottlose Städte Feuer vom Himmel herabfiel? daß nicht
"Pharao mit seinem ganzen Heere im Wasser ersoff? und
"daß nicht alle Murrende in der Wüste ums Leben kamen?
"Ach! bey den irrdischen Königen kann die grosse Men=
"ge der Strafbaren wohl einen Eindruck machen, weil
"die Bestrafung unmöglich, oder doch wenigstens gefähr=
"lich wird. Aber Gott, welcher, wie Hiob sagt, die Gott=
"losen von dem Erdboden abschüttelt, wie man den Staub
"von einem Kleide abschüttelt; Gott, vor dem die Völker
"eben so viel sind, als wären sie nicht, zählet die Strafbaren
"nicht, sondern sieht nur auf die Laster; und alles, was die
"schwache Creatur von denen, die an ihren Uebertretungen
"Antheil haben, voraus wissen kann, bestehet darinnen,
"daß sie an ihrem Unglücke Antheil haben werden."

Ebendieser Redner ist erhaben, rührend, und prächtig
in folgendem Stücke, welches aus seiner Predigt vom To=
de

de genommen ist. Man wird darinnen verschiedene
Züge, die eben so nachdrücklich, als delicat sind; Sachen,
die in ein sehr schönes Licht gesetzet worden; und eine
beredte und scharfsinnige Sittenlehre antreffen. Man
wird es uns wegen der Schönheiten, welche dieses Stück
in sich fasset, zu gute halten, daß es ein wenig lang ist.

"Womit könnet ihr die grosse und unbegreifliche Ver-
"gessenheit, in welcher ihr in Ansehung eures letzten Ta-
"ges lebet, rechtfertigen? Etwan mit der Jugend, wel-
"che euch noch eine lange Reihe von Jahren zu verspre-
"chen scheinet? Mit der Jugend? Aber der Sohn der
"Wittwe zu Nain war auch jung. Sieht der Tod wohl
"auf Alter und Stand? Mit der Jugend? Aber eben-
"diese ist es, warum ich eurentwegen in Sorgen stehe.
"Ich befürchte einen allzufreyen Lebenswandel, zu weit
"getriebene Ergötzlichkeiten, ausschweifende Leidenschaf-
"ten, Unmäßigkeit im Essen und Trinken, ehrsüchtige
"Bewegungen, die Gefährlichkeiten des Krieges, die
"Begierde nach Ehre, und die Lust sich zu rächen. Ist
"es nicht wahr, daß die mehresten Menschen in diesen
"schönen Tagen ihr Leben beschliessen? Adonia würde
"seyn alt geworden, wenn er nicht wollüstig gewesen
"wäre; Absalon, wenn ihn die Ehrsucht nicht hätte
"eingenommen gehabt; der Sohn des Königes zu Si-
"chem, wenn er sich nicht in die Dina verliebt hätte;
"und Jonathas, wenn ihm nicht die Ehre auf den Ber-
"gen bey Gilboa ein Grab zubereitet hätte. Mit der
"Jugend? Soll ich aber wohl hier den Schmerz un-
"sers Volks erneuern, und die noch rinnenden Thränen
"vermehren? Soll ich wohl die Wunde wieder aufreis-
"sen, die noch blutet, und welche in dem Herzen des
"grossen Prinzen, der mir zuhöret, noch lange bluten
"wird? Hat uns nicht der grausame Tod eine junge
"Prinzessinn, die das Vergnügen des Hofes; und einen
"jungen Prinzen, der die Hoffnung des Staats, ja das
                                                "Kind,

”Kind, und die koſtbare Frucht der zärtlichſten Liebe und
”der allgemeinen Wünſche war, in einem Augenblicke ge-
”raubet? und iſt nicht dieſer prächtige Pallaſt, wel-
”cher noch vor wenig Tagen mit ſo vieler Herrlich-
”keit, Maieſtät und Pracht angefüllet war, wie es ſcheint,
”auf immerdar ein Haus des Traurens und der Be-
”trübniß geworden? Mit der Jugeud? O wie glücklich
”würde Frankreich ſeyn, wenn man ſich hierauf gewiſſe
”Hoffnung hätte mathen können? Ach! dieſes iſt die ge-
”fährlichſte Zeit, und die gewöhnlichſte Klippe des Lebens.

”Worauf verlaſſet ihr euch denn alſo ferner? Auf eu-
”ren guten Geſundheitszuſtand? Allein, was iſt die
”größte Geſundheit? Ein Fünkchen, welches der gering-
”ſte Wind auslöſchet. Der ſtärſte Körper kann durch
”eine Unpäßlichkeit, die nicht länger, als einen Tag
”dauert, hingeriſſen werden. Ich will hierbey nicht
”unterſuchen, ob ihr euch nicht etwan in dieſem Stü-
”cke ſchmäuchelt; ob euch nicht etwan ein Körper, den
”ihr in der Jugend durch euren unordentlichen Lebens-
”wandel zu Grunde gerichtet, innerlich den Tod ankün-
”diget; ob euch nicht gewiſſe Schwachheiten, die ihr be-
”ſtändig an euch habet, vom weiten die Thüren des
”Grabes öffnen; und ob euch nicht gewiſſe betrübte
”Vorboten mit einem plötzlichen Zufalle drohen; ſon-
”dern ich will zugeben, daß die Tage eures Lebens ſo gar
”eure Hoffnung weit überſteigen werden. Ach! meine
”Brüder, kann euch wohl das, was ein Ende nehmen ſoll,
”lange vorkommen? Sehet einmal hinter euch; wo ſind
”eure erſten Jahre? was laſſen ſie in euren Gedanken
”wirkliches zurück? Weiter nichts, als was ein Traum
”zurückläßt. Ihr erinnert euch, daß ihr gelebet habet;
”und dieſes iſt es alles, was euch davon übrig geblieben
”iſt. Die ganze Zeit, welche ſeit eurer Geburt bis auf
”die gegenwärtige Stunde verfloſſen, iſt weiter nichts,
”als ein ſchneller Vorübergang, den ihr kaum habet vor-
“ bey-

„beystreichen sehen. Gesetzt auch, ihr hättet seit der
„Erschaffung der Welt gelebt; so würde euch doch das
„Vergangene weder länger, noch auch als etwas wirk=
„licheres vorkommen. Ihr würdet alle die Jahrhun=
„derte, die bis auf diese Stunde verflossen sind, als flüch=
„tige Augenblicke betrachten. Alle Völker, die auf dem
„Erdboden erschienen, und wiederum verschwunden
„sind; alle Veränderungen der Königreiche und Län=
„der; ja alle die grossen und wichtigen Begebenheiten,
„welche unsere Geschichtbücher ausschmücken, würden
„in Ansehung eurer weiter nichts, als verschiedene Auf=
„tritte eines Schauspiels seyn, welches ihr in einem Ta=
„ge hättet ein Ende nehmen sehen. Erinnert euch nur
„der Siege, der Eroberungen, der rühmlichen Unter=
„handlungen und Friedensschlüsse, der Pracht und der
„merkwürdigen Begebenheiten, welche in den ersten
„Jahren dieser Regierung vorfielen. Sie sind nicht so
„gar weit von euch entfernet. Die mehresten unter
„euch haben alle diese Dinge nicht nur mit Augen an=
„gesehen, sondern auch an der Gefahr und Ehre dersel=
„ben Theil gehabt. Sie werden in unsern Jahrbüchern
„bis auf die spätesten Nachkommen fortgepflanzet wer=
„den. Aber in Ansehung eurer sind sie weiter nichts,
„als ein Traum, und ein Blitz, der verschwunden ist,
„und welcher bey euch alle Tage in eine immer grössere
„Vergessenheit geräth. Wie viel beträgt denn also der
„geringe Theil des Weges, den ihr noch zurücke zu legen
„habet? Wollen wir wohl glauben, daß die künftigen
„Tage mehr wirkliches an sich haben werden, als die ver=
„gangenen? Die Jahre kommen uns lang vor, wenn
„sie noch weit von uns entfernet sind. Sind sie aber
„herbey gekommen; so vergehen sie, und verschwinden
„uns in einem Augenblicke. Wir haben uns kaum um=
„gesehen; so befinden wir uns, gleichsam als durch eine
„Bezauberung, am Ende, welches noch so weit von uns
„entfernet zu seyn schien, und, nach unserer Meynung,
„nie=

"niemals herbey kommen wuͤrde. Betrachtet einmal
" die Welt, die ihr in eurer Jugend geſehen habet, und
" welche ihr anitzo erblicket. Auf den Hof, den ihr in eurem
" iungen Jahren ſahet, iſt ein anderer gekommen. Es ſind
" andere Perſonen auf den Schauplatz getreten. Die
" groſſen Rollen werden von andern Perſonen geſpielet.
" Es ſind neue Begebenheiten, neue Intriquen, neue
" Leidenſchaften, neue Helden in der Tugend, wie in dem
" Laſter, welche oͤffentlich gelobet, verſpottet und getadelt
" werden. Es iſt unvermerkt, und ohne daß ihr es wahr-
" genommen habet, aus der vorigen Welt eine neue ent-
" ſtanden. Es vergehet alles mit euch, und eben ſo, wie
" ihr. Ein ſchneller Strohm, den nichts aufhaͤlt, reißt
" alles mit ſich fort, und verſenket es in die Abgruͤnde der
" Ewigkeit. Unſere Vorfahren bahneten uns geſtern den
" Weg dazu; und morgen werden wir ihn denen zeigen,
" die nach uns kommen werden. Die Alter erneuern ſich.
" Die Geſtalt der Welt vergehet beſtaͤndig. Die Leben-
" digen nehmen die Stellen der Todten ein, und folgen ein-
" ander unaufhoͤrlich nach. Nichts bleibt beſtaͤndig; al-
" les veraͤndert ſich, alles vergehet, und wird zunichte.
" Gott allein bleibt allzeit ebenderſelbe. Der Strohm
" der Zeiten, welcher alle Menſchen mit ſich dahinreißt,
" fließt vor ſeinen Augen voruͤber; und er ſieht es mit
" zornigen Augen an, daß ſchwache Sterbliche, welche
" von dieſem reiſſenden Strohme dahin geriſſen werden,
" ihn im vorbeyſchwimmen laͤſtern; daß dieſer einzige
" Augenblick ihr ganzes Gluͤck ausmachen ſoll; und daß
" ſie alsdenn ſeinem Zorne und ſeiner Rache in die Haͤn-
" de fallen wollen. Wo ſind, ſpricht der Apoſtel, itzo un-
" ter uns die Weiſen? und kann wohl ein Menſch, wenn
" er auch gleich geſchickt waͤre die ganze Welt zu regieren,
" dieſen Namen verdienen, ſo bald er vergeſſen kan, was
" er iſt, und was er werden ſoll? . . . .

" Der Menſch denkt nicht gern an ſeine Nichtigkeit
" und

"und Niedrigkeit. Alles, was ihn an seinem Ursprun-
"ge erinnert, erinnert ihn auch zu gleicher Zeit an sei-
"nem Ende. Es greift seinen Stolz, die Liebe zu sei-
"nem Leben, und überhaupt alle seine Leidenschaften an,
"und verleitet ihn zu traurigen und betrübten Gedan-
"ken. Sterben; vor allem, was um und neben uns
"ist, verschwinden; in die Abgründe der Ewigkeit hin-
"absteigen; ein todter Körper, eine Speise der Wür-
"mer, ein Abscheu der Menschen, und ein scheußliches
"Gut werden, das einem Grabe zur Verwahrung ge-
"geben wird; diese einzige Vorstellung macht alle Sin-
"ne aufrührisch, sie betäubet die Vernunft, verderbet
"die Einbildungskraft, und vergiftet alle Annehmlichkei-
"ten des Lebens. Man untersteht sich nicht, seine Au-
"gen auf ein so heßliches Bild zu richten. Wir ent-
"fernen diesen Gedanken, als dem betrübtesten und wi-
"derwärtigsten unter allen. Wir fürchten uns vor al-
"lem, was das Andenken desselben bey uns erneuert, und
"fliehen davor, als ob es in Ansehung unser diese letzte
"Stunde beschleunigen sollte. Unter dem Vorwande
"der Zärtlichkeit sehen wir es nicht einmal gern, daß
"man mit uns von Personen spricht, die uns lieb gewe-
"sen, aber von dem Tode sind entrissen worden. Man
"hütet sich sorgfältig, uns nicht an die Orte, wo sie ge-
"wohnt haben, zu führen, und so wohl die Gemälde,
"die ihre Gesichtszüge noch lebhaft vorstellen, als auch
"überhaupt alles dasienige vor uns zu verbergen, was
"nebst ihrem Andenken, auch zugleich das Andenken des
"Todes, der sie uns entrissen hat, bey uns erneuern
"könnte. Wir fürchten uns so gar vor dem traurigen
"Erzählungen, und treiben unsere Furcht in diesem Stü-
"cke so weit, daß wir in einen recht kindischen Aberglau-
"ben darüber verfallen. Wir bilden uns ein, allent-
"halben traurige Vorboten unseres Todes zu erblicken;
"in den Phantasien eines Traums, in dem nächtlichen
"Gesange eines Vogels, in einer Anzahl von Gästen,

R   "die

„ die von ungefehr entſtehet, und in vielen andern, noch
„ weit lächerlichern Begebenheiten mehr. Wir glau-
„ ben den Tod allenthalben wahrzunehmen, und eben
„ deswegen ſuchen wir ihn aus unſern Gedanken zu ver-
„ treiben . . . . . . Nähert euch allen den Gegen-
„ ſtänden, welche vermögend ſind, das Bild des Todes
„ in euch zu erneuern, ſo lange daſſelbe noch den falſchen
„ Frieden eurer Leidenſchaften ſtöhren kann. Gehet bis-
„ weilen zu den Gräbern eurer Vorfahren; denket bey
„ ihrer Aſche der Eitelkeit der Dinge dieſer Welt nach.
„ Fraget ſie bisweilen, was ihnen in dieſer düſtern Tod-
„ tengruft von ihren Ergötzlichkeiten, von ihrer Hoheit,
„ und von ihrer Ehre übrig geblieben iſt. Eröffnet ſo
„ gar dieſe traurige Wohnungen, welche alles dasjenige
„ aufbewahren, was ſie ehemals in den Augen der Men-
„ ſchen geweſen, und ſehet, was ſie itzo ſind. Scheuſale,
„ derer Gegenwart ihr nicht ertragen könnet; ein Hau-
„ fen Würmer und Fäulniß. Das ſind ſie in den Au-
„ gen der Menſchen. Aber was ſind ſie vor Gott?
„ Begebet euch ſelbſt im Geiſte an dieſe ſchauerlichen
„ und übelriechenden Oerter, und ſuchet auch allda zum
„ voraus euren Platz aus. Stellet euch auch ſelbſt in
„ dieſer letzten Stunde vor, wie ihr auf dem Sterbebet-
„ te lieget, mit dem Tode ringet, und eure Glieder ſchon
„ ganz kalt und erſtarret ſind; wie eure Zunge bereits
„ mit den Ketten des Todes gefeſſelt iſt; wie eure Au-
„ gen ſtarr, unbeweglich, und mit einer düſtern Wolke,
„ vor welcher alles zu verſchwinden anfängt, bedecket
„ ſind; wie eure Freunde und Anverwandten um euch
„ herum ſtehen, für eure Geſundheit vergebliche Wün-
„ ſche abſchicken, und durch ihre zärtlichen Seufzer, und
„ ihre häufigen Thränen, eure Furcht und euer Betrüb-
„ niß vermehren; und wie der Diener Gottes, mit dem
„ Zeichen des Heils, welches alsdenn euer einziges Hülfs-
„ mittel iſt, neben euch ſtehet, und mit euch vom Glau-
„ ben, von der Barmherzigkeit, und vom Vertrauen re-
„ det.

"bet.   Nähert euch diesen so lehrreichen und so reitzen-
"den Anblicke.   Ja stellet euch alsdenn euch selbst in
"den betrübten Bewegungen dieses letzten Kampfes vor,
"wo ihr weiter keine Merkmale des Lebens von euch ge-
"bet, als durch das Zucken der Glieder, welches euren
"bevorstehenden Tod ankündiget; wo euch die ganze Welt
"nichts mehr angehet; wo ihr auf immer und ewig eu-
"rer Ehrenstellen und Titel beraubet seyd; weiter von
"nichts, als von euren Werken begleitet werdet, und nun-
"mehro bald vor Gott erscheinen wollet.   Es ist dieses
"nicht etwan eine Vorherverkündigung; sondern es ist
"die Geschichte aller derer, die täglich vor euren Augen
"sterben, und es ist auch zum voraus eure eigene Ge-
"schichte.   Gedenket an diesen schrecklichen Augenblick;
"er wird erscheinen, und der Tag ist vielleicht nicht weit
"mehr entfernt, ja vielleicht ist er schon da.   Mit ei-
"nem Worte, er wird erscheinen; und er mag noch so
"weit entfernt seyn, als er immer will, so werdet ihr
"doch in kurzer Zeit zu demselben gelangen; und euer
"einziger Trost wird alsdenn dieser seyn, daß ihr in eurem
"ganzen Leben an den Tod gedacht, und euch zu dem-
"selben wohl vorbereitet habet. "

Man müßte gegen die Religionswahrheiten gar sehr
gleichgültig seyn, wenn man nicht von der pathetischen
Bewegung wollte gerühret werden, die in folgendem
Stücke enthalten ist, welches aus der Predigt genommen
worden, die der Vater Cheminais, ein Jesuit, vom jüngsten Gerichte gehalten hat.   Der Zorn Gottes über die
Sünder, und dieser ihre Unruhen und Gewissensbisse,
machen darinnen einen rührenden Contrast, der vermögend ist, in dem Gemüthe der Zuhörer Furcht und Schrecken zu erregen.   Es wäre zu wünschen, daß die Prediger, welche rühren und bekehren wollen, sich die gründliche und erbauliche Beredtsamkeit des Vater Cheminais zum Muster erwähleten.

"Ihr werdet ſehen, wie dieſer Gott, mit welchen die
" Menſchen auf eine ſo ſchändliche Weiſe umgegangen
" ſind, allenthalben das Schrecken verbreitet, mitten unter
" Blitzen auf einer Wolke fährt, ein ſehr maieſtätiſches
" Anſehen hat, von unzählichen Engeln begleitet wird;
" heller als die Sonne glänzet, von einem gröſſern
" Lichte, als auf dem Berge Thabor, umgeben iſt; weit
" fürchterlicher, als er Moſen auf dem Berge vorkam;
" und weit ſchrecklicher iſt, als es der Würgengel dem
" Kriegsheere des Sanheribs war. Bey der Erbli-
" ckung des Throns, von welchem der h. Johannes redet,
" werden der Himmel und die Erde fliehen, und ver-
" ſchwinden. Fugit terra & cœlum. Die Berge, die
" Hügel, und die Cedern des Libanons werden ihre ſtol-
" zen Häupter beugen; ich will ſagen, alle Gröſſe und Ho-
" heit wird vor der Maieſtät Gottes zu Grunde gehen,
" und zunichte werden. Alle groſſe Titel werden als
" ein Rauch vergehen, und Gott allein wird bey
" der allgemeinen Verwirrung und Zerſtöhrung des
" Weltgebäudes groß ſeyn. . . . . . Wenn er ſich als-
" denn mit einem zornigen und unwilligen Geſichte ge-
" gen die Sünder kehren wird; ſo wird er den ewigen
" Fluch ausgehen laſſen, den kein Menſch ausſprechen
" kann, ohne ſeinen Nachdruck zu vermindern. Disce-
" dite a me maledicti in ignem æternum. Entfernet
" euch, ihr Weltmenſchen, die ihr euer Glück darinnen
" geſuchet, daß ihr mich verlaſſen habet. Discedite.
" Suchet die Götzen, welchen ihr alles aufgeopfert; die
" Gottheiten, von welchen ihr alles erwartet habet; ihr
" werdet nicht mehr mein Volk ſeyn, und ich werde nicht
" mehr euer Gott ſeyn. Discedite. Aber, Herr, was
" für eine grauſame Trennung! In dem Augenblicke,
" da wir anfangen, dich zu kennen, nachdem wir
" in den irrdiſchen Gütern die völlige Gnug-
" thuung, und das vollkommene Glück, welches man
" nur in dir finden kann, vergeblich geſucht haben, und

" da

"da wir im Begriffe sind, daſſelbe zu genieſſen, befiehlſt
"du uns, es zu verlieren! Discedite maledicti. Ich
"sage nochmals, entfernet euch. Wo ſollen wir uns
"aber hin begeben? Wo ſollen wir hingehen, nachdem
"du, o Gott, dieſes Urtheil gefället haſt?

"In ignem. Ins Feuer, ihr Sinnlichen, ihr Wollüſti-
"gen, ihr Liebhaber eures Leibes, ihr Feinde des Kreu-
"zes; in dieſes ſchlepper das Cadaver, welches ihr zu
"eurem Gott gemacht habet. Ach! Herr, der du dei-
"nen Werth allein kenneſt, hälſt du den Verluſt eines
"Gottes für etwas ſo geringes, daß er nicht hinlänglich
"ſeyn ſollte, uns unglücklich zu machen? Biſt du nicht
"damit zufrieden, daß wir ſo viele Jahre lang ohne
"Aufhören brennen? läſſeſt du uns nicht die geringſte
"Hoffnung übrig?

"Æternum. Ewig; es iſt kein Ziel, kein Ende, keine
"Hoffnung. Wo bleibet denn alſo, groſſer Gott, dei-
"ne Gütigkeit? Ihr habet ſie erſchöpft. Die Frommen
"waren unwillig darüber; viele verlieſſen ſo gar mei-
"ne Wege, weil ich gar zu lange wartete, ehe ich euch
"ſtrafte. Ich ſelbſt war eurer Verachtung müde, und ha-
"be den Arm hundertmal aufgehoben, euch zu verder-
"ben. Indeſſen redete noch ein Ueberreſt von Güte für
"euch. Das Blut, welches ich vergoſſen, die Gebethe
"der Kirche, die Seufzer der Frommen, die Hoffnung
"zu einer Bekehrung, die aber immer aufgeſchoben
"wurde, haben meine Rache zurückegehalten. Ich ha-
"be ſtille geſchwiegen. Silui. Ich habe nichts geſagt.
"Tacui. Ich habe zugelaſſen, daß ihr Sünden mit
"Sünden gehäufet. Patiens fui. Nach einer aus-
"ſchweifenden Jugend, habe ich den Geiz und die Ehr-
"ſucht eines höhern Alters erduldet. Ich habe euch in ei-
"nem wegen eurer Verſtockung noch ſtrafbarern Alter
"erhalten. Ihr habet das Maaß der Sünden voll
"gemacht. Sicut parturiens loquar. Meine Ehre
R 3 "lei-

”leidet dabey. Die Welt muß heute erfahren, daß
”ein rächender Gott ist. Ihr habet eure Zeit gehabt;
”dieses ist mein Tag. Discedite.

”Wenigstens hast du, o Herr, bey deiner strengsten
”Rache allezeit einen Strahl der Barmherzigkeit blicken
”lassen. Cum iratus fueris, misericordiam facies.
”Die Zeit meiner Barmherzigkeit ist vorbey. Es ist
”nun ein ewiges und unübersteigliches Chaos zwischen
”mir und euch. Meine unbiegsame Gerechtigkeit verlan-
”get heute ihre Rechte .... Sie muß mich völlig an
”euch rächen. Eine eingeschränkte Strafe kann einer
”eingeschränkten Creatur Gnüge leisten. Dieses heißt,
”als Mensch, aber nicht als Gott strafen. Man lerne
”die Grösse und Abscheulichkeit der Beleidigung aus
”der Strenge und Ewigkeit der Strafe kennen. Dis-
”perdam Ephraim quoniam Deus ego, et non homo
” ..... Wenn alsdenn diese unglücklichen Schlacht-
”opfer weiter keine Hülfe wissen werden; so werden sie
”tausendmal wünschen, daß sie möchten zernichtet werden,
”aber vergeblich. Sie werden allezeit seyn und blei-
”ben müssen, und das Urtheil wird müssen vollstrecket
”werden. Sie werden von einem Feuerwirbel umge-
”ben werden; und indem sich die Erde unter ihren Füs-
”sen aufthut, so werden sie vermittelst des betrübtesten
”und schrecklichsten Falles in den Abgrund hinabgestür-
”zet werden. Ibunt hi in supplicium æternum.”

Der Vater Griffet, ein Jesuit, redet, in seiner Predigt von der Hölle, von der Strafe der Beraubung
auf eine Art, die ein grosses Schrecken erregen kann.
Die Schaam und die Verwirrung, welche die Vorwürfe
des allerhöchsten Richters hervorbringen, machen dieses
Stück überaus pathetisch, weil der Redner die Geschicklichkeit besitzt, alle ihre Wirkungen in der Seele eines
Verdammten zu zeigen.

”Die Strafe der Beraubung ist hundertmal schreckli-
”cher

"cher und grauſamer, als diejenige, welche man in den Flam-
"men empfindet, welche niemals verlöſchen werden. So
"lange wir auf der Welt leben, ſehen wir nicht ein, was
"dieſe Beraubung Gottes iſt. Unſere Seele, die eine
"Sclavinn unſeres Leibes iſt, beſchäftiget ſich nur mit
"ſinnlichen und irrdiſchen Dingen. Sie denket nicht
"an Gott, ſie mag nicht einmal an ihn denken, aber
"nach dem Tode wird weiter nichts, als Gott und der
"Menſch übrig bleiben. Der Menſch, welcher ohne
"Gott nicht glücklich ſeyn kan; und Gott, welcher ein ewi-
"ger Feind von dem ſündigen Menſchen ſeyn wird. Dieſe
"Seele, welche in der Welt ruhig lebte, ohne an ihren
"Gott zu denken, und ohne ſich die Mühe zu geben, ihn
"kennen zu lernen, wird, aber viel zu ſpät, einſehen, daß
"ihre Glückſeligkeit von ihm abhieng. Es wird ihr
"keine von ſeinen Vollkommenheiten unbekannt ſeyn.
"Seine Gröſſe, ſeine Gnade, und ſeine Gütigkeit wer-
"den ihr beſtändig in den Gedanken ſchweben. Sie
"wird ihn lieben wollen, aber nicht mehr können. Sie
"wird ihn ſuchen; er wird ſich aber von ihr nicht mehr
"finden laſſen. Statt der Ströhme von Ergötzlichkei-
"ten, welche die Auserwählten im Himmel genieſſen wer-
"den, wird ſie nichts, als Zorn und Rache empfinden.
"Sie wird unglücklich ſeyn, weil ſie keinen Gott mehr
"hat; aber doppelt unglücklich, weil ſie einen hat, der ſie
"ewig martern wird. Sie wird aus den Flammen her-
"ausgehen, um ſich bis zu ihm zu erheben; ſie wird aber
"allezeit die Hand des Gottes empfinden, der ſie in den
"Abgrund zurückeſtoſſen wird. Weil ſie ein ewiger Ge-
"genſtand ſeiner Liebe und ſeines Haſſes, ſeiner Verfolgun-
"gen und ſeiner Läſterungen ſeyn wird; ſo werden die
"Vollkommenheiten ihres Gottes ihre Strafe und
"Marter ausmachen. Sie wird vor Betrübniß und
"Seufzen ganz vergehen. Sie wird ihn rufen, und ſich
"vor ſeiner Gegenwart ſcheuen. Sie wird ſeine Güte
"anrufen, ihn aber niemals anders, als mit

"Don-

„Donner und Blitzen gewaffnet erblicken. Ein
„erstaunlicher Contrast, der die Verdammten in die
„Wuth, und zur Verzweifelung bringen wird. Sie
„werden alsdenn zu den Flammen sagen, sie sollen sie
„verschlingen, damit sie ihn nicht mehr sehen, und seine
„gerechten Vorwürfe vermeiden mögen. So lange ihr
„auf der Welt waret, wird er zu ihnen sagen, hieltet
„ihr mich für einen ohnmächtigen Gott, weil ich mich
„wegen eurer Gottlosigkeiten, wegen eurer Aergernisse,
„und wegen eures Unglaubens nicht rächete. Ihr lebtet
„zügellos, ohne Glauben, ohne Gesetz, und ohne Sitten.
„Ihr dachtet nicht an mich; ich dachte aber an euch. Itzo
„möchtet ihr mir gern angehören; ich gehöre aber nicht
„mehr für euch. Ich war ohne euch glücklich; ihr könnet
„es aber ohne mich nicht seyn „

Der Vater de la Rue ist eben so erhaben, als pathetisch, in folgendem Stücke, in welchem er zeigt, daß am
letzten Tage der Wiedervergeltuug alle Menschen einander gleich seyn, daß die Titel, der Rang, und die Vorzüge für nichts werden gerechnet werden, daß alles wird zernichtet seyn, und daß weiter nichts übrig bleiben wird, als
Gott, dessen Zorn und Macht dem Sünder schrecklich
seyn werden.

„Ihr Engel des Himmels, ihr werdet mit der Posau-
„ne und dem Schwerte herabkommen. Gerechter
„Gott, du wirst erscheinen . . . . . . Ein schreckli-
„cher und bisher unerhörter Schall wird, indem er sich
„auf einmal in alle Theile der Welt ausbreitet, sich auf
„eine vernehmliche Art hören, und auch so gar von dem
„Staube der Gräber empfinden lassen. Stehet auf,
„ihr Todten; gehet aus der Erde heraus; erscheinet
„vor dem Richterstuhle eures Gottes . . . . . .
„Kommet alle auf einmal, Unterthanen und Könige,
„Reiche und Arme, zu der Zeit unbekannte Namen, eit-
„le und nichtige Unterscheidungszeichen, stehet auf, ihr

„Tod-

"Todten! Dieſer einzige Name wird alle andere Na=
"men in ſich faſſen. Der Tod wird alles gleich gemacht
"haben. Es wird kein Zwang gebraucht, und keine
"Mühe angewendet werden, ſie aus der Erde heraus
"zu hohlen. Stehet auf, erſcheinet. Sogleich wird ſie
"eben der Arm, der ſie aus dem Nichts hervorgebracht
"hat, aus dem Grabe heraus führen. . . . . . Ach!
"meine geliebten Zuhörer, wo wird in dieſem Augen=
"blicke der Adel und die Ehre ſeyn? Wird ſie darin=
"nen beſtehen, daß man zuerſt aus ſeiner Aſche heraus
"gehet? daß man den erſten Schritt aus dem Grabe
"thut? daß man die Würmer und den Moder zuerſt
"abſchüttelt? Wird man in ſeinem prächtigen Leichen=
"begängniſſe, in ſeinem zinnernen Sarge, in ſeiner
"Grabſchrift, in dem Alterthume unter den Todten, oder
"in dem eingebildeten Glanze des Bluts, der Familie,
"und der Vorfahren einen Vorzug ſuchen? Da wir
"insgeſammt zu einer Zeit aus der Erde herausgegan=
"gen ſind; ſo werden wir uns in Anſehung des Alter=
"thums nichts vorzuwerfen haben. Wir werden nur
"die Würmer, aus welchen wir ſind hervorgebracht wor=
"den, für die Quelle unſeres Blutes, und für den Stoff
"unſerer neuen Geburt erkennen. . . . . .
"Ich ſah einen Thron, ſpricht der h. Johannes, ei=
"nen erhabenen Thron, der von Lichte glänzete. Ich
"ſah den, der auf dem Throne ſaß; und zu gleicher Zeit
"ſah ich die Erde und den Himmel vor ihm fliehen, und
"in ſeiner Gegenwart ihre Feſtigkeit verlieren. Der
"Mond und die Sonne waren verfinſtert; die Sterne
"fielen vom Himmel; die Erde that ſich mit Krachen
"auf, ſie wurde in ihrem Innerſten erſchüttert; das
"Meer trat aus ſeinen Ufern; die Gebäude, die Häuſer,
"die Palläſte, die Werke der Könige, und die Arbeit
"der Menſchen, alles wurde in einem Augenblicke zer=
"nichtet . . . . . . Man hatte geſehen, wie die fal=
"ſchen Gelehrten der Sonne ihren Weihrauch darbrach=

R 5 "ten;

"ten; die Ehrgeizigen sich auf dem Throne anbethen lief
"fen; die Wollüstigen sich fleischliche Gottheiten mach-
"ten; und die Geizigen ihrem Silber und Golde alles
"aufopferten. Sie machten sich aus allen diesen Gütern
"Götzen; aber sie werden diese Götzen in einem Au-
"genblicke umgeworfen und zernichtet sehen. Der er-
"ste Gebrauch ihrer Augen wird, indem sie aus ihren
"Gräbern herausgehen, darinnen bestehen, daß sie die
"gänzliche Zernichtung dessen, was sie am meisten gelie-
"bet hatten, betrachten . . . . . . Alsdenn wird
"der Sünder ausrufen, alles fliehet vor mir, alles ver-
"läßt mich, alles vergehet und verschwindet vor meinen
"Augen. Aber meine Sünde, der Zorn meines Rich-
"ters, und die Macht meines Gottes bleibet mir übrig,
"drücket mich zu Boden, und wird in alle Ewigkeit blei-
"ben."

Ebendieser Redner beweiset, in folgender schrecklichen Abschilderung, die Nothwendigkeit und den Nutzen,
sich mit dem Andenken des Todes bekannt zu machen,
und zeigt, daß man dieses Andenken entfernet, weil man
sich vor dem Schauerlichen fürchtet, welches diesen letzten Augenblick begleitet.

"Ich sage nicht zu euch, lasset uns den Scheiterhau-
"fen und Flammen entgegen gehen; lasset uns der Wuth
"der Tyrannen trotzen. Es müssen indessen die Chri-
"sten, welche von der Gnade zur Märtyrerkrone berufen
"waren, diese Kraft in ihrem Herzen gefunden haben.
"Ich sage nur zu euch, lasset uns dem Tode durch das
"Andenken an denselben entgegen gehen; lasset uns an
"den Tod gedenken. Ich sage zu euch, meine geliebten
"Zuhörer, was die Schwestern des Lazarus zu unserm
"Heilande sagten, als sie ihn zu dem Grabe ihres
"Bruders führten: Veni et vide. Komm und siehe.
"Betrachte die verschiedenen Grade der Erniedrigung
"des Menschen, wie er zuförderst auf dem betrübten
"Bette liegt, auf welchem er seinen Geist aufgegeben

"hat;

„hat; betrachte alsdenn die blaſſe Farbe, das unſchein-
„bare Geſicht, die erloſchenen Augen, den Leib, der einen
„Augenblick vorher der Gegenſtand ſo vieler Bemü-
„hungen und Gefälligkeiten war, itzo aber für die einen
„ein Gegenſtand des Mitleidens, und für die andern
„ein Gegenſtand der Furcht und des Entſetzens iſt.
„Man ſcheuet ſich vor ihm; man verläßt ihn; man
„fliehet vor ihm. Veni et vide. Betrachtet ihn
„hierauf, wie er im Grabe liegt; die Verwe-
„ſung, die Auflöſung des Fleiſches, die Würmer, die
„Fäulniß, den Geſtank, den Leichengeruch, der von dem
„menſchlichen Körper! noch weit ſtärker, als von dem
„Körper der verächtlichſten Thiere iſt. Richtet eure
„Augen, und eure Sinne hierauf. Veni et vide.
„Betrachtet endlich die Gebeine, den Staub, die un-
„geſtalte Erde, in welche wir zurücke kehren; dieſes letz-
„te Element, in welches alle andere verwandelt werden;
„dieſes Ziel, welches dem Nichts ſo nahe, und das Ende
„unſeres Stolzes iſt. Veni et vide. Laſſet es übrigens
„nicht dabey bewenden, daß ihr dieſes Elend an allen
„denen, die vor euch verſtorben ſind, betrachtet. Se-
„het es als euer eigenes Elend, und dieſen Zuſtand
„als den eurigen an. Betrachtet euch ſelbſt auf dieſem
„Bette, in dieſem Sarge; ſuchet euch in dieſer Aſche.
„Veni et vide. Ihr fliehet; ihr wendet eure Augen
„ab; ihr entſetzet euch vor der Abſchilderung, die ich
„euch mache. Ihr wiſſet es mir ſchlechten Dank, daß
„ich eure Zärtlichkeit ſo wenig ſchone. Ihr ſuchet die-
„ſen Gedanken durch andere zu vertreiben. Das Herz
„und die Kräfte fangen an euch zu gebrechen. Ach!
„ihr habet deren nicht genug, die bloſſe Vorſtellung eu-
„res Zuſtandes im Tode zu ertragen; werdet ihr deren
„wohl genug haben, die Laſt eurer Religion zu ertra-
„gen? Ich wundere mich gar nicht, daß es ſo viele Chri-
„ſten giebt, die ihre Pflichten nicht gebührend beobach-
„ten; weil allenthalben nur träge und furchtſame See-
„len angetroffen werden.„   Der

Der Abt Guiot, Allmoſenpfleger des Herzogs von
Orleans, entwirft ebendieſes Gemälde mit Farben, die
eben ſo lebhaft, und eben ſo rührend ſind. Es ſind
eben die Ideen, die in dem vorhergehenden Stücke vorkommen, welche aber in ein weit gröſſeres Licht geſetzt, und
mit einer Moral ausgeſchmücket ſind, welche aus den
tiefen Wahrheiten unſerer Religion, und den erhabnen Lehren der heiligen Schrift hergenommen worden.

”Wie! will man niemals an das gedenken, was ganz
”gewiß geſchehen ſoll! Will man ſich alle Augenblicke
”ſeinem Ziele nähern, und die Augen immer davon ab-
”wenden; alle ſeine Schritte zum Tode thun, und alle
”ſeine Gedanken von ihm entfernen; mitten unter den
”Todten und Sterbenden leben; faſt alle Jahre ſehen,
”wie eine geliebte Perſon erblaſſet, wie die Menſchen,
”gleich den Wellen, einander forttreiben, die Geſchlech-
”ter, wie die verſchiedenen Jahreszeiten, auf einander
”folgen, und doch dabey vergeſſen, daß man ſelbſt andern
”Platz machen, und die Schuld der Natur bezahlen ſoll?
”Woher mag wohl, meine Herren, eine ſo unvernünftige
”Vergeſſenheit rühren? . . . . . Damit ich euch da-
”von überzeugen möge; ſo richtet einmal eure Augen
”auf die Trümmern von einer der weltlichen Perſonen,
”welche die Natur mit allen ihren Gaben überſchüttet,
”und die Welt mit allen ihren Gunſtbezeigungen über-
”häufet hat. Cecidit Babylon magna, cecidit. Es iſt
”alſo dieſes berühmte Babylon gefallen, und ſeine Vor-
”züge haben ſeinen Fall nicht aufhalten können! Sei-
”ne Dauer iſt nur wie ein Traum geweſen; Es iſt ein
”Schatten, den man nicht hat zurücke halten können.
”Es gleichet einem Vogel, der in der Luft fliegt; einem
”Schiffe, welches in dem Waſſer keine Merkmahle hinter
”ſich läßt; einem Haufen Staub, den der Wind zerſtreuet,
”einem Dampfe, der verfliegt; dem Morgenthaue, der
”vertrocknet; und einer Blume auf dem Felde, welche

“ un-

„ unter den Füſſen des Wanderers verſchwindet. Ceci-
„ dit Babylon magna, cecidit. Nun machet euch noch
„ einige Rechnung auf das Leben. . . . . . . Kommet
„ und betrachtet dieſes bleiche Geſicht, dieſe erloſchenen
„ Augen, dieſen ſtummen Mund, dieſe dürre Zunge, die-
„ ſe ſtraubigten und zerſtreuten Haare, dieſes unſcheinbar
„ gewordene Fleiſch, dieſe Hände ohne Beſchäftigung,
„ dieſe Füſſe ohne Bewegung, dieſen ganzen Leib, der
„ in die Fäulniß gehet, und deſſen übler Geruch euch
„ ſchon abſchrecket. Sehet, ihr weltlichgeſinnten Frau-
„ enzimmer, dieſes iſt das traurige und betrübte Schick-
„ ſal des Götzen, welcher der Gegenſtand ſo vieler Sorgen,
„ Bemühungen, und Klügeleyen iſt. Himmel! ſprechet
„ ihr, wie! durch dieſe unangenehme Abſchilderung wol-
„ let ihr mich mit dem Andenken des Todes bekannt
„ machen! Wenn euch aber dieſe Abſchilderung zuwi-
„ der iſt; iſt ſie wohl deswegen weniger natürlich? Die-
„ ſer Zuſtand macht, daß ihr euch heute vor ihm entſe-
„ tzet; wird er aber deswegen nicht eben ſowohl euer
„ Zuſtand ſeyn? Ihr fliehet weit von dieſem Gegenſtan-
„ de; aber bedenket, daß man ebenfalls auch vor euch fliehen
„ wird . . . . . . Man iſt weit einſehender, als man
„ glaubt, wenn man auf dem Krankenbette liegt, einen
„ Prieſter neben ſich, und ein Crucifir in der Hand hat,
„ den letzten Streich, und die Vollſtreckung des Urtheils,
„ welches über alle Menſchen iſt gefället worden, erwar-
„ tet . . . . O wie einſam iſt alsdenn eine Seele,
„ wenn ſie ihre vornehmſten Stützen verlieret, und alle
„ Gegenſtände ihres Vertrauens vor ſich verſchwinden
„ und zunichte werden ſiehet . . . . . . Ipſe ad ſepul-
„ chra ducetur, et in congerie mortuorum vigilabit.
„ Hier werden eure Leidenſchaften ihre Herrſchaft, die Ei-
„ genliebe ihre Pfeile, das Fleiſch ſeinen Stachel, die
„ Welt ihre Reizungen, euer Verſtand ſeine Blendwer-
„ ke, euer Herz ſeine Erſcheinungen, und die Sünde ihre
„ Lockungen verlieren, dagegen wird das Reich der wah-

„ ren

„ren und dauerhaften Tugenden in euch ſeinen Anfang
„nehmen."

Man wird vielleicht das folgende Stück vom falſchen
Frieden eines Sünders mit Vergnügen leſen. Seine
Wendung iſt, unſers Erachtens, ſehr glücklich gerathen,
und die Charaktere ſind mit einem chriſtlichen Pinſel geſchildert. Man ſiehet, daß der Redner in demſelben
mehr auf die Sachen, als auf die Worte geſehen hat,
ob man gleich in ſeiner Schreibart nichts nachläſſiges bemerket.

„Euer Friede, ihr Chriſten, verbirgt weit ſchreckliche-
„re Dinge, als die Schrecken des Krieges ſind. Euer
„Friede gründet ſich auf das verwegene Vertrauen, Gott,
„welcher euch zu ſeiner Religion, und in ſeine Kirche
„geführet, werde euch in Zukunft weit ſtärker in Anſe-
„hung der Geheimniſſe erleuchten, die ihr hartnäckiger
„Weiſe verwerfet, und aus Unwiſſenheit läſtert. Ihr über-
„laſſet ihm die Sorge, alsdenn euren Glauben, euren
„Verſtand, und euer Herz zu verbeſſern. Hat man aber
„nicht mehr als einen Unglaubigen geſehen, der auch ſo
„gar auf ſeinem Sterbebette dieſe vermeynte Stärke
„des Verſtandes, oder vielmehr dieſe viehiſche Dumm-
„heit von ſich blicken laſſen, und gewartet hat, bis er
„die Drohung der Religion empfunden, um ſie zu ken-
„nen, und bis er in die Hölle geſtürzet worden, um ſie
„zu glauben. Nennet vielmehr mit dem Hiskias einen
„ſolchen Frieden die beklagenswürdigſte Bitterkeit. Ecce
„in pace amaritudo mea, amariſſima. Euer Friede
„beſtehet darinnen, daß ihr glaubet, es werde allemal
„Zeit ſeyn, eure Irrwege zu verlaſſen, und den einge-
„wurzelten Haß gegen euren Nächſten, welchen ihr
„gern ins Verderben ſtürzen wollet, auszurotten. Nach
„eurer Meynung wird es Zeit genug ſeyn, ihn zu lieben,
„wenn ihr ihm nicht mehr ſchaden könnet. Wenn euch
„aber der Tod auf einmal unvermuthet überfällt; wenn
„euch dieſe Krankheit, deren erſte Anfälle man vor euch

„ver-

" verheelet, eurer Vernunft beraubet, und euch in eine
" unaufhörliche Raserey stürzet; wenn, ob ihr gleich bis
" an den letzten Augenblick eures Lebens eurer Sinne
" mächtig seyd, ihr dennoch der Welt einen von den hart-
" nächigen Rachsüchtigen zeiget, die sich dem Bitten einer
" Familie, dem Anhalten ihrer Freunde, und den Vor-
" stellungen der Diener Gottes, mehr als einmal, bey
" einer grausamen Beständigkeit, widersetzen, und auch
" noch sterbend die bekannte Erzählung einer alten Be-
" schimpfung, oder einer falschen Vertheydigung derselben
" vorbringen; ist euer Friede nicht die beklagenswürdig-
" ste Bitterkeit? Ecce in pace amaritudo amarissima.
" Euer Friede, ihr Sclaven der Wollust, bestehet darin-
" nen, daß ihr glaubet, dieses strafbare Feuer werde ein-
" mal in dem Eise des Alters auslöschen, und die Pfeile
" dieser thörichten Liebe würden stumpf werden, nachdem
" die Reizungen eures Götzen abnähmen. Das An-
" denken des Todes würde dieses Feuer auslöschen, und
" diese Bande zerreissen; ihr wollet aber lieber eure Tu-
" gend von den Veränderungen eures Temperamentes
" abhängen lassen. Ihr wartet, bis ihr fast kein Mensch
" mehr seyd, um kein Sünder mehr zu seyn; gleich als ob
" man nicht noch heute zu Tage mehr wollüstige Alte,
" als keusche Susannen anträfe; gleich als ob ihr nicht
" sterben könntet, ohne durch die verschiedenen Stufen
" des Lebens hindurch zu gehen; gleich als ob man nicht
" mehr, als einmal, eures gleichen dieses immer brennende
" Feuer habe mit sich bis in die Asche des Grabes hinnein
" nehmen; das Bild der Creatur, welche sie gefesselt hatte,
" auch in den Schatten des Todes beybehalten; sie tausend-
" mal mit einer gebrochenen Stimme, das Crucifir zu ent-
" fernen, um zum letztenmale von ihr Abschied zu nehmen,
" bitten; sie, indem sie dieselbe mehr, als ihre Seele ihren
" Freunden, und ihren Anverwandten empfohlen, den Geist
" aufgeben, und also in die Hände eines eifersüchtigen
" Gottes gerathen sehen . . . . . . Himmel! was für

" ein

„ein entſetzlicher Anblick! Sehet indeſſen, wohin euch
„der ſtolze Friede, in welchem ihr lebet, führet.　Ecce
„in Pace amaritudo mea amariſſima.

Der Herr Maſſillon zeigt, in ſeiner Predigt vom Allmoſen, auf eine lebhafte Art, daß man die Liebe und
Mildthätigkeit gegen die Armen auf eine ſanftmüthige
Weiſe ausüben, und ihnen nicht ſtolz und verächtlich begegnen müſſe.

„Man wirft ihnen ihre Kräfte, ihre Faul-
„heit, und ihr Herumlaufen vor.　Man giebt ihnen
„zu verſtehen, ſie wären an ihrem Elende und an ih-
„rer Dürftigkeit ſelbſt Schuld.　Und indem man ih-
„nen zu Hülfe kömmt; ſo erkaufet man ſich dadurch
„das Recht, ihnen auf eine ungeſtümme und ſchimpfli-
„che Art zu begegnen.　Wenn es aber einem ſolchen
„unglücklichen Menſchen, dem ihr Gewalt und Unrecht
„thut, erlaubt wäre, euch zu antworten; wenn ſein
„elender und ſchlechter Zuſtand ſeiner Zunge nicht den
„Zaum der Schaam und Ehrfurcht angeleget hätte;
„ſo würde er zu euch ſagen: Was werfet ihr mir vor,
„ich führte ein müſſiges und unnützes Leben, und gien-
„ge in der Irre herum? Womit beſchäftiget ihr euch
„bey eurem Ueberfluſſe? Mit den Sorgen des Ehrgei-
„zes, mit den Unruhen der Glücksumſtände, mit den
„Bewegungen der Leidenſchaften, und mit den Klüge-
„leyen der Wolluſt.　Ich kann ein unnützer Knecht
„ſeyn; ſeyd ihr aber nicht ſelbſt ein ungetreuer Knecht?
„O! wenn die laſterhafteſten hier auf der Welt die
„Aermſten und Unglückſeligſten wären; würdet ihr wohl
„vor mir etwas voraus haben? Ihr werfet mir Kräfte
„vor, derer ich mich nicht bedienete.　Allein wozu gebrau-
„chet ihr die eurigen? Ich ſollte nicht eſſen, weil ich nicht
„arbeitete.　Seyd ihr aber von dieſem Geſetze befreyet?
„Seyd ihr nur deswegen reich, damit ihr in einer ſchänd-

„ li-

"lichen Weichlichkeit leben möget? Ach! der Herr wird
"zwischen euch und mir Richter seyn; und vor seinem
"schrecklichen Richterstuhle wird man sehen, ob euch
"eure Wollüste und Verschwendungen mehr erlaubt
"waren, als der unschuldige Kunstgriff, dessen ich mich
"bediene, mein elendes Leben fortzubringen."

In ebendieser Predigt wirft besagter Redner den
Grossen und Reichen in der Welt ihre Härte gegen die
Armen mit einer heftigen Kühnheit vor.

"Man verlanget, daß eure Palläste, welche in einer
"Stadt den Rang zu erkennen geben, den ihr in dersel=
"ben, entweder wegen eures Vermögens, oder wegen eu=
"rer Geburt habet, nicht wider euer Wissen von tausend
"Unglückseligen sollen umgeben seyn, die ingeheim seuf=
"zen, derer Augen täglich von eurem prächtigen Aufzuge
"verletzet werden, und welche, ausser ihrem Elende, auch
"noch von eurem ganzen Wohlstande leiden. Man
"verlanget, daß ihr, die ihr bey den Ergötzlichkeiten des
"Hofes, oder der Stadt, die Früchte des Schweißes
"und der sauren Arbeit so vieler Unglückseligen, die
"auf euren Landgütern wohnen, in eure Hände fliessen
"sehet; man verlanget, sage ich, daß ihr diejenigen ken=
"nen sollet, welche Alters und Schwachheit halber nicht
"mehr fortkommen können, und den Ueberrest ihrer Hin=
"fälligkeit und Armuth auf den Feldern herumschlep=
"pen; ihr sollet diejenigen kennen, welche wegen ihres
"Geschlechtes und Alters der Verführung ausgesetzt
"sind, und deren Unschuld ihr in Sicherheit setzen könn=
"tet . . . . . . Sind sie euch aber wohl auch nur
"einigermaassen bekannt? Sind dieses die Sorgen,
"womit ihr euch beschäftiget, wenn ihr auf eure Land=
"güter kommet? Ach! ihr kommet in keiner andern Ab=
"sicht, als was euch von Rechts wegen gebühret, von die=
"sen Unglückseligen auf eine grausame Art zu fordern.
"Ihr kommet, ihnen den unschuldigen Lohn für ihre

S   "sau=

" ſaure Arbeit aus ihrem Eingeweide heraus zu reiſſen,
" ohne auf ihr Elend, ohne auf die ſchlechten Zeiten,
" und ohne oftmals auf ihre Thränen und ihre Verzweife=
" lung zu ſehen. Ja ihr kommet vielleicht, ihr Tyrann,
" und nicht ihr Herr und Vater zu ſeyn. O mein Gott!
" verflucheſt du nicht ſolche grauſame Geſchlechter, und
" ſo ungerechte Reichthümer? Hängeſt du ihnen nicht
" Merkmaale des Unglücks und der Zerſtörung an, wel=
" che die Quellen der Familien austrocknen; welche ma=
" chen, daß die Wurzel einer ſtolzen Nachkommenſchaft
" verdorret; und welche das offenbare Unglück, den
" Verfall, und den gänzlichen Untergang der Häuſer
" nach ſich ziehen. O! man erſtaunet bisweilen, wenn
" man ſieht, daß die größten Häuſer auf einmal zu Grun=
" de gehen; daß die alten und ehmals ſo berühmten
" Geſchlechter in die Vergeſſenheit gerathen; daß von
" ihrem alten Glanze nur noch traurige Trümmern übrig
" ſind; und daß ihre Güter entweder von ihren Mit=
" werbern, oder von ihren Sclaven beſeſſen werden.
" Ach! wenn man ihrem Unglücke auf dem Fuſſe nach=
" gehen; wenn ihre Aſche und die prächtigen Trümmern
" welche uns von ihrer Herrlichkeit in ihren ſtolzen
" Grabmählern übrig geblieben ſind, reden könnten;
" ſo würden ſie ſagen: Sehet ihr wohl dieſe betrübten
" Merkmaale unſerer Gröſſe und Hoheit? Die Thränen
" der Armen, die wir nicht achteten, und welche wir ſo
" gar unterdrückten, haben ſie nach und nach untergra=
" ben, und endlich ganz und gar über den Haufen gewor=
" fen. Ihr Schreyen hat unſern Pallaſten den Zorn
" des Himmels zugezogen. Der Herr hat in dieſe präch=
" tigen Gebäude, und in unſer Glück geblaſen, und es
" wie den Staub zerſtreuet. O! laſſet den Namen der
" Armen in euren Augen werth geachtet ſeyn, wenn ihr
" nicht wollet, daß eure Namen immer und ewig von
" dem Erdboden ſollen vertilget werden. Laſſet die
" Barmherzigkeit eure Häuſer unterſtützen, wenn eure
" Nachkommenſchaft nicht unter ihre Trümmern ſoll be=
" graben werden. Wenn

Wenn ebendieser Redner in seiner ersten Einweihungsrede zum Klosterleben seine Zuhörer ermuntern will, die Welt zu fliehen, deren Betrug und Veränderungen er zeigt; so bedienet er sich auf eine sinnreiche Weise einer Stelle der h. Schrift, welche dieses Stück gar sehr pathetisch macht.

... ''Nun sehet euch einmal um, meine liebe Schwester, und betrachtet die Welt, nebst allen ihren Irrthümern, Gefährlichkeiten und Unruhen. Ich sage es nochmals, sehet euch um. Ich zeige sie euch nicht etwan in der Ferne, wie sie ehmals der Versucher JEsu Christo zeigte. In der Ferne betrügt sie. Man sieht nur die Herrlichkeit, die Ergötzlichkeiten, und die Pracht, welche sie umgeben. Dieser Gesichtspunkt ist ihr günstig. Ich bringe sie aber näher herbey, und stelle sie euch vor die Augen. Nun saget einmal, ob sie würdig ist, bedauert zu werden, und ob ihr, da ihr itzo im Begriffe seyd, sie zu verlassen, ihrentwegen vor Freuden, oder vor Betrübniß, Thränen vergiessen werdet? ..... O daß ihr, meine liebe Schwester, die Welt selbst fragen könntet! Fraget aber eure Anverwandten, welche sich um dieser Ceremonie willen an diesen heiligen Ort begeben haben; so werden sie euch antworten: Frage deine Aeltesten, die werden dir es sagen. Vielleicht wird anitzo ihr Herz aus einer natürlichen Zärtlichkeit bey eurem Opfer weich; im Grunde aber beneiden sie euer Schicksaal. Sie seufzen ingeheim über die Menge und Schwere der Bande, welche sie an die Erde fesseln. Und nachdem sie die Ergötzlichkeiten, die Eitelkeiten und die Hoffnung der Menschen lange genossen haben; so sehen sie ein, daß hier auf der Welt kein grösser Glück ist, als die Furcht des Herrn, und die Beobachtung seines heiligen Gesetzes. Frage deine Aeltesten, die werden dir es sagen. Sie vergiessen vielleicht bey

S 2

''die:

„dieſer heiligen Handlung Thränen. Euer Glaube,
„eure Unſchuld, eure heilige Freude, die Herzhaftig„
„keit, mit welcher ihr auf ewig von der Welt Abſchied
„nehmet; alles dieſes preſſet vielleicht ihren Aug·n
„Merkmaale einer zärtlichen und empfindlichen Liebe
„aus. Aber wer weis, ob ſie nicht weit weniger über
„euch, als über ſich ſelbſt weinen? Wer weis, ob nicht
„itzo weit ſtärkere Einſichten des Glaubens in ihnen ein
„vielfaches Verlangen nach der Trennung von der Welt
„wirken; und ob ſie nicht darüber ſeufzen, daß es nicht
„in ihren Kräften ſtehet, JEſu Chriſto dem Ueberreſt
„eines Lebens zu widmen, welches vielleicht bisanhero
„die Welt und die Leidenſchaften ganz und gar einge„
„nommen haben? Frage deine Aelteſten, die wer„
„den dir es ſagen. Wer weis, ob ſie nicht, indem
„ſie euch allen abſterben ſehen, an ienen ſchrecklichen
„Augenblick gedenken, wo ihnen alles abſterben wird;
„und wo, nachdem ſie durch die göttliche Gerechtigkeit
„von eben den Sachen ſind getrennet worden, von wel„
„chen euch heute ſeine Barmherzigkeit trennet, ſie ſehen
„werden, daß ihr durch eure Aufopferung weiter nichts
„gethan habet, als daß ihr der im Tode unvermeidli„
„chen Entfernung von allen Creaturen einen Augenblick
„zuvorgekommen ſeyd, und auch die Sünde, ſie genoſ„
„ſen zu haben, und den Verdruß, ſie zu verlieren, er„
„ſpahret habt? Frage deine Aelteſten, die werden
„dir es ſagen. Was ſoll ich noch ſagen, meine liebe
„Schweſter, weil ich doch itzo zum letztenmale von eurer
„Gröſſe vor der Welt reden muß, damit ihr ſie auf
„immer und ewig vergeſſet? O daß ihr eure vornehmen
„Vorfahren fragen könntet, die in unſern Geſchichten
„wegen der Dienſte, die ſie dem Staate geleiſtet; we„
„gen der höchſten Ehrenſtellen, die ſie im Reiche beklei„
„det haben, und welche auf ihre Nachkommen fortge„
„pflanzet worden; und wegen ſo vieler Denkmäler, die
„man ihnen zu Ehren unter uns aufgerichtet hat, ſo be„
„rühmt

"rühmt sind; o daß ihr sie fragen könntet! so würden
"sie euch aus den prächtigen Grabmälern, in welchen
"alle ihre Grösse und Hoheit nur noch ein wenig Staub
"ist, antworten, die Ehre und Herrlichkeit der Welt
"wäre nichts; eine hohe Geburt wäre nur ein Stolz,
"der mit dem Blute fortgepflanzet wird; die Titel und
"die Ehrenstellen begleiteten uns nicht bis vor das An-
"gesicht Gottes; und sie wären nur in unsere Asche,
"und auf unsere eitlen Grabmäler geschrieben; es wä-
"re nichts ewig und dauerhaft, als was wir für den Him-
"mel gethan hätten; und es hülfe den Menschen nichts,
"die ganze Welt zu gewinnen, wenn er Schaden an
"seiner Seele nähme. Frage deine Aeltesten, die
"werden dir es sagen."

Der Vater Martin, ein Minimite, kömmt uns
mehr gründlich, als zierlich, in folgendem Stücke vor,
das aus einer Predigt genommen ist, in welcher er beweiset, daß man den Feinden vergeben soll. Man wird
darinnen neue Gedanken wahrnehmen, die vieles zum
Unterrichte und zur Bewegung beytragen können, und
besonders die Salbung der Empfindung, die so geschickt
ist, den rachsüchtigsten Menschen zu bewegen, dem christlichen Gesetze zu folgen.

"Wie! meine Brüder, ein Gott redet? derjenige,
"der durch seinen Hauch seine ganze Macht zu eurem
"Besten hat wirken lassen? derjenige, welcher aller Zu-
"fälle ungeacht, die eurem Leben drohen, haben will,
"daß ihr seyn und bleiben sollet? derjenige, der euch mit
"seinem Blute und mit seinem Leben erkauft hat? die-
"ser Gott befiehlt, und ihr widersetzet euch! ihr Nichts,
"ihr . . . . . . Wer bist du, daß du Gott ant-
"wortest? Ein Gott redet, meine Brüder, der aller-
"höchste Gesetzgeber, der sich bey seinen Befehlen nicht
"irren kann, die ewige Wahrheit, die Heiligkeit, die
"Weisheit in ausnehmenden Verstande . . . . Und
"ihr

„ ihr widerſetzet euch ihr! ihr . . . . . Wer biſt du,
„ daß du Gott antworteſt. Ein Gott redet, geliebte
„ Zuhörer, und für wen? Für euch, und für eures glei=
„ chen . . . . Und was verlanget er von euch? Daß
„ ihr aus eurem Herzen eine Rache, die euren Frieden
„ ſtöhret; die Eiferſucht, die euer Glück vergiftet; und
„ den Haß, der euer Uebel noch ärger macht, ausrot=
„ tet; daß ihr euch nicht durch ſolche niederträchtige Ver=
„ rätherehen, durch ſolche verhaßte Intriqven, und durch
„ ſolche treuloſe Anſchläge beſchimpfet . . . . . Die=
„ ſes iſt der Wille Gottes in Anſehung eurer Feinde . . .
„ Ja, ich vergeſſe alles, ich lege alles zu den Füſſen des
„ Kreuzes nieder, Gott wird mich zu rächen wiſſen. Ich
„ ſchlieſſe aus dieſem letzten Ausdrucke, daß ihr eure
„ Feinde nicht liebet; denn wenn ihr ſie wahrhaftig lieb=
„ tet, ſo würdet ihr ihnen nicht nur vergeben, ſondern
„ auch wünſchen, daß ihnen Gott vergeben möchte.
„ Wenn ihr euch nun auf die Gerechtigkeit des Aller=
„ höchſten verlaſſet; ſo findet ſich eine geheime Rache
„ in euch, die weit grauſamer iſt, als ihr denket. In
„ Wahrheit, laſſet uns das Gift zeigen, welches unter
„ dieſen Worten verborgen lieget, Gott wird mich rä=
„ chen. Wenn ihr ſo redet, ihr Chriſten, ſo iſt es eben
„ ſo viel, als wenn ihr ſagtet, der böſe Menſch, der
„ mich beleidiget hat, kann nicht zu ſehr geſtrafet wer=
„ den. Ich würde mich vergeblich bemühen, ihn ſei=
„ ne Uebelthat empfinden zu laſſen. Meine Macht iſt
„ zu ſehr eingeſchränkt, es gehöret der Arm eines Got=
„ tes darzu; Gott wird mich rächen . . . . Die Flu=
„ then ſeines Zorns thürmen ſich wie Berge auf; er
„ wird diejenigen, die mich verfolgen, damit bedecken,
„ und ſie in den Abgrund des Verderbens ſtürzen. Er
„ entziehet ihnen bereits ſeine Gnade; er wird ihre See=
„ le mit Traurigkeit und Betrübniß heimſuchen; ſie wer=
„ den vergeblich bethen; ſie werden nicht mehr erhöret
„ werden. Ach! ihr Chriſten, habet ihr wohl bedacht,
„ was

"was ihr geſagt, als ihr Gott gebethen, ſich wider die,
" ſo euch haſſen, zu rüſten? Leget ihr durch dieſen
" Wunſch, und durch dieſe Bitte eure Liebe gegen ſie
" an den Tag? Nein, antwortet der h. Gregorius von
" Nazianz. Denn wenn man eine wahre Liebe hat; ſo
" verſpüret man ein gröſſeres Betrübniß bey ſich, wenn
" man ſie in die Hände Gottes fallen ſiehet, als man
" Widerwillen bey ſich verſpüret, ſie aus ſeinen eigenen
" Händen entrinnen zu laſſen."

Der Vater de la Rue ſchildert ebendieſes Bild mit
andern Farben in ſeiner Predigt von der Vergebung
der Beleidigungen. Man wird darinnen edle und
richtige Gedanken, lebhafte und rührende Vorſtellun:
gen, und Züge eines vortrefflichen Pathetiſchen an:
treffen.

" Ihr ſollet alle einander lieben; das Recht ſoll un:
" ter allen Menſchen gleich ſeyn; und ich gebe es. Ego
" autem dico vobis. Verſtehet ihr dieſe Worte, ihr
" Chriſten? Sehet ihr aber auch den Sinn und Ver:
" ſtand derſelben ein? Ihr werdet darinnen eine vorzüg:
" liche Macht und Gewalt antreffen, die über alles herr:
" ſchet, und ſich allem widerſetzt. Ego autem dico vo:
" bis. Wenn euch alſo alle Stimmen der Natur und
" der Welt, des Eigennutzes und der Ehre zuruſten,
" ihr ſollet euch rächen; ſo ruft euch Gott zu, ihr ſollet
" vergeben. Vor dieſer Stimme muß alles ſchweigen,
" und zwar bloß deswegen, weil Gott redet. Ego au:
" tem dico vobis. Die Urſache, warum JEſus Chri:
" ſtus eine ſolche hohe Miene an ſich nimmt, iſt dieſe,
" weil, ob er gleich mit den Schatten der Menſchlichkeit
" bedeckt iſt, und als des Menſchen Sohn erſcheinet,
" er dennoch eben der Gott iſt, der ehemals ſeine Ge:
" ſetze mit dieſen fürchterlichen Worten anfieng und be:
" ſchloß: Ich bin der Herr, und es iſt kein anderer, als
" ich. Ego dominus, et non eſt præter me.

S 4

"Ihr

"Ihr saget, die Rachbegierde wäre der Seele tief
"eingepräget, sie würde den Thieren von der Natur
"gelehret, man müsse aufhören zu seyn und zu leben,
"wenn man sich von einer so tief eingewurzelten Re-
"gung befreyen wollte. Dieses sagt euch die Na-
"tur. Aber ich, spricht der Herr, der ich der Urhe-
"ber der Natur bin, und die Vernunft geschaffen ha-
"be, damit sie ihren Bewegungen Einhalt thun möge,
"ich sage euch, man muß vergeben. Ego autem dico
"vobis. Ihr saget, die Rache ist vernünftig. Wenn
"man nicht Gewalt mit Gewalt vertreibet; so wird die
"Einfalt der Frommen der Frechheit der Gottlosen all-
"zeit ausgesetzt seyn. Dieses sagt euch eure vermehrte
"Vernunft. Ich aber, der ich der Schiedsrichter
"und die Richtschnur der Vernunft bin, ich sage euch,
"die Macht und Gewalt, den Gottlosen Einhalt zu thun,
"soll nur allein der öffentlichen Gerechtigkeit, und nie-
"mals der Rachbegierde einer beleidigten Privatperson
"anvertrauet werden. Ego autem dico vobis. Ihr sa-
"get, das Gesetz der Welt wäre meinem Gebote zuwi-
"der. Ich bin aber der Herr der Welt, und ihr ste-
"het, wie alle alle andere Menschen, unter mir. Die
"Welt und ihr müsset also mir, als eurem Gott ge-
"horchen. Ego autem dico vobis. Ihr sagt, das Ge-
"bot überstiege eure Kräfte; und ihr hättet nicht Ge-
"walt genug über euch, euch zu entschliessen, ihm zu ge-
"horchen. Dieses sagt eure Trägheit und Furchtsam-
"keit. Ich aber, der ich weis, wie weit sich eure Kräf-
"te erstrecken, und welchen Beystand ich euch leisten will,
"ich sage, ihr könnet gehorchen; es liegt nur an euch,
"es zu thun; mit einem Worte, es muß seyn. Ego
"autem dico vobis, diligite inimicos vestros."

Ebendieser Redner zeigt in folgenden Stücke, welches aus der Predigt von der Glückseligkeit der Menschen im Himmel genommen ist, wie wenig man aus
"der

der irrdischen Glückseligkeit machen soll, wenn man be-
denkt, wie kurz ihre Dauer ist. Er redet bey dieser Gelegenheit von den schönen Zeiten Ludwigs des Vierze-
henten, welche er mit seinen Widerwärtigkeiten vergleichet, und ziehet daraus seinen Schluß, von welchem
man wird gerühret werden.

”Der h. Petrus und seine Gefährten dachten nur
”daran, wie sie die Annehmlichkeit ihres gegenwärti-
”gen Vergnügens geniessen wollten, und hofften, es
”werde lange genug dauern, um Zeit zu haben, es mit
”guter Muße zu geniessen, als ihnen eine Wolke den
”Anblick desselben entzog. Ecce nubes lucida ob umbra-
”vit eos. Sie waren im Lichte; nun sind sie in der
”Dunkelheit. Einen Augenblick vorher glaubten sie,
”sie wären die glücklichsten auf der Welt; einen Au-
”genblick darnach wissen sie kaum, wo sie sind.

”Lernet hieraus, meine Herren, was sich täglich in
”und bey euren Geschäften zuträgt. Man macht gros-
”se Entwürfe. Ein grosses Glück zeigt eurer Hoffnung
”eine Reihe von Maaßregeln, deren glücklicher Aus-
”gang gewiß zu seyn scheinet. Ihr habet so gar den
”Grad der Ehre und Hoheit, nach welchem ihr trach-
”tetet, erreicht. Ihr machet euch auf viele vergnügte
”und ruhige Jahre Rechnung. Ecce nubes. Eine un-
”vermuthete Wolke, ein widriger Zufall, den keine
”menschliche Klugheit abwenden kann, reißt alles
”mit sich fort, und richtet alles zu Grunde. Ihr hof-
”fet gesund zu seyn, da euch eine Krankheit bevorste-
”het. Ecce nubes. Ihr versprechet euch ein langes Le-
”ben, da ihr nur noch wenige Schritt vom Grabe entfer-
”net seyd. Ecce nubes. Ihr seyd der Gunst nahe;
”eine falsche Nachricht entfernet euch davon. Ihr ha-
”bet Güter zusammengehäuset; ein Proceß raubet euch
”dieselben. Ihr seyd auf euren guten Namen stolz;
”eine Verleumdung ziehet euch Schimpf und Schande

S 5 ”zu.

" zu. Ecce nubes. Sehet hier die Wolke. Demüthi-
" get euch, und gestehet, daß die Veränderung, die Ver-
" gänglichkeit und Unbeständigkeit mit allen Gütern des
" Lebens vergesellschaftet ist.

" Was für einen Rang glaubten wir nicht unter
" allen Völkern des Erdbodens zu haben (†)? War
" wohl etwas mit unsern Reichthümern und mit unse-
" rer Macht zu vergleichen? Eine unaufhörliche Reihe
" immer glücklicher Unternehmungen an allen Orten, zu
" allen Jahreszeiten, und wider alle Arten der Feinde,
" schien das Glück und den Sieg mit unsern Waffen,
" und mit unserem Namen verbunden zu haben. Die
" Wolke ist über den Glanz unsers Ruhms hingegan-
" gen; und ob sie ihn gleich nicht ausgelöschet hat, so
" bedeckt sie ihn doch wenigstens mit ihrem Schatten, sie
" hüllet ihn ein, und entziehet ihn den Augen. Nubes
" obumbravit eos. Die Fruchtbarkeit und der Ueber-
" fluß waren unsern Feldern gleichsam natürlich gewor-
" den. Frankreich schien uns eine unerschöpfliche Quelle
" von allen Arten von Gütern zu seyn. Es schien, als
" ob wir uns alle diese Güter durch unsern Fleiß erwor-
" ben hätten, oder als ob sie unserem Glücke gebühr-
" ten. Die Wolke ist über unsern Ueberfluß hereinge-
" brochen; sie hat unsere Güter in einem Augenblicke
" unsichtbar gemacht. Und diese Wolke sind, meine
" Herren, nicht nur unsere Feinde, die sie über uns aus-
" gebreitet haben; sondern wir sind es, es sind unsere
" eignen Hände, es ist unser unersättlicher Geiz, und
" unsere Härtigkeit, die sie hervorgebracht; welche unter
" uns das gegenseitige Mißtrauen, das alle Herzen un-
" empfindlich macht und verschließt, ausgebreitet; und,
" indem sie uns alle Tugenden, die Menschlichkeit, die
" Redlichkeit, die Liebe und Mildthätigkeit, den Eifer
" für den Fürsten, und für das Vaterland, ja so gar
" die

(†) Im Jahr 17**.

" die Ehre und die Gottesfurcht vergessen lassen, alles
" unser Dichten und Trachten nur allein auf die Liebe
" zum Gelde eingeschränket haben. Es ist indessen das
" glücklichste, das prächtigste, und das reichste unter
" allen Königreichen. Wie sehr kann man sich also auf
" alles, was in der Welt groß ist, verlassen? Und da
" wir, mit unserm Schaden, von der Eitelkeit aller Gü-
" ter, von den damit verknüpften Schwierigkeiten, und
" der ihnen nachfolgenden Vergänglichkeit überzeugt
" sind; wie können wir mit einigen Scheine der gesun-
" den Vernunft sagen: Bonum est, nos hic esse. Wir
" befinden uns wohl. Wie können wir die Augen vor
" allem, was uns hier auf der Welt beunruhiget und
" aufbringet, zu Boden schlägt und zuwider ist, ver-
" drießlich macht und martert, verschließen? Wie kön-
" nen wir das Leben lieben, da es so elend ist?"

Es giebt wenig Redner, welche die Ausdrücke der
h. Schrift mit mehr Kunst und Geschmacke angewendet
haben, als der Vater de la Rue. Fast alle seine Predigten sind damit angefüllet, und dieses verschaffet ihnen den Nachdruck und die Salbung, woran man die
Beredsamkeit dieses berühmten Predigers erkennet.
Von der Art ist auch noch folgendes Stück, in welchem
er zeigt, daß man die Widerwärtigkeiten mit einer christlichen Ergebung in den Willen GOttes ertragen müsse,
weil wir nicht wissen, was er mit uns vor hat.

" So sollet ihr, geliebte Zuhörer, die Augen bey
" den Geheimnissen der Vorsehung niederschlagen, und
" in Demuth erwarten, was sie über euch beschlossen
" hat. Ihr sollet versichert seyn, daß euch GOtt leitet
" und führet, und daß er bey allen euren Widerwärtig-
" keiten zu euch sagt, was JEsus Christus zu dem h.
" Petrus sagte, als er ihm die Füsse waschen wollte:
" Quod ego facio, tu nescis modo; scies autem postea.
" Was ich thue, das weißt du itzt nicht, warum ich es
" thue;

„thue; es wird aber eine Zeit kommen, da du es wiſ-
„ſen, und meine Vorſehung preiſen wirſt. Tu neſcis
„modo; ſcies autem poſtea.

„Ach! meine geliebten Zuhörer, die Kriege, die
„traurigen Begebenheiten, die uns itzo demüthigen,
„worüber wir ſeufzen und zittern, erfolgen, eurer Mey-
„nung nach, euch zu Grunde zu richten, und zu verder-
„ben. Woran denken wir? Was wiſſen wir von den
„Abſichten, die GOtt in Anſehung unſer heget? Tu
„neſcis modo; ſcies autem poſtea.

„Ohne uns wegen des Zukünftigen zu beunruhigen,
„welches noch unter der Decke der Vorſehung verbor-
„gen liegt, wollen wir uns durch das Andenken an das
„Vergangene ermuntern, und durch daſſelbe aufrichten.
„Wie viel Stürme, welche dem Anſehen nach den
„Thron erſchüttern muſten, haben weiter zu nichts ge-
„dienet, als ihn zu befeſtigen, ihn unbeweglicher, und
„in den Augen unſerer Nachbarn ehrwürdiger zu ma-
„chen? Tu neſcis modo, ſcies autem poſtea.

„Als vor ſechzig Jahren nicht nur unſere Grenzen
„dem Feinde offen ſtunden; ſondern auch das Feuer
„der Zwietracht in Frankreich und Paris angezündet
„war, und das Blut unſerer Bürger auf unſern Straſ-
„ſen und Gaſſen floß; würde man ſich wohl getrauet
„haben, zu ſagen, eben der König, deſſen erſte Jahre
„durch dieſe Wolken waren verdunkelt worden, werde
„den Glanz ſeiner Macht und ſeines Anſehens weiter,
„als einer von ſeinen königlichen Vorfahren, ausbrei-
„ten? Würde man ſich wohl getrauet haben, zu ſagen,
„auf die bürgerlichen Unruhen würden funfzig Jahre
„glückliche Unternehmungen und Siege folgen? Da-
„mals wuſte man es nicht, und dennoch hat man es
„geſehen. Tu neſcis modo; ſcies autem poſtea.

„Laſ-

„ Lasset uns sechzig Jahre weiter zurückegehen. Als
„ die Religion in Frankreich fast erloschen war, die Kä=
„ tzerey und die Ruchlosigkeit mit Feuer und Schwerte
„ die Städte eroberte und plünderte, die Tempel und
„ Altäre zerstöhrete, die Todten nicht ruhen ließ, die
„ Gebeine unserer Heiligen und unserer Könige allent=
„ halben herumwarf, und ganzer vierzig Jahre lang
„ der Gottesfurcht unserer Väter spottete; hätte man
„ sich wohl vorstellen können, daß diese schrecklichen
„ Ausschweifungen, diese Siege der Kätzerey, der Wie=
„ derherstellung der königlichen Maiestät, und der Herr=
„ schaft des Glaubens zum Grunde dienen sollten? daß
„ der bekannte König, welcher vor diesen Blinden her=
„ zog, der erste seyn sollte, der sie durch sein Beyspiel
„ erleuchtete, und wieder unter das Joch der Religion
„ brachte? Dieses verbarg GOtt vor uns, er hat es
„ uns aber sehen lassen.   Tu nescis modo; scies au-
„ tem postea.

„ Lasset uns stufenweise von einem halben Jahrhun=
„ derte zum andern zurücke gehen; lasset uns unsere Au=
„ gen bis auf die Kriege der Engländer, die bürgerli=
„ chen Kriege, und die heiligen Kriege richten; lasset
„ uns sehen, wie sich dreye von unsern Königen in der
„ Gewalt unserer Feinde befinden, von welchen einer
„ die Fesseln der Ungläubigen trägt, hernach an einem
„ fremden Ufer stirbt, und sein Reich der Vorsehung
„ überläßt.   Hat sie, meine Brüder, für dasselbe Sor=
„ ge getragen? und sind die nichtigen Urtheile, welche
„ die Politik über das Verhalten dieses Prinzen, und
„ über die Gefahr, welcher damals sein Eifer sein Land
„ aussetzte, fällete, nicht durch eine Reihe ruhmvoller
„ Begebenheiten widerlegt worden, die zwar den
„ menschlichen Einsichten gerade zuwider sind, aber mit
„ den Rathschlüssen der göttlichen Vorsehung überein=
„ stimmen? Aber unter allen diesen Begebenheiten ist
„ dies

" diese die größte und wichtigste, daß die Nachkommen=
" schaft dieses Königes, welcher der heiligste unter allen
" und vielleicht am wenigsten glücklich war, sich fast seit
" fünfhundert Jahren noch immer auf ebendemselben
" Throne befindet, wegen ebendesselben Glaubens be=
" rühmt, und mit ebendemselben Ruhme überschüttet
" ist. Tu nescis modo; scies autem postea."

Mit welcher Kunst beobachtet nicht der Vater Bourdaloue die Achtung, die er so wohl seinem Amte, als
seinen Zuhörern schuldig ist, in folgendem Stücke! Er
macht sie selbst zu ihren eigenen Richtern. Welcher scha-
reichen Wendung bedienet er sich nicht, sie zu bewegen
und einzunehmen, indem er ihre Ehrbegierde, und ihre
Liebe zu ihrem Regenten rege macht! Er sagt nur ein
Wort von dem Prinzen; aber dieses Wort ist eine Lobrede für den Prinzen, und für die Nation. Es betrifft
die Unmöglichkeit, gewissen strafbaren Verbindungen
ein Ende machen zu können. Der Redner zeigt den Un-
grund dieses Vorgebens auf folgende Art.

" Ihr sprechet, ich kann nicht; ich versichere euch
" aber, daß ihr könnet. Wollet ihr es haben, daß ich
" euch davon überzeugen soll, aber auf eine handgreifli-
" che Art, wider welche, wie ihr gestehen werdet, die
" Frechheit nichts einzuwenden hat? Ich werde es nicht
" in der Absicht thun, euch zu beschämen, sondern euch
" zu unterrichten, als meine Brüder, und als Men-
" schen, derer Seligkeit mir lieber, als selbst mein le-
" ben seyn soll. Non ut confundam vos. Die Ge-
" müthsverfassung, in welcher ihr euch befindet, ist mir
" hierzu günstig, und GOtt hat mir eingegeben, ich soll
" sie mir zu Nutze machen. Sie giebt mir einen star-
" ken und dringenden Beweis an die Hand, den ihr
" wohl nicht vermuthet . . . . Gebet wohl Achtung,
" und richtet euch.

" Es

„Es finden sich unter euch Personen, und GOtt
„gebe, daß sie nicht den größten Haufen ausmachen,
„welche itzo, da ich rede, in so genauen und so starken
„sündlichen Verbindungen leben, daß sie glauben, sie
„könnten ihre Bande niemals zerreissen. Von ihnen
„verlangen, daß sie sich, um ihrer Seelen Seligkeit
„willen, von dem Gegenstande, der sie gefangen hält,
„entfernen sollen, heißt, wie sie sagen, etwas unmög-
„liches von ihnen verlangen. Wird aber wohl diese
„Trennung unmöglich seyn, so bald sie zum Dienste
„des Fürsten, welchem zu gehorchen wir es uns insge-
„sammt für eine Ehre schätzen, werden aufbrechen und
„abreisen müssen? Ich halte mich in diesem Stücke an
„ihr Zeugniß. Ist auch wohl nur einer unter ihnen
„zu finden, der, um einen Beweis von seiner Treue
„und von seinem Eifer zu geben, nicht schon bereit wä-
„re abzureisen, und das, was er liebet, zu verlassen?
„Auf die erste Nachricht vom Kriege, welche sich an-
„fängt auszubreiten, meldet sich ein ieder, und macht
„sich fertig, sich auf den Weg zu begeben. Es ist keine
„Verbindung zu finden, die sie zurücke hielte; keine
„Abwesenheit, die ihnen schwer fiele, und deren Ver-
„druß sie nicht zu erdulden entschlossen wären. Wenn
„ich in Ansehung eurer daran zweifelte; so würde ich
„euch beleidigen. Und wenn ich es als etwas gewisses
„voraussetze; so nehmet ihr, was ich sage, als eine
„Lobrede an, und wisset es mir Dank. Ich setze das,
„was das Gesetz der Welt von euch verlanget, mit
„dem, was euch das göttliche Gesetz befiehlt, in keine
„Vergleichung. Ich weis, es ist sehr billig, daß man
„einen Unterschied unter ihnen macht, und daß ich für
„den GOtt des Himmels mehr, als für die irrdischen
„Mächte thue. Sondern ich will hieraus nur den
„Schluß machen, daß ihr GOtt hintergehet, wenn ihr
„saget, es stünde nicht in eurer Macht, den strafbaren
„Gegenstand eures unordentlichen Wandels nicht mehr
„zu

"zu sehen, und euch wenigstens eine Zeit lang von sei
"nen Augen und von seiner Gegenwart zu entfernen.
"Denn, ich sage es nochmals, wird er euch wohl zu-
"rücke halten, wenn euch die Ehre ruft? Wie eilfertig
"wird man euch auf den ersten Befehl, den ihr erhal-
"tet, abreisen sehen! und wie glücklich werdet ihr euch
"nicht schätzen, ihn zu erhalten! Würde wohl der, der
"sich nur einen Augenblick bedächte, werth seyn, daß
"er lebte? Würde er sich wohl unterstehen, sich in der
"Welt sehen zu lassen? Würde er nicht die Fabel und
"das Gespötte derselben werden?"

Der Vater Segaud zeigt in folgendem Stücke, welches aus einer Einweihungsrede zum Klosterleben genommen ist, die Gesinnungen einer christlichen Seele,
die alles verlassen hat, damit sie JEsu Christo nachfol-
gen möge, dessen Liebe sie zur Belohnung dafür verlanget.

"Das ungeduldige Verlangen, welches ihr bey
"euch verspühret, euch der Vortheile des Glücks bald
"beraubet zu sehen, und euch auf immerdar zu ver-
"pflichten, JEsu Christo nachzufolgen, wird bey euch
"der Grund und Anfang einer angenehmen Sicherheit
"in Absicht auf die letzten Augenblicke eures Lebens
"seyn. Alsdenn werdet ihr diese tröstlichen Worte zu
"GOtt sagen können: Was wird uns nun dafür
"werden? Worinnen wird die Belohnung bestehen,
"die du für mich bestimmest? Siehe, ich habe alles ver-
"lassen. Alles. Die zärtliche Liebe und Neigung ei-
"ner Familie, die mich unter Vergiessung vieler Thrä-
"nen zum Altare geführet hat. Alles. Die Vor-
"theile der Geburt, oder des Glücks, diese nichtigen
"Götzen, welche die Welt anbethet. Alles. Die An-
"nehmlichkeiten eines Alters, das man als die Blüthe
"des Lebens betrachtet, und welches die Welt bezau-
"bert. Alles. Die Ergötzlichkeiten, welche zu genies-
"sen

sen bey mir die rechte Zeit war, und derer Reizungen
sich meinen Augen darstellten. Alles. Die Freyheit,
welche, da sie auf den Zwang meiner Kindheit folgen
wollte, mein Herz nicht verführet hat. Alles. Ich
habe mir nichts vorbehalten, als dich, o HErr, der
du auf immerdar mein Theil seyn sollst. Die Einsamkeit hat mich nicht erschrecket. Ich habe mich mit
dir in eine Wüste begeben. Und wir sind dir nachgefolget. Die Strenge eines bußfertigen Lebens
hat in mir keine Furcht erreget. Ich habe, wie du,
gefastet, und meinem Leibe wehe gethan. Und wir
sind dir nachgefolget. Die Abhängigkeit hat mich
nicht aufgebracht. Ich habe, wie du, mein gehorsa-
mes Haupt unter ein Joch gebeugt, welches mir ganz
leicht vorgekommen ist. Und wir sind dir nachgefolget. Mein Opfer ist vollbracht. Bin ich nun nicht
berechtiget, auf die Erfüllung deines Versprechens zu
dringen? Was wird uns dafür werden? "

Nachdem der Abt Frenau in einer Predigt vom Sacramente der Beichte die vermeynten Schwierigkeiten
angezeiget hat, welche machen, daß man nicht beichtet;
so benimmt er dem Widerwillen die letzte Ausflucht, indem er die Behutsamkeit und Achtung zeigt, mit welcher
ein kluger Kirchendiener die Sache GOttes und des
Nächsten, mit der Ehre des Sünders zu vereinigen
sucht. Dieses Stück scheinet uns mit vieler Einsicht
verfertiget zu seyn. Die neue Art, mit welcher es vorgetragen worden, und der Nutzen, den es schaffen kann,
treiben uns an, einige Züge aus demselben anzuführen.

"Man muß also sein Bekenntniß einem Priester
"ablegen; und dieses, spricht der Sünder, rechtfertiget
"meinen Widerwillen. Warum soll ich mich vor mei-
"nes gleichen demüthigen, mich bey ihm anschwärzen,
"und ihm freywillig einen schlechten Begriff von mir
"beybringen? Welcher Schluß! Heißt dieses nicht den

T   "bei-

„heiligen Charakter, mit welchem der Diener JEsu
„Christi bekleidet ist, aus den Augen lassen? Was eu-
„ren Widerwillen zu rechtfertigen scheinet, sollte ihn
„vornämlich vertreiben.

„Er ist ein Mensch; und weil er ein Mensch ist, so
„sollte es euch eben deswegen nicht so schwer ankom-
„men, euch ihm zu nähern. . . . . . Man hält sich
„weit lieber zu seines gleichen, und schüttet sein Herz
„weit freyer gegen sie aus. Die Gleichheit bringet so
„gar die Freyheit hervor, und flösset sie ein. Ein Un-
„glückseliger schüttet sein Anliegen in den Schooß der
„Unglückseligen aus, und schöpfet Trost aus demsel-
„ben. Man sucht sich gemeiniglich unter seines glei-
„chen seine Freunde aus, mit welchen man einen ver-
„trauten Umgang unterhält.

„Er ist ein Mensch; und weil er ein Mensch ist,
„so ist er eben deswegen von eurem Widerwillen unter-
„richtet, und es ist ihm eure ganze Verlegenheit be-
„kannt. Da er verbunden ist, seines Ortes auch in
„dem Beichtstuhle zu erscheinen, und zu den Füssen ei-
„nes andern das Urtheil über sich fällen zu lassen, wel-
„ches zu seinen Füssen über euch gefället wird; so wird
„er aus den Schmerzen, die er empfindet, die eurigen
„desto besser einsehen; und die unaufhörliche Mühe,
„welche ihn dieser allzeit demüthigende, und allzeit be-
„schwerliche Schritt kostet, wird ihn um so vielmehr
„bewegen, sie euch selbst zu erleichtern . . . . .

„Er ist ein Mensch; und weil er ein Mensch ist,
„so wird alles, was ihr ihm anvertrauen werdet, nichts
„an sich haben, worüber er erstaunen wird. Da er aus
„eigner Erfahrung von der Heftigkeit der Leidenschaf-
„ten, und der Schwachheit des Herzens unterrichtet ist;
„so sind ihm alle Laster bekannt, derer ein Mensch fä-
„hig ist. Ehe er noch diejenigen erfährt, die ihr selbst
„be-

„begangen, vermuthet er schon alles, was ihr ihm zu
„sagen habet. Ehe ihr noch anfanget von euren anges
„henden Schwachheiten zu reden, siehet er bereits alle
„Folgen derselben ein. Und wenn er einigermaassen
„über das Bekenntniß, welches ihr gegen ihn ableget,
„erstaunet; so erstaunet er nicht so wohl über das, was
„ihr begangen habet, als vielmehr darüber, daß ihr
„nicht noch mehr gethan und begangen habet.

„Er ist ein Mensch; vnd weil er ein Mensch ist,
„so habet ihr, was ihr auch immer zu ihm sagen kön-
„net, dennoch keineswegs zu befürchten, daß ihr seine
„Hochachtung verlieren werdet. Da er vielleicht ehe-
„mals eben den Ausschweifungen, den ihr ergeben seyd,
„auch ergeben gewesen, oder ihnen doch wenigstens allzeit
„ausgesetzet ist; so werdet ihr ihn, indem ihr ihm sagt, wer
„ihr seyd, innerlich entweder an dem erinnern, was er
„war, oder was er alle Augenblicke werden kann. Er
„sieht alle Gefährlichkeiten, die ihm bevorstehen, ein. Da
„er ein Sünder ist; so erblicket, und trifft er sich in euch
„an. Indem ihr ihm eure Schwachheiten erzählet,
„denket er an sein Elend. An statt, daß er euch ver-
„achten sollte, demüthiget ihr ihn. Und das einzige, so
„er euch dabey zu denken erlaubt, ist dieses, daß er entwe-
„der seine ehemaligen Fehler bereuet, oder sich fürchtet,
„künftig wieder darein zu fallen.

„Er ist ein Mensch; und weil er ein Mensch ist, so
„wird er also ein Herz, und Mitleiden mit euch haben.
„Ihr habet also Ursache, euch von ihm die Behutsamkeit
„und die Achtung zu versprechen, welche die Menschlich-
„keit und das Naturell allen Menschen gegen ihres glei-
„chen einflüssen, und welche die Liebe selbst zuerst anräth,
„so lange sie den Rechten der heiligen Religion keinen
„Eintrag thun, oder das heilige Predigtamt verächtlich
„machen.

„Er ist endlich ein Mensch; und weil er ein Mensch
„ist, so werdet ihr also an ihm einen solchen Richter finden,

„wie

"wie ihr ihn wünſchen könnet, der zärtlich, mitleidig, und
"leutſelig iſt, und in welchen die Verlegenheit, in der ihr
"euch befindet, einen Eindruck macht; der allzeit bereit iſt,
"dieſelbe zu vermindern, und ſie euch ſo gar, wenn es mög-
"lich iſt, zu erſparen; der aus Pflicht ein Feind des La-
"ſters, aber aus Neigung ein Freund des Sünders iſt, ſo
"bald er aufhören will, einer zu ſeyn; in welchem das, was
"euch ſchamroth macht, eine noch gröſſere Schamröthe er-
"reget; der vor euren Ausſchweifungen noch mehr, als
"ihr, gerühret iſt; der ſie nur deswegen will kennen ler-
"nen, damit er euch davon abhalten möge; der zwar herz-
"haft genug iſt, ſie nicht zu dulden, und vermöge einer
"ſchändlichen Nachſicht zu billigen; ia der im Stande iſt,
"zu euch, wie ehemals Johannes der Täufer zu dem Hero-
"des, zu ſagen, daß ſie euch nicht erlaubt ſind; non licet;
"der aber auch, wie ein anderer Nathan, allzeit die Klug-
"heit mit der Herzhaftigkeit zu verbinden, und euch auf ei-
"ne feine und leutſelige Art in die Nothwendigkeit zu ver-
"ſetzen weis, daß ihr euch zuerſt verdammet, und, nach dem
"Exempel Davids, das Bekenntniß eurer Sünden ſchö
"ablegt. Peccavi. Der mehr geſinde, als ſtrenge ver-
"fähret; mehr ein Vater, als ein Richter iſt; biswen-
"len, aber wider ſeinen Willen, und nur auf eine kurze Zeit,
"hart mit euch verfähret; der von Natur bereit iſt, in Be-
"ſchützung eurer ſich aller ſeiner Rechte zu bedienen; der ſich
"am öfterſten nur des Rechtes, euch loszuſprechen, gegen
"euch bedienet, und, wenn ich mich ſo ausdrücken darf,
"nur deswegen daran gedenket, daß er die Sache eines
"Gottes der euch vertrat, damit er eine Barmherzigkeit
"und Gnade der euch erweiſen möge. Seid der Red-
"ner ich Kate ſolcher Gott, ſo iſt der Freund begehoffen."

Der ſchöne Abſchnitt, je…… … … … … Stück, welches
… … … … … … … … … … … … … … …
… … … … … … … … … … … … … … …
… … … … … … … … … … … … … … …
… … … … … … … … … … … … … … …

wahre Bekehrung auf ein sündhaftes Leben folge. Er be=
weiset dieses ytmittelst eines Schlusses, der voller Feuer
und Nachdruck ist.

" Machet euch Hoffnung, daß ihr eure Vernunft eben
" so vollkommen und gesund, als sie itzo ist, bis an den
" letzten Augenblick eures Lebens behalten werdet. Ach=
" tet ihr denn aber die Hindernisse, die ihr alsdenn in
" eurem eigenen Herzen antreffen werdet, für nichts?
" Glaubet ihr wohl, daß Leidenschaften, die ihr von Ju=
" gend auf unterhalten habet, und welche bey euch gleich=
" sam zur andern Natur geworden sind, auf einmal nach=
" lassen und verschwinden werden; daß bey euch ein plötz=
" liches Wunder geschehen wird; und daß ihr auf einmal
" in einen neuen Menschen werdet verwandelt werden?
" . . . . . Bekömmt wohl das Herz in so kurzer Zeit
" neue Neigungen, und gleichsam ein neues Wesen?

 - " Wie! ihr glaubet, daß, nachdem ihr euer ganzes
" Leben in Unzucht zugebracht, zween Tage, die ihr krank
" seyd, euch keusch machen werden? Ach! Gott wird zu=
" lassen, daß die Erinnerung eurer vorigen Ergötzlichkei=
" ten vielleicht auch noch auf dem Sterbebette tausenderley
" strafbare Gefälligkeiten von euch erpresset. Vielleicht
" werdet ihr die unglücklichen Bilder eurer ehmaligen
" Ausschweifungen auch noch mit sterbenden Augen an
" euren Wänden sehen wollen. . Vielleicht werdet ihr
" verscheiden, indem der unglückliche Gegenstand, den eu=
" er Herz verderbt, bey eurem Bette stehet; und ihr
" werdet euch, des öffentlichen Aergernisses ungeacht,
" auch im Sterben nicht entschliessen können, ihn zu ver=
" lassen . . . . . Hat man nicht so wohl zu unsern,
" als zu unserer Väter Zeiten, solche Ungeheuer gesehen,
" welche dem verabscheuungswürdigen Gegenstande ih=
" rer Leidenschaft auch so gar bis ins Grab eine schreck=
" liche Treue geschworen haben, und deren verworfene
" Seele nicht anders vom Leibe schied, als indem sie nach
" dem Laster und der Wollust seufzete, die sie wider ihren

" Wil=

" Willen verlaſſen muſte? O Gott! wie ſchrecklich biſt
" du, wenn du den Sünder ſeinem eigenen Verderben
" überläſſeſt!

" Ihr glaubet, ein Menſch, der in ſeinem Leben nur
" eine einzige Begierde gehabt, welche darinnen beſtan:
" den, daß er auf Koſten anderer, und auf die ungerech:
" teſte und verhaßteſte Art Schätze geſammlet; ihr glau:
" bet, ſage ich, ein ſolcher Menſch könne alsdenn darein
" willigen, daß ein Gewinn, den er allzeit für erlaubt
" gehalten, als ſtrafbar angeſehen werde; und daß un:
" endliche Wiedererſtattungen ſeinen Namen und ſeine
" Nachkommen wiederum in den Staub verſetzen, aus
" welchem er ſie herausgezogen hat? Ach! ſpricht der
" Geiſt Gottes, er wird die Schätze, die er verſchlungen,
" mit ſeiner Seele ausſpeyen; er wird es aber wider ſei:
" nen Willen thun: Der Herr wird ſie aus ſeinen In:
" nerſten herausreiſſen; aber die Liebe zu denſelben wird
" er nicht aus ſeinem Herzen reiſſen. Die Güter, die
" er verſchlungen hat, muß er wieder ausſpeyen,
" und Gott wird ſie aus ſeinem Bauche heraus:
" ziehen. "

In folgendem Stücke, welches aus der Predigt vom
Leiden Jeſu Chriſti genommen iſt, bringet ebendieſer Red:
ner alles, was die Beredtſamkeit rührendes und nach:
drückliches hat, durch eine ſinnreiche Wiederhohlung die:
ſer Schriftſtelle: Sehet! welch ein Menſch, an.

" Das ſchreckliche Kennzeichen der königlichen Würde,
" womit man ihn gekrönet hat, zerreißt ſein ehrwürdiges
" Haupt. Das Blut rinnet allenthalben von ſeinem
" himmliſchen Angeſichte herab. Die göttlichen Züge,
" die ihn zum Schönſten unter den Menſchenkindern
" machten, ſind verdunkelt. Die mächtigen und ſchreck:
" lichen Blicke, welche nur vor kurzer Zeit entweder treu:
" loſe Jünger bekehren, oder ruchloſe Böſewichter in dem
" Oelgarten zu Boden ſchlagen konnten, ſind verloſchen.
" Das Angeſicht, worüber ſich die Auserwählten im
" Him:

" Himmel freuen werden, ist weiter nichts, als ein scheuß=
" liches und blutrünstiges Fleisch, von welchem die Hen=
" ker selbst ihre Augen mit Entsetzen abkehren. Und ei=
" nen solchen Anblick zeigt ein barbarischer Richter den
" Priestern und dem Volke, die sich vor seinem Pallaste
" versammlet haben. Jesus Christus wird in diesem be=
" klagenswürdigen Zustande vor das Richthaus heraus=
" geführet. Sehet! spricht er zu ihnen, welch ein
" Mensch. Ihr heiligen Könige aus dem Stamme Da=
" vids! ihr göttlichen Propheten, die ihr ihn dem Erd=
" boden verkündiget; ist denn dieser also derjenige, den
" ihr so brünstig zu sehen wünschtet? Ist dieses also der
" Mensch? Sehet! welch ein Mensch. Ist dieses
" endlich der Erlöser, der euren Vätern seit so vielen
" Jahrhunderten ist versprochen worden? Ist dieses der
" große Prophet, den Judäa der Welt schenken sollte?
" Ist dieser das Verlangen aller Völker, der Wunsch des
" ganzen Erdbodens, die Wahrheit eurer Bilder, die Er=
" füllung eures Gottesdienstes, die Hoffnung aller eurer
" Frommen und Gerechten, der Trost der Synagoge, die
" Herrlichkeit Israels, das Licht und das Heil aller Völ=
" ker? Sehet! welch ein Mensch. Erkennet ihr ihn
" wohl an diesen schändlichen und schimpflichen Merk=
" maalen?

" Allein, lasset es sich diese rasenden Menschen immer=
" hin noch als eine Gnade ausbitten, daß sein Blut über sie
" und über ihre Kinder kommen soll. Lasset sie, indem sie den
" Erlöser verwerfen, alles, was vorher ist gesagt worden,
" erfüllen, und sein Amt rechtfertigen, indem sie sich wei=
" gern, an ihn zu glauben. Vergönnet mir, daß ich ihn
" itzo andern Zuschauern, und zwar euch selbst, meine
" Brüder, vorstelle. Sehet! welch ein Mensch. Se=
" het hier euren Trost, wenn ihr unter die Zahl seiner
" Jünger gehöret. Wollet ihr wohl bey den Widerwär=
" tigkeiten, womit euch Gott heimsuchet, murren? O!
" richtet eure Augen auf Jesum, der um eurentwillen so

T 4   "schänd=

"ſchändlicher Weiſe iſt geſchlagen und zerfleiſchet wo[r]
"den. Sehet! welch ein Menſch. Hat man eu[ch]
"ungerechter Weiſe eures Vermögens, und eurer Eh[r]
"und Titel beraubet; o ſo ſehet, wie der Nachfolger [?]
"vieler Könige aller Merkmaale ſeiner Gröſſe und H[o]
"heit iſt beraubet, und bis unter die geringſten Sclave[n]
"heruntergeſetzet worden. Sehet, wie ihm von alle[n]
"ſeinen herrlichen und unvergänglichen Titeln weiter
"nichts, als der Name eines Menſchen, den man ih[m]
"noch beylegt, übrig geblieben iſt, und wie ihn die Wun[-]
"den, und das Blut, die ihn bedecken, faſt ſeiner gan[-]
"zen Geſtalt beraubet haben. Was habet ihr hierbey
"noch zu ſagen? Sehet! welch ein Menſch. Wer[-]
"det ihr verleumdet; ſo höret, was für Betrügereyen
"man ihm Schuld giebt. Werdet ihr euch alsdenn
"wohl noch beklagen? Sehet! welch ein Menſch.
"Kommen euch die Pflichten des chriſtlichen Lebens bis[-]
"weilen ſchwer vor; ſaget ihr ingeheim zu euch, die Tu[-]
"gend wäre nicht ſo ſtrenge, als wir vorgäben; ſo fin[-]
"det ihr hier eure Antwort. Sehet zu, ob ihr bis aufs
"Blut widerſtanden habet. Lernet an dieſem Bilde
"das Maaß und die Weitläuftigkeit eurer Pflichten ken[-]
"nen. Er iſt ein Menſch, wie ihr, den man euch vor[-]
"ſtellet, und welcher nur um eurentwillen ein Menſch iſt.
"Sehet! welch ein Menſch. Aber ſehet auch zugleich
"euer Werk; und die Vollendung eurer Bosheit und
"Undankbarkeit, wenn ihr Sünder ſeyd. Sehet die grau[-]
"ſame That, die ihr ſo oft wiederhohlet, als ihr in die
"Sünde williget. Sehet den Leib, den ihr ſchändet,
"wenn ihr den eurigen verunreiniget. Sehet das ehr[-]
"würdige Haupt, welches ihr mit Dornen krönet, wenn
"die mit Vergnügen erneuerten Bilder der Wolluſt ge[-]
"fährliche Eindrücke in euch machen. Sehet die Ver[-]
"ſpottungen, die ihr wiederhohlet, wenn ihr die Gottes[-]
"furcht der Frommen lächerlich zu machen ſuchet. Se[-]
"het das heilige Fleiſch, welches ihr durchbohret, wenn
"ihr

" ihr den guten Namen eures Nächsten antastet. Mit
" einem Worte, sehet eure Verdammniß, und euer
" Werk. Sehet! welch ein Mensch. "

Ebendieser Redner ziehet in seiner Predigt von der
mannigfaltigen Gefahr, die mit dem Wohlstande verknüpft ist, sehr heftig gegen die Mächtigen und Reichen
in der Welt los, und zeiget hernach, daß der Wohlstand
den Leidenschaften sehr viele Mittel verschafft, welche
vermögend sind, sie zu entzünden, besonders wenn das
Herz schon verderbt ist.

" Aus der Liebe zu den irrdischen Dingen entstehen,
" als aus einer schädlichen Quelle, die unendlichen und
" unersättlichen Begierden, deren der Apostel gedenket,
" und welche die Seele tödten. Ich will sagen, so bald
" ihr die Erde als euer Vaterland ansehet, so suchet ihr
" weiter nichts, als auf derselben immer grösser zu wer-
" den, und immer mehrern Raum einzunehmen; ja ihr
" möchtet sie gern ganz allein inne haben. Ihr bringet,
" wie ein gewisser Prophet sagt, das Erbtheil eurer
" Nachbarn zu dem Erbtheile eurer Väter. Ihr über-
" schreitet die Grenzen, welche die Mäßigkeit eurer Vor-
" fahren euren Gütern und eurem Vermögen so weis-
" lich gesetzet hatte. Ihr leget den Ländereyen eure Na-
" men bey. Es scheint, als ob die ganze Welt für eure
" weitläuftigen Anschläge viel zu klein wäre. Ihr zwin-
" get oftmals einen Naboth, daß er auch seinen Wein-
" berg, und daß unschuldige Erbtheil seiner Väter abtre-
" ten muß. Alles, was euch ansteht, ist schon euer.
" Die zweifelhaftesten Rechte heissen bey euch die un-
" streitigsten, und die Billigkeit muß oftmals der Ge-
" walt unterliegen. Die Ehrenstellen, die ihr durch eu-
" ren Reichthum erlangen könnet, schicken sich allemal
" für euch. Ihr überleget nicht, ob ihr wegen eurer we-
" nigen Geschicklichkeit dazu geschickt seyd, oder nicht, und
" ob das gemeine Wesen Schaden davon haben wird,
" sondern nur, ob ihr euren Kindern ein dauerhafteres

T 5   " Glück

„ Glück verſchaffet. Die Berufung des Himmels ent-
„ ſcheidet ihr Schickſal nicht mehr; ſondern eure zeitli-
„ chen Vortheile. Die Kirche muß von eurer Habſucht
„ Opfer annehmen, vor welchen ſie einen Abſcheu hat.
„ Was auf eurem Felde das Land unnützer Weiſe be-
„ ſchweret, das verſetzet ihr in das Feld des Herrn. Da-
„ mit ihr eure Güter nicht theilen dürfet, und die eitle
„ Ehre eures Namens unterſtützen könnet; ſo zerreiſſet
„ und ſchändet ihr das Erbtheil Jeſu Chriſti. Ihr brin-
„ get verächtliche und ſchändliche Gefäſſe in das Heilig-
„ thum. Bisweilen erkaufet ihr ſo gar die Gabe Got-
„ tes. Bey einem mittelmäſſigern Glücke, bey welchem
„ ihr viel mäſſiger geweſen wäret, würdet ihr auch weit
„ unſchuldiger geweſen ſeyn. Glaubet aber nur nicht,
„ daß ich hier von dem Ueberfluſſe, der von dem Blute
„ der Unterthanen herrühret, und von den neuen Leuten
„ rede, welche den Raub der Städte und Provinzen, in
„ ihren prächtigen Palläſten, auf eine unverſchämte Art
„ öffentlich aufſtellen. Es kömmt uns nicht zu, derglei-
„ chen Mißbräuchen abzuhelfen; ſondern den Geſetzen,
„ und den gerechten Unwillen der Obrigkeit.

„ Ihr ſelbſt, meine Brüder, die ihr mir anitzo zuhöret,
„ ſpottet am öfterſten darüber, und tadelt ein ſolches
„ Verhalten. Ihr könnet es nicht leiden, daß Leute von
„ geringen Herkommen ſich unterſtehen, es euch an Pracht
„ und Herrlichkeit gleich, und wohl gar noch zuvor zu
„ thun, ihren ſchlechten Stand mit euren groſſen Namen
„ zu ſchmücken, und ſo gar durch unſinnige Verſchwen-
„ dungen des allgemeinen Elends, wovon ſie ſelbſt die
„ grauſamen Urheber geweſen ſind, zu ſpotten. Ihr ſe-
„ het ein, wie ſchändlich ein Wohlſtand iſt; der von der
„ Ungerechtigkeit herrühret; aber die Gefährlichkeiten
„ desjenigen, der mit der Geburt verknüpft iſt, ſind euch
„ nicht bekannt. Der ganze Unterſchied, den ich dabey
„ wahrnehme, beſtehet darinnen, daß der eine mit böſen
„ Thaten anfängt, und der andere allzeit damit beſchlieſ;

„ ich

„ ich will sagen, die einen genieſſen ein unrechtmäſſiger
„ Weiſe erworbenes Gut, und die andern mißbrauchen
„ Güter, die ſie rechtmäſſiger Weiſe beſitzen. Ach! mei-
„ ne Brüder, ihr habet groſſe Urſache zu zittern, wenn
„ ihr den Wohlſtand nicht anders anwendet, als daß ihr
„ ihn zur Beförderung der Glückſeligkeit eurer Sinne
„ dienen laſſet, und in der Weichlichkeit und Gottesver-
„ geſſenheit lebet. Saget ihr alſo ohne Unterlaß zu euch
„ ſelbſt: Vielleicht bekomme ich meinen Lohn in dieſer Welt
„ . . . . . . Groſſer Gott! ſolteſt du mich wohl in-
„ nerlich verlaſſen haben, indem du mich duſſerlich mit
„ deinem Gunſtbezeigungen überſchütteſt? Ach! ſchlage
„ mich vielmehr hier auf der Welt, und behalte mir dei-
„ ne Geſchenke für ein dauerhaftes Leben auf. Iſt der
„ Zuſtand, in welchen ich durch meine Geburt bin geſe-
„ tzet worden, ein Hinderniß meiner Seeligkeit; ſo ſetze
„ mich, o mein Gott! in einen geringern, und laß mich
„ wiederum in den Staub, aus welchem ich heraus ge-
„ gangen bin, zurückefallen. Der Platz, welcher mich
„ am nächſten zu dir bringen wird, ſoll mir allzeit der an-
„ genehmſte ſeyn. Ja der Aſchenhaufen, wo Hiob ſaß,
„ würde bey mir den Vorzug vor dem Throne haben,
„ wenn ich dieſen, um dir zugefallen, verlaſſen müſte.
„ Sehet, ſo ſollet ihr geſinnet ſeyn. „

Ebendieſer Redner ziehet auch in folgendem Stücke
mit einer Heftigkeit, die vom Eifer allein herrühren kann, gegen die Groſſen los, die das Volk unterdrücken, und ſagt ihnen die ſchreckliche Rache vorher, welche Gott an ihnen,
und ihren Nachkommen ausüben wird.

„ Es iſt eine Pflicht der Groſſen, das Volk wieder un-
„ ter den Schutz der Geſetze zu bringen. Die Wittwe, der
„ Wäiſe, alle die, ſo man unter die Füſſe tritt, und unter-
„ drücket, haben ein erlangtes Recht auf ihr Anſehen,
„ und ihre Gewalt . . . . . . Sie müſſen die Klagen
„ und Seufzer der Unterdrückten vor den Thron brin-
„ gen . . . . . Wenn aber die Groſſen und die Mi-
„ niſter

" niſter der Könige, an ſtatt die Beſchützer der Schw

" chen zu ſeyn, ſelbſt die Unterdrücker derſelben ſind .

" . . . ſo wird, o mein Gott! das Schreyen des Ar

" men und Unterdrückten zu dir hinaufſteigen.　　D

" wirſt dieſes grauſame Geſchlecht verfluchen.　　Du wir

" deine Blitze auf die Rieſen herabſchieſſen.　　Du wir

" das ganze Gebäude des Stolzes, der Ungerechtigkeit

" und des Glücks, welches auf den Trümmern ſo viele

" Unglücklichen aufgeführet worden, umſtürzen, und ihre

" Gröſſe wird unter den Schutt begraben werden.　　Es

" hat auch der Wohlſtand der Groſſen und der Miniſter,

" welche Unterdrücker des Volks geweſen ſind, ihre

" Nachkommen niemals etwas anders, als Schimpf,

" Schande und Fluch zugezogen.　　Man hat aus dieſem

" Stamme der Ungerechtigkeit ſchimpfliche Zweige hervor

" kommen ſehen, welche ihrem Namen, und ihren Zei

" ten eine Schande geweſen ſind.　　Der Herr hat in den

" Haufen ihrer ungerechten Reichthümer geblaſen, und

" ihn, wie Staub, zerſtreuet.　　Und wenn er von ihrem

" Stamme noch unglückliche Ueberbleibſel auf dem Erd

" boden herumſchleichen läſt; ſo geſchiehet es deswegen,

" daß ſie immerwährende Denkmäler ſeiner Rache ſeyn

" ſollen. "

Der Vater Bernhard verfällt weder in die unſinnige
Ausſchweifung des Witzes, noch in den Geſchmack, den
man an blos ſchimmernden Gedanken findet. Er ſucht zu
überzeugen, und allzeit vermittelſt der Empfindung dazu
zu gelangen. Von der Art iſt der Ton, der in ſeiner
Predigt vom Geiſte des Opfers herrſchet. Das Stück,
welches wir daraus anführen werden, iſt voll Heftigkeit
und des Pathetiſchen, welches ſich für die Canzel ſchickt.

" Man mag immerhin den ordentlichſten Lebenswan

" del führen, und der rechtſchaffenſte Mann in der Welt

" zu ſeyn ſcheinen; man wird ſich doch, wenn man nur

" die Abweichungen vom Geſetze vermeidet, und ſeinem

" Fleiſche nicht wehe thut, fälſchlich einen Chriſten nen

" nen

ner Religion bekennen, die nichts so sehr
s die Kreußigung, das Fasten, die Buß=
Entfernung von der Welt, und die Ver=
selbst. Sind diejenigen Personen, die
dem Spiele, den Schauspielen, den Zu=
n und Gesellschaften beywohnen, ihr le=
gange, in den Ergößlichkeiten, und in
keit zu bringen, wirklich Christen, und
Sind die wollüstigen Weltmenschen, die
den Tagen, an welchen man Busse thut
acht, ihrem Puße und ihrem sinnlichen
brechen, Anbether Jesu Christi? Sind
hochmüthigen Menschen, welche die Ar=
, von ihrem Reichthume eingenommen,
it sind, mit der Frömmigkeit ihr Gespöt=
und die Frommen lächerlich zu machen,
vangelii? Sind die Personen, die sich
ßen, die ihr ganzes Leben mit Besuchen,
en, auf den Spaziergängen, in Spielge=
n Bällen und Gastereyen zubringen, und
, ohne daß sie die Pflicht ihrer Religion,
gekannt haben, christliche Jungfrauen und
. . Sind die wahre Christen, die bey
n seltsames und verdrüßliches Bezeigen,
von aufwallender Hiße von sich blicken
h an denen, die ihn mißfallen, bald zu
die ein Verlangen bey sich verspühren, noch
chaften zu besuchen, und in denselben ihren
t zu nehmen; und welche die Ehrerbie=
n, worauf man so ersessen ist, und die
aus den Augen läst? . . . . . Es
ts, als der öftere Gebrauch des Geistes
Unordnungen der Sünde wieder gut ma=
ewöhnlichste Wirkungen darinnen beste=
ns sie mehr und mehr von allem denient=
was vollkommene Bußfertige aus uns
würs

"würde machen können . . . . . . Aber, wird man vielleicht
"sagen, welches sind denn die Opfer, die Gott verlanget?
"Diese Opfer sind die Liebe zur Welt, die eine junge
"Person verführt, welche sich in den Gesellschaften sehen
"läßt, die das Vergnügen derselben ausmacht, die we-
"gen ihres Witzes, und wegen ihrer Reitzungen, bald ihr
"Abgott werden, und sich nicht scheuen wird, sich von ihr
"verehren und anbethen zu lassen. Diese Opfer sind
"der geheime Wohlgefalle an sich selbst, dem man Ein-
"halt thun muß; die Begierde zu gefallen, die man in
"der Geburt ersticken muß; das flüchtige Wesen, das
"man ablegen muß; die Liebe zum Müssiggange, die
"man überwinden muß; und die Abneigung gegen das
"Vaterland, die man unterdrücken muß. Dort ist es
"eine Frau, welche die grossen Gesellschaften, die Schau-
"spiele, und die Gastereyen liebet. Gott verlanget von
"ihr, daß sie ein einsames Leben führet, daß sie nicht
"eher ausgehet, als wenn es die Pflicht und der Wohl-
"stand erfordern, und daß sie sogar, wie die Esther, dar-
"über seufzet, wenn sie sich bisweilen öffentlich muß se-
"hen lassen. Hier ist es ein lustiger, und aufgeweckter
"Mann, der die unglückliche Gabe besitzt, das lächerli-
"che wahrzunehmen, und sich auf anderer ihre Ko-
"sten darüber lustig zu machen. Gott verlanget von
"ihm, er soll seiner Zunge einen Zaum der Vorsichtig-
"keit anlegen, er soll entweder stille schweigen, oder nur
"reden, um auch sogar von seinen ärgsten Feinden gutes
"zu sagen. Man mag von einer Gemüthsbeschaffen-
"heit, und von einem Charakter seyn, von welchem man
"will, so hat man Fehler und Schwachheiten an sich.
"Saget also nicht mehr, ihr Weltmenschen, ihr hättet nichts
"aufzuopfern. Saget aber, ihr hättet den Geist des
"Opfers nicht. Wehe euch indessen, wenn ihr eure Lei-
"denschaften triumphiren lasset. Ein wollüstiges, frey-
"es und sinnliches Leben ist ein strafbares Leben in den
"Augen eines Gottes, der sich, aus Liebe zu euch, selbst
"ge-

geopfert hat, ohne von euch das geringste erhalten zu
können."

Nachdem der Vater Gaillard, ein Jesuit, in der Trau:
rrede auf Ludwig de la Tour d' Auvergne, Prinzen von
Turenne, angezeiget hat, daß dieser junge Prinz in dem
Treffen bey Stenkirchen tödtlich verwundet worden; so
eschreibt er den Schmerz und das Betrübniß seiner Ael:
tern, als sie diese traurige Nachricht erhielten, auf eine Art,
die zum Mitleiden bewegt.

" Aber was für eine Nachricht hat man seinem ganzen
" Hause zu überbringen! Ach! er war schon nicht mehr
" am Leben, als man in demselben erfährt, daß er gefähr:
" lich verwundet worden! Was für ein tödtlicher Stich
" ist dieses in das Herz des Vaters! Was für ein Schmer:
" zensschwert in die Seele der Mutter! Sie reisen, von
" den Regungen ihrer zärtlichen Liebe gedrungen, bestürzt
" und eilfertig ab, um sich zu einem Sohne zu begeben,
" der das ganze Glück ihres Lebens ausmachte. Wo eilet
" ihr hin, unglücklicher Vater, trostlose Mutter? Ihr wer:
" det in Mons zu dem einen Thore hineinkommen, wenn
" man seinen Sarg zum andern hinaustragen wird; und
" ihr werdet aus dem allgemeinen Seufzen wahrnehmen,
" daß ihr keinen Turenne mehr habet. Kann ich wohl
" dasienige hier ausdrücken, was mich damals der em:
" pfindliche Schmerz eines Vaters sehen ließ, der auf das
" äusserste betrübt ist, und einer Mutter, welche sich in ih:
" ren Thränen badet? Alles, was die väterliche Liebe bey
" einem grossen Leidwesen empfindet, und hervorbringen
" will, wird von Seufzern ersticket, die keine andern Wor:
" te aus seinem Munde gehen lassen, als dieienigen, die
" David beständig wiederhohlte, als er von dem Tode ei:
" nes Sohnes Nachricht bekam, welcher nicht verdienete,
" so sehr, als dieser, bedauert zu werden. Mein Sohn!
" ach! mein Sohn! . . . . . .
" Auf der andern Seite drücket sich die Mutter, welche
" sich ihrem Seufzen und ihrem Klagen überlassen hat,
" gleich

" gleich als ob ſie mit dieſem einzigen Sohne alle ihre
" Kinder verlohren hätte, nicht anders, als wie die Rahel
" aus, welche ſich nicht will tröſten laſſen, weil, was ſie ein-
" zig und allein liebet, nicht mehr vorhanden iſt.   O! wie
" lange wird dieſes Betrübniß anhalten! Wie reich wird
" die Quelle ihrer Thränen ſeyn! Wie wenig wird ihr der
" Troſt der Zeit helfen, welcher nach und nach das größte
" Herzleid mindert! Alles ſtellet ihr dieſen Sohn vor;
" alles erneuert bey ihr ihren Schmerz, und verſchaffet ih-
" ren Thränen einen neuen Lauf.   Nichts kan ſie vergeſſen
" laſſen, daß ſie in einem ſolchen Sohne alles verlohren hat,
" was ſo wohl der zärtlichen Liebe, als der Ehre ſchmäu-
" cheln konnte. „ . . . . . .

Nichts iſt erbaulicher, als was Ludwig der
Vierzehnte bey Gelegenheit der Eroberung von
Philippsburg that, welches die erſte Heldenthat
des Dauphins war.   Die Nachricht davon war
am Tage Allerheiligen nach Fontainebleau gekommen,
als der König in ſeiner Capelle der Predigt beywohnte.
Man überbrachte ihm die Briefe; er wollte ſie aber
nicht eher erbrechen, als bis er den Prediger, welcher damals der Vater Gaillard war, um ſeine Genehmhaltung
erſuchet hatte.   Die Worte ſind merkwürdig.   Mein
Vater, ſagte er zu ihm, ich bitte euch um Verzeihung; erlaubet mir, daß ich den Brief meines Sohnes leſen darf.   Hierauf fiel er, und ſein Hof, auf die
Knie nieder, um Gott zu danken.   Der Prediger fuhr in
ſeiner Predigt fort, und beſchloß ſie mit einem Compliment-
te wegen der neuen Eroberung, das um ſo viel mehr gelobet wurde, ie weniger man es vermuthet hatte. Wir bedauern, daß dieſes Stück der Beredtſamkeit niemals iſt gedruckt
worden, um unſere Sammlung damit auszuſchmücken.„

Der Vater de la Rue, welcher von den Ausſchweifungen
und dem frechen Leben der Kreuzbrüder gerühret iſt, ruft
in der Lobrede auf den h. Ludwig mit vieler Heftigkeit aus.
„ Schrecklicher Abgrund des menſchlichen Herzens!
" Sie hatten ihr Vaterland aus einem Bußtriebe verlaß-
                                                        " ſen

" sen, und stürzten sich, an statt Buße zu thun, in Sünden.
" Sie wollten das verheissene Land von der Tyranney der
" Ungläubigen befreyen, und übertrafen an Greueln die Un-
" verschämtheit der Ungläubigen.   Sie verunehrten das
" Grab, dessen Ehre zu rächen sie verbunden zu seyn ge-
" glaubet hatten.   Ach! ihr Christen, sie hatten ihr Land
" verlassen; aber in dieses neue Land hatten sie sich selbst,
" und mit sich selbst ihre Leidenschaften gebracht.   Diese
" strafbaren Leidenschaften hätten sie eher, als die Feinde
" des Glaubens bekriegen sollen.   Aber bey dieser Be-
" kriegung des Herzens trägt es sich oft zu, daß die Herz-
" haftesten und Größten kein Herz haben. "

Welche Kunst, und welche Salbung bemerket man nicht
in folgendem Stücke, in welchem der Herr Heraud den
brünstigen Eifer des h. Franz von Sales beschreibt, den
sein Vertrauen auf Gott die Hindernisse überwinden ließ,
welche die Hartnäckigkeit, die Vorurtheile, und die Wuth
seinen apostolischen Bemühungen in den Weg legten.

" Ludwig von Sales, welcher von dem unruhigen Pö-
" bel wankelmüthig gemacht worden, will unsern Heiligen
" bereden, das heilige Vorhaben, die Kirche zu Genf, wel-
" che durch die Wuth der Käzerey verwüstet worden, wie-
" derum in einen blühenden Zustand zu setzen, zwar nicht
" ganz und gar fahren zu lassen, sondern es nur auf eine
" andere Zeit zu verschieben.   Was antwortete er aber?
" O! sagte er zu ihm, indem er ihn zärtlich umarmete, du,
" der du die Mühseligkeiten und Beschwerlichkeiten des
" Apostelamtes mit mir theilen solltest; du, der du durch
" deine Standhaftigkeit die Wuth der Henker ermüden,
" und, wenn es seyn müste, den schmählichsten Tod leiden
" solltest, kannst nicht einmal die geringsten Trübsale ertra-
" gen! Wo ist also der Muth, den ich an dir bewunderte,
" hingekommen? Hast du geglaubt, die Völker würden
" uns entgegen kommen? sie würden sich haufenweise ver-
" sammlen, uns zu hören? sie würden ihre Vorurtheile
" auf einmal ablegen, und so gleich eine Religion, die allen

U   " Rei-

" Neigungen des Menschen so günstig ist, verlassen, um
" eine andere anzunehmen, derer Lehre so wohl den Ver-
" stand auf das äusserste demüthiget, als auch den Sinnen
" gar sehr wehe thut? Nimm deine vormalige Tugend
" wieder an dich. Gott allein verdienet, daß man sich vor
" ihm scheuet. O! was haben wir zu befürchten, wenn
" er mit und bey uns ist? Derjenige, welcher den Win-
" den und dem Meere gebietet, wird die heimlichen An-
" schläge eines aufrührischen Pöbels zunichte zu machen
" wissen. Der, welcher den Daniel aus der Löwengrube
" errettet hat, wird uns von der Wuth der Menschen zu
" befreyen wissen, die niemals etwas ausrichtet, wenn sie
" sich wider ihn auflehnet. "

Im Unglücke zeigt sich der rechte Heldenmuth. Der
Vater Segaud giebt uns einen Beweis davon in der
Trauerrede auf den Herzog von Lothringen. Er thut
es, indem er von der unveränderlichen Standhaftigkeit
dieses Prinzen bey dem frühen Tode seiner Kinder, und
von seinen christlichen Gesinnungen in der letzten Stunde seines Lebens redet.

" Verzeihet es mir, meine Herren, wenn ich, um euch
" zu trösten, wider meinen Willen alle eure Wunden auf-
" reisse. Kann ich wohl heute eure Hoffnung ermuntern,
" ohne euren Schmerz zu erneuern? und darf ich eu-
" rem Glauben eure schmerzlichen Verluste nicht als solche
" Prüfungen vorstellen, die eurem Regenten heilsam wa-
" ren . . . . . . Es waren höchstbetrübte Verluste, weil
" der eine immer so nahe auf den andern folgte. Man
" hatte die Todtengruft kaum zugemacht, als man sie wie-
" derum öffnen mußte. Die Leichenbegängnisse folgten
" sehr geschwind auf einander. Es wurde eine Trauer durch
" die andere abgekürzet. Und alle diese verschiedenen To-
" desfälle vermehrten das Betrübniß, verdoppelten die
" Seufzer, und verewigten die Thränen. Es waren
" höchstklägliche Verluste, weil ihrer so viele auf einmal zu-
" sammenkamen. Es wurden, fast zu einer Zeit, der Bru-
" der

" der und die Schwester in ein und ebendasselbe Grab ge-
" legt; gleich als ob sie beyde einerley Schicksal gehabt
" hätten, oder als ob die unzertrennliche Vereinigung ih-
" rer Herzen die Vereinigung ihres Lebens nach sich ge-
" zogen hätte. Von diesem Anblicke wurde ganz Lothrin-
" gen gerühret, und ganz Europa erweichet. Leopold blieb
" bey allen diesen Prüfungen dem Willen Gottes beständig
" ergeben, ohne darüber unruhig, und gegen sich selbst zum
" Mitleiden bewegt zu werden. Was seine Kinder anbe-
" traf; so ließ ihn der Glaube ihren frühzeitigen Tod als
" eine gewisse Versicherung ihrer Seligkeit betrachten, und
" dabey auf die viele und mannichfaltige Gefahr, der sie
" entgangen waren, und nicht auf die wenigen Jahre, die
" sie gelebt hatten, sehen. Dieses waren Regungen der
" Religion, welchen er die Regungen der Natur aufopfer-
" te . . . . Diese christlichen Gesinnungen legten
" sich besonders in den letzten Augenblicken seines Lebens
" an den Tag. Hier thut euren Thränen und Seufzern
" Einhalt, ihr bekümmerten und trostlosen Unterthanen,
" und unterbrechet eine Erzählung nicht, die euch nicht so
" wohl betrüben, als unterrichten kann. Hier muß die
" Maske fallen, und die Wahrheit an den Tag kommen.
" Im Sterben giebt sich der wahre christliche Held zu er-
" kennen. Die falschen Helden verachten den Tod blin-
" der Weise, und die verzagten Christen furchten sich gar
" zu sehr vor ihm: Diese unmäßige Furcht macht, daß,
" weil man sich gar zu sehr in Acht nimmt, man vor ihm er-
" schrickt; und diese falsche Tapferkeit bringet, weil man
" gar zu sicher ist, die Verwegenheit hervor. Beyde füh-
" ren zur Unbußfertigkeit. Ein schöner Tod ist derjenige,
" bey welchem man so wohl beherzt, als wachsam ist. Von
" der Art war der Tod Leopolds; und seine wahre Got-
" tesfurcht ließ vornämlich bey diesem letzten Auftritte sei-
" nes Lebens weder eine nichtige Furcht, noch eine betrügli-
" che Sicherheit blicken. So sterben in der h. Schrift die
" Regenten nicht, die Gott entweder verworfen, oder nicht

T 2 " gelie-

" geliebet hat. Man ſiehet die einen ihr Leben bey einer
" unglücklichen Schwachheit, und die andern daſſelbe bey
" einer noch betrübtern Unerſchrockenheit beſchlieſſen. Je-
" ne möchten, wie der letzte amalekitiſche König, gern im-
" mer leben und regieren, und beklagen ſich, daß ſie der Tod
" den Reitzungen des Throns, und den Annehmlichkeiten
" des Lebens entreißt. Scheidet denn alſo der bittere
" Tod: Dieſe, welche auch ſo gar bey ihrem Falle noch
" ſtolz und trotzig ſind, ſpotten des Grabes, wie der erſte
" iſraelitiſche König, und murren darüber, daß der Tod die
" unangenehmen und verdrießlichen Augenblicke bey ih-
" nen nicht abkürzet. "

Die Empfindung und der Schmerz drücken ſich durch
ſehr rührende Züge in folgendem Stücke aus, welches
aus der Trauerrede genommen iſt, die der Vater Bernhard, ein Domherr der h. Genevieve, 'auf den Herzog von
Orleans gehalten hat. Mit welcher Kunſt ſtellet nicht dieſer Redner die Zärtlichkeit des Prinzen gegen ſeinen Sohn,
den Herzog von Chartres, vor, welcher ſich bey dieſer rührenden Erzählung der Thränen nicht enthalten konnte;
koſtbare Thränen, ſie ſo wohl ihm, als dem Redner Ehre
machen.

" Ein unvermutheter Streich entreißt ihm einen Vater.
" Ach! er würde unſterblich geweſen ſeyn, wenn das Anſe-
" hen, der Ruhm, der Verſtand, die Talente, die glücklichen
" Unternehmungen, die Liebe des Volks, und die Hochach-
" tung der Fremden, von den fatalen Geſetzen des Todes
" befreyen könnten. . . . . . . Ich will hier der Wun-
" der einer merkwürdigen Regentſchaft nicht gedenken, ſon-
" dern bleibe nur bey dem betrübten Zeitpunkte ſtehen, wel-
" cher die Tage des Regenten beſchließt. . . . . . In
" dem Abſterben eines einzigen Menſchen wird er die Nich-
" tigkeit desjenigen gewahr, wornach die Menſchen am
" meiſten ſtreben. Es dünkt ihn, als hörte er aus dieſem
" ausgeſtreckten, und des Lebens beraubten Körper; aus
" dieſem traurigen Ueberreſte, der ihm noch lieb war, und
" wel-

"welchen er mit seinen Thränen benetzte; und aus diesen
"Merkmalen der Hoheit und Würde, welche ehemals
"der Gegenstand der ehrerbiethigen Verehrung des Volks
"waren, itzo aber unnütze Zierathen einer fast noch rauchen=
"den Asche sind, eine Stimme herausgehen, welche ihm zu=
"rief: O Eitelkeit der Eitelkeiten, und alles ist Ei=
"telkeit.

"Diese erste Wunde war noch nicht verharscht, sondern
"blutete noch, als der Prinz schon wiederum neue Thränen
"vergiessen mußte. Grosser Gott! mußte denn ein Band,
"welches du selbst geknüpfet hattest, so bald zerrissen wer=
"den! Warum liessest du zu, daß der Tod eilete, zwey Her=
"zen zu trennen, die einander so würdig waren? Du woll=
"test also Frankreich nur eine Prinzessinn zeigen, welche ge=
"bohren war, daß sie die Bewunderung desselben seyn soll=
"te . . . . . . Welche Ehrfurcht und Hochachtung hat
"er nicht, als ein ehrerbietiger Sohn, gegen eine Mutter
"von sich blicken lassen? Sie war ihrer vollkommen wür=
"dig. Mit welchen Thränen benetzte er nicht, als ein
"zärtlicher Bruder, den Sarg der Prinzessinnen, seiner
"Schwestern? Die eine (†) hatte das Schicksal der schö=
"nen Blumen, die an einem Tage aufblühen, und verwel=
"ken. Sie lebte noch, wenn die Anzahl der Jahre von
"dem Verdienste abhienge. Die andere (††), als der wür=
"dige Gegenstand der Wünsche und Liebe eines Helden,
"vor welchem Italien gezittert hat, läßt uns, statt alles
"Trostes, das Andenken ihres Charakters, und einen iun=
"gen Prinzen zurück, der ein Erbe ihrer Annehmlichkeiten
"und Tugenden ist. Was soll ich von derjenigen sagen (†††),
"welche wegen aller der Opfer berühmt ist, die sie brachte,
"als sie sich Jesu Christo selbst opferte, und noch itzo durch=
"gängig so wohl von den Armen, welchen sie gern bey=
"stund, als auch von der Welt selbst, die sie verlassen hatte,
"bedauert wird? . . . . . . Auf was für eine freygebi=

U 3 "ge

(†) Mademoiselle Beaujolois. (††) Die Prinzessinn von
Conti. (†††) Die Aebtissinn von Echelles.

„ge Art können wir nicht, als ein großmüthiger Bruder, ei-
„ner Königinn zu Hülfe? Sie hatte über Spanien ge-
„herrſchet; ſie kömmt, Frankreich zu erbauen. Sie ver-
„läßt den Thron eben ſo ruhig und gelaſſen, als ſie ihn be-
„ſtiegen hatte . . . . . . Ach! bey ihrer einzigen Erinne-
„rung legen die Mauern dieſes Tempels eine neue Trauer
„an. . . . . . Ihr Engel des Friedens, die ihr bey dem Ta-
„bernakel Wache haltet, ihr habet das Rauchwerk ihres
„Gebeths ſo oft vor den Thron des Allerhöchſten gebracht;
„o bringet doch heute unſere Seufzer und unſere Klagen
„vor dieſe gottſelige Königinn an den Ort der Herrlichkeit!
　„Bin ich alſo beſtimmt, Monſeigneur (†), alle Ihre alten
„Wunden vom neuen aufzureiſſen, und Ihrer Empfindlich-
„keit vom neuen zu nahe zu treten? Betrübet Sie der Verluſt
„eines Vaters nicht genug, ohne daß ich das Andenken aller
„der Streiche erneuere, welche der unbarmherzige Tod nach
„und nach Ihrem Hauſe verſetzet hat? Der Vater, dem Sie
„itzo aus einer wahrhaftig kindlichen Hochachtung die letzte
„Pflicht erweiſen, liebte Sie zärtlich. Er liebte Sie zärtlich,
„er trug Sie in ſeinem Herzen. Redete man mit ihm von
„von Ihnen; lobte man Sie in ſeiner Gegenwart; ſo ver-
„rieth ein gewiſſer Ausbruch der Freude, worüber er nicht
„Herr war, faſt wider ſeinen Willen, das Innerſte ſeines
„Herzens. Er liebte Sie, und traf bey Ihnen Urſachen ge-
„nug an, womit er ſeine Liebe rechtfertigen konnte. Er liebte
„Sie. Erinnern Sie Sich ſeiner Sorgen, ſeiner Unruhen
„und Bekümmerniſſe, als eine gefährliche Krankheit mach-
„te, daß wir Ihres Lebens wegen beſorgt waren. Erin-
„nern Sie Sich unzähliger Umſtände . . . . . . Aber ich ver-
„mehre Ihren Schmerz, da ich doch weiter nichts thun, als
„Ihre Religion tröſten ſoll. „

　Ebendieſer Redner iſt nicht weniger rührend in folgendem
Stücke, in welchem er den Tod des Herzogs von Orleans er-
zählt. Nachdem er geſaget hat, die gottſeligen Geſinnungen welche dieſer Prinz in den letzten Augenblicken ſeines Lebens an den Tag legte, wären weiter nichts, als die Belohnung eines weiſen und chriſtlichen Lebens geweſen; ſo ſagt er
mit Grunde den mannichfaltigen Nutzen vorher, den der Herzog von Chartres, ſein Sohn, von ſo vielen tugenhaften Beyſpielen haben wird, dem er eine Lobrede hält, an welcher die
　　　　　　　　　　　　　　　　　　　　　　　　„ Schmäu-

(†) Der Herzog von Chartres.

Schmäucheley keinen Antheil hat, und von der Wahrheit
allein ist abgefasset worden.

"Ich komme meine Herren, wider meinen Willen auf den
"fatalen Augenblick, der ihn uns entrissen hat. Der Tod hat-
"te ohne Zweifel nichts schreckliches für einen Prinzen, der
"sich seit so vielen Jahren dazu vorbereitete. Man sagte
"ihm, er käme herbey und er hörete es an, ohne zu erblas-
"sen. Mit einer heiligen Freude vernahm er diese Nach-
"richt, welche für die Grossen in der Welt so betrübt ist, und
"die eine grausame Politick gemeiniglich bis an den letzten
"Augenblick vor ihnen verheelet. Sie machte keinesweges
"den schrecklichen Eindruck in ihn, den sie in den König
"Hiskias machte. Da er weit gesetzet war, und das Le-
"ben nicht so lieb hatte, als dieser König in Juda; so beklag-
"te er sich nicht darüber, als er sah, daß der Faden seines
"Lebens zu einer Zeit abgeschnitten wurde, da er sich in der
"Mitte seiner Laufbahne befand. Die Last seiner Pilgrim-
"schaft wurde ihm sehr schwer; er seufzete nach seiner voll-
"kommenen Erlösung . . . . . . Er machte sich zu dem schreck-
"lichen Uebergange durch eine Verdoppelung der Busse fer-
"tig und bereit. Die Verminderung seiner Kräfte vermin-
"derte den Eifer seiner Gottesfurcht nicht im geringsten.
"Sein Glaube leuchtete mitten in den Schatten des Todes
"nur desto heller. Die Seele erhob sich stufenweise über
"die Trümmern des Leibes. Nachdem sie sich von der Ma-
"terie losgemacht hatte, schwung sie sich geschwind zum Him-
"mel hinauf, und schien das schon zu geniessen, wornach sie
"allzeit ein Verlangen gehabt hatte . . . . . . Aber wie!
"der Himmel wird also unsere Wünsche nicht erhören . . . . . .
"Es ist also beschlossen, daß wir ihn verlieren sollen . . . . . .
"Hier geräth meine Herren, mein Verstand in eine Unord-
"nung, meine Vorstellungen verwirren sich unter einander,
"ich bin bey meinem übergrossen Betrübnisse kaum noch im
"Stande ein Wort zu sprechen.

"Was war Monseigneur, das für ein Augenblick, in wel-
"chem wir Sie und die durchlauchtige Prinzessinn, welche
"vermittelst heiliger Bande mit Ihnen vereiniget ist, um das
"Bette eines sterbenden Vaters herumstehen sehen, seinen
"Seegen zu empfangen. Sie hatten alle beyde die kostba-
"ren Unterpfände Ihrer zärtlichen Liebe in Ihren Armen.
"Einen jungen Prinzen . . . . . Er lebe, er ist die Hoff-
"nung eines Blutes, welches von uns geliebet und hochge-
"schätzet wird. Eine junge Prinzessinn . . . . . Die Fühl-

"barkeit leuchtete ihr ſchon aus den Augen heraus. Die
"erweichende Stimme der Natur wartet nicht auf die Jah-
"re um ſich hören zu laſſen. Ach! wie ſehr dienete dieſer
"betrübte Augenblick, Monſeigneur, alle Gütigkeit und alle
"Redlichkeit ihres Herzens an den Tag zu legen. Wie leb-
"haft, wie zärtlich, aufrichtig und ehrerbiethig waren nicht
"damals ihre Geſinnungen! Sie haben Ihnen die Hochachtung
"und Ehrerbietung verſichert . . . . . . Erlauben Sie mir,
"daß ich es ſagen darf, ſie haben Ihnen das Herz aller
"derer, welche Zeugen davon waren, verſchafft."

Der Abt de la Tour du Pin ſchildert eben dieſes Gemälde,
in der Trauerrede auf den Herzog von Orleans, folgender-
geſtalt. Sein Werth wird dadurch vermehret, daß der
Redner ſeinen Text geſchickt anwendet, welcher alſo lautet:
Er iſt geſtorben . . . . . . und ganz Juda und Jeruſalem haben ihn beweinet.

"Die ganze Großmuth des Herzogs von Orleans legt ſich
"auf eine herrliche Weiſe in dem fatalen Augenblicke, an den
"Tag, in welchem es dem Menſchen erlaubt iſt, ſchwach zu wer-
"den. Er ſieht den Tod ſich langſam nähern, welcher bey die-
"ſer ruhigen Zurüſtung weit ſchrecklicher iſt, als bey dem Ge-
"räuſche einer blutigen Schlacht. Er ſiehet ihn, und an ſtatt
"die Augen abzuwenden, möchte man bey der Standhaftigkeit,
"mit welcher er ihn betrachtet, ſagen, er trage kein Bedenken,
"ihn auszufordern . . . . . . Was thue ich? Ach! ich unter-
"ſtehe mich hier, Monſeigneur, Ihren und den allgemeinen
"Schmerz zu erneuern. Ich erkühne mich, Ihnen den rüh-
"renden Anblick eines ſterbenden Vaters vom neuen vor die
"Augen zu ſtellen. Was für ein Augenblick war dieſes für
"ſein Herz, und für das Ihrige! . . . . . . Es iſt um ihn ge-
"ſchehen, er denket weiter an nichts, als ſein Opfer zu vollen-
"den . . . . . . Indem er ſich zwiſchen der Furcht vor einem
"rächenden Gott, und dem Vertrauen auf die Barmherzigkeit
"Gottes befindet, ſo empfängt er den Tod mit der Standhaf-
"tigkeit eines chriſtlichen Helden, und ſtirbt. Alles ertönete
"von dieſem kläglichen Geſchrey: Der Prinz iſt nicht mehr,
"der ſeine Gröſſe und Hoheit der Religion widmete, und ſie
"auch noch für dieſelbe aufzubewahren wußte; der Prinz, der
"von Gott und Menſchen geliebet wurde, die Zierde Frank-
"reichs, der Troſt der Kirche, der Held des Evangelii, und
"der Vater der Armen. Er iſt geſtorben. Dieſes ſind die
"wohlverdienten Lobſprüche, welche ihm der Regent und die
'Unterthanen, der Reiche und der Arme, ia alle Stände des
"Kö-

"Königreichs ertheilen. Ganz Juda, und Jerusalem haben
"ihn beweinet.

Alles zeuget von Gottesfurcht, Salbung, und Eifer die Sünder zu bekehren, in der Verordnung, welche der Herr Massillon im Jahre 1720. ergehen ließ, um bey Gelegenheit der an-
steckenden Krankheiten öffentliche Gebethe anzuordnen.

"Wenn die allgemeinen Strafen gemeiniglich Züchtigun-
"gen allgemeiner Uebertretungen sind; können wir wohl,
"meine geliebtesten Brüder, eurentwegen ohne Furcht seyn?
"Wenn die Schätze der Geduld und Güte Gottes endlich er-
"schöpfet sind, und dieses die Zeit ist, da sein Zorn ausbricht;
"was wird er wohl unter euch antreffen, so ihn entwafnet,
"und beweget, sich gegen euch gnädig zu erzeigen? Meynet ihr
"wohl, daß die verwüsteten Städte, in welchen anitzo die an-
"steckende Seuche und der Tod herrschen, vor andern strafbar
"sind? Sie stellen wenigstens der göttlichen Rache die Stim-
"me ihrer Hirten entgegen, welche, wie Moses, zwischen den
"Todten und Sterbenden ihre Hände zum Himmel aufheben;
"die sich vor der vergifteten Luft, welche ihre Heerden dahin-
"reißt, nicht fürchten, und derer Gebeth ganz allein kräftig
"genug seyn sollte, ihr Einhalt zu thun, und den Zorn Gottes
"zu stillen. Sie könnten sich noch überdieses vieler eiferiger
"Diener Gottes rühmen, die bey ihren Amtsverrichtungen
"ihr Opfer vollendet, und mit einem Eifer, der dem Eifer der
"ersten Zeiten gleicht, ihr Leben für ihre Brüder hingegeben
"haben. Indessen wird das Schwert des göttlichen Zorns,
"welches sie aufreibt, dadurch noch nicht zurückgehalten. So
"viele bereits erwürgte Schlachtopfer scheinen seine Wuth
"vom neuen zu erregen, und immer mehrere für sie zu ver-
"langen.

"Was haben wir wohl zu gewarten, wenn Gott seine Züch-
"tigungen nach unsern Uebertretungen einrichtet? Ihr neh-
"met eure Zuflucht zur menschlichen Vorsichtigkeit, um zu ver-
"hindern, daß der Tod und das Gift nicht in eure Städte ein-
"bringen mögen. Allein, was können wohl die Anschläge und
"Maaßregeln der Menschen wider die göttlichen Anschläge
"ausrichten? Werden euch wohl eure Mauern gegen den
"Arm des Allmächtigen schützen? . . . . Lasset uns, meine ge-
"liebtesten Brüder, den Unglücksfällen, welche uns bevorste-
"hen, dadurch zuvorkommen, daß wir die Sünden und Laster
"abstellen, welche uns jene zuziehen. Es ist nicht genug, daß
"wir gegen die fremden Ursachen auf unserer Huth sind; las-
"set uns, wie der Herr sagt, zur Quelle zurückgehen; so wer-
"den

"um machst du Anschläge zunichte, die du selbst eingegeben
"hast? Wirst du mit dem h. Ludwig allzeit hart verfahren?
"zu Massuren Fesseln; zu Tunis der Tod. Ist dieses also der
"Lohn, den du für Beschwerlichkeiten aufbewahrest, welche
"bloß um deiner Ehre willen sind übernommen worden? Las-
"set uns die Tiefe der göttlichen Gerichte anbethen, und Ge-
"heimnisse verehren, derer Weisheit wir nicht einsehen kön-
"nen. In der Nacht der Welt, in welcher wir leben, haben
"wir nur verwirrte Begriffe von den wahren Gütern, und den
"wahren Uebeln. Wir bilden uns ein, Gott züchtige, da er
"doch prüfet; er opfere auf, da er doch krönet. Wir denken
"als Menschen; er handelt als Gott.

"Die Pest richtet bereits unter dem Kriegesheere des h.
"Ludwigs grosse Verwüstungen an. Als ein Märtyrer sei-
"ner Liebe wird er gar bald von dieser schrecklichen Plage an-
"gefallen. O Tod, wie grausam bist du den Gottlosen!
"aber wie angenehm bist du den Frommen! Der h. Ludwig se-
"het ihn getrost sich seinem Zelte nähern. Auf dem Bette, auf
"welchem er liegt, und das der Tod mit seinem Schatten be-
"decket, ist er ein Held, der seine Befehle ganz ruhig ertheilet,
"und welcher für die Sicherheit seines Lagers besorget ist. Er
"ist ein Freund, der einen Hof tröstet, der bey seinem Verluste
"untröstlich seyn wird. Er ist ein König, der seinen Unter-
"thanen den Erben des Throns empfiehlt. Er ist ein Christ,
"der dem Schwerte entgegen eilet, und welcher sich selbst ganz
"und gar zum Opfer darbiethet. Er ist ein Himmelsbürger,
"den die Welt nichts mehr angehet, und welcher sich im Geiste
"in den ewigen Hütten befindet. Mit einem Worte, er ist ein
"Bußfertiger, der in der Asche seinen Geist aufgeben, und all-
"da die Krone der Gerechtigkeit empfangen will.

"Was machtet ihr indessen, ihr unglücklichen Untertha-
"nen? Ihr stattetet Gott für die Einnahme der Stadt Car-
"thago auf eine feyerliche Art Dank ab. Ihr redetet nur
"von den Eroberungen des h. Ludwigs. Ach! er war nicht
"mehr. Auf diese erhaltene Nachricht, welche Trauer! wel-
"che Bestürzung! Sie werden ihn wiedersehen; aber wie?
"Stellet euch Mosen vor, als er die Gebeine Josephs aus
"Egypten wegführete. So und noch betrübter war die Zu-
"rückkunft Philipps, des Kronerbens, als er aus Africa
"wiederkam, und die todten Leichname des Grafen von Ne-
"vers, seines Bruders; der Isabelle, seiner Gemahlinn;
"und des h. Ludwigs, seines Vaters, mitbrachte. Dieser
"traurige Anblick gehet durch Frankreich. Die betrübten

                                                    "Un-

"Unterthanen kommen von allen Orten her. Sie wollen
"ihren Vater sehen. Bey der Erblickung desselben glau=
"ben sie ihn zum andernmale zu verlieren. Sie benetzen sei=
"nen Leichnam mit ihren Thränen. Indem sie aber an sei=
"ne Heiligkeit gedenken, so mißbilligen sie dieselben so gleich).
"Sie weinen über sich selbst, und rufen ihn an."

In der Art und Weise, wie der Abt von Boismont ebendie=
se Materie abgehandelt hat, wird man einen Redner gewahr,
der eben so sehr zu erbauen, als zu gefallen sucht.

"So wachest du, o mein Gott! über sein Leben, indem du
"seine Widerwärtigkeiten vermehrest, um alle Schätze einer
"Seele ans Licht zu bringen, welche nur allein für dich ge=
"macht war. Welcher Triumph würde deine anbethens
"würdigen Absichten besser befördert haben. Er würde dir
"keine Reiche wieder verschaffet haben, als auf Kosten ver=
"schiedener Tugenden. . . . . . Vollende also, o Herr, dein
"Werk. Asien ist für dieses Wunder nicht hinlänglich. Zei=
"ge dieses grosse Opfer allen Theilen der Welt, und laß sie
"erfahren, daß es, indem es fällt, dir allein angehöret.

"In Wahrheit, meine Herren, der Eifer wird in Africa
"verzehren, was bey dem h. Ludwig der Bußstrenge hat ent=
"gehen können. Was bey ihm von einem Leibe noch übrig
"ist, welcher, weil man so hart mit ihm umgegangen, ganz
"schwach geworden, wird das letzte Opfer seines Glaubens
"werden. Dieser Glaube, welcher eifersüchtig, und um so
"viel lebhafter ist, ie mehr die Sinne abnehmen, scheinet sei=
"ne Zerstöhrung aufzuhalten, um seine Opfer allein zu er=
"halten. Er belebet seine Tapferkeit zum andernmale. Er
"führet ihn unter die Mauern von Carthago. Hier wird
"sich der Altar seinen Augen darstellen. Aber ach! unter
"was für einer schrecklichen Zubereitung? O mein Gott!
"was lässest du ihn zuletzt noch sehen? Der Himmel und
"die Elemente erklären sich auf einmal wider ihn. Die
"brennende Erde scheinet unter den Füssen seiner Soldaten
"zu entfliehen. Eine schreckliche ansteckende Seuche reibet
"sie auf. Die schönste Jugend, die ehrwürdigste Tugend,
"die Starken in Israel, die Säulen von Juda, alles kömmt
"vor seinen Augen um. Er fällt und liegt selbst unter die=
"sen schrecklichen Trümmern . . . . . . Sein Leib, welcher
"durch eine lange Marter ganz ausgemergelt ist, löset sich
"bald auf. Er nähert sich bald dem fatalen Augenblicke,
"welcher ihm nicht das Zepter, nicht das Leben rauben soll,
"denn diese nichtigen Güter gehörten ihm nicht an; sondern
"seine

"seine heiligste Hoffnung, als den einigen Schutz seines
"Herzens. Seine grosse Seele scheinet sich aus keiner an=
"dern Absicht aufzuhalten, als damit sie grosse Beyspiele
"geben möge. Der letzte Hauch seiner Tugend unterrichtet
"noch, und durchdringet den Erben seines Throns. Für ei=
"ne so schöne Lehre scheinet ihm der Nutzen seines Volks, und
"die Liebe seines Gottes, ein neues Leben zu geben. Er zer=
"reißt endlich alle Bande, welche ihn an das irrdische Jeru=
"salem fesseln. Ein anderes Jerusalem ruft ihn . . . .
"Wie rührend sind die letzten Bewegungen dieses königli=
"chen Apostels für denienigen, der sie zu bemerken weiß!
"Wie lebhaft ist sein Glaube! wie wahr und wirklich sein
"Opfer! Indem er in der Asche begraben, und allem mensch=
"lichen Elende ausgesetzet ist; so richtet er seine sterbenden
"Blicke gegen das heilige Land, welches allzeit vor ihm zu
"fliehen geschienen hatte, und damals auf immerdar ver=
"schwand. Ach! seine Blicke wurfen dem Himmel nichts
"vor; sie flehten nur um seine Gnade, und klagten seine Ge=
"rechtigkeit nicht an. Ein einziges Betrübniß stöhrte den
"Frieden seines Herzens. Seine Widerwärtigkeiten schie=
"nen ihm mit dem Nutzen seines Gottes gar zu genau ver=
"bunden zu seyn. Sterben, indem er ihn regieren ließe,
"würde für ihn nur ein neues Glück gewesen seyn. Aber
"sterben, und die Ruchlosigkeit triumphieren sehen; sterben,
"und sein Blut nicht mit den anbethenswürdigen Merkmaa=
"len des Blutes seines Herrn und Meisters vermischen, sei=
"ne letzten Seufzer nicht mit den seinigen vereinigen; ster=
"ben, und ihn nicht gerochen haben, hieß in seinen Augen
"wirklich sterben, und ein schimpfliches Ende nehmen. "

Wenn der Vater de la Boissiere in der Erzählung eben die=
ser Sache weit einfältiger ist; so hat er sie doch wenigstens
durch die Annehmlichkeiten der Moral, die man darinnen
glänzen siehet, einnehmend gemacht. Die Gottesfurcht redt,
und was sie sagt, ist gründlich, beweglich, und nachdrücklich.

"Er gehet zum andernmale mit seinem Kriegsheere nach
"Africa, mit dem Kreuze bekleidet, und ist weit begieriger, für
"Jesum Christum zu leiden, als in der Welt zu herrschen . . . .
". . Die Stunde des Opfers kömmt also herbey. Auf der
"ersten Reise ist er gefangen worden; auf der andern wird er
"von der Pest befallen. Was erwartet ihr von mir bey einer
"so betrübten Begebenheit? Befürchtet nicht, daß Ludwig
"bey dieser Krankheit, welche die gefährlichste unter allen ist,
"dieienigen, die sie verschonet, nicht weniger erschrecket, als

"die,

" ble, so ste ausreibet, und allen Gemüthern das Bild eines na-
" hen Todes einprägt, den Muth wird sinken lassen. Der un-
" schuldige Ludwig, der im Leiden allzeit groß ist, unterwirft
" sein Haupt einer Plage, die den sündhaften David verscho-
" net hat. Da er bey der Aufreibung seines Kriegsheeres,
" und bey den Unruhen der königlichen Familie, allzeit ruhig
" und gelassen ist; so bethet er an, er unterrichtet, er umfasset
" das Kreuz, welches ihm dargereichet wird, er heftet sich an
" dasselbe, er stirbt daran. Indessen höret ihr die Schwachen,
" welche murren, und unwillig darüber werden, daß die Ele-
" mente nicht für diesen Gerechten streiten, wie sie für Mosen
" stritten; daß die Sonne, die dem Josua beystund, Ludwigen
" brennet; daß der Engel, der die Assyrer schlug, der Sarace-
" nen verschonet; und daß das Kreuz, welches den ersten christ-
" lichen Prinzen befreyete, nicht den christlichsten unter allen
" Prinzen errettet. Aber der Mensch muß die Hand auf den
" Mund legen. Er hat in die Wege Gottes nur ganz schwache
" Einsichten; und diese so verborgenen Wege sind allzeit ge-
" recht. "

Wir halten es für unsere Schuldigkeit, hier den Brief beyzufügen, den der König, nach seiner Wiedergenesung, an alle
Bischöffe des Reichs schrieb. Es herrschet eine sanfte und pathetische Beredsamkeit darinnen; und das zärtliche und liebreiche Herz dieses grossen Monarchen zeigt sich in seinem völligen Glanze. Wir werden aber nur das rührende Stück dieses Briefes anführen.

" Es hat mich weder das Betrübniß, meine Eroberungen
" zu unterbrechen, noch die Entlegenheit der Oerter zurücke-
" gehalten; und Gott, der mir die Kraft und den Willen dazu
" gab, schien mein Vorhaben zu billigen. Wenn mich damals
" seine allmächtige Hand einen Augenblick zu verlassen schien;
" wenn, nachdem er mich bey gefährlichen Unternehmungen
" beschützet, er mir den Tod anderswo, als in der Gefahr hat
" zeigen wollen; so hat dieser Augenblick weiter zu nichts ge-
" dienet, als mich die Grösse seiner Güte weit lebhafter einse-
" hen zu lassen, und ich habe erkannt, daß er mir diese Prüfung
" nur deswegen zugeschickt, damit er mir die rührendeste
" Gunstbezelgung, die für einen König seyn kann, möchte las-
" sen zu Theil werden. Die Vorsehung hat mich alle Liebe
" meiner Unterthanen wollen geniessen lassen, ohne daß ihre
" Merkmaale verdächtig wären, und ich habe, indem ich mich
" selbst überlebt, das Betrübnis, welches ich hinter mir liesse,
" sehen sollen. Dieses ist unter allen seinen Geschenken eines

X   " von

"von denjenigen, welche mich am meiſten gerühret ha-
"ben. Dieſer Gott, der mein Herz kennt, weis, was für einen
"Vorzug die Belohnung, geliebet zu werden, in demſelben vor
"einer eitlen Begierde nach Ehre hat, welche meine Untertha-
"nen gar zu viel koſten würde. Seine Güte müſſe ihr Werk
"vollenden; es müſſe nicht vergeblich ſeyn, daß ich mein Volk
"liebte. Sein Schutz müſſe mir die Mittel verſchaffen, dieſes
"Volk durch den Frieden glücklich zu machen; und meine Sie-
"ge müſſen mir weiter zu nichts dienen, als meinen Feinden
"auch die geringſte Hoffnung mir ſchaden zu können auf im-
"merdar zu benehmen. Die Eroberung von Freyburg, von
"welchem ich mich für den Kaiſer, meinen Bruder, Meiſter ge-
"macht habe; die Feſtungen des vordern Oeſterreichs, wel-
"che ich ihm unterwürfig gemacht; alles müſſe ſie überzeugen,
"daß die größten Bemühungen wider ein Heer, welches Gott
"ſo augenſcheinlich beſchützet, nichts ausrichten können.
"Sie müſſen alſo die Stimme des Allerhöchſten hören! Sie
"müſſen aufhören, ihr Land unglücklich zu machen, wenn ſie
"von dem Unglücke und Elende Europens nicht gerühret wer-
"den! Sie müſſen ſich erinnern daß Frankreich, welches im
"Beſitze iſt, die unterdrückten Regenten zu beſchützen, ſich al-
"zeit nur gerechter Sachen angenommen hat! Und ſie müſſen
"endlich überführet werden, daß ein kriegeriſches Volk,
"welches nur eine Sprache, und nur ein Herz hat; das ſeinen
"Herrn eben ſo ſehr liebet, als es von ihm geliebet wird, und
"welches für die Billigkeit ſtreitet, über kurz, oder über lang,
"vermöge der Barmherzigkeit Gottes, über alle ſeine Feinde
"ſiegen muß. Da ich von allem, was ich ſeiner göttlichen Gü-
"te zuzuſchreiben habe, immer je mehr und mehr durchdrun-
"gen werde; ſo kann ich nicht anders, als meine Dankbarkeit
"gegen ihn verdoppeln. "

Man wird auch noch mit Vergnügen den Brief hier antreffen den der Herr von Feuquieres zwölf Stunden vor ſeinem
Tode an den König ſchrieb. Man kann ihn nicht leſen, ohne
erweichet zu werden.

"Sire, nachdem ich mein ganzes Leben, welches ich Gott
"wiederzugeben im Begriffe bin, vor ſeine Augen gelegt; ſo
"habe ich, ehe ich daſſelbe verlaſſe, weiter nichts zu thun, als
"mich Eurer Majeſtät zu Füſſen zu werfen. Wenn ich glaubte,
"daß ich in dieſer Welt noch mehr, als vier und zwanzig Stun-
"den zuzubringen hätte; ſo würde ich mir die Freyheit nicht
"nehmen, die ich mir nehme. Ich weis, daß ich Eurer Ma-
"jeſtät mißfallen habe, und ob ich gleich eigentlich nicht weis,

"wo-

te ich mich doch deswegen nicht für minder
offe, Sire, Gott werde mir meine Sünden
b eine wahre Reue über dieſelben bey mir
e ſind das Bild Gottes, und ich erkühne mich,
bitten. meinem Sohne Fehler zu vergeben,
n mit meinem Blute würde gebüſſet haben.
cht, daß Eure Maieſtät einen Widerwillen
, und ſie ſind Urſache, daß ich in meinem
ſtatt die lezten Augenblicke meines Lebens,
ropfen meines Blutes, wie ich es allzeit ge-
zu Dero Dienſte anzuwenden. Sire, ich
Namen des Königes aller Könige, vor wel-
cheinen werde, haben Sie Mitleiden mit ei-
ohne, den ich ohne Stütze und ohne Vermö-
laſſe. Er iſt unſchuldig an meinem Unglü-
et von einem Blute ab, welches Eurer Maie-
ſchaffen gedienet hat. Ich ſetze mein Ver-
gutes Herz, und nachdem ich Sie nochmals
gebethen habe; ſo übergebe ich mich den
, welchen ich bitte, er wolle Eure Maieſtät
lücke überſchütten, welches Dero Tugenden

h gar ſehr von folgendem Stücke der Schrift
, die der Admiral Bing, einige Stunden
zu ſeiner Rechtfertigung aufſetzte. Es iſt
ind inaffectirte Beredſamkeit; und ſo drü-
z aus.

mich dem Augenblicke, der mich von ber
rfolgung meiner Feinde befreyen wird. Ich
ache ſie wegen der Tage zu beneiden, in wel-
ewiſſensbiſſen ausgeſetzt ſeyn werden, die Ih-
mpfungen, die ich erdultet, und das Unrecht,
nir angethan hat, verurſachen müſſen Ich
man wird meiner Ehre einmal Gerechtig-
ren laſſen; man wird die Triebfedern, die
e, und die Abſicht, die man hegte, das Ge-
lks, und ſeine Vorurtheile in Anſehung mei-
, und zu unterhalten, deutlich wahrnehmen.
h, wie ich ſolches vorher ſehe, als eine Per-
, welche aufgeopfert worden, um den Zorn
eines beſchimpften und hintergangenen Volks
zuwenden, welche die wahren Gegenſtände
  In dieſem Augenblicke werden mich ſelbſt
X 2   "meine

"meine Feinde für unſchuldig halten. Was für ein Glück
"wird es in dieſem letzten Augenblicke für mich ſeyn, wenn
"man von meiner Unſchuld überzeugt iſt, und mir den letz
"ten Unglücksfall meines Vaterlandes nicht zuſchreiben
"kann. Ich kann aber nicht umhin, mit Recht zu behaup
"ten, daß ich meiner Pflicht, nach aller meiner Einſicht und
"Geſchicklichkeit, zur Ehre Ihro Majeſtät, und zum Nu
"tzen der Nation, treulich nachgekommen bin. Es thut mir
"leid, daß mein guter Wille nicht von einem der glücklich
"ſten Erfolge iſt begleitet worden, und daß die Escadre,
"die ich commandiret habe, viel zu ſchwach geweſen iſt, eine
"ſo wichtige Unternehmung glücklich auszuführen. Die
"Wahrheit hat über die Verleumdung und den Betrug die
"Oberhand erhalten, und es hat mich ſelbſt die Stimme der
"Gerechtigkeit von dem Schandflecke des vermeynten Man
"gels der Herzhaftigkeit und des guten Willens befreyet.
"Mein Herz ſpricht mich nicht weniger von dieſen Fehlern
"los. Wer würde aber ohne Vermeſſenheit, für ſein eig
"nes Urtheil gut ſeyn können? Ich weis nicht, ob mein gan
"zes Verbrechen ein Irrthum des Urtheils auf meiner Sei
"te, oder auf Seiten meiner Untergebenen iſt. Iſt aber
"dieſer Irrthum auf ihrer Seite; ſo bitte ich Gott, daß er
"ihnen vergeben wolle, wie ich ihnen vergebe. O! möch
"ten ſich doch ihre Gewiſſensbiſſe, deren Bekenntniß ihnen
"die Gerechtigkeit, die ſie mir ſchuldig ſind, ausgebreſſet hat
"legen, und aufhören, wie meine Empfindlichkeit aufhöret.
"Der allerhöchſte Richter ſiehet alle Herzen, und alle Be
"wegungsgründe; und ihm muß ich meine Sache überlaſſen.

Die Trauerrede, die der Herr Poncet de la Riviere, Bi
ſchoff zu Troye auf die Anna Heinriette von Frankreich ge
halten, iſt mit ſehr vielen lebhaften und pathetiſchen Zügen
angefüllet. Sie hat die Ehre gehabt, durchlauchtigen Per
ſonen Thränen auszupreſſen. Welcher Beyfall! und welcher
Sieg für den Redner! Folgende rührende Stelle erweichte
alle Anweſende, und beſonders den Dauphin.

"Aber was für traurige Schatten erheben ſich um den
"Thron herum! Die Stärke des Alters, die Rechte der
"Tugend, die Gebethe, das Geſchrey eines beſtürzten
"Volks, die Seufzer, die Wünſche aller Stände des Staats,
"nichts kann die Vollſtreckung des über uns gefällten Ur
"theils aufhalten. Ich ſehe, wie dieſes großmüthige Opfer,
"wel:

"welches plötzlich ist geschlagen worden, ohne eine andere
"Schwachheit, als die von der Krankheit herrühret, und
"ohne einen andern Verdruß, als den sie ihm verursachet,
"auf einem Krankenbette liegt . . . . . O du, der du ihr Kö-
"nig und ihr Vater bist, du bringest ihr den Augenblick ei-
"nes Opfers herben, welches wirklich eines für dich war.
"Zärtlichkeit, Zuneigung, Regungen der Natur, ihr wer-
"det den Rechten der Religion aufgeopfert . . . . . . O wie
"stehet alles um sie herum, was die Religion heiliges, der
"Hof grosses, und die Empfindung rührendes hat! Was
"für Seufzer ertönen um dieses Sterbebette herum, wel-
"ches fast schon von allen Seiten mit den Schatten des To-
"des bedecket wird! Da sie mitten unter den Bewegun-
"gen, deren einziger Gegenstand sie ist, allein ruhig und ge-
"lassen bleibt; so siehet sie Thränen fliessen, und wird da-
"von gerührt, ohne schwach zu werden. Die Stunde, die
"sie auf immerdar von den Menschen trennen soll, ist dieje-
"nige, welche sie ewig mit Gott vereinigen soll; und das,
"was sie hoffet, macht ihr mehr Vergnügen, als ihr alles,
"was sie verliert, Betrübniß verursacht . . . . . . Ach! wie
"schwer wird es dir itzo, da ich rede, betrübte Prinzessinn(†),
"welcher der Schmerz des Königes, wie der Königinn, und
"dein eigener Schmerz nicht erlauben, diese Trauerceremo-
"nie mit deiner Gegenwart zu beehren! wie schwer wird
"es dir, die Bitterkeit eines Opfers zu mindern, welche du
"in deinem Herzen noch völlig empfindest! Was für ein
"Zustand, meine Herren, wenn man trösten soll, da man
"selbst untröstlich ist! Und du, tugendhafter Prinz (††), su-
"chest noch itzo mit deinen thränenden Augen diese so billig
"geliebte Schwester. Ihr waret mit einander durch Ban-
"de vereiniget, welche die Religion eben so wohl, als die
"Natur geknüpfet hatte. Ihr werdet euch allzeit der an-
"genehmen Unterredungen erinnern, in welchen der Ver-
"stand und das Herz so wohl das, was unterrichtet, als was
"gefällt, antraf; wobey die Stunden so schnell, als Augen-

X 3 "blicke

(†) Adelheit. (††) Der Dauphin.

"blicke verſchwunden, und die Augenblicke den Werth gan=
"zer Stunden erlangten; wo nichts vergeblich war, weil
"alles nützlich war; und wo nichts Gelegenheit zur Reue
"gab, weil alles die Tugend zum Gegenſtande hatte."

Die Liebhaber einer rührenden Beredtſamkeit werden
mit einem ungemeinen Vergnügen folgendes Stück aus
den Vorſtellungen des Steuercollegii zu Montauban, we=
gen der Verordnungen vom ſiebenten des Monats Julius
1756. Die Einführung eines andern Zwanzigſten, und
die Verlängerung der zween Sols vom Livre des Zehenten
auf zehn Jahre betreffend, leſen.

"Es iſt wahr, das Glück hat unſere Gegenden niemals
"mit ſeinen Schätzen bereichert. Die Armuth iſt in den=
"ſelben, wie die Tapferkeit und Treue erblich. Es iſt aber
"lange Zeit eine erträgliche Armuth geweſen; eine Ar=
"muth, welche nicht von dem Elende und der Geringſchä=
"tzung begleitet wurde; eine Armuth des Soldaten, und
"nicht des Sclaven. Die Einwohner, welche vor Freuden
"ſprungen, wen ſie den Nahmen ihres Herrn nennen hör=
"ten, erſchracken nicht, wenn ſie ihre Vorgeſetzten erblick=
"ten. Itzo ſind ſie einer willführlichen Macht und Ge=
"walt ausgeſetzt, welche ſeit funfzehn Jahren aufs höch=
"ſte iſt getrieben worden. Wo iſt, fragen ſie bey ihrer Un=
"terdrückung, wo iſt der Prinz hingekommen, den wir ver=
"ehrten, den wir noch verehren, und welcher uns liebte?
"Gelangen unſere Stimmen nicht mehr bis zu ihm? Sie
"gelangten zu ihm, als wir bey der Nachricht von der ge=
"fährlichen Krankheit, mit welcher er behaftet war, ins=
"geſammt glaubten, es wäre aus mit uns. Er hörte eben=
"dieſe Stimmen, als uns ſeine Geneſung das Leben wie=
"dergab, und als wir die reinſte und vollkommenſte Freu=
"de, die wir iemals verſpühret hatten, an den Tag legten.
"Wir wußten, daß er davon gerühret wurde. Alles ver=
"ſprach uns von ſeiner Seite neue Merkmaale der Zärt=
"lichkeit. Ein ſo großmüthiger König hat ſeine Geſinnung
"nicht geändert; warum verſpühren wir nicht die Wirkun=
"gen davon?   "Auf

"Auf diese Art, drücken sie sich, Sire, in der natürlichen
"Sprache aus, welche so oftmals der König, Dero Groß-
"vater, mit ihnen geredet hat, welcher sich eine Ehre daraus
"machte, ihr Landsmann, ihr Vater, und ihr Freund zu
"seyn. Er hat die Tapferkeit und die Treue seiner lieben
"Gasconier mehr als einmal gerühmet. Er beschützte sie.
"Er liebte sie. Er war, wie sie, arm gewesen. Und wenn
"er auch gleich nicht von Natur leutselig gewesen wäre; so
"würden doch seine ehemaligen Widerwärtigkeiten ge-
"macht haben, daß er von den Widerwärtigkeiten und dem
"Elende anderer wäre gerühret worden. Sie allergnä-
"digster König, haben die Veränderungen und Abwechse-
"lungen des menschlichen Glücks, welche so viele Könige
"so nöthig haben, nicht, wie dieser grosse Monarch, erfah-
"ren. Sie sind in der Ehre und im Glücke gebohren wor-
"den. Sie werden auf eine ununterbrochene Art bis an
"ihr Ende darinnen leben. O! warum sollten Ihnen Wi-
"derwärtigkeiten begegnen? Sie haben keine nöthig, um
"zu lernen, mit den Mühseligkeiten der Unglücklichen Mit-
"leiden zu haben. Die Natur hat Ihnen, nebst der Liebe
"zur Gerechtigkeit, einen gutthätigen Character verliehen.
"Ueberlassen Sie Ihr Herz sich selbst; so wird in ihren.
"ländern kein Unglücklicher mehr gefunden werden.

   "Sire, vergessen Sie nicht, wie glücklich ihre ersten Feld-
"züge waren. Die Nation, welche damals, um einen all-
"gemeinen Krieg fortzusetzen, bey weitem nicht so beschwe-
"ret war, als sie es itzo um besonderer Feindseligkeiten wil-
"len ist, hatte Ihnen den angenehmsten und schmäuchel-
"haftesten Titel beygelegt. Das Andenken dieses Zeit-
"punkts müsse Sie gegen Ihre Unterthanen erweichen!
"Das Seufzen und die Stimme der obrigkeitlichen Per-
"sonen müsse einen Weg zu Ihrem Herzen finden. Sie
"wollen nicht über Elende herrschen. Helfen Sie ihnen,
"indem Sie allzuharte Auflagen abschaffen, oder einschrän-
"ken, Ihre Absichten mit eben so viel Eifer und Liebe, als
"Herzhaftigkeit und Unterthänigkeit ausführen. Gehen
"Sie

”Sie mit ihrem Vermögen ſo ſparſam um, wie Sie mi
”ihrem Blute umgehen.   Erleichtern Sie ihnen die Wie:
”dererlangung der Abgaben, und die ſo vernachläſsigte Ar:
”beit des Ackerbaues, indem Sie befehlen, man ſolle die
”Arbeit gezwungener Werke allenthalben, und auf im:
”merdar liegen laſſen.   Und wenn Sie Ihre rühmlichen
”Unternehmungen zu Stande gebracht, wenn Sie ihre
”Krone gerochen, Handel und Wandel auf einen feſten
”Fuß geſetzt, und Ihren Bundesgenoſſen beygeſtanden
”haben; ſo laſſen Sie, Sire, die Plage des Krieges, und
”die Schrecken des Zwanzigſten auf einmal aufhören. Es
”iſt dieſes das allgemeine Verlangen der Nation, und ins:
”beſondere der Wunſch der hieſigen Einwohner.   Es ſind
”auch die Wünſche einer betrübten Geſellſchaft, welche bey
”ihren eigenen Unglücksfällen, bey der Beſchimpfung, die
”man ihr hat anthun wollen, und bey der Strenge, die
”man in Anſehung ihrer ausübet, dennoch ihren Pflichten
”noch eben ſo ergeben ; noch eben ſo eiferig, Ihnen zu die:
”nen ; noch eben ſo begierig, Ihre Ehre zu befördern ; und
”Ihrem allerhöchſten Willen noch eben ſo gehorſam iſt.”

Die heftige Beredtſamkeit eines Cicero und Demoſthenes iſt in den letzten Vorſtellungen wiederum aufgelebet,
die das Parlement zu Toulouſe den 17. September 1757.
an den Thron hat gelangen laſſen, und welche das Jahr
darauf im Monate Februar zu Paris gedruckt worden. Sie
haben die Auferlegung der beyden Zwanzigſten und die
Frohnarbeit zum Gegenſtande. Nachdem der vornehme
Wortführer dieſes Parléments, welcher wegen der männ:
lichen und kühnen Züge ſeiner ſtarken und pathetiſchen Be:
redſamkeit die größten Lobſprüche verdienet, gewünſchet
hat, daß bey den öffentlichen Anlagen eine Gleichheit möch:
te beobachtet werden; ſo ruft er auf eine beweglicheArt aus,
welche von der Menſchlichkeit allein herrühren kan.

”Ach! Sire, wenn ſich Dero Blicke bis in dieſe unglück:
”lichen Wohnungen erſtreckten, aus welchen ſich Tag und
”Nacht ſo manches zärtliche und betrübte Geſchrey zum
”Thro:

„Throne erhebt; wenn Sie sähen, wie diese von Natur
„fruchtbaren Felder von Leuten, die sie bauen, entblöset
„sind, langsam geackert, in Thränen besäet, und in Betrüb-
„nisse eingeerndtet werden; o wie würden sie von diesem
„Anblicke gerührt werden, und wie geschwind würden Sie
„so großmüthigen Unterthanen die Benützungen ihres Ei-
„fers, und die Gaben ihrer Armuth erlassen!

„Verlassen Sie einmal, Sire, einen Augenblick den Be-
„zirk prächtiger Palläste, die um den Ihrigen herum ste-
„hen, und ihm seine königliche Pracht, und seine Grösse
„streitig zu machen scheinen. Verlassen Sie den Zusam-
„menfluß prächtig gekleideter Hofleute, begüterter Bürger,
„und solcher Männer, die von dem, was sie Frankreich ab-
„genommen haben, in einem Tage reich geworden sind,
„und reisen Sie durch die verschiedenen Länder, aus wel-
„chen Ihre Staaten bestehen. Eine Hauptstadt, die eine
„Welt wird; ein Reich, das bald wüste stehen wird; eine
„unermeßliche Stadt, in welcher das Gold und das Silber
„den Künsten haufenweise zufließt, welche einzig und allein
„bestimmt sind, den Luxus zu unterhalten, den Sinnen zu
„schmäucheln, und die Tugend zu verderben; ganze Pro-
„vinzen, in welchen die Handthierung, die das menschliche
„Geschlecht ernährt, verachtet und verspottet, und auf eine
„strenge Art gemartert wird: Welcher Contrast! was für
„ein auf eine betrübte Art verändertes Gemälde! Man
„plündert die Dörfer und Felder, um die Städte auszuzie-
„ren. Man legt eine gerade Strasse an, und reißt ein
„ganzes Dorf nieder. Man richtet den Landmann zu Grun-
„de, um dem Handwerksmanne und Künstler aufzuhelfen.
„Alles ist Manufactur, oder Landstrasse; Sachen, welche
„wir ihren Nutzen nicht absprechen, die aber, wenn sie oh-
„ne Unterschied und Ueberlegung angelegt, oder vermehret
„werden, einem Lande zum Schaden gereichen.

„Der Bauer, der mit seinem Zustande nicht mehr zu-
„frieden ist, denket auf Mittel und Wege, ihn zu verbessern.
„Er findet sie in den verschiedenen Arten von Werkzeuge,

"ten Befehle eines Monarchen, unser Gehorsam macht
"sie vergeblich; sondern Antworten eines gerührten und
"erweichten Vaters. Dero eigener Nutzen und Vor-
"theil macht sie nothwendig. Möchten wir doch Ihren
"Unterthanen die Nachricht hinterbringen können, daß ihre
"Wünsche erhöret worden! Möchten sie doch, da sie durch
"uns mit Ihnen geredet haben, auch von uns vernehmen,
"daß Sie den zu ihrer Erleichterung bestimmten Tag nicht
"mehr auf entfernte Zeiten verschieben! Möchten sie doch
"hören, daß Sie ihnen diese Gnade so wohl wegen ih-
"rer unverletzlichen Liebe und Zuneigung, als wegen ih-
"res Elendes ihrer Bedürfnisse erzeigen! Möchten sie
"doch endlich hieran die Gnade, die Billigkeit, die Zärt-
"lichkeit, und alle königlichen Tugenden erkennen, welche
"Ihnen die Liebe Ihrer Unterthanen, die Hochachtung
"und das Zutrauen Ihrer Feinde selbst, und die Ehrer-
"biethung der ganzes Welt zuwegegebracht haben."

Ende
des dritten Theils.

Verzeichniß

der
**Hauptstücke und Stücke, welche in dem
dritten Theile enthalten sind.**

Sechstes Hauptstück.
Gleichnisse.

Von

Verzeichniß

Von

Siebentes Hauptstück.
Anreden und Ausrufungen.

Anre.

Verzeichniß

Anre

Y

• •

Achtes Hauptstück.
Stücke der hohen und erhabnen
Schreibart.

Die Macht Gottes, vom Herrn * * *. 107

Christ-

Neuntes Hauptstück.
Stücke der pathetischen Schreibart.

Wiederwärtigkeiten Ludwigs des Vierzehnten, vom Herrn Massillon. 183

Die

Y 3 Vom

Verzeichniß

Vom

Anecdo-

www.ingramcontent.com/pod-product-compliance
Lightning Source LLC
Chambersburg PA
CBHW021125270326
41929CB00009B/1054